# 21世纪公共管理学系列教材
Textbooks of Public Management and Administration in the 21st Century

普通高等教育"十一五"国家级规划教材

# 公共政策分析（第二版）
# Public Policy Analysis (2nd Edition)

陈庆云 主编

北京大学出版社
PEKING UNIVERSITY PRESS

图书在版编目(CIP)数据

公共政策分析/陈庆云主编. —2版. —北京:北京大学出版社,2011.4
(21世纪公共管理学系列教材)
ISBN 978-7-301-18664-0

Ⅰ.①公… Ⅱ.①陈… Ⅲ.①政策分析-高等学校-教材 Ⅳ.①D0

中国版本图书馆CIP数据核字(2011)第048375号

| | |
|---|---|
| 书　　　名: | 公共政策分析(第二版) |
| 著作责任者: | 陈庆云　主编 |
| 责 任 编 辑: | 耿协峰 |
| 标 准 书 号: | ISBN 978-7-301-18664-0/D·2819 |
| 出 版 发 行: | 北京大学出版社 |
| 地　　　址: | 北京市海淀区成府路205号　100871 |
| 网　　　址: | http://www.pup.cn |
| 新 浪 微 博: | @北京大学出版社　@未名社科-北大图书 |
| 微信公众号: | 北京大学出版社　北大出版社社科图书 |
| 电 子 邮 箱: | 编辑部 ss@pup.cn　总编室 zpup@pup.cn |
| 电　　　话: | 邮购部 010-62752015　发行部 010-62750672　编辑部 010-62753121 |
| 印 刷 者: | 河北博文科技印务有限公司 |
| 经 销 者: | 新华书店 |
| | 730毫米×980毫米　16开本　27印张　496千字 |
| | 2006年4月第1版 |
| | 2011年4月第2版　2024年8月第25次印刷 |
| 定　　　价: | 75.00元 |

未经许可,不得以任何方式复制或抄袭本书之部分或全部内容。
版权所有,侵权必究
举报电话:010-62752024　电子邮箱:fd@pup.cn

# 第二版前言

政策科学作为第二次世界大战结束后在西方工业国家兴起的一个全新学科，曾被人视为是"当代公共行政学最重要的发展"。在五十多年的学科发展历程中，受政治学、管理学、经济学、社会学、伦理学等相关学科的综合影响，政策科学的发展取得了丰硕的研究成果，公共政策已成为政府实施公共管理的主要工具之一。

自20世纪80年代我国恢复建立公共行政学科以来，公共政策的研究得到了学术界的高度重视。在众多专家、学者的辛勤努力下，其研究成果斐然。进入21世纪后，市场经济的完善、民主政治的发展与和谐社会的构建，迫切需要政府提高自身制定与执行公共政策的能力，从而对公共政策的研究与教学又提出了更高要求。

1996年，中国经济出版社出版了我们编写的《公共政策分析》一书。作为教学与研究成果的总结，该书获得了学界同仁的认可与好评，被许多高校用作本科生和研究生的教学用书，并荣获北京市第五届哲学社会科学优秀成果一等奖。但实事求是地讲，该书的体系和内容均存在较多的不足与缺憾。因此，2006年我们重新编写了这本书，并作为"'十五'国家级规划教材"在北京大学出版社出版。本书出版后共印刷十次，受到了各方面的肯定和鼓励。因此在北京大学出版社的支持下，我们决定予以修订，并作为"'十一五'国家级规划教材"再次出版。

总的来说，本书总结了公共政策学界的教学与科学研究的经验，在四个方面做了较大的改进：

一、作为修订和再版的教材，本书在体系与内容上对原书进行了较大修改与变动，既注重对公共政策基本概念与理论的介绍，又注重对政府决策基本过程与环节的剖析，更注重对学界最新研究动态、最新学术观点的梳理。

二、尽管自20世纪80年代以来，公共政策研究受到了国内学术界的高度重视，但时至今日，中国的公共政策研究仍然没有形成自己独特的理论体系和研究方法，公共政策理论与方法的本土化进程依然缓慢。多年来，我们一直致力于用利益分析方法来思考转型期中国公共政策实践中的许多问题，因此书中某些内容体现了我们所提出的"利益政策学"的研究思路。我们期望这样的努力能对加速公共政策本土化进程有所裨益。

三、公共政策分析是一门实践性与操作性很强的应用社会科学,学科性质与定位决定了本教材在内容编排上必须坚持理论联系实际的原则。我们在以下两方面进行了尝试:其一,每一章后面都附有"案例分析",我们希望这些案例有助于读者更为准确、深入地理解相关的公共政策理论,掌握相关的公共政策分析方法。其二,本书十分重视公共政策分析的实用技术的介绍。从第八章到第十二章对公共政策分析的技术与方法,特别是公共政策分析的量化方法进行了较为详细的介绍。

四、我们在写作与编排时力求规范。章、节的逻辑结构力求合理、清晰;直接引文和重要的参考文献统一用脚注方式注明出处;每一章的前面按照统一格式设置了"内容概要"与"要点提示",每一章的后面统一编写了"关键术语"和"复习思考题";每一章都附上了一定数量的"参考书目",便于读者进行延伸阅读;在全书后面统一编排了"中英文人名对照表"。

与第一版相比,在第二版中,我们对本书的内容进行了适当的调整和修改。修改内容主要是结合教学实践,更新了部分案例,调整了部分篇章内容,修订了个别文字错误,并根据新华社译名室编的《世界人名翻译大辞典》对书中英文人名的译法进行了全面订正。

目前本书的具体分工是:

陈庆云　第一章、第八章、第九章
李永军　第二章
曾军荣　第三章、第七章
王洛忠　第四章、第五章、第六章
鄞益奋　第十章
郁俊莉　第十一章
黄　璜　第十二章

在本书第二版即将付梓之际,对诸位作者的努力与合作表示感谢,对北京大学出版社耿协峰等同志的大力支持和帮助表示感谢。

在本书写作过程中,我们参阅了大量中外文文献,吸收了许多中外学者的研究成果,在行文中不能一一注出,在此一并致谢! 同时,由于时间和水平所限,书中肯定存在不当甚至错误之处,恳望学界同仁和广大读者批评指正!

陈庆云
2011年4月2日

# 目录

**第一章　导论：公共政策分析的基本理论与框架**　　1
　　【内容概要】　　1
　　【要点提示】　　1
　　第一节　公共政策的本质　　2
　　第二节　公共政策的基本特征与主要功能　　11
　　第三节　公共政策分析　　17
　　【关键术语】　　31
　　【复习思考题】　　31
　　【案例分析】　　31
　　【参考书目】　　33

**第二章　政府、市场与公共政策的关系分析**　　35
　　【内容概要】　　35
　　【要点提示】　　35
　　第一节　社会问题及其解决途径　　36
　　第二节　市场失灵、政府失灵和志愿失灵　　43
　　第三节　政府角色与公共政策　　55
　　【关键术语】　　60
　　【复习思考题】　　60
　　【案例分析】　　60
　　【参考书目】　　66

**第三章　公共政策系统分析**　　67
　　【内容概要】　　67

【要点提示】 67
　　第一节　公共政策主体 68
　　第二节　公共政策客体 74
　　第三节　公共政策环境 77
　　第四节　公共政策工具 80
　　【关键术语】 90
　　【复习思考题】 90
　　【案例分析】 90
　　【参考书目】 91

第四章　公共政策问题的构建分析 93
　　【内容概要】 93
　　【要点提示】 93
　　第一节　公共政策问题概述 94
　　第二节　公共政策问题构建的程序 101
　　第三节　公共政策议程的建立 105
　　【关键术语】 119
　　【复习思考题】 119
　　【案例分析】 119
　　【参考书目】 121

第五章　公共政策方案的制定分析 123
　　【内容概要】 123
　　【要点提示】 123
　　第一节　公共决策体制 123
　　第二节　政策方案规划的综合分析 130
　　第三节　政策方案规划的基本程序 136
　　第四节　公共政策合法化 146
　　【关键术语】 150
　　【复习思考题】 150
　　【案例分析】 150
　　【参考书目】 151

## 第六章 公共政策内容的执行分析 　　153
　　【内容概要】　　153
　　【要点提示】　　153
　　第一节　政策执行的理论研究　　154
　　第二节　公共政策执行的模型　　168
　　第三节　公共政策执行过程与方式　　182
　　【关键术语】　　192
　　【复习思考题】　　192
　　【案例分析】　　193
　　【参考书目】　　195

## 第七章 公共政策效果的评价分析 　　197
　　【内容概要】　　197
　　【要点提示】　　197
　　第一节　公共政策评价概述　　198
　　第二节　公共政策评价的操作　　207
　　第三节　公共政策的终止　　215
　　【关键术语】　　220
　　【复习思考题】　　220
　　【案例分析】　　221
　　【参考书目】　　222

## 第八章 公共政策分析方法论 　　223
　　【内容概要】　　223
　　【要点提示】　　223
　　第一节　现代科学方法论与模型方法　　224
　　第二节　数学分析的基本模型　　229
　　第三节　事实、价值、规范与可行性分析　　241
　　第四节　利益分析的内容及其实现途径　　247
　　第五节　系统方法与系统分析　　258
　　【关键术语】　　270
　　【复习思考题】　　270
　　【案例分析】　　271

【参考书目】　273

## 第九章　公共政策过程中的分析方法　274

　　【内容概要】　274
　　【要点提示】　274
　　第一节　构建公共政策问题的方法　274
　　第二节　政策备择方案的优化技术　280
　　第三节　预测及预测方法　288
　　第四节　政策效果评价方法　301
　　【关键术语】　308
　　【复习思考题】　308
　　【案例分析】　308
　　【参考书目】　315

## 第十章　公共政策分析模型与框架　317

　　【内容概要】　317
　　【要点提示】　317
　　第一节　公共政策的政治分析模型　318
　　第二节　公共政策的理性分析模型　326
　　第三节　公共政策的分析框架　334
　　【关键术语】　340
　　【复习思考题】　340
　　【案例分析】　341
　　【参考书目】　343

## 第十一章　公共政策分析的量化方法（一）　344

　　【内容概要】　344
　　【要点提示】　344
　　第一节　规划方法　344
　　第二节　决策方法　366
　　第三节　投入产出分析方法　380
　　【关键术语】　385
　　【复习思考题】　385
　　【案例分析】　386

【参考书目】　388

**第十二章　公共政策分析的量化方法（二）**　389
　　【内容概要】　389
　　【要点提示】　389
　　第一节　描述统计　389
　　第二节　推断统计　395
　　第三节　回归分析　402
　　第四节　回归分析在政策分析中的应用　412
　　【关键术语】　415
　　【复习思考题】　416
　　【案例分析】　416
　　【参考书目】　418

**中英文人名对照表**　419

# 第一章 导论:公共政策分析的基本理论与框架

**【内容概要】**

　　工具书《辞海》这样定义"政策":"国家、政党为实现一定历史时期的路线和任务而规定的行动准则。"美国著名学者戴维·伊斯顿认为,公共政策是政治系统权威性决定的输出,因此它是对全社会的价值作有权威的分配。为免于对"价值"一词有宽泛的理解,同时又能突出公共政策的本质,不如把"价值"改为"利益"。公共政策的本质是社会利益的集中反映。公共政策是某类政策主体,如政府依据特定时期的目标,在对社会中各种利益进行选择与整合的基础上,在追求有效增进与公平分配社会利益的过程中所制定的行为准则。公共政策的基本功能有三个:导向功能、调控功能与分配功能。利益究竟分配给谁?在通常情况下,下列三种利益群体和个体容易从公共政策中获得利益:与政府主观偏好一致或基本一致者;最能代表社会生产力发展方向者;普遍获益的社会多数或绝大多数者。公共政策分析的基本框架是:公共政策问题的构建;公共政策方案的制定与通过;公共政策内容的实施;公共政策效果的评价。

**【要点提示】**

- 政策与公共政策概念的界定
- 公共管理与公共政策
- 利益是公共政策研究之核心要素
- 选择、整合、分配、落实利益是四个基本环节
- 公共政策的本质在于对社会利益的维护、增进和分配
- 社会利益包括以公共利益为核心的三种利益
- 公共政策具有导向、调控和分配功能
- "谁受益"是政策分配利益的关键
- 公共政策分析的基本框架
- 公共政策的六大特征

　　公共政策是政府、非政府公共组织和民众在对社会公共事务共同管理过程中所制定的行为准则或行为规范。与人们在通常意义上所讲的"政策"略有不同,公共政策更突出"公共"二字。这既意味着对公共性的强调,也意味着以公共

利益为出发点,重新审视公共政策的本质及其诸多特征和功能的必要。作为公共权力拥有者的政府,应该是社会利益的代表者、维护者和增进者,这样才有可能真正揭示现代政府的政策制定和执行行为的本质特征。这里所论及的"社会利益",包含着以公共利益为核心的多个层面的利益。

## 第一节 公共政策的本质

### 一、公共政策的概念

事实上,无论是对公共政策的理论探索还是实践层面的研究,都需要人们思考如下问题:

- 公共政策主体为什么应该制定政策?
- 公共政策主体为什么应该执行政策?
- 公共政策主体为什么能够制定政策?
- 公共政策主体为什么能够执行政策?
- 公共政策主体如何制定政策?
- 公共政策主体如何执行政策?
- 公共政策主体如何制定最优化(满意)政策?
- 公共政策主体如何在政策执行中获得最优化(满意)结果?
- 公共政策主体实际执行政策的结果如何评价?

毫无疑问,要回答这些问题,首先要回答的是:公共政策主体为什么应该制定(执行)政策?即公共政策主体制定(执行)政策的目的何在?通俗地讲,即公共政策的本质是什么?

1. 政策

汉语中的"政策"一词,是由汉字中的两个字"政"与"策"组合而成。"政"在中国古汉语中有"政权"、"政事"之意,如人们常说的"不在其位,不谋其政"。"策"在中国古汉语中有"计策"、"策划"之意,如《战国策》中的"策",是说战国时代各国发生政治事件时所采取的各种对策。

我国现代汉语对"政策"一词的解释,往往与路线、方针、策略相联系。关于"政策"的定义很多,其中最有代表性的是工具书《辞海》对"政策"的定义:"国家、政党为实现一定历史时期的路线和任务而规定的行动准则。"

《辞海》的定义中实际包含着四层内容:

- 政策制定主体是"国家与政党";
- 政策存在的基本形式是"行动准则(规范)";
- 政策的目的是"实现路线与任务";

- 政策的时效是"一定历史时期"。

人们往往发现,在实际生活中为实现一定阶段的路线与任务而制定行为规范的主体绝不仅仅是政党和国家。一般的社会团体或各类组织同样也存在着这种需求,不过是性质、范围和影响力不同而已。《辞海》把政策主体仅限在"国家与政党"层面上似乎太窄,因为按照这种理解,并从我国的现实出发,只能说明政策所体现的是国家的管理行为。

与之相反,国外也有许多著名学者曾对"政策"下过定义。卡尔·弗雷德里奇把政策看成是:"在某一特定的环境下,个人、团体或政府有计划的活动过程。提出政策的用意就是利用时机、克服障碍,以实现某个既定的目标,或达到某一既定的目的。"[1]这一定义不仅强调了政策是朝着既定目标或目的前进的某一活动过程,而且认为政策主体既有政府也有社会团体或个人。美国学者安德森也认为:"政策是一个有目的的活动过程,而这些活动是由一个或一批行为者,为处理某一问题或有关事务而采取的。"[2]

2. 公共管理与公共政策

我们认为,《辞海》对"政策"的解释实际上可视为对"公共政策"的一种理解。

"政策"与"公共政策"之间的差别就体现在"公共"二字上。社会生活中存在着大量的涉及千百万人利益的公共事务,为规范社会成员的行为,实施有效管理,需要相关主体制定特定的规则。从理论上讲,凡是为解决社会公共事务中的各种问题所制定的政策,都是公共政策。在我国,所有制定公共政策的主体中,最基本、最核心的主体是中国共产党和政府。

除政府(无论是狭义还是广义)外,还有哪些组织是公共政策的主体?不少人认为是 NGO,即非政府组织。我们认为,"非政府组织"是个涉及面较广的范畴,联合国在 20 世纪 40 年代提出这个概念时,实质上所指的对象较为宽泛。或许有人会问,在非政府组织后面再加上"非营利"的限定,是否就可以体现出制定公共政策的要求?大量实践说明,在社会中确有这些非政府组织,它们把"不以营利为目的"作为组织的基本目标,仅为组织的共同利益而存在,甚至有的还承担了为社会提供部分公共产品(服务)的任务,但它们并不是公共组织,因此谈不上它们所制定的行为准则是"公共政策"。也有学者用"第三部门"来代替前面的"非政府组织"概念,在我们看来,这似乎也不确切。我们一直坚持沿用"非政府公共组织"概念。

我们认为,从一般意义上来讲,公共政策是由政府、非政府公共组织和民众,

---

[1] 转引自〔美〕詹姆斯·E.安德森:《公共决策》,华夏出版社1990年版,第3页。
[2] 同上书,第4页。

为实现特定时期的目标,在对社会公共事务实施共同管理过程中所制定的行为准则。这里,我们对这一定义强调四点:
- 公共政策制定主体是政府、非政府公共组织和民众;
- 公共政策的需求基础是社会公共事务;
- 公共政策是社会公共事务管理中所制定的行为规范;
- 公共政策的主体在对社会公共事务实施管理的同时,也要对自身管理制定准则。

除了需要对定义的内涵进行强调外,我们还想针对定义中的相关概念做简要说明:
- 社会公共事务的管理并不仅仅是对社会性公共事务的管理。社会公共事务应该包括政治性公共事务、经济性公共事务和社会性公共事务等。在政治性公共事务中,民众自然是主体之一。
- 社会公共事务所指的"社会"是相对的,横向层面暂且不论,即使在纵向上就可划分为多个层次,比如全球、全国、地区(例如我国的省、市、县、乡)、社区。在不同的层次上,社会公共事务所表现出的内容在质与量上都会有所区别。
- 社会公共事务所指的"公共事务",不仅包括人们公认的、涉及所有或绝大多数人的共同事务,而且也包括那些可能转换为前者,但却与部分人(如某些组织或集团),甚至个别人相关的事务。
- 公共政策的理论与实践研究,十分需要引进治理理论的相关内容。我们认为,治理理论的精髓可归纳为"参与、合作、互动、服务"八个字。

尽管我们认为,公共政策主体是"由政府、非政府公共组织和民众所组成的管理体系",但为讨论问题方便,本书所涉及的政策主体仅指政府,不研究其他主体的作用。因此,包括对公共政策的界定,我们都会从"政府管理"而非"公共管理"视角进行阐述。

3. 中外学者对公共政策的界定

作为研究行政学和政策科学的基础,公共政策如何定义,受到了相关研究者的普遍关注。然而,中外学者的认识与解释差别很大。我们认为,十分有必要对这个基础理论问题进行认真研讨。

中外学者分别对公共政策的内涵,做出了如下几种比较有代表性的界定[①]:

(1) 伍德罗·威尔逊认为,公共政策是由政治家,即具有立法权者制定的,而由行政人员执行的法律和法规。这个定义对政策内容规定得太窄,并受到政治与行政二元论的影响。

---

① 转引自张金马主编:《政策科学导论》,中国人民大学出版社1992年版,第17—20页。

(2) 拉斯韦尔与卡普兰认为,公共政策是一种具有目标、价值与策略的大型计划。这个定义强调了政策作为一种以特定目标为取向的行动计划,以及它与一般计划的区别,但内涵过于笼统。

(3) 托马斯·戴伊认为,凡是政府决定做的或者不做的事情就是公共政策。这个定义强调了政策的表现形式,特别提出了"不做"的形式,但它没有严格地指出政府要做的事情与决定做的事情之间存在着偏差。

(4) 国内学者张金马认为,公共政策是党和政府用以规范、引导有关机构团体和个人行动的准则或指南。其表现形式有法律规章、行政命令、政府首脑的书面或口头声明和指示,以及行动计划与策略等等。这个定义比较全面地指出了公共政策的表现方式,而且突出了它是一种行为规范。但该定义没有把公共政策的本质反映出来。[①]

(5) 国内学者陈振明认为,"政策是国家机关、政党以及其他政治团体在特定时期内,为实现或服务于一定的社会政治、经济、文化目标而采取的政治行为或规定的行为准则,它是一系列谋略、法令、措施、办法、方针、条例等的总称。"[②] 这个定义外延了政策主体,包括了"其他政治团体",同样也强调了政策是行动准则。但这个定义既认为政策是政策主体所采取的政治行为,又说它是一种行动准则。制定准则固然是政治行为,但政策实质是"行为"还是"准则"?

4. 对戴维·伊斯顿界定的评价

美国著名学者戴维·伊斯顿从政治系统分析的理论出发,认为公共政策是政治系统权威性决定的输出,因此它是对全社会的价值作有权威的分配。[③] 这个定义包含了四层内容:

- 公共政策的实质是分配;
- 分配的内容是价值;
- 分配是面向全社会的;
- 分配的行为与结果具有权威性。

需要说明,西方学者提出的"价值"一词,有着丰富的内涵,"它不仅包括实物、资金,还包括权力、荣誉、服务等等有价值的东西"[④]。我国学者对"价值"的理解,与国外学者略有差别。如《现代汉语词典》中说:价值一是指"体现在商品里的社会必要劳动。价值量的大小决定于生产这一商品所需的社会必要劳动时间的多少。不经过人类劳动加工的东西,如空气,即使对人们有使用价值,也不

---

[①] 张金马:《政策科学导论》,第19—20页。
[②] 陈振明:《政策科学》,中国人民大学出版社1998年版,第59页。
[③] 参见 David Easton, *The Political System: An Inquiry into the State of Political Science*, New York: Knopf, 1971, pp. 129—134。
[④] 张金马:《政策科学导论》,第18页。

具有价值"。二是指"积极作用",如有价值的作品。这里,价值的第一个定义是从经济学的角度界定的。实际上,从哲学、伦理学、美学与政治学的角度,学者的理解还存在着相当大的差别。

一般地说,价值的大小总是按照满足人们需求的程度而确定。马克思主义认为,人类活动可分为三类:为生存而斗争、为享受而斗争和为发展而斗争。① 因此,人的需要可概括为生存需要、享受需要和发展需要。美国学者马斯洛把人的需要分为生理、安全、社交、尊重和自我实现等五种需要。简单地讲,这些需要可划分为物质需要和精神需要。满足人类这两种需要的东西是什么?显然是那些供人类生存、享受和发展的社会资源;通俗地讲是"好处";规范地讲乃是"利益"。人们的一切努力都会与自身的利益有关。

**二、公共政策的本质**

1. "利益"是公共政策的核心要素

从中外学者研究公共政策理论的成果考察,人们选择了从制度、权力、价值、规范(非制度)、技术等多层面开展研究,其成果斐然。从现有工作的研究基础出发,我们选择的角度是"利益",因为它是公共政策的核心要素。为更有说服力地阐述我们这一认识,特摘录无产阶级革命导师马克思与恩格斯的语录,以说明利益研究对公共政策的重要性。

- "人们为之奋斗的一切,都同他们的利益有关。"②
- "这三大阶级的斗争和它们的利益冲突是现代历史的动力,至少是这两个最先进国家(指英、法)的现代历史的动力。"③
- "'思想'一旦离开'利益',就一定会使自己出丑。"④
- "每一既定的社会经济关系首先表现为利益。"⑤
- "政治权力不过是用来实现经济利益的手段。"⑥
- "人们为了能够'创造历史',必须能够生活。但是为了生活,首先就需要衣、食、住以及其他东西。"⑦
- "这种共同的利益不是仅仅作为一种'普遍的东西'存在于观念之中,而且首先是作为彼此分工的个人之间的相互依存关系存在于现实

---

① 参见《马克思恩格斯全集》第34卷,人民出版社1972年版,第163—164页。
② 《马克思恩格斯全集》第1卷,人民出版社1995年版,第187页。
③ 《马克思恩格斯选集》第4卷,人民出版社1995年版,第250页。
④ 《马克思恩格斯全集》第2卷,人民出版社1957年版,第103页。
⑤ 《马克思恩格斯选集》第3卷,人民出版社1995年版,第209页。
⑥ 《马克思恩格斯选集》第4卷,人民出版社1995年版,第250页。
⑦ 《马克思恩格斯全集》第3卷,人民出版社1960年版,第31页。

之中。"①
- "'共同利益'在历史上任何时候都是由作为'私人'的个人造成的。"②

### 2. 对社会利益的权威性分配

我们认为,假如一定要把公共政策理解为"它是对整个社会价值所做的权威性分配"的话,那么为免于对"价值"一词有宽泛的理解,同时又能突出公共政策的本质,不如把"价值"改为"利益"。也就是说,公共政策的本质是社会利益的集中反映。政策的形成过程,实际上是各种利益群体把自己的利益要求输入政策制定系统中,由政策主体依据自身利益的需求,对复杂的利益关系进行调整的过程,公共政策的制定与执行是社会各种利益冲突的集中反映。

对利益的需求是人类行为的动因。社会由无数个体组成,没有每一个个体的利益,自然也无从谈起社会的利益。但个人只有在组织或社会中才能得到发展,个人利益必须同组织利益、社会和国家利益有效地结合起来。无产阶级的利益原则是:个人利益、集体利益和国家利益是统一的。一旦它们之间发生矛盾,个人利益要服从集体和国家的利益。无产阶级获得政权后,每一项重大方针、政策的制定和实施,都要考虑到全社会的整体利益。在承认每一个利益主体对利益追求的合理性和自主性的基础上,解决好人们之间的利益矛盾,使得人们在承担对社会的责任和义务的同时,对利益的追求真正成为社会进步的动力。

政府常常利用公共政策,去保护、满足一部分人的利益需求,同时抑制、削弱甚至打击另一部分人的利益需求,通过政策作用去调整利益关系,在原有利益格局的基础上形成新的利益结构。正是从这个意义上讲,公共政策的本质应该是政府对社会利益实行的权威性分配。因此,我们主张可以在戴维·伊斯顿对公共政策的定义中,把"价值分配"改为"利益分配"。

### 3. 利益分配的基础及其动态性

与戴维·伊斯顿的定义不同的另一点是,我们认为公共政策的功能绝不仅限于分配。公共政策确实有分配利益的功能,但这种利益分配的基础是社会利益的增进。如果仿照经济学的语言做一个类比,分配社会利益是分蛋糕,而这种分蛋糕的基础就是做蛋糕。所以公共政策的实质之一是如何增进社会利益。

即使单从分配的逻辑上看,人们会沿着"分配"的思路提出问题:为什么应该这样分配?为什么能够这样分配?分配的结果是什么?需要不需要再分配?即人们既会关心分配前的状况,又要关心分配后的结果,以及若干其他的分配以外的问题。

分配利益是一个动态过程,在增进社会利益的前提下,分配的基础是选择利

---

① 《马克思恩格斯全集》第3卷,人民出版社1960年版,第37页。
② 同上书,第276页。

益和整合利益;分配的关键是利益落实。从社会利益中,由利益选择到利益整合,由利益分配到利益落实,这是一个完整的过程。公共政策的过程取向,是与这种利益取向完全一致的。

(1) 利益选择

政府对利益的分配,不是任意的、无的放矢的。作为公共权力的占有者,政府把利益分配给谁,首先来自政治统治的目的。在阶级社会里,无论何种社会、何种政府,它们所制定的公共政策,都必须符合统治阶级的利益要求。因此,政府要选择那些与政府的价值取向一致的社会群体作为分配对象,满足他们的利益需要。按照马克思主义的观点,在剥削阶级占统治地位的国家里,其政策从根本上讲自然是为少数剥削者的利益而制定的,它与剥削阶级的价值取向一致。而在无产阶级掌握政权的国家中,公共政策的制定和执行,是要维护无产阶级和广大劳动人民的根本利益。

不过,这中间有种认识需要澄清:作为社会公共权力代表的各级政府,除了全社会的利益之外,有没有自身的利益?大量实践使得人们愈来愈清楚地认识到,政府也是社会多元利益主体之一,也要寻求自身的最大利益。作为一个相对独立的社会行为组织,政府是由若干成员组成的,每个成员的利益以及他们的总体利益是借政府的机构来实现的。所以制定什么样的政策,政府首先是选择利益,选择那些与社会整体利益一致的方面,也选择那些与政府自身最大利益相一致的方面。

政府的这种人为、主观的选择特征,必然使公共政策在分配社会利益时带有明显的倾向性。比如,少数政府官员偏袒某些利益群体,经常给予这些利益群体"优惠政策",使得他们从政策中获得更多的利益。明白了这一点,就容易理解为什么我们有时也会出现事与愿违的公共政策。

(2) 利益整合

美国著名学者罗尔斯认为,所谓社会是为获取共同利益组成的协同事业体,因而各社会成员在通过建立社会及其相互协作以增加利益时,具有互相一致的利害关系。至于社会总体所获得的利益,如何向每一个社会成员进行分配,却构成了人与人之间在利害关系上相互对立的态势。① 所以政府在向社会各成员分配利益时,除了考虑到社会的整体利益与政府利益之外,还要充分考虑到社会各成员之间的利益相关性。

政策本身所反映的利益关系,是通过社会问题表现出来的。社会上,人们已获得的利益和想要得到的利益之间总是存在着差距,因而由利益差距所形成的个人利益与他人利益、组织利益的矛盾总是客观存在的。为解决由错综复杂的

---

① 〔美〕约翰·罗尔斯:《正义论》,上海译文出版社 1991 年版,第 3—6 页。

利益关系所产生的矛盾,政策制定者会制定出不同的政策,引导持有不同利益的相关组织和个人采取不同的行为。

与社会利益紧密相关的公共政策,是要提供一种普遍遵循,或者至少相关人员应该遵循的行为准则,规范人们在追求利益时所出现的矛盾或冲突的行为。政府必须综合地平衡各种利益关系,或简称为"利益整合"。利益整合建立在利益选择的基础之上,前者既是后者的逻辑结果,又是实现结果,而且往往是两种结果的有机统一。

利益整合,除体现在政治行为与普通准则上,还体现在原则性与灵活性的结合上。现实社会中,利益主体的利益是多元化的。政策既要反映社会大多数人的利益需求,又要兼顾保护少数人的合法利益。政策的作用,是要调动人的积极因素,排除那些消极因素,把各种利益矛盾尽量控制在较小的范围之中,以保证社会的稳定与发展。

(3) 利益分配

不少人认为,政策是一种资源;谁得到了政策,谁就拥有了一定资源。实际上,公共政策本身并不是资源,而是由于政策实施后一部分人的利益得到满足,这意味着政策起到了向社会有关成员分配利益的功能。对不同的政策对象来说,公共政策所分配的利益,往往对一些人是直接的,而对另一些人是间接的。一般地说,人们从政策那里所得到的好处,从程度上看是不等的。比如,获得减免税政策的企业,是直接利益的获得者,而与这些企业产、供、销相关的其他组织与个人,很可能是这一政策的间接获益者。

利益分配的结果既能使部分人获得利益,也可以使部分人失去利益。比如物价政策,就经常在生产者与消费者之间谋取合理的平衡。它们有时会削弱生产者的利益,有时则抑制消费者的利益。但公共政策的最大特点之一,总是要保护绝大多数人的利益,尤其是绝大多数人的长远利益,而抑制少数人的利益。

不过,人们从政策中获得利益或失去利益并不是绝对的,有时还会出现这样的情况:某一政策使得一些人既获得利益,又失去利益。比如人口流动政策,使得农村剩余劳动力大量涌入城市,这固然使农民得到利益,同时给城市居民的某些生活服务也带来了很大方便,从中获得了好处。但因流动人口管理上的困难以及其他多种原因,城市居民的利益又常常受到了程度不同的影响。至于对那些失去利益而又不接受做出让步或牺牲的政策对象来说,公共政策会对他们构成一种强制性的规范。

(4) 利益落实

政策分配利益,满足一部分利益群体的合理要求是十分重要的。但更重要的是这些利益群体能否按照政策规定的目标,获得应有的利益,这不仅是相关的利益群体关心的事,更应该是政府关心的事。政府的政策主体地位,需要它们主动地把政策内容贯彻到实践中去,产生应有的政策效果,即从本质上讲,使得分配的利益到位。

比如,为了减轻农民负担,中共中央、国务院曾多次制定了相关政策,三令五申地指出:严禁向农民乱摊派、乱收费、乱集资以及"打白条"等现象发生。然而在实际执行过程中,许多地方的农民负担仍然十分沉重,农民的实际利益受到了严重侵犯,使得他们产生了"被剥夺感"。很显然,中央政策是要真正减轻农民负担、保护农民利益的,但政策不能有效地落实,就意味着农民没有从中央政策中获得利益。

4. 增进社会利益

人们按照戴维·伊斯顿"分配"的思路理解公共政策显然是不够的,这就如同经济学所讲的那样,仅讲分蛋糕不行,还要做蛋糕。公共政策不仅要分配利益,更要增进全社会的利益。改革开放之初,由于"文化大革命"所带来的影响,使得"中国经济已走到崩溃的边缘"。为了恢复经济,促进经济的快速增长,政府出台了"让一部分人先富起来"的政策,农村中实行"联产承包责任制"政策等,其目的主要不是表现在利益的分配上,更多的是为了增进全社会的利益。增进全社会的利益与效率有关,分配全社会的利益则更体现在公平上。

5. 公共政策的本质

我们认为,在对公共政策本质的理解上,应突出以下内容:

- 要实实在在地增进社会利益;
- 对全社会的利益进行分配;
- 基于多种利益关系的有选择的利益分配;
- 通过整合各种利益矛盾后的利益分配;
- 要在实践中得到兑现的利益分配;
- 要在增进社会利益中突出效率,在分配社会利益中突出公平。

根据以上看法,若暂不研究其他政策主体,仅考虑政府管理行为,并结合利益分析的视角,我们对"公共政策"的定义如下:

公共政策是政府依据特定时期的目标,通过对社会中各种利益进行选择与整合,在追求有效增进与公平分配社会利益的过程中所制定的行为准则。

对于这一定义,我们需要强调几点:

- 若不涉及非政府公共组织,而仅作为政府的公共政策,它是政府制定的行为准则,这些准则首先体现了政府的政治行为,是政府活动的产物。
- 公共政策的本质是要解决利益的增进与分配问题,既包括物质利益的增进与分配,也包括精神利益的增进与分配。
- 公共政策对利益的分配,是一个动态过程。这种过程取向大致经历四个环节:利益选择、利益整合、利益分配与利益落实。

- 公共政策对社会利益的分配,服从于政策主体的整体目标需要,或者更直接地说,服从于政策主体对利益的追求。
- 公共政策对社会利益的分配过程,是有时间与空间限制的。
- 突出"追求",说明公共政策仅是某种规范,其实际结果如何,有待执行之效果分析。
- 有效增进与公平分配社会利益,既是应然分析的要求,也是区别私域管理的本质所在。
- 社会利益所包括的内容是:具有社会分享性的公共利益、具有组织分享性的共同利益和具有私人独享性的个人利益。
- 用包括以公共利益为核心的三种利益之和的社会利益,取代人们常用的"公共利益",即增进和分配的是社会利益,而不是唯一的公共利益。

## 第二节 公共政策的基本特征与主要功能

### 一、公共政策的基本特征

作为对社会利益进行分配的政策,是要调整社会成员之间的利益关系,实现政府的目标。在不同的社会形态里,公共政策的表现形式各异。在阶级社会里,它具有如下明显的共同特征:

1. 阶级性

公共政策是公共权力机构为解决某一社会问题而制定的行为规范,是政府政治行为的产物。政府是统治阶级行使国家权力的核心工具。政府的政策要符合统治阶级维护和巩固现行政治统治的需要,要体现统治阶级的意志,反映统治阶级的根本利益和共同愿望。明显的政治倾向与阶级性,会强烈地表现于每一项政策之中。

马克思主义认为,"统治阶级的思想在每一时代都是占统治地位的思想。这就是说,一个阶级是社会上占统治地位的物质力量,同时也是社会上占统治地位的精神力量。支配着物质生产资料的阶级,同时也支配着精神生产资料,因此,那些没有精神生产资料的人的思想,一般地是隶属于这个阶级的。"[①]公共政策的指导思想,是统治阶级思想的集中体现,其理论基础是统治阶级倡导并支持的理论。比如二战结束后,西方资本主义国家依照资产阶级的统治需要,普遍实行凯恩斯主义,采取了国家干预的经济政策。毫无疑问,社会主义国家的政策,其理论基础集中反映了占统治地位的工人阶级和广大劳动群众利益的思想。公

---

① 《马克思恩格斯选集》第1卷,人民出版社1995年版,第98页。

共政策具有鲜明的阶级性,超阶级的政策是不存在的。

2. 整体性

公共政策要解决的问题是复杂的。尽管某一政策是针对特定问题提出的,但这些问题总是与其他问题交织在一起,相互关联,相互影响。孤立地解决某一问题,往往是不成功的。即使暂时解决,也会牵连其他问题或产生新问题。比如埃及的阿斯旺高坝,解决了上游的水利问题,却引发了生态平衡的破坏等一系列环境问题。之所以会产生这种结果,是由某项政策功能的有限性与社会问题的庞大和复杂之间的矛盾造成的。政府很难通过某一项或几项政策对全社会实行有效管理。

人们经常讲,政策要配套,是指由众多数量、类型不一的政策组成政策体系,强化政策的整体功能。整体性不仅表现于政策的内容与形式上,而且还表现在政策过程中。一个理想的政策过程,基本包括了政策的制定、执行、评价和调整等多个环节,不同的环节之间相互联系,共同对政策的质量发生作用。政策体系的整体功能,以及政策过程诸环节的整体作用,除取决于自身的联系之外,还与政策环境密切相关。环境的变化,必然会引起政策过程诸环节的变化,同时也将导致政策及政策体系的变化。为保证政策机制的运行,需要注意政策内容、政策过程与环境之间的整体作用。

3. 超前性

尽管公共政策是针对现实问题提出的,但它们是对未来发展的一种安排与指南,必须具有预见性。任何政策都有明确的政策目标,即解决政策问题所要达到的目的、结果和状态。先进的政策目标,决定了政策应是超前的。比如"允许部分地区和个人靠勤劳先富"的政策,其目的是要达到"共同富裕"。社会主义制度的本质特征,决定了"共同富裕"这一目标是先进的。为实现这个目的,政策鼓励先富的地区和个人,要以富帮穷,犹如滚雪球,逐步壮大,最终实现"共同富裕"。如果没有"先富",就不可能"同富"。由此可见,政策目标愈先进,政策的超前性愈强。

政策的超前性,不仅是保证政策稳定的必要条件,而且是合理分配社会利益的有力保证。那些处于最佳超前度的政策,必将对社会产生强大的吸引力和推动力。政策的超前性,不是脱离实际的空想,而是建立在科学预测与对客观事物发展规律充分认识基础上的必然结果。

4. 层次性

政策作为政府行为的产出项,根据不同层次的政策主体,会具有不同规格。按照权力主体来划分,政策包括中央政策和地方政策。从内容上看,政策体系中的各项政策,也有不同的层次关系,可划分为总政策、基本政策、具体政策等。尽管不同的政策间是相互联系的,但不同类型的政策之间并非是"平起平坐"的关系,而有主次之分。

从政策体系的纵向分析,高层次政策对低层次政策起支配作用。但高层次的政策内容都是概括性强的原则性规定,常常难以直接规范人们的行为。只有把高层次的政策加以具体化,并逐层分解,才能转化为低一层次可操作性的一系列政策。"一刀切"政策至少没有认识到政策的层次性。

特别指出,按照系统论的能级原则,不同层次的系统要素具有不同的能级。中央政府的宏观调控政策是从整个国家的全局考虑制定的,各地方政府必须依照本地区的实际情况,具体分析客观对象,制定出适合本地区的政策,而不是简单地照搬中央政策。即使处于同一层次上的政府政策,也可能由于政策问题提出的背景等因素的不同,在政策内容上会有一定差别,同样不应该机械硬套。

5. 多样性

公共政策的多样性,显然源于政策的"公共"特征。现代政府在社会生活中所处的举足轻重的地位,直接由政府职能的日益拓展所决定。政府职能是政府在一定时期内,依据社会发展需要,所承担的职责和具有的功能。多数人把政府职能分为政治统治、社会管理和经济管理职能。

随着生产力的不断发展,社会事务的日益增多,总的说来政府职能的发展趋势是日益丰富、复杂和扩大,那些在过去不太需要政府管理的问题,如人口问题、环境保护问题、资源问题等等,均被列入现代政府的管理范围内。由此而引发的政策问题,自然变得多样与复杂。

在我国,由于受政治、经济、历史和文化等各种因素的影响,政府管理范围相当广泛。因而政府的政策内容极其繁杂。比如,我国的公共政策,按社会领域划分,不仅可以划分为政治、经济、科技、社会等政策,而且这些政策还可以划分为若干子政策,如经济政策可包括财政政策、金融政策等。同样,这些子政策还可以再分为更低一层次的子政策。

6. 合法性

政府行为是一种特殊的"法人行为"。体现政府行为的政策,本身就具有一定法律性质。它的规范作用,与社会上一般所讲的道德规范不同。它既要依靠社会舆论来维持,更要通过国家的强制力量来监督执行,因为政策集中反映了统治阶级的思想。

政策与法律之间存在着特殊关系,它们都共同体现并代表了统治阶级的利益。但政策是法律的重要依据,法律是实行政策的最有效形式。法律比政策更条例化、固定化,而政策比法律更具有灵活性。所以政策是法律的前身。对于一个逐步走向法制化的国家来说,政策的合法性是极其重要的政治要求。它首先表现在内容上不能与宪法、法律相抵触;其次还表现在程序上要严格守法。这充分体现了对法律的尊重,有利于民主政治的培育与发展。在一定条件下,政策与法律之间可以相互转化。在此需说明,西方学者对公共政策内容与形式的理解,要比我们宽泛得多。

**二、公共政策的主要功能**

所谓公共政策的功能,就是公共政策在管理社会公共事务过程中所发挥的作用。依据我们的理解,公共政策的基本功能有三个:导向功能、调控功能与分配功能。

1. 导向功能

公共政策是针对社会利益关系中的矛盾所引发的社会问题而提出的。为解决某个政策问题,政府依据特定的目标,通过政策对人们的行为和事物的发展加以引导,使得政策具有导向性。具体地讲,政策为社会的发展、人们的行为确定方向,能有效地使整个社会生活由复杂、多变、相互冲突、漫无目的的行为,转到统一而明确的目标上来,使之按照既定方向有序前进。

政策的导向,是行为的导向,也是观念的导向。公共政策是规范人们行为的准则。它所倡导的是,告诫人们应该按照什么原则做什么事和不能做什么事。这必然会对社会的观念产生巨大影响,尤其在体制变革的年代或制度创新时期,这种影响会更大。人们看到在体制转轨的过程中,政府的许多政策对人们的观念导向比起对行为的导向来说,其作用可能更大。这是因为,由于历史环境等各种原因,在迅速变革的年代里,人们在观念上的需求动机会有较大的变化,但不一定在行动中就立即或全部表现出来。

公共政策的导向功能,有两种作用形式:一种是直接引导,另一种是间接引导。我国的许多农村政策,既直接引导了农民发展农业生产的行为,同时也间接地对城市居民的工作与生活发生了影响,引导与制约了他们的行为。正如前面提到的,这种间接导向作用,反映在行为上,更反映在观念的转变上。比如,在城市居民中,如何看待农村及农村生活,从观念上发生了深刻的变化。甚至还出现这一类情况,某项政策对一部分人的观念与行为,原本是起到间接引导作用的,在一定条件下这种间接引导作用却转变成直接引导作用。

从作用结果来看,公共政策的导向功能包括正向引导功能和负向引导功能。正导向是政策对事物发展方向的正确引导,体现了人们对事物发展规律所表现出的正确认识。这一点理论上不会有什么争议。关键是如何理解负导向功能。有些学者认为,那些违背事物发展规律、对事物发展方向起逆转作用的、被实践证明是错误的政策,才具有负导向功能。我们认为这种理解未免太窄。原因是公共政策不是符合一切人利益的政策。

在我国,政府政策所谋求的是要符合绝大多数人的利益。即使在绝大多数人中,人的素质有差别,也不排除一部分人从实用主义的角度来理解某一项公共政策的内涵。更何况,任何一项政策不可能是尽善尽美的,总需要在实践中不断完善。所以,不正确的政策,违背绝大多数人利益的政策,固然具有负导向功能;而那些基本正确的政策,因其具有不可克服的负效应,也会产生负导向功能。

西方国家公共政策的负导向功能,其表现非常突出。比如,美国的福利政策,采取了对未成年子女的家庭进行补助的措施,由此产生了私生子女增多的不良后果。公共政策所具有的导向功能是客观的,是不以人们的意志为转移的。人们既要充分发挥政策的正导向功能,又要清醒地认识到政策的负导向功能,要主动地调整社会的利益关系,克服它们的消极影响,特别要尽量避免那些因错误政策而产生的负导向作用。

2. 调控功能

公共政策的调控功能是指政府运用政策,在对社会公共事务中出现的各种利益矛盾,进行调节和控制的过程中所起的作用。正如不少学者所指出的那样,它既有调节作用,也有控制作用。但我们认为,调节作用与控制作用往往是联系在一起的,经常是调节中有控制,控制中达到了调节。

政策的调控作用,主要体现为调控社会各种利益关系,尤为重要的是物质利益关系。现实社会里存在着追求各种不同利益的群体。他们中有些人的利益是一致的,有些人的利益则不一致。有些人在一定时期内,利益是一致的,而在其他时期内又会不一致。利益的差别、摩擦以至冲突是不可避免的。为了平衡各种利益矛盾,实现社会的稳定和发展,作为一项政治措施的公共政策,需要承担起调控社会利益关系的重任。

公共政策涉及社会、阶级和国家的根本利益,浸透了政府决策者的认识能力和主观偏好。正因为如此,公共政策作为政府用以管理社会的工具,首先必须在维护统治阶级的利益与需要方面,起到巨大的政治作用。这是政策发挥调控作用的出发点。人们看到,不少政策之所以失灵,没有实现预期目标,就是因为人们有意或无意地忘记了这一点。

公共政策的调控功能,也有直接的和间接的两种形式。对中央政策而言,那些宏观调控政策,如以产业政策为核心的经济政策,控制人口增长、保护生态平衡等政策,对我国经济的发展、人口的数量和质量、环境的保护,都直接起到了调控作用;同时,它们也对企业的发展起到了间接调控作用,政府制定政策去调控市场,市场引导企业的生产、经营,促使资源的优化配置。在计划经济体制下,人们混淆了两种调控方式的区别,使宏观经济政策产生了许多消极作用。

政府政策的调控功能,常常还表现出特有的倾斜性。因为政府目标在不同时期会有不同的侧重点,政策要围绕政府目标的侧重点,鲜明地倾向于政府工作的某一方面,即政府在满足整体利益的前提下,优先对某一领域,以及相应的某一些利益群体施加保护或者采取促进性措施,使之得到充分发展,而这些措施往往是倾斜政策的重要内容。政策不仅指明人们应该做什么、不该做什么,而且还指明应该先做什么、后做什么,以此调控社会群体和个体的行为,规范人们的行动。

政策的调控功能,也有积极与消极之分。消极的调控作用也被称为负调控功能。这种消极作用,往往是强调一种倾向而掩盖了另一种倾向所致。比如,强调扩大地方自主权的"分灶吃饭"政策实施后,中央财政收入出现了较为明显的下降趋势。

3. 分配功能

在关于"公共政策"的定义中,我们特别强调了它在分配社会利益中的本质特征。毫无疑问,公共政策应具有利益的分配功能。这种功能需要回答三个方面的问题:将那些满足社会需求的资源(即利益)向谁分配?如何分配?什么是最佳分配?这里,我们只讨论第一个问题。

社会经济地位、思想观念、风俗习惯以及知识水平等方面的差别,造成了不同的人有不同的利益需求。然而社会的实际资源是有限的,不可能时时、事事都满足每一个人的需要。社会中每一个利益群体与个体都希望在有限的资源中多获得一些利益,这必然会在分配各种具体利益时产生冲突。如果这些冲突激化,就会造成社会的不稳定。

为减少社会成员之间的利益摩擦,需要站在公正的立场上,用政策来调整现实的利益关系。一旦某项政策付诸实施,必然是一部分人获得利益,另一部分人未获得利益;或者是一部分获得了较多的利益,另一部人非但未获利益,甚至失去原有的利益。这就是政策所起到的利益分配作用。每一项具体政策,都有一个"谁受益"的问题。换句话说,政策必须鲜明地表示:把利益分配给谁?

利益究竟分配给谁?在通常情况下,下列三种利益群体和个体,容易从公共政策中获得利益:

(1)与政府主观偏好一致或基本一致者

政府是政策制定的主体,自然也是利益分配的主体。政府显然愿意把社会利益分配给自己的拥护者,而不是反对者。现实中常有这种情况,那些口头或表面拥护而实际上反对政府偏好的人,也同样会从政府手中获得同等的利益,甚至更多的利益。

(2)最能代表社会生产力发展方向者

公共政策的利益取向,要求必须明确谁是政策的受益者。对于任何一届政府来说,大力发展社会生产力总是第一位的。政策的好与坏、正确与错误,首先看它是否有利于生产力的发展。不言而喻,其行为体现生产力发展趋势者,必然会从政策中获益。

(3)普遍获益的社会多数或绝大多数者

一项政策的实际效果,取决于该政策是否符合绝大多数人的利益。因为在政策实施过程中,利益得到满足或基本满足的各种利益群体与个体,会自觉不自觉地拥护和执行政策,促使政策的实际效果与预期效果一致。一般地说,在特定时期内政策受益的人越多,发生政策偏离的可能性就越小。

在市场经济体制下,市场调节以效率为原则。但对任何一个进步国家来说,它又要坚持社会公平原则。多年来,尽管我们一再提倡效率优先、兼顾公平的原则,但是社会利益矛盾仍然突出地反映在分配不公上,尤其是物质利益的分配不公。那些不合理的分配政策,假如得不到及时纠正,必然大大加剧利益分配中的矛盾,有可能会从物质利益冲突发展到非物质利益的冲突。

因此,认真地研究公共政策的利益分配功能,既是重要的理论问题,又是一个严肃的实践问题。可以这样讲,离开了"究竟把利益分配给谁"这一核心问题,公共政策将失去制定的必要性,即使制定出来也会失去其灵魂。

## 第三节 公共政策分析

### 一、公共政策分析的框架

1. 公共政策分析的内涵

正如对公共政策的理解不同,对公共政策分析的解释也相差甚大。我们认为,在众多的定义中,有几种具有代表性的看法值得一提。

(1) 美国兰德公司的查尔斯·沃尔夫认为,公共政策分析是把科学理论方法应用于解决政策的选择和实施问题,这些政策包括国内、国际及国家安全事务等方面。[①] 也许由于这种看法,国内外有少数人往往产生一种错觉:似乎政策分析仅仅是简单的技术工作,它只需由部分人写出研究报告并付诸实施即可,而这些成果又常常被领导者或决策者所忽略。

(2) 美国学者米切尔·怀特认为,人们很少能选定那些一劳永逸、自成一体、所有人都能领会的政策。[②] 政策分析的目的不是产生某种一锤定音的政策建议,而是要帮助人们对现实可能性和期望有逐渐一致的认识,产生一种新型的社会相互关系与"社会心理"模式。这种模式使人们对政府的某项职能有了新的共同认识,其结果是使政治集团之间的活动或行为更趋一致,冲突趋于减小。在促成共同认识的过程中,可以对实施政策的细节进行讨论,而不是在原则问题上争论不休。

"政策分析是在公共政策领域内创造和应用知识的复杂的社会过程",那种

---

① 〔美〕查尔斯·沃尔夫:《市场或政府——权衡两种不完善的选择/兰德公司的一项研究》,中国发展出版社1994年版。

② 〔美〕斯图亚特·S.那格尔:《政策研究百科全书》,科学技术文献出版社1990年版,第13页。

"不承认知识积累的社会过程"、把"技术手段看得比目的更重要"①等认识是对政策分析宗旨的曲解。怀特还认为,与那种把政策分析看成是求解问题的某种技术的传统观点相比较,"建立新型社会关系"的看法更重要,因为它把"社会"放在突出地位上,在政策分析的技术前景和理想社会之间建立起更好的桥梁。

(3) 政策科学的创始人之一、著名学者叶海卡·德罗尔认为,政策科学应包括基本政策、元政策、政策分析、实现战略等内容。美国学者克朗根据德罗尔的构想,认为从方法论角度看,政策科学应包括五个基本范畴:政策战略、政策分析、政策制定系统的改进、政策评估、政策科学的进展。②

这里讲的政策分析,是指依照政策方案与政策目标之间的关系,及其可能产生的多种结果与相关规则,在各种已知备选方案中确定一个最好的政策方案的过程。我们认为,在实际操作中,人们很难把政策分析仅限于政策方案的选择过程上,而不考虑政策的实施及其评价。

综上所述,公共政策分析是对政府为解决各类公共政策问题所采取的政策的本质、产生原因及实施效果的研究。

2. 公共政策分析的三种模式

(1) 麦考尔—韦伯分析模式

人们对政策分析的理解不一,则所构建的政策分析基本框架也有很大不同。美国学者麦考尔与韦伯认为,政策分析主要包括对政策内容与政策过程的研究。③ 政策内容包括:"政策将要影响的特定目标或目标集合,期望的特定事件过程,选择的特定行动路线,提出的说明意图的特定陈述,以及采取的特定行动。"④政策过程则包括:"一些行动和相互影响,这些行动和相互影响导致了对一个最好的特定政策内容作出权威性的最终选择","还包括政策的实施结果及对政策的评价。"⑤

他们认为⑥,政策分析常见的形式是规范性分析与描述性分析。前者主要应用各种规范性原则以及提供政策性建议;后者则在"价值自由"下给出描述性的或解释性的叙述。从传统的研究看,人们常把规范性分析主要集中在政策内容上,而把描述性分析集中在政策过程上。他们认为,这些研究实际上是交叉的,因而产生了四种不同的类型分析:政策内容的规范性分析、政策内容的描述

---

① 〔美〕斯图亚特·S. 那格尔:《政策研究百科全书》,第 13 页。
② 〔美〕R. M. 克朗:《系统分析和政策科学》,商务印书馆 1985 年版,第 31 页。
③ 参见〔美〕斯图亚特·S. 那格尔:《政策研究百科全书》,第九章。
④ 同上书,第 156 页。
⑤ 同上。
⑥ 同上书,第 156—157 页。

性分析、政策过程的规范性分析和政策过程的描述性分析。

政策内容的规范性分析主要涉及政策的本质而不是程序性。这类研究大致有两个方面：一是使用批判方式分析一个特定的公共政策，尽管通常也会提出对现行政策的改进意见或者一种完全不同的新政策，但对现行政策批评的原则，却会使政策制定者认为是包含着较高的价值目标；二是一种"未来分析"，不是分析目前政策的未来结果，就是探讨各类适用于预测未来的政策。

政策内容的描述性分析则是把与政策内容相关的一个或多个属性看成是政策过程的解释变量，继而研究它们对公共政策内容的影响。这类属性包括如政策领域、制度与价值范畴、支持程度和政府层次等内容，甚至还包括那些抽象属性，如实际满足和"象征性"满足之间的差别等。

政策过程的规范性分析主要是程序性的政策分析，其中包括对现行政策程序所提出的改进建议和一整套新程序。这类研究经常采用如系统分析、运筹学等多种理性模型。

政策过程的描述性分析经常针对政策周期的一个或几个阶段进行讨论。在政策周期所包含的如政策表述、决策、实施、效果评价和反馈等阶段中，研究最多的是政策表述和效果评价阶段。前者是对政策问题的性质、范围等进行讨论；后者是围绕政策效果评价、效能评价以及成本—效益分析。

(2) 沃尔夫的分析模式

与麦考尔和韦伯不太相同，查尔斯·沃尔夫基本从政策过程的角度，讨论了公共政策分析的基本模式。他认为政策分析通常有如下程序[①]：

- 认真收集和分析所研究的政策领域中各种数据资料，特别要使用那些定量化数据。要熟悉所研究的领域中政府机构的内在关系，其重要性并不亚于定量分析。
- 运用数据分析结果与政府机构所提供的资料，以及相关理论，建立研究领域或系统内部的各种变量间的关系。
- 建立分析模型，详细说明因变量与自变量之间的关系。对数据与研究领域所特有的"直觉"，以及对公共政策目标的敏感，是成功建立模型的基础。
- 提出多种可供选择的项目和政策，其中包括具有"基准性"的现有的项目或政策。
- 通过检验所选择的方案模型，以及对所描述的目标完成结果的比较，切实评价这些政策。

---

① 参见〔美〕查尔斯·沃尔夫：《市场或政府——权衡两种不完善的选择：兰德公司的一项研究》，第五章。

- 对执行过程的分析往往是标准分析程序中"漏掉的一章"。人们通常潜在地假定,政策执行中政策将不再发生变化。事实上,政策经常在执行中发生根本性的变化。

沃尔夫特别强调,实际上所有的政策分析都没有系统地解决有关执行的问题,因为在项目设计和项目的最终实施之间尚存在着巨大空白,并且缺乏预见这些空白的方法。所以,他指出要区分描述性的执行分析与规范创造性的执行分析。

我们认为,沃尔夫所提出的政策分析框架,基本上是把系统分析运用于公共政策的研究中,侧重于政策实施前政策方案的确定过程。尽管也提到了执行分析,但其重点是在政策设计与最终实施之间所存在的巨大空白研究上。

(3) 邓恩的分析模式①

① 政策分析的三种方法

美国学者邓恩则侧重从政策信息的转换过程去研究公共政策分析的基本框架。他认为,政策分析基本上要解决三类问题:事实、价值、规范。由此产生了与之相关的三种方法中的一种或多种分析。这三种方法是:经验方法、评价方法和规范方法。

经验方法主要是描述某一公共政策的因果关系,指出某事物是不是存在,因而提供的信息是描述性的。如:卫生、教育、公路建设方面的公共费用实际是多少?如何分配的?分配的结果是什么?

评价方法主要是决定某项政策的价值,即是否值得这样做,与之相关的信息是评价性的。例如在提出新的税收政策后,会依据伦理道德标准来评价它的优与劣。

规范方法是对所解决的公共问题,提出一种引导性方向,即告诉人们应该做什么,因此与之相关的信息是指导性的,如保证最低收入是解决贫困问题的基本途径。

然而传统的科学方法只注重事实,而避免使用评价与规范化方法。因为人们相信价值是纯主观的,仅与评判者的价值观相关,既不能对它展开理性讨论,也无法用科学方法研究。这种"价值无理性内涵"的观点,实际上混淆了指导性的陈述,同无条件的强制性命令以及各种以感情色彩所提出的要求之间的区别。这种对政策的倡导被看成是非理性化过程的看法,必然会大大地影响公共政策分析在方法论上的质量。按照邓恩的看法,公共政策分析的方法应该产生与之相联系的三种信息,而不是一种信息。

---

① 参见〔美〕威廉·N.邓恩:《公共政策分析导论》(第二版),中国人民大学出版社2002年版,第三章。

② 政策分析的内容

邓恩认为，政策分析至少包括五个方面：

- 构建问题，即首先要明确政策问题是什么以及如何解决。政策问题不可能在一开始全部明确，只有在不断的分析活动中才会逐步清楚。
- 描述与现行政策问题相关的已有政策，分析其产生的原因、制定过程与实际结果。
- 预测为解决问题所提供的相关政策能够产生何种结果。
- 评价已有和将产生的政策价值。
- 提供将要实施的政策会产生哪些有价值的信息。

邓恩特别强调了以下几点：第一，在这个分析体系中，问题将会影响其他环节的作用与评估，处于中心调节地位；第二，分析程序经常表现为一种等级关系；第三，政策提出不仅以事实，而且也以价值为基础；第四，在整个分析中，要看到提供信息的一面，更要认识到信息转化的重要地位。

③ 政策分析的三种主要形式

邓恩认为，因不同的政策信息元与政策分析方法之间的关系是多重的，从而导致了政策分析的主要形式至少有三种：预测分析、回溯分析和综合集成分析。

预测分析涉及政策行为启动和执行之前信息的产生与转变过程。回溯分析主要是限于政策实施后信息的获取和转换上。综合集成分析是一种全方位的分析形式。它不仅要把预测分析与回溯分析阶段的研究结合起来，而且要求分析者不断捕捉新的信息与转化信息。

从上述三种公共政策分析基本框架看，尽管对所强调的研究重点有所不同，甚至对分析过程的起始点及其所对应的内容都有较大的差别，但它们的共同点在于都涉及政策过程的分析。

3. 综合分析框架

依据我们前面提到的对公共政策分析的理解，以及综合中外学者的相关论述，公共政策分析的基本框架简述如下：

(1) 公共政策问题的构建

- 社会现实中的某个(些)问题怎样成为公众在政治上注意的对象？
- 社会问题或公共问题如何进入政策议程成为政策问题？
- 政策问题的基本内容是什么？
- 不同的政策问题主要采用哪些分析方法？
- 建立政策议程的基本条件有哪些？

(2) 公共政策方案的制定与通过

- 建立政策方案的基本原则是什么？
- 实现政策方案的目标是什么？

- 可供选择的方案是如何制定的？
- 怎样对所选择的政策方案优化？
- 相关利益群体如何影响政策方案的制定过程？
- 政策方案是怎样被正式通过和颁布的？
- 正式通过的政策的基本内容是什么？

（3）公共政策内容的实施
- 有效的政策实施必须具备哪些条件？
- 在政策实施中采取了哪些具体的行动措施？
- 这些行动措施对政策内容产生了何种影响？

（4）公共政策效果的评价
- 按照什么样的标准去评价政策的实施效果与影响？
- 由谁去评价政策结果？
- 政策评价的结果是什么？
- 政策是继续执行、发展，还是终止？

## 二、公共政策分析要素

公共政策分析虽然与系统分析有密切联系，但它是对政府政策的制定、实施与评价的分析，因而与一般的技术分析不同。我们认为公共政策分析的基本要素有：政策问题、政策目标、政策方案、政策模型、政策资源、政策评价标准、政策效果、政策环境和政策信息。

### 1. 政策问题

某一公共政策能否顺利提出，在一定程度上取决于人们是否对政策问题取得共识。政策问题是从大量社会问题中筛选出来的，如何筛选，谁参与筛选，其结果会大相径庭。作为有选择的社会问题，不同于解决一般的技术问题。技术问题易于形成统一认识，是与否、真与伪，相对地可以利用科学技术及其他人们共同遵守的原则与手段处理。社会问题则不然，人们对它们所做出的判断是否准确，既取决于经验知识，还取决于伦理道德方面的价值观念等。

比如，人们讲"社会治安混乱，安全感差"，提出要针对社会犯罪问题采取政策。然而，在社会多数人中间，是否会对这些问题有一致看法？社会上的某些不正当或非法现象，构成不构成社会犯罪问题？某地区发生的犯罪问题是否被认为是严重的社会问题？若是社会问题的话，政府的估计与社会部分成员的看法是否一致？政府能否拿出足够资源解决这些问题？诸如此类看法，不同的人会从不同需求与角度出发，提出不同主张。

### 2. 政策目标

政策分析的中心任务，是要确定解决问题的目标，或者明确地说，确定目标是分析的前提。所谓政策目标是政策所希望取得的结果或完成的任务。如果没有目标,政策方案是无法确定的。但目标不明确,也同样会使政策出现偏差。界定了政策问题,并不等于确定了目标,因为问题中确认的东西还太抽象,往往抓不住要害。所以必须要求目标明确,具体落实。围绕问题,开始设定的目标往往笼统,有待进一步具体化。其方法有两种:一是把总目标分解成更低层次的子目标;二是量化,给目标定出必须实现的数量界限。这样可以使整体目标与局部目标、长远目标与近期目标、单目标与多目标等分析得较为清楚。

在现实生活中,没有选准目标所产生的政策失误,要比选错实现目标的方法与技术所产生的失误大得多。在政策分析中,人们对目标的选择,可以采取目标树方法,即从总目标开始,层次鲜明地逐级向下分解,从而找出政策系统内所含各目标之间的关系。确定目标,要考虑达到此目标所采用的手段。政策目标既不能朝令夕改,要具有稳定性,又要伴随着社会环境的变化,具有应变能力。

3. 政策方案

为实现某一目标,可采用多种手段或措施,它们统称为备选方案。拟定可供选择的各种备选方案,也是政策分析的基础。由于好与坏、优与劣都是在对比中发现的,所以需要拟定出一定数量的可行方案进行对比选择。体现政府行为的备选方案,集中了统治者的意志。作为政府首脑人物,他们的地位会直接决定方案的量与质。即使在民主政治较强的国家中,也往往有这种可能性,政策方案被关键的决策者的一人意见所替代,或称为只有一个方案。离开政治、民主等其他因素不谈,仅从技术的角度衡量,无选择的方案是难以对比的,更不好选其优劣。没有选择也就没有分析。

决策理论中的"霍布森选择",即"形式上有多种方案的选择,而实质上只有一种方案的选择",在公共政策分析中应该严禁出现。政策方案的设计过程,是个不断创新的过程。有些学者认为,这一过程是政策分析最能大显身手之处。无选择的政策方案不行,有了可供选择的方案而不会选择也不行。为保证备选方案的拟定、设计和选择,人们十分重视政策方案的科学预测。预测结果如何,取决于经验、资料与其他信息,以及预测技术等。

4. 政策模型

按照系统分析的理解,模型是对研究对象和过程某一方面的本质属性所进行的一种抽象描述。它可以将复杂问题变为易于处理的简单模式,不受现实中非本质因素的约束,易于理解、操作、模拟与优化。模型是由变量与关系组成的。变量反映随时间或其他条件变化的数值改变程度。明确变量及其相互关系是分析的主要任务。在分析的基础上,通过确定这些部分之间的关系而将其加以组合。

由于对分析—综合过程的自觉认识及其结果形式的不同,模型可分为多种类型。其中有些模型可能是确定的,也可能是随机的。确定型模型,是通过已知可控和不可控变量的关系来计算所有结果变量,而随机模型是从变量的概率分布中求出结果。当某些模型无法用数学求解时,分析者可借助于"仿真模型",如常用的模拟技术。所有的模型讨论,都涉及总体研究。模型应该首先在整体水平上建立各种关系,并依据需要逐步补充,直至得到最理想的结果。因此最优化模型是在特定假设和约束条件下可以求出最优选择结果的模型。

5. 政策资源

在政策制定与实际执行中,都会消耗各种资源,尤其在执行中。政府的"作为",以能提供多少资源为基础,这是政策分析的前提条件。所消耗的资源,一般可以用货币表示其费用。但政策分析中,大量的是非货币支出的费用。如生态影响因素、环境污染因素等,无法用货币来衡量。比如,在美国能源政策的制定中,决策者及政策分析者对政策资源消耗的看法,会直接影响实际政策的制定。从美国来看,获得能源的方法与途径有多种,但每种政策所耗费的资源是不同的。[①]

20世纪70年代前美国人耗费了大量的廉价进口石油。到70年代,美国总统提出不能依赖进口石油的政策目标。从政治上看,中东产油地区的政治相当不稳定,而且受苏联的影响。从经济上看,石油价格猛涨,美元会大量外流。从环境上看,大量无节制地使用石油,会造成污染。美国政府从政策资源的角度进行了反复比较:从政治上看,担心石油输出国中断石油供给;从经济上看,必须阻止因石油价格上涨而导致美元大量流向国外。所以作为政策制定者,美国几届政府都不赞成把进口石油看成是长期能源供给的组成部分,提出了大力发展国产化替代燃料的政策。由此可见,资源消耗分析,有许多因素不能用货币衡量。人、财、物、时间、信息都是资源。除此之外,权力、地位、名誉等,也可能是资源;之所以讲可能,是因为需要具备一定的条件它们才能起作用。

6. 政策评价标准

整个政策过程,无论是从系统评估、投资评估、推测评估、方案评估,还是执行评价或总评价等,都有待于建立合适的评价标准。政策制定是政治过程,离不开政治上的评价及其标准。显然,不同统治阶级的政治评价标准是完全不同的。对于经济上、技术上的评价标准,其中一部分可能一样,但另一部分也可能不一样,因为政策的技术评价,与对其他客观事物的技术评价不一样。政策评价往往是综合性评价,因为不同方面的标准,无法用较为统一的尺度来衡量。

"如果我们将理性界定为运用推理逻辑的思考程序,以进行政策选择之自

---

① 参见〔美〕斯图亚特·S.那格尔:《政策研究百科全书》,第三十一章。

我意识过程,则任何一种政策分析都必须是理性的,而且是以多元理性为基础的。"① 这种多元理性基本包括如下内容:

(1) 技术理性,即政策是否对社会产生效用而解决人类所面临的科学技术问题;

(2) 经济理性,即政策是否对社会有效率,以最低的成本提供最大的效益,或者提供固定的效益,而消耗最低成本;

(3) 法律理性,即评定政策是否符合成文的法律规范和各项先例,以探讨政策在社会上的合理性问题;

(4) 社会理性,即断定政策的内容是否与社会上流行的规范与价值一致,分析政策在维持社会制度过程中所作出的贡献;

(5) 实质理性,即政策是否追求前面谈到四种理性中的两种或两种以上内容,以及能否解决各项理性之间的冲突问题。②

7. 政策效果

效果是达到目的时所取得的成果。衡量政策效果的尺度往往用效益和有效性表示。效益大体有三个方面:社会效益、经济效益与生态效益。其中有些效益,如经济效益,以及可以转换的非经济效益,都可以用货币尺度来评价效果。有些效益,如绝大部分社会效益,却无法用货币尺度衡量。从投入—产出模型分析,政策效果基本由两个因素决定:一是政策执行的成本;二是政策执行的结果。当政策执行结果所产生的效益,高于政策执行成本时,政策结果是有效的,两者之间的差越大则说明政策效果的有效性越高。反之,当政策执行结果所产生的效益低于政策执行成本时,至少说政策结果是无效的。通常情况下,无效的政策结果都会产生副作用。

8. 政策环境

公共政策系统不仅包括政策主体和政策客体等多种要素,而且还包括外在环境。这些制约和影响公共政策的制定与实施结果的外在因素统称为环境因素。其中包括:经济环境,是影响公共政策的最基本的因素,主要是指一个国家或地区的经济实力、经济利益关系与经济体制。政治环境,主要是政治体制、政治关系、政治文化等。国际环境,主要是影响公共政策制定与实施的国际局势,以及反映一国综合国力的国际地位,还包括衡量、比较各国公共政策水准的国际水平。

由政治心理、政治思想所构成的政治文化,在社会变革时期,对政策的影响是难以估量的。当前,我国正处于社会转型时期,社会政治心理与政治思想,对

---

① 丘昌泰:《公共政策:当代政策科学理论之研究》,台湾巨流图书公司1999年版,第313页。
② 同上。

某项政策的出台都表现出强烈的反应。不少人长期受"以阶级斗争为纲"思想的影响,对政策的理解,从政治心理上分析,首先想到的是"姓资"还是"姓社"。这种政治心理与思想,毫无疑问地会阻碍改革开放中各项政策的有效实施。

9. 政策信息

公共政策活动实际上是对政策信息进行搜集、加工、传递、使用、反馈的过程,即输入关于社会各方面要求与需要的信息,经过转换(领导层的决策),输出作为所制定的政策内容的信息,其中也包括政策实施情况的反馈信息。应该说,政策信息的优化与政策优化是统一的:高质量的信息采集、科学的信息处理、有效的信息传递、快速灵敏的信息反馈等,既会保证政策目标与政策方案的优化,也会保证政策的有效实施。

由于政策信息是反映国家进行各种政策性活动的意志、主张、倾向的信号,以及表现这类活动的各种关系,除了那些保密性信息外,搞行政信息垄断是错误的。政策信息原则上应该是开放的,只有这样才能避免因信息闭塞而造成政出多门、互相抵消、不同步、不配套等问题。获得政策信息应是多渠道的,既有来自大众交流媒介的各种社会渠道,也有来自政府机关的内部渠道。因此,要加强各种信息渠道的沟通。

### 三、公共政策分析原则

公共政策分析活动是个复杂过程,但无论如何,一些基本原则是必须遵循的。

1. 系统原则

人类社会不是由若干个人简单组成的统一体,而是有组织有秩序的系统。社会上的一切事物都存在着相互依赖关系,组成了多层次的复杂系统。某项政策不仅本身可看成一个系统,而且它不可能孤立存在,总是与其他政策相联系,处于一个政策体系之中。所以,不论制定何项政策,都要把它置于特定的政策体系中考虑,搞清楚它与其他政策的关系,充分估计政策体系的整体效应。如果一项政策从某个角度或局部范围分析是合理的,但在整个体系中产生一定负效应,那就应该想到要制定什么样的政策与之配套,或者暂时不执行这项政策。

坚持正确处理全局与局部关系,坚持统筹兼顾,是系统原则的基本要求。既看到全局要统率局部,局部要依赖全局;又要看到全局也依赖局部,局部好坏直接影响全局结果。要反对只讲局部不顾全局的倾向,也要反对只讲简单服从全局而不讲兼顾局部的倾向。政策系统是动态的,系统的未来状态部分取决于过去状态,观察目前的行为和结果,是为了进行目前和未来的调节。这种动态的循环作用,值得政策分析高度注意,认识不到这种动态中的联系是大量公共政策失效的重要原因。

## 2. 预测原则

制定政策是对未来行为所做的一种设想,是在事情发生之前的一种预先分析与选择,故具有明显的预测性。因为在制定政策时,基本目的是要按照政策制定者的意愿和设想安排未来,去实现一定目标。要达到这个目的,首先要估计未来会出现的各种后果,即对各种可能发生的事件加以认真考虑,以适应未来的多种变化。预测是根据过去、现在的相关信息,探索和推测所关心的研究领域在未来的可能发展趋势,并估计和评价各种可能结果。正是由于这个原因,有人认为预测是制定政策的前提。只有建立于可靠预测基础上的政策,才是切实可行的。

我国在人口、生态与环境保护方面所出现的一些政策失误,正是因为缺乏真正的科学预测造成的。政策分析中所涉及的预测因素错综复杂,要得到理想的预测结果,必须在预测中全面了解所要研究的政策问题的历史和现状,要注意数据资料的收集和整理,保证其可靠性和完整性。为了使重大问题的预测结果有较高的可信度,需要综合利用预测技术。

## 3. 协调原则

公共政策协调的最基本特征是利益的协调。改革开放以来,人们之间的利益关系发生了重大改变与调整,改革中的各项政策与措施,正是为了不断协调社会方方面面的利益关系,提高社会各方面的积极性与凝聚力而制定的。需要指出,人们讲政策协调,往往只看到人与事物的不一致方面,即事物的对立面,而看不到事物之间还有相互联系的一面,尤其是互补的一面,服从互补性原理。① 政策的利益综合性,实际上是不同对象间所表现出的相互排斥的利益经过"合理综合"的结果。

政策系统整体功能的大小,往往由所组成要素之间的协同作用的大小而定。一个完整的政策过程,包括政策方案制定、政策执行、政策评价等多个环节,这些环节也可称为要素。它们相互联系,相互促进,要发挥政策整体功能,它们之间必须相互配合、相互协调,形成一种统一的政策合力。同样的理由,政策主体、政策客体与环境之间的关系也是如此。

协调的目的是为保持某种平衡,平衡前的失调反映着事物间的失衡、无序、不稳定。从利益分析看,失调说明了利益分配失衡,利益关系不稳定。政府从社会改革、发展与稳定的全局出发制定政策,坚持从整体上协调,坚持从利益机制上协调,坚持从平衡—不平衡关系上协调,是政策分析过程中应该坚持的原则。

---

① 互补性原理最早是著名物理学家玻尔提出的。他在研究量子现象特征时,认为要完整地再现微观实在性,必须考虑到波粒二象性,必须使用两组互相排斥、互相不能归结,但又互相渗透、互相补充的经典物理学概念。玻尔又认为,互补性适用于一切领域,这实际上使之成为"互补性原理"。

### 4. 分解综合原则

这要求政策分析必须在对政策系统整体把握的前提下，实行科学的分解和总体的组织综合。分解是将具有比较密切结合关系的要素分组化。对政策系统来说，就是要归纳出相对独立、层次不同的子系统。综合则是完成新系统的设计过程，即选择性能好、适宜标准化的子系统，设计它们之间的关系。从整体到部分，再从部分到整体，形成更广泛的价值系统。

在现代社会中，科学技术的进步使得社会信息量骤增。这造成了时空跨度大、不确定因素多等特点，从而为政策分析带来了一定困难。但不管社会多么复杂，人们总可以把它分为几个相关的子系统，用以往的经验和知识去处理，尤其是将这些子系统的特征与性能做到标准化，以便于计算机操作。分解的规则是既要有利于政策系统设计，保障系统的可靠性，又要便于论证、实施与管理。分解方法是多种多样的，一般可按结构要素、功能要求、时间序列和空间状态等方面分解。该分解的就分解，该综合的就综合，做到"宜统则统，宜分则分，统分结合"。

### 5. 民主原则

公共政策过程是与民主分不开的。民主的内涵与实质是人民的权力问题。作为政治系统的产出项，公共政策理当坚持民主原则。公共政策中体现民主原则，首先要回答的问题是那些被选举出来的少数人所制定的政策，是不是真正代表人民的利益，体现广大人民的意志，特别是能否保护和发展他们的整体利益和根本利益。如果广大人民群众只从政府政策那里获得必要的物质利益，而在政治上处于少权或无权状态，这对发展民主政治，保障政策过程中的民主化是难以想象的。

坚持民主原则，不仅要求公共政策保障人民在国家政治、经济、文化等各个生活领域中，要享有同等的权利与公平的利益分配，而且还包括广大人民群众能直接参政议政，从政策制定的各个环节中，充分发挥国家主人翁作用。在一些具体政策上，政府应该不断放权于社会与民众，使更多人参与决策。在那些有关全局性的社会问题的政策制定上，要注意合法的民主程序，以及人民利益的整合和吸纳。

## 四、公共政策分析历史沿革[①]

### 1. 古代的政策研究

政策分析作为一种特殊的人类活动，它是随着社会组织的变化而变化的，而社会组织又是伴随着生产技术的发展与相对稳定的居住形式的发展而变化的。

---

① 参见〔美〕威廉·N. 邓恩：《公共政策分析导论》（第二版），第二章。

西方学者认为,公共政策分析不仅与那些自治程度较高的部落的文明有关,而且与世界城市文明的扩散与分化有关。

社会的发展,促进了受教育阶层的发展,也促进了与政策制定相关的知识的发展。不过以现在的标准看,古代所产生的这些知识,相当多的是非科学的。人们重视的是政策结果,而不关心政策提出的过程。

随着城市文明的逐步发展,各种专门政策分析人才应运而生。当统治者最无能为力做决策时,这些专才会不断地被统治者招募而去,在财政、战争、法律等领域中提出建议,或提供技术上的帮助。

直到18世纪欧洲工业革命期间,政策研究才有了相对独立的地位。这是因为在这一时期,相信科学技术会给人类社会带来巨大进步,在政策制定者与其咨询者的心目中占据主导地位。人们不断认识到,自然科学和社会科学是认识和解决社会问题的重要手段,从而在预测中,过去的神秘主义、魔法等逐步让位于科学。这意味着在政策分析中,实证方法与量化的科学方法在政策制定中处于中心地位。

19世纪以前,不少著名的哲学家、国务活动家,曾试图求助于权威、礼仪和哲学原则,对决策及其在社会中的作用给予系统的解释。到19世纪,不仅制定政策的知识结构发生变化,而且研究方法也随之变化。判断是非的标准更多地看重是否与经验观察结果一致。

2. 政策科学的诞生与发展

与19世纪相比,20世纪政策研究有两个明显特征:与政策研究相关的学科,如政治学、社会学、经济学以及其他社会科学的专业化;推动公共政策研究是那些擅长教学和科学研究的著名学者与教授。他们越来越多地被政府召去,参与政府的决策与管理。

"政策科学"的概念,主要是由美国政治科学家H. D. 拉斯韦尔提出的。1951年拉斯韦尔与D. 勒纳合编了《政策科学》一书,首次对政策科学的基本范畴与方法等内容做出了规定,奠定了政策科学的基础。这样,政策研究从此就建立在科学之上,并逐步形成一门独立学科。拉斯韦尔曾对政策科学概述了六大特征[①]:

- 政策科学是关于民主主义的学问;
- 政策科学的哲学基础建立在理性实证主义之上;
- 政策科学是一门对于时间和空间都非常敏感的科学;
- 政策科学具有跨学科的特点;
- 政策科学是一门必须和政府官员共同研究的学问;

---

① 参见〔日〕药师寺泰藏:《公共政策》,经济日报出版社1991年版,第35—38页。

- 政策科学必须以社会发展为研究对象，具有"发展概念"。

然而，对公共政策分析给予强有力推动的，并不主要是来自社会科学家的活动，而是在相当程度上与工程师、运筹学家、系统分析家与应用数学家等人的实践活动密切相关。他们所受到的是一种与社会科学家并不一样的训练，其工作的重心是放在"分析"上。

公共政策分析的发展，自然要与政策科学的大发展有关。20 世纪 60 年代后期，美国公众对战争、贫困、犯罪等社会问题所给予的特别关注，进一步推动了政策科学的发展。与科学技术发展的重大成就相比，人们普遍感到政府解决社会问题的能力过于软弱，需要建立政策科学，改变传统的决策方式。

政策科学作为一门独立学科研究，在相当大的程度上与叶海卡·德罗尔的工作分不开。从 1968 年至 1971 年，他发表的《公共政策制定的再审查》、《政策科学探索》、《政策科学构想》被称为政策科学三部曲。德罗尔批评了拉斯韦尔过分推崇行为科学方法论的作用，分析了管理科学与行为科学方法的局限性。德罗尔还与政策分析家 E. S. 奎德合作创办了《政策科学》刊物，倡导举办了政策科学国际培训班，为政策科学的传播与发展作出了杰出贡献。

以德罗尔为首的一派政策科学家，他们所提出的理论与观点，已在这一学科中处于领先地位，成为政策科学的基本范式。其理论的基本内容如下[①]：

- 政策科学的目的在于认识和端正社会发展方向；
- 政策科学所关注的政策制定系统，是宏观的公共政策制定系统；
- 政策科学打破了许多学科之间的传统界限，吸收了多学科的有益知识；
- 政策科学的建立，首先是以抽象的政策制定理论框架为基础；
- 政策科学第一次把个人的经验、社会常识也纳入学科知识系统中；
- 政策科学试图将探讨价值、价值协调、价值代价和价值行为确定为基本内容；
- 政策科学的研究主题是鼓励、激发有组织的创造性，包括价值观的创造；
- 政策科学赖以发展的源泉是社会改革和改革环境中政策过程的变化；
- 政策科学强调未来，但又认为今天是过去与未来的纽带，坚持历史研究方法；
- 政策科学既对科学中的理性知识进行研究，又承认超理性过程的重要作用；
- 政策科学以实证哲学为基础，其研究主题是自身的规范、假说、潜在理论、学术基础及其应用；
- 政策科学认为规范的创新是必需的、严格的，应符合科学的基本标准。

---

[①] 转引自〔美〕斯图亚特·S.那格尔：《政策研究百科全书》，第 5—6 页。

从20世纪70年代至80年代,伴随着许多学科的专业学会的建立与发展,美国许多社会科学研究分支,纷纷成立专门研究政策的组织,各种相关的杂志、论文、书籍等迅速增加。美国许多主要大学相继建立了研究公共政策的研究生学位点,开设出一大批课程。不少大学的政策研究中心或机构,与社会上庞大的非学院式的政策研究机构,保持着十分密切的联系。从林德布洛姆首次提出"政策分析"这个概念后,"政策分析家"成了对政府一种官方公职的描述。"政策分析"成了美国20世纪建立起来的重要知识行业之一。

## 【关键术语】

公共政策　公共利益　社会利益　利益选择　利益整合　利益分配　利益落实　政策分析　政策模型　政策信息

## 【复习思考题】

1. 试论述公共政策的本质。
2. 为什么说"利益"是公共政策研究中的核心要素?
3. 如何理解"社会利益"的内涵?
4. 如何理解公共政策的调控功能?
5. 如何理解公共政策的利益分配功能?
6. 公共政策分析的基本框架包括哪些基本内容?它们各自考虑哪些主要问题?
7. 德罗尔等人所倡导的政策科学基本范式包括哪些内容?

## 【案例分析】

### 江西烟花爆竹案[①]

APEC会议的绚丽烟花刚为江西花炮增荣——普京称赞这是"中国人送给世界的美好礼物",发生在2001年12月30日的大爆炸事故"攀达厂爆炸"就使老表蒙难、产业蒙羞。无论当地官员,还是企业主,都蓦然发觉风云变色——万载县委书记、县长不到十天即双双被免职,而国内媒体则盛传"江西要在两年内退出花炮行业"。其实,"退出"一直是江西高层多年存在的动议,并非万载案发才有此呼声。但"裁撤行业"一事牵一动百,众声喧哗。

万载攀达生产的是"B类"烟花弹,即专用于大型庆典上的"高空礼花炮",每个炮仗至少有一个人合抱那么粗,其爆炸威力可想而知。附近村民大都是花

---

① 本案例选自陈初越、章文:《万载平安》,《南风窗》2002年2月(上)。

炮老手，知道这种东西的威力，也知道攀达厂区过小，生产此类烟花弹不安全，因此自攀达建厂之日起，村民就一直反对，要它迁走。事故频发究竟事关花炮业的"原罪"，还是政府疏于管理的过失，甚或"百密不免一疏"的无奈？"退出"是出自人道主义的情怀、"壮士断腕"的勇气，还是无能治理、因噎废食的"下策"？

　　1月中旬，江西宜春地区万载县险些酝酿出一场大规模的集会请愿活动。事情与1月9日新华社发布的一条消息有关：江西省在2002年的全省经济工作会议上指出，拟在两年内退出烟花爆竹生产领域。消息迅速在万载当地有线电视节目中播出，并援引当地政府文件，向全镇花炮业主们传达。此时，万载所有大小花炮厂——约有400家——均被政府通令全面停产十来天。临近春节，正是不少企业"交货"关口，但何时复产？政府不开口，大小企业主们自然心急如焚。"无限期停产"的可能性，再加上"限期消灭产业"的威胁，共同制造着人心浮动。万载的花炮业主们，包括工人们，商量在1月14日到宜春市内集会，反对"停产"措施及"两年退出"政策。短短几天，表示将进城"请愿"者已逾万人。

　　万载县政府得知，决定提前一天，于1月13号下午，在万载花炮业最密集的潭埠镇，召开大会，由新上任的万载县县长、县委书记亲临听取全镇花炮业主的顾虑、要求——其实也可视为政府与花炮业主们的一次谈判。"潭埠会议"约开了3个小时。业主们提出两个要求：一是尽快恢复万载花炮生产。二是对"两年退出"政策，业主代表质问政府：花炮产业在万载是个好几百年的产业，算得上是个"文化遗产"，影响到万载县在国际上的名声，怎能政府说退出就退出？几十万人生计怎么办？有什么产业能在两年内形成新的支柱来顶替？这么重要的事情，应当诉诸"全体老表公决"或"人大投票"，不可以由政府说了算。会后，对近500名花炮厂业主的要求，县里官员迅速反映到宜春市，宜春市也高度重视，次日即给予答复，同意全县复工数日，让一些企业得以从事"阶段性生产"，以履行合同，并处理掉库存的火药。万载的人心获得暂时的平静，"集会请愿"之事也不了了之。

　　万载花炮业规模很大：全县大小花炮厂达400余家，厂房面积超过50多万平方米，直接从业人员达10万人。万载全县2001年财政收入1.2亿，来源于花炮业的直接税收就达6000万元。而万载化工、纸业、运输、宾馆餐饮业其实也都靠作为产业龙头的花炮业来带动，与之盛衰相关。可以说，花炮业控制着万载地区的产业命脉。

　　村民对记者说："我们现在活着，关键是还要活下去。政府用什么产业来取代花炮呢？我们没法想。炸塌房子、炸死几个人，影响还不大，重要的是不要砸了所有人的饭碗。"

　　"对花炮，我们不是怕，也不是爱，关键是现在离不开。"正因为这样，万载众花炮业主们在面对当地政府时，腰杆与语气都可以"硬"得起来。

# 第一章·导论:公共政策分析的基本理论与框架

2001年4月1日以后,江西省即宣布把烟花爆竹作为安全生产的"第一个重点"来整顿,采取了四条措施,其中包括把1万多家个体作坊全部关掉与调整结构,逐步退出。江西省如果真的安排"两年退出"花炮业,就会面临一个尴尬——企业主们会质问,你们去年的整顿措施算不算数呢?你刚让我们斥巨资拆迁厂房、重建基地,各项审批白纸黑字红印章清清楚楚,一转眼又要停产、退出,这里的损失应当由谁赔偿?万载的花炮业主们为争取政府让企业尽快复产,想出了一个极富传统色彩的招数——"联保"。县政府已基本认可这种"联保"方式。要求花炮企业以"3家以上签署连带责任担保书"为条件,逐批地批准生产。老板们正酝酿着一个"万载花炮生产者协会"之类的组织。这个行会能否成立?成立后,政府能在多大程度上授权给它?它在将来能对花炮业秩序发挥多大的整治、疏导作用?这一切均属未知,但决定这一构想命运的最重要前提还是这个:花炮业这面"红旗"能否在江西打下去?能打多久?

与爆炸声俱至的,是强烈的不安全感——这种不安全感,不仅针对着肉体凡胎的平常百姓,也指向企业赖以存续的经济环境,官员赖以晋升的政治环境。人人都想平安:企业家要平安地生产下去,官员要平安地升迁上去,而平民只想平安地活下去。也许,我们在痛悼人命的殒丧时,还得追问:为什么平安这么不容易?为了这么多人的平安,我们还得做些什么?

## 【参考书目】

1. 〔美〕威廉·N.邓恩:《公共政策分析导论》(第二版),中国人民大学出版社2002年版。
2. 陈庆云:《公共政策分析》,中国经济出版社1996年版。
3. 张金马:《公共政策分析:概念·过程·方法》,人民出版社2004年版。
4. 陈振明:《政策科学——公共政策分析导论》(第二版),中国人民大学出版社2003年版。
5. 林水波、张世贤:《公共政策》,台湾五南图书出版公司1982年版。
6. 伍启元:《公共政策》(上、下),台湾商务印书馆1994年版。
7. 张世贤:《公共政策析论》,台湾五南图书出版公司1986年版。
8. 朱志宏:《公共政策》,台北三民书局1995年版。
9. 丘昌泰:《公共政策:当代政策科学理论之研究》,台湾巨流图书公司1999年版。
10. 〔美〕卡尔·帕顿、大卫·沙维奇:《政策分析和规划的初步方法》(第二版),华夏出版社2001年版。
11. 〔美〕丹尼尔·W.布罗姆利:《经济利益与经济制度——公共政策的理论基础》,上海三联书店、上海人民出版社1996年版。
12. 〔美〕詹姆斯·E.安德森:《公共决策》,华夏出版社1990年版。
13. 〔美〕斯图亚特·S.那格尔:《政策研究百科全书》,科学技术文献出版社1990年版。

14. 〔美〕R. M. 克朗:《系统分析和政策科学》,商务印书馆 1985 年版。

15. 〔美〕史蒂文·凯尔曼:《制定公共政策》,商务印书馆 1990 年版。

16. 〔美〕查尔斯·E. 林德布洛姆:《政策制定过程》,华夏出版社 1988 年版。

17. 〔美〕查尔斯·E. 林德布洛姆:《政治与市场:世界的政治—经济制度》,上海三联书店 1994 年版。

18. 〔美〕查尔斯·沃尔夫:《市场或政府——权衡两种不完善的选择:兰德公司的一项研究》,中国发展出版社 1994 年版。

19. 〔美〕约翰·罗尔斯:《正义论》,上海译文出版社 1991 年版。

20. 〔日〕药师寺泰藏:《公共政策》,经济日报出版社 1991 年版。

21. 〔美〕保罗·萨巴蒂尔:《政策过程理论》,上海三联书店 2004 年版。

22. 〔美〕米切尔·黑尧:《现代国家的政策过程》,中国青年出版社 2004 年版。

23. 〔美〕戴维·韦默、艾丹·维宁:《政策分析:理论与实践》,上海译文出版社 2003 年版。

24. 〔美〕弗兰克·费希尔:《公共政策评估》,中国人民大学出版社 2003 年版。

25. 〔美〕约翰·金登:《议程、备选方案与公共政策》,中国人民大学出版社 2004 年版。

26. 〔美〕托马斯·戴伊:《理解公共政策》(英文版),中国人民大学出版社 2004 年版。

27. 〔美〕詹姆斯·莱斯特、小约瑟夫·斯图尔特:《公共政策导论》(英文版),中国人民大学出版社 2004 年版。

28. James E. Anderson, *Public Policy Making*, Boston: Houghton Mifflin Company, 2001.

29. Deborah A. Stone, *Policy Paradox: the Art of Political Decision Making*, Rev(ed.), New York: Norton, 2002.

30. Michael Hill and Peter Hupe, *Implementing Public Policy: Governance in Theory and Practice*, London: Sage, 2002.

31. Michael Howlett and M. Ramesh, *Studying Public Policy: Policy Cycles and Policy Subsystems*, Toronto: Oxford University Press, 1995.

32. Tadao Miyakawa, *The Science of Public Policy: Essential Readings in Policy Sciences*, vol. 1—7, London: Routledge, 2001.

# 第二章 政府、市场与公共政策的关系分析

【内容概要】

　　本章的内容主要包括如下几个方面。在第一节中,我们将首先对社会问题及其解决的途径进行简要的讨论。我们将着重指出,对于所面临的社会问题,我们往往存在多种解决途径。或者说,在解决社会问题方面,各种途径之间或者存在相互替代的关系,或者存在相互弥补的关系。这样就出现了一个在多种途径之间进行选择,最终构建一个解决社会问题的体系的问题。在第二节中,我们将对政府、市场、第三部门和社区四种社会问题解决途径的优势和缺陷进行总结。这种讨论将成为我们在各种途径之间进行选择从而最终决定政府的角色和公共政策应当发挥作用的范围的理论基础。在第三节中,我们将以第二节的讨论为依据对政府角色定位和公共政策的作用范围进行综合讨论。

【要点提示】

- 几种重要的价值标准,包括社会福利、效率、公平
- 作为社会问题的解决途径,政府、市场、第三部门、社区各自的特点
- 市场失灵理论
- 政府失灵理论
- 志愿失灵理论
- 思考政府角色定位问题的逻辑框架

　　在本章中,我们将集中考察政府与市场的关系。这种考察将有助于我们回答如下问题:政府为什么要制定和实施公共政策?政府应当在哪些方面制定和实施公共政策?实际上,这些问题同时也就是政府在解决社会问题过程中的角色定位问题。

　　应当指出,由于上述问题的重要性,社会科学中的许多理论都对其有所涉及。我们将主要以经济学理论对政府与市场关系的分析为线索来进行讨论。这一方面是因为经济学理论在此领域的分析是到目前为止最为系统的理论之一;另一方面也是因为经济理论对该问题的分析,已经影响到社会科学的各个领域,从而成为一种基本的分析途径。

　　大致上,经济学理论对政府与市场关系的分析主要体现在如下两个方面:传统的微观、宏观经济学对市场失灵问题的分析和公共选择理论对政府失灵问题

的分析。

将市场失灵与政府失灵理论结合在一起,我们就得到了一个有关政府角色定位的基本理论框架。我们可以将该理论框架的分析逻辑大致总结如下:

(1)人类社会要想生存和发展必须不断地解决一系列社会问题。在现代社会中,政府和市场是解决社会问题的两种基本途径。市场途径建立在个体自主决策和市场交易的基础上。而政府途径则主要是通过制定和实施公共政策来完成。

(2)在现代市场经济中,市场是解决社会问题的基础性途径。但市场并不是完美的。在某些情况下,市场可能失灵。市场的失灵为政府干预提供了依据。

(3)与市场失灵相对应,政府也存在失灵的可能性。政府失灵的可能性将制约政府在解决社会问题时发挥作用的空间。因此,我们必须综合地考虑市场失灵和政府失灵的可能性,平衡政府干预的成本和收益,最终选择是否要引入公共政策以及引入何种公共政策。

需要补充的是,除了政府和市场两种基本途径以外,传统上,许多社会问题是在社区的范围内获得解决的。即使在现代社会中,在考虑政府角色定位时,我们仍然不能忽视社区的作用。另一方面,随着西方国家公共管理改革的不断深入,人们越来越重视第三部门在提供或者帮助提供公共物品(或服务)方面所发挥的作用。这种趋势提示我们应当将以政府和市场的关系为核心的讨论拓展到包括政府、市场、第三部门和社区四者之间关系的讨论。以关于政府与市场关系讨论的逻辑过程为基础,在引入社区和第三部门之后,我们就需要进一步分析社区和第三部门在解决社会问题方面的优势和缺陷,最终在对政府角色和公共政策作用范围的讨论中综合地考虑这些优势和缺陷。

当然,发展中国家第三部门的发育并不成熟。另一方面,发达国家的社会发展历程表明,如果不经历公共管理模式的巨大变革,第三部门很难获得足够的资源来拓展自己的活动。考虑到这些因素,在针对发展中国家的政府角色进行考察时,我们仍然应当以政府与市场关系的讨论为主要线索。

## 第一节 社会问题及其解决途径

### 一、社会问题的定义

为了讨论问题的方便,我们首先对"社会问题"下一个简单的定义。

一般地讲,"问题"的出现意味着需要与现实之间产生了距离或者差别,从而出现了一种令人不满的状态。当这种差别仅仅发生在某些个体身上时,它是一个个体的或者私人的问题。但当这种差别同时发生在许多个体身上时,它就可能成为一种社会问题。这就是说,社会问题是在一个社会群体的生活中至少令一部分人同时感到不满的状态或现象。

按照该定义,社会问题首先是一个与个体问题或私人问题相对立的概念。或者说,一个问题要成为社会问题,必须是一个同时对许多个体发生影响并导致这些个体不满的状态。至于这些个体的数量究竟要在社会中占多大的比例,则是一个实践过程中的问题,不能从理论上简单地确定。

通常,为了讨论上的方便,我们可以按照社会问题发生的领域将其划分为不同的类别。比如经济问题、环境问题、社会福利和社会保障问题、犯罪问题、教育问题,等等。对每一类问题,我们还可以依据相似的原则来划分出更细的类别。在一定时期内,按照社会问题发生影响的范围、结果及其他性质,人们可以将社会问题按照其重要性进行排序。当然,由于需要、价值标准及自身情况的差别等因素的影响,不同人群所给出的排序可能是不同的。而政府则可能按照一定的规则和程序来确定自己的排序,从而认定哪些社会问题需要使用公共政策来解决,或者说,使一个社会问题转变成公共政策问题。

下面是两个关于社会问题认定的具体例子。在第一个例子中,社会问题的认定主体是中国社会科学院的一个研究小组;在第二个例子中,社会问题的认定主体则是来自世界各国的著名学者所组成的一个讨论会。

**例1** 下面是中国社会科学院2004—2005年"社会形势分析与预测"课题组对"当前"主要社会问题的认定。按照该课题组的研究,"当前"中国所面临的七大主要社会问题包括:第一,农民失地引起的社会矛盾加剧;第二,收入差距进一步扩大;第三,就业依然处于长期困难局面;第四,减少贫困仍然是新世纪重任;第五,腐败大案、要案、新案不断出现;第六,可持续增长受到资源、能源和环境的严重制约;第七,经济增长、贫富悬殊影响了人们对社会的态度和信心。①

**例2** 一些专家学者在丹麦哥本哈根召开的一次国际会议上认定了如下十大全球性危机,包括:第一,营养不良和饥饿;第二,传染性疾病;第三,治理和腐败;第四,教育;第五,冲突;第六,卫生条件和水危机;第七,金融不稳定;第八,补贴和贸易壁垒;第九,气候变迁;第十,人口和人口迁移。②

## 二、社会问题的认定与价值标准

1. 社会问题的认定

无论是要研究社会问题,还是要解决社会问题(比如,建立政策议程,将社会问题转变为公共政策问题),我们都要首先对社会问题进行认定。

---

① 参见汝信主编:《2005年中国社会形势分析与预测》,社会科学文献出版社2004年版。
② 参见 Bjørn Lomborg (ed.), *Global Crises, Global Solutions*, Cambridge University Press, 2004.

社会问题的认定主要包括两个方面的内容：一是使用事实分析方法来搞清楚有关该社会问题的各种事实，包括其自身特征、相关的人群、人们对其不满的程度、造成该社会问题的原因等诸多方面。二是使用价值分析方法来搞清楚与该社会问题相关联的各种价值标准并使用这些价值标准对问题进行评价。由于这部分内容与公共政策问题的界定十分相似，我们将其留到政策问题界定部分再来详细论述。

2. 社会问题认定过程中的价值标准

在社会问题的认定过程中，价值标准发挥了重要的作用。简言之，为了认定一定的状态是一种社会问题，我们首先必须确定用于评价的价值标准，然后使用这些价值标准来判断眼前的状态与价值标准之间的距离或差距，并最终根据对这些距离或差距的判断来确定社会问题的存在。进一步讲，价值标准在政府角色定位、政策制定、政策评价等方面都起着非常重要的作用。

为了与个体问题的认定有所区别，我们可以将社会问题认定过程中所使用的价值标准称作社会价值标准。从实证分析的角度看，社会价值标准的形成是一个非常复杂的过程。通常，它与相关人群或社会的具体特征密切相关。在不同的社会环境中所形成的价值标准体系，尤其是其中所包含的对不同价值标准之重要性的排序，可能是大相径庭的。因此，我们通常不能离开所研究的社会来抽象地讨论价值标准问题。

我们主要对三种常见的价值标准——社会福利、效率和公平，进行详细的介绍。其他价值标准可能包括：民主、自由、社会稳定、社会团结、社会信任，等等。应当说明的是，尽管我们并不准备对后面这些价值标准进行深入探讨，但这并不意味着这些价值标准的重要性比社会福利、效率和公平这三个价值标准低。

(1) 社会福利

福利是一个主观的概念。从个体的角度讲，福利就是个体从消费各种私人的或公共的物品(或服务)中所获得的幸福感。因此，个体福利来自个人的主观评价。以个体福利为基础，社会福利则是社会群体中所有个体的个人福利的加总。①

如果我们已经确定了一个社会福利的标准，我们就可以使用这个标准来对社会所处的状态进行评价。显然，一个不能使社会福利最大化的状态不会是一

---

① 从学术思想发展的角度看，"福利"的概念来自18世纪英国著名学者杰里米·边沁的功利主义(utilitarianism)学说。按照该学说，评价一种活动的原则应当是这种活动的结果在多大程度上增进了人们的"快乐"(pleasure)或"幸福"(happiness)，而这些"快乐"或"幸福"就是人们的"福利"(welfare)。边沁将这种原则称为"效用原则"(the principle of utility)。边沁的功利主义学说对其后的多种学科，尤其是经济学产生了很大影响。

种令人满意的状态。反过来说,如果变动目前的状态能够使社会福利得到提高,那么,这样的变动就是一种满意的变动。这正是我们使用社会福利作为一个价值标准来对社会问题进行认定的基本逻辑。

显然,要想具体地确定一个社会福利标准,我们就必须具体地确定一个将个体福利加总成为社会福利的办法。简单地讲,所谓"加总"就是综合各个分散的个体的意见从而得到总体的意见的过程。然而,也正是这一"加总"的过程使得"社会福利"成为一个复杂的、缺乏可操作性的概念。在实践过程中,人们往往在"加总"的具体方法上存在巨大的争议。比如,我们可以将社会福利定义为所有个体福利的简单加总,即采用简单的加法的方式来对所有社会成员的福利逐个相加从而得到社会总福利。然而,这种简单加总方式并不一定获得某些社会成员的同意。这些成员可能认为,如果采用以简单加总的方式所获得的社会总福利的大小来评价公共政策,则社会中相对弱势成员(比如,相对贫困的成员)的利益有可能受到忽视。按照这些成员的理解,为了更"公平"起见,社会总福利的加总方式中应当为弱势群体设定更大的权数,同时给社会中相对强势的成员设定相对较小的权数。这就是说,社会总福利的加总过程对不同的社会成员采用不同的权数。显然,不管我们选择什么样的权数组合(除非回到所有人的权数都相同的简单加总方式),按照这种意见所得到的社会福利标准显然不同于一视同仁式的简单加总方式。

两种不同的社会福利标准定义方式在认定社会问题时将发挥不同的影响。比如,可能出现的情况是,按照前一个标准,社会成员福利的平均增长将使整个社会进入到更满意的状态;而按照后一种标准,即使社会成员的福利平均地获得增长,我们也未必达到最满意的状态。最满意的状态要求富裕和贫穷的成员在增长速度上有所差别。在一些情况下,即使大家的福利都没有增长,从富裕成员向贫穷成员转移财富也有可能使社会总体的福利获得提高。

(2) 效率

效率是在实践中最常遇到的价值标准之一。我们可以在两个层次上来理解效率这一概念。

首先是日常生活中我们经常提到的效率概念。这个概念实际上就是产出与投入之间的一种比例关系。这里,产出和投入都既可以是物质形式的,也可以是非物质形式的、抽象的。我们可以将日常的效率概念称作生产效率。

其次是经济学中所阐述的效率概念。经济效率的概念实际上是对社会福利状态的一种描述。按照该效率概念,如果我们还有可能对社会目前的状态进行改变,从而使社会中某些个体或群体的福利得到提高,但同时其他所有个体或群体的福利都至少维持了原先的水平,那么目前的状态就是没有效率的。相反,如果进行这样的改变的可能性已经不存在了,则我们已经达到一种最优的状态。经济学中将这种最优状态称作帕累托最优状态。没有到达帕累托最优状态的社会状态都存在"帕累托改进"的余地,从而都没有实现经济效率。

应当说明的是,经济效率的概念又是一种应对福利"加总"困难时的折中标准。这是因为,无论我们选择了哪种社会福利标准,经济效率的提高总是会为社会福利的提高提供基础。按照简单加总的方法,经济效率的提高由于使某些个体的福利获得提高而又没有使任何个体的福利受到伤害,它一定会使社会总福利获得提高。即使从其他加总方式来看,经济效率的提高也使得能够用于再分配的资源总量增加了,从而为社会总福利的提高提供了可能性。

另一方面,经济效率的概念实际上包含了前面所提到的日常的效率概念。实际上,如果存在这样一种物质的或服务的生产过程,其产出和投入的比例还有可能被扩大,那么,这种扩大所带来的好处至少可以使社会中的某些个体或群体获得好处,同时该过程中又不会有任何个体或群体的福利受到损失。这就是说,投入产出的无效率必然意味着缺乏经济效率。反之,如果一个社会已经实现了经济效率,那么,我们就不可能在其中找到投入产出效率还存在改进余地的生产过程。否则,该社会将仍然存在"帕累托改进"的可能性。

当然,除了投入产出效率外,经济效率还包含了更高层次的效率概念,即资源配置效率。按照经济学理论,所谓资源配置问题就是如何使用社会中的有限资源(包括资本、劳动和自然资源)来生产物品和服务并使用这些物品和服务来满足社会成员的需要的问题。具体来说,一方面,社会中不同的成员对不同的物品和服务具有不同的偏好,或者说,他们从消费同样数量的物品或服务中所获得的福利是不同的;另一方面,按照流行的生产技术,不同物品或服务的生产过程中所需要的资源投入的组成和数量也是不同的。这样,使用现有的资源来生产什么物品或服务、如何组织这些生产过程以及在生产完成后如何在社会成员中分配这些产品就成为事关所有社会成员福利水平的重要问题。由此我们就可以引出资源配置效率的概念。广义地讲,资源配置过程既包含了生产的过程,也包含了资源在各种物品和服务之间的选择及生产的最终结果在社会成员之间的分配。按照这种理解,资源配置效率的概念等同于前面提到的经济效率的概念。这就是说,广义的资源配置效率概念包含了生产效率的概念。另一方面,为了更详细地分析影响经济效率的因素,一些学者在使用效率概念时对资源配置效率与生产效率进行了区分,从而得到了狭义的资源配置效率概念。按照这种狭义的理解,资源配置效率就仅仅包括资源在各种物品和服务之间的分配以及物品和服务在各个社会成员之间的分配效率了。

(3) 公平

与社会福利类似,公平也是一种复杂的价值标准。"公平"经常与"平等"这一概念等同。类似地,"不公平"则经常与"不平等"这一概念对等。因此,这里我们不妨将有关"公平"的讨论转变为对"不平等"的讨论。为了说明的方便,我们将"不平等"划分为三个层次,即一般意义上的不平等、经济不平等和收入(或财富)的不平等。

一般意义上的不平等是一个非常抽象、内涵十分丰富的概念。粗略地说,不平等是社会群体中的个体在相同的条件下得到了不同的待遇。这里,不同的待遇可能意味着特定的个体在经济的、社会的、政治的某个领域中在参与的机会上与其他相同条件的个体出现差异。

使得该定义复杂化的因素包括如下几个方面:第一,当我们在一般意义上讨论不平等问题时,我们往往是基于一些抽象的哲学观念来判断上述差异是否合理,但这些观念又往往是难以把握的;第二,对是否存在不平等的判断也遇到与社会福利的加总类似的问题,即不同个体在进行判断时所依据的观念可能并不完全相同,从而在社会层面上很难取得一致;第三,我们经常遇到的一个困难就是对"相同条件"这个术语的判断。实际上,这个社会中究竟是否存在条件完全相同的个体是存在问题的。此时,我们就很难判断待遇上的差别是否属于"不平等"了。这些因素综合在一起造成这样一种结果,即尽管人们在日常生活中经常在一般的意义上使用"不平等"这个概念,但该概念在政策实践中的可操作性却比较差。

当待遇上的差别发生在经济领域时,我们就将其称为"经济不平等"。与一般意义上的"不平等"类似,"经济不平等"也是一个相对难以把握的概念。实际上,两个个体在经济参与机会上的差别可能经常与个体特征上的差别有关。比如,一个右腿有残疾的人恐怕是不能被允许获得驾驶执照的,这就阻碍了残疾人士"参与"汽车市场的机会。此时,我们往往在判断是否存在经济不平等时发生困难。

由于上述两种不平等概念所存在的问题,收入(和财富)不平等就成为最具可操作性的不平等概念。简单地说,收入不平等衡量人们在一定时期内(比如一年)所获得的收入的差距,而财富不平等则衡量人们在拥有财富方面所存在的差距。二者之间存在一定联系。实际上,如果不考虑继承、获得赠予等途径的话,财富无非就是长期收入积累的结果。由于其可操作性比较强,收入(和财富)不平等成为我们在衡量不平等程度时最常用的指标。

### 三、社会问题的解决途径

我们已经在前面提到,社会问题的解决既可以通过政府这条途径,也可以不通过政府这条途径,而是通过市场、第三部门甚至是在家庭、邻里等社区范围内获得解决。这就意味着,社会问题的解决存在多种途径。因此,我们需要对这些途径在解决社会问题时的"分工"进行解释。

当然,现实经常提示我们,在多数情况下,社会问题是通过一种混合的途径来获得解决的。这就是说,是多种途径同时发生作用的结果。需要指出,尽管多种途径同时在发挥作用,但各种途径所发挥的作用未必是相同的。显然,这里仍然存在一个"分工"的问题。

1. 作为非正式部门的社区

社区是我们解决问题的最基本途径,无论对于私人问题还是社会问题都是如此。关于社区的具体定义,理论界存在多种说法。这里我们不去对这些说法进行详细探讨。粗略地讲,社区是个体之间通过各种途径形成各种非正式的但又非常紧密的关系的领域。传统上,社区的范围主要是一种空间的概念。比如,人们通过邻里交往形成一种相对紧密的关系。在现代社会中,社区的空间范围不断扩大,甚至可以通过现代手段,比如因特网,超越空间的范畴。

与其他三个部门相比,社区的最主要特点是它的非正式性。比如,在社区中所形成的各种关系一般不需要通过法律承认的正式程序进行认可;社区中一般也不形成各种正式的组织;社区中所形成的合作关系即使是营利性的往往也游离于政府管制之外。与社区相比,其他三个部门则主要是一种正式部门,比如,有正式的组织、受到政府管制的调节等。由于在四个部门中社区是唯一的主要以非正式关系为特征的部门,我们可以将其称作第四部门。

尽管如此,社区在解决社会问题方面所发挥的作用却是不可忽视的。一般来说,经济和社会发展状况越是滞后,社区在解决社会问题时所发挥的作用越大。比如,到目前为止,社区仍然是我国解决养老问题的主要途径之一。

2. 三个正式部门

除了社区之外,其他三个部门都主要是一种正式部门。这包括:

(1) 政府

一般地,我们将政府称作第一部门。政府的主要特点包括:(a) 它是现代社会中公共物品(和服务)的主要提供者;(b) 它由各种正式的公共机构(或组织)组成;(c) 它在提供物品(或服务)时一般并不以营利为目的;(d) 它通过合法地行使强制力来达到自己的目标。

(2) 市场

一般地,我们将市场称作第二部门。市场的主要特点包括:(a) 它是现代社会中私人物品(和服务)的主要提供者;(b) 它由各种正式的私人组织(企业)组成;(c) 市场中的私人组织(企业)提供物品(或服务)的主要目的是获得最大利润;(d) 分散决策和基于互利的自主交易是市场提供物品(或服务)的主要模式。

(3) 第三部门

除了作为非正式部门的社区和作为正式部门的政府和市场之外,第三部门的范畴包括了余下的各种机构或组织。对于这些组织,我们经常可以看到各种称谓,包括非政府组织(NGO)、非营利组织(NPO)、志愿组织等。由于我们用"第三部门"这个词语涵盖了社区、政府和市场之外的所有余下部门,第三部门所包括的组织在形态上就相当繁杂。因此,在第三部门中,我们既可以看到一些在形态和功能上更接近政府机构的组织,也可以看到一些在形态和功能上与私人部门中的企业组织相当类似的组织,还可以看到一些具有非正式特征的组织。不过,既然我们使用"第三部门"这个词语来将一些组织区别于政府、企业组织和社区,该部门中的主要组成部分应当是那些与这三个部门都有一定差别的组织。我们可以将这些组织的特征总结如下:(a) 它既可能提供私人物品(服务),也可能提供公共物品(服务);(b) 它主要由正式的组织构成,但这些组织可能是公共组织,也可能是私人组织;(c) 它在提供物品(和服务)时一般并不以营利为主要目标;(d) 它的活动往往建立在人们自愿地提供各种资源并在提供物品(或服务)的过程中进行自愿的合作来解决问题。正因如此,人们也将第三部门称作"志愿部门"。

我们同样以养老问题的解决为例来说明这三个正式部门的作用。在社会保障体系比较完善的国家,政府在养老问题的解决方面所发挥的首要作用是通过立法来强制性地筹集养老基金。这些基金既可以通过公共部门来运营,也可以交由私人部门来运营。后者就涉及私人企业的作用。另一方面,私人企业所运营的养老保险通常是社会保险体系的一个必要的补充。但私人养老保险的正常运营则需要一个良好的法律、制度环境。这个环境的创造主要是由政府来负责的,但第三部门中的一些组织通过监督和方便公民参与也可以在该环境的创造过程中发挥作用。最后,一些非政府组织也可以通过参与社会救助、为特定的老年人群提供公共服务等方式直接参与到养老问题的解决过程中。

## 第二节 市场失灵、政府失灵和志愿失灵

四个途径在解决社会问题方面各有其优势,同时也各有其缺陷。关于三个正式部门的缺陷,流行的理论将其概括为市场失灵、政府失灵和志愿失灵三种理论。在本节中,我们将分别对社区、市场、政府和第三部门作为一种社会问题解决途径时的优势与缺陷做一简要分析。

## 一、社区途径的优势和缺陷

### 1. 社区的优势

社区在参与社会问题解决方面所具有的优势主要表现在如下几个方面:

（1）信息优势

尤其对于传统概念上的社区来说,由于其范围相对较小,社区中的人群能够在频繁交往中形成相对紧密的关系,这就使得相关个体的信息能够充分地在社区范围内传播。以此为基础,社区途径在解决社会问题方面就具有特别的信息优势。

对于社区途径的这种信息优势的重要性,我们可以以社会救济的实施为例来进行说明。社会救济无论是由政府来主导还是由非政府、非营利组织甚至是由营利性的企业来主导,一个经常遇到的困难就是如何甄别需要救济的对象。一般来说,由正式的组织来搜集相关信息的成本是非常大的。此时,社区的充分参与就能够大大减少信息收集和处理的成本,提高甄别对象时的准确程度。

（2）激励充分

社区是各种非正式的、相对紧密的关系的集合体。这一特征本身就说明,处于社区内部的个体更容易将有关本社区的各种社会问题看成与自己相关的事情。其结果是,这些个体在参与本社区相关的各种社会问题的解决方面很可能有相对较大的积极性。与之相对,在其他途径上,激励每个个体积极参与社会问题的解决往往成为非常困难的问题。

（3）有利于社会资本的积累

当问题通过社区途径获得解决时,通过个体的参与,各种有利的社会价值得以形成和提高。比如,社区内部的参与可能会有利于形成合作的氛围,从而有利于团结、互助、信任等社会价值观的形成和提高。这对整个社会的稳定是有益的。

（4）具有较好的回应性

社区途径在解决社会问题方面可能具有较好的回应性,同时回应的时间间隔也可能会有效地缩短。

（5）对财政资金的依赖程度较小

如果问题通过社区这一途径得到解决,比如,通过家庭、亲朋或邻里关系获得解决,那必然是一种对政府的财政资金依赖程度最小的解决途径。当然,在一些国家,考虑到社区途径的重要性,政府往往会给社区一些财政补贴。但由于社区途径的解决方式主要依靠民间资金,这种财政补贴一般不会耗费大量的财政资金。

2. 社区的缺陷

社区的优势往往同时也预示着其自身的缺陷。首先,社区中之所以能够形成相对紧密的人际关系,其主要原因是社区的范围一般不会太大,社区中所容纳的人口一般也相对较少,从而为人们通过重复的交往形成稳定、紧密的关系提供了条件。其次,社区的非正式性也经常成为其从社区之外获得资源的最大障碍。比如,非正式的部门中一般不会有完善的会计记录,也不会有完善的资金管理制度。这都成为非正式部门获得外部资源的巨大障碍。

两个特点相结合就阻碍了社区作为一种社会问题解决途径时发挥作用的规模。由于这个原因,在许多社会问题的解决方面,社区往往只能作为一种辅助的手段而被采用。

## 二、第三部门途径的优势和缺陷

1. 第三部门的优势

(1) 与社区相比,第三部门具有相对较大的活动范围和解决问题的能力

与社区不同,第三部门是一个相对正式的部门,其中的组织也按照相对完善的治理结构来进行运作。这些特征尽管可能使第三部门作为一种解决社会问题的途径具有比社区途径更高的成本,但同时也提高了第三部门解决社会问题的能力。

首先,由于第三部门中的组织相对更加正式,即具有相对更加完善的治理结构,其获取外部资源的能力通常比社区要大许多。这就自然增强了第三部门的活动能力。其次,作为一种正式组织,第三部门中的组织是以匿名的原则而非依靠类似社区中的人际关系原则来运作的。这也使得第三部门能够在更大范围内选择自己的服务对象。

(2) 与政府相比,第三部门具有相对较小的垄断性和相对较大的竞争性

与政府不同,第三部门中的组织在提供物品和服务时一般并不具有垄断性。或者,至少其垄断性要弱许多。另一方面,与政府相比,第三部门的组织也更有可能遭遇类似组织的竞争。二者结合在一起就使得第三部门更有可能避免政府所存在的一些缺陷,比如,由于其较高的垄断性而缺乏激励;由于缺乏激励而缺乏创新;由于缺乏激励和创新而缺乏效率。

(3) 与政府相比,第三部门对个性化需求具有较好的回应性

与政府相比,第三部门中的组织仍然规模比较小。但这一特点反而使它能够更加灵活地提供物品或服务,从而能够回应小群体对公共物品(或服务)的个性化需求。与之相对,政府在提供公共物品(或服务)时由于其服务范围相对较大,它就很难针对小群体做出特殊的安排。

（4）其他方面的优势

与社区的优势相类似,第三部门作为一种解决社会问题的途径通常能够增加社会参与的程度,进而也可能对一些有益的社会价值的形成和提高作出贡献,并最终对社会资本的形成和增进作出贡献。

2. 第三部门的缺陷:志愿失灵理论

对于第三部门作为解决社会问题途径的缺陷,莱斯特·萨拉蒙[①]从第三部门作为一个志愿部门的角度将其总结为"志愿失灵"。按照该总结,"志愿失灵"主要包括如下几个方面:

（1）与政府途径相比,单纯依靠第三部门一般不能提供足够数量的公共物品(或服务)。第三部门的这一缺陷实际上在市场失灵部分已经有比较充分的说明。与政府部门相比,第三部门主要依靠自愿的方式来筹集资金。这就使得第三部门比较容易遭遇"搭便车"问题的障碍,进而使得第三部门不能像政府部门那样获得相对稳定的资源(包括人、财、物)支持,从而限制了其活动的能力。

作为上述问题的一种表现,第三部门提供公共物品(或服务)的能力在不同地区可能出现巨大的差别。比如,在那些比较富裕的地区,志愿组织有可能获得更多的资源支持,从而增加了其提供服务的能力。而在那些比较贫困从而相对来说也更需要支持的地区,志愿组织获取资源从而提供服务的能力却受到更多的限制。

此外,第三部门的上述缺陷还表现为其提供服务的能力随着所获得的资源的数量的波动而发生周期性波动。比如,志愿组织所获得的资源的数量很可能会随着经济的周期波动而波动,从而在经济繁荣时期提供服务的能力比较强,在经济萧条的时期提供服务的能力比较弱。显然,这种周期性波动恰好与社会对第三部门服务的需求的波动方向相反。

（2）与政府途径不同,第三部门中所提供的志愿性服务在分布上可能具有不平衡性。无论是第三部门中的志愿组织自身,还是志愿组织的捐助者都可能具有特定的偏好,从而将其服务对象限定在特定的人群上。显然,这并不意味着其他人群不需要这种服务。因此,志愿组织或者捐助者的偏好可能会导致第三部门所提供的志愿性服务在地域或者人群的分布上具有不平衡性。

（3）第三部门中的志愿组织很可能会受到其捐助者过多的影响,从而将违背民主原则的家长制作风带入其服务过程中。一般来说,为第三部门中的组织

---

① 参见 Lester M. Salamon, "Of Market Failure, Voluntary Failure, and Third-Party Government: Toward a Theory of Government-Nonprofit Relations in the Modern Welfare State," *Journal of Voluntary Action Research*, 1987, 16 (1—2): 29—49。

提供捐助的个人或组织更多地属于社会中的富裕阶层。此时,如果志愿组织对特定个人或组织的捐助具有较大的依赖性,那就很可能会将家庭或企业中与民主精神不一致的家长制作风带入其服务过程。

(4) 第三部门可能会由于不能吸引到优秀的专业人才而制约其服务能力。与缺乏足够资源的支持类似,志愿组织在吸引专业人才加入方面往往也存在困难。这种困难也成为制约志愿组织活动能力的一个重要因素。

### 三、市场途径的优势和缺陷

1. 市场的优势

与其他各种途径相比,市场途径的优势集中地表现在其解决问题的效率方面。这主要包括:

(1) 通过分工和专业化生产促进投入产出效率

大体上,我们可以将人类社会的生产方式分为两种:一是每个个体都生产自己所需要的所有产品的方式,即自给自足的生产方式;二是不采用自给自足的生产方式,而是采用分工和专业化生产的方式。

与自给自足的生产方式相比,分工和专业化在两个方面表现出巨大的优势:一是分工和专业化生产使每个个体只从事某个特定领域的生产,从而有利于生产技术、生产知识的积累和提高;二是分工和专业化生产扩大了生产的规模,从而使得生产可以利用规模经济效应。两个方面都有利于投入产出效率的提高。

在分工和专业化生产的情况下,由于个体并不生产所有的产品,它就必须通过与其他个体进行交易来获得生产和生活中所需要的其他产品。这就是说,分工和专业化生产必然以市场交易的存在为基础。反过来说,市场的发育和成长也必然会有效地促进分工和专业化生产的发展,提高生产的技术效率。

(2) 通过为个体提供充分的激励来提高投入产出效率

除了上述因素外,企业的投入产出效率还与其所有者、管理者和工人的积极性有关。首先,在市场中,所有者、管理者和工人各自按照市场经济的原则来获得自己的报酬。其次,与其他途径相比,市场能够相对更有效地评价各个参与者的绩效和贡献,从而有助于形成一个有利于各个参与者增加自己的努力程度的报酬和激励体系。

(3) 市场通过对社会成员的需求进行评估来保证资源配置效率的实现

前文已经指出,资源配置效率是经济效率的重要组成部分。而资源配置效率的实现意味着一个社会必须按照其成员的偏好来将其资源配置到各种产品的生产上,从而使其社会成员的福利有效地提高。为了实现配置各种资源到各种产品的生产上去的任务,我们就必须获得有关社会成员偏好的信息。在市场中,这种信息将通过社会成员对产品的需求,即社会成员愿意支付的价格和在该价格下社会成员愿意支付的数量,表现出来。除了市场这一途径外,其他途径一般都很难实现这一任务。

2. 市场的缺陷:市场失灵理论

尽管有着许多其他途径不可比拟的优势,但市场作为一种社会问题解决途径也存在本质性的缺陷。这些缺陷的发生基本上来源于这样一种事实,即:与现实世界中所有的事物一样,市场本身也不是完美的。在市场不完美的情况下,市场保证经济效率的上述优势也就或多或少地要打一些折扣。另一方面,即使不考虑不完美的市场造成效率损失的可能性,市场在促进另一个价值标准——公平——的实现方面也往往不能令人满意。两个方面合在一起就构成了我们通常所说的"市场失灵"的主要内容。

这里,我们主要对不完美的市场造成效率损失这一层含义进行详细的论述。按照主流的经济学理论,市场不完美造成效率的损失主要包括如下四个方面:

(1) 垄断与效率损失

垄断是指市场的参与者具有了影响市场机制发挥作用的力量。这又主要是指市场参与者具有了影响市场价格的力量。我们知道,市场之所以具有保证效率实现的能力是因为它通过价格机制来引导社会将资源配置到社会成员最需要的地方。在完美的市场中,价格是通过无数个市场参与者的市场竞争活动自动形成的。而每个市场参与者则只能在该价格信号的指引下来选择自己的行动,不能独立地对市场价格发挥任何有实质意义的影响。也正因如此,价格这一信号才能够起到正确地反映社会成员的偏好和需求信息的作用,从而保证资源配置效率的实现。

一旦少数市场参与者具有了影响市场价格的能力,价格作为反映社会成员需求信息的机制的能力也就或多或少地受到了削弱,从而价格机制不再具有推进资源配置效率实现的能力。另一方面,资源配置效率的损失最终是与垄断者利用其影响市场价格的能力来为自己谋取最大福利的行为紧密地联系在一起的。这也就是说,当市场中出现垄断者时,垄断者通过控制市场价格来谋取垄断利益的行为将最终导致市场资源配置效率的损失。最后,由于垄断者能够利用其市场垄断力量来获取利润,它在改进管理、提高企业经营效率方面的激励就可能相应地减少,从而也由于企业经营效率的降低最终影响投入产出效率的提高。

(2) 公共物品与效率损失

所谓公共物品就是指那些或多或少具有下面两个特征的物品(或服务),即:(a) 个人很难拥有排他性的占有和支配该物品(或服务)的权力;(b) 个体对该物品(或服务)的消费一般并不或者很少会减少其他个体消费该物品(或服务)的可能性。与之相对,私人物品则是指那些基本上不具备上述两种特征的物品。

公共物品的经典例子有国防、公共安全、灯塔、海洋中的渔业资源等等。对这些物品来说,个体要想实现排他性的占有和支配权力是非常困难的。同时,个体对这些物品的消费一般也不会影响其他个体消费的可能性。

公共物品的上述两个特征意味着,个体很难向那些消费这些物品的其他个体收取由提供这些物品而应当获得的合理补偿。其结果必然是降低了个体在提供这些公共物品方面的激励。这样,一方面,社会中的每个个体都或多或少地对公共物品具有需求;另一方面,在没有市场之外的其他途径参与这些物品生产的情况下,市场并不能保证这些物品一定能够被生产出来。这显然意味着效率的损失。

对于个体不愿意提供这些公共物品的原因,我们可以进行一些深入分析。实际上,公共物品不能由市场自动提供出来,或者即使提供出来但数量与社会的需要相比远远不够,其原因虽然直接来自个体从提供这些物品或服务中获得利益的困难性,但这并不意味着个体提供这些物品或服务时一定会遭受损失。实际上即使是个体通过承担提供这些公共物品的成本能够获得超过该成本的收益,公共物品还是未必能够被生产出来,或是生产的数量不够。这主要是因为,基于公共物品的特性,个体即使不参与物品的生产也同样能够参与这些物品的消费。既然如此,与承担成本并获得利益相比,不承担成本并同样能够获得利益往往更具有吸引力。但如果大家都选择后者,即等待别人来提供公共物品并获得无成本消费的机会,公共物品也就不能被生产出来了。我们将这种现象称作"搭便车"。

在上面的讨论中,我们针对的是那些尚未被生产出来的公共物品。此时,由于个体生产者不能从生产中获得足够的好处,也由于"搭便车"问题的出现,在仅仅依靠市场的情况下,该物品就或者不能被生产出来,或者生产的数量不足。现在,我们转向对那些已经存在的公共物品(或公共资源)的讨论。此时所发生的问题则是,由于每个个体在消费该物品时或者不必承担成本,或者虽然承担了一些成本但从社会的角度来看又远远不够,其结果是这些公共物品(公共资源)往往被过度消费。过度的消费对社会总体福利来说同样是一种损失。

(3) 外部效应与效率损失

这里,所谓"外部"是指市场的外部,即不存在市场的地方。因此,外部效应也就是指存在于市场之外因此不受市场机制调节的活动或影响。进一步讲,如果发生在市场之内的某种活动,其影响范围超出了市场机制的作用范围,即这种活动的主要部分虽然在市场之内,但其延伸部分扩展到了不存在市场的地方,那么,这种市场之内的活动在不存在市场的地方所造成的影响就属于外部效应。

外部效应的经典例子是环境污染。实际上,环境污染本身并不是人类活动本初的目的。它的出现多半是由于某种市场活动造成了不受市场调节的附带影响。在这个例子中，外部效应在性质上是负面的。实际上，正面的外部效应也同样存在。对此，我们不再详细论述。

外部效应造成效率损失的逻辑过程是比较容易理解的。按照前文的论述，市场保证效率的实现所依靠的机制是通过价格和市场原则的实现来让每一种活动承担相应的成本并获得相应的收益。但现在出现了一些不受市场调节的活动结果，那么，如果单纯由市场来进行调节，这种结果所对应的成本或收益就不被考虑在成本和收益的总体计算之内，因此资源配置的效率就不能实现了。这或者是因为造成了负面影响的个体，由于不需要承担相应的成本而过多地向该生产过程中投入资源，或者是因为造成了正面影响的个体，由于不能获得相应的收益而过少地向生产过程中投入资源。无论哪一种结果出现，资源的配置都被扭曲了。

（4）信息不对称与效率损失

简单地说，信息不对称是指市场参与各方在掌握对市场交易具有重要性的信息的量和质上出现了差异。一个非常重要的现象是，生产者对产品的质量所掌握的信息一般要远远超过购买者。

以信息不对称为基础，掌握信息比较充分的一方必然试图利用其信息优势为自己谋取利益，而这种谋取利益的活动又往往会减少处于信息劣势一方的利益。以生产者和消费者的信息不对称为例。典型的结果可能是，如果事先获得某产品质量与自己的预期有差异的信息，某些消费者就可能减少对商品的购买。这同时也意味着，由于信息不对称，社会在该种产品上的资源配置超过了理想的水平，从而造成了资源配置效率的损失。

### 四、政府途径的优势和缺陷

#### 1. 政府的优势

与其他途径相比，政府途径的优势集中地体现在两个方面：一是其权威的广泛性，即除非遇到特殊的障碍，其权威一般能够遍及其管辖范围内的所有地域和人群；二是政府是唯一的能够合法地使用强制力的组织。作为这两个特征的结果，我们看到：第一，政府能够有效地克服"搭便车"现象所造成的负面影响，这使其行动能够获得足够的资源支持；第二，许多时候，合法运用强制力的能力也使得政府能够有效地减少个体或群体为了进行集体行动所需付出的协调成本，从而提高行动的效率；第三，政府权威的广泛性使得政府行动比其他组织的行动更有可能影响到广泛的区域和群体。

#### 2. 政府的劣势：政府失灵理论

与市场途径类似，政府本身也存在一些潜在的缺陷。这些缺陷的影响可能使得政府不能如我们所期望的那样完成其使命,而是表现出这样或那样的缺陷。通常,我们将这些缺陷的发生统称为政府失灵。

具体来说,我们可以将政府失灵现象大致归结为如下几个方面[1]:

(1) 作为一种加总社会中所有个体的意见的途径,政府是不完美的。在现代社会中,通过政府途径来解决社会问题是一种最常见的集体行动方式。在集体行动中,我们所涉及的一个基本问题是:如何通过加总所有个体的意见来得到集体行动的目标或方案。实际上,该问题也是所有民主方式所面临的一个基本问题。比如,按照多数票原则进行投票就是最常见的一种加总所有个体意见的方式。

现在,我们的问题是,加总个体意见的方式并非只有多数票原则一种。这样,我们就需要在各种方式之间进行选择,而选择又必然涉及标准问题。美国经济学家肯尼斯·阿罗提出了一套基本上能够被普遍接受的标准[2],然后证明了:同时满足这些标准的加总方式是不存在的。阿罗的这一结论通常被称为"阿罗不可能定理"。

"阿罗不可能定理"的意义在于,它说明了我们在集体行动中无论采用何种加总个体意见的方式都是存在缺陷的。作为该缺陷的一个结果,所有民主方式中的投票过程都潜在地具有被操纵的可能性。对此,戴维·韦默和艾丹·维宁在《政策分析——理论与实践》一书中提供了下面的例子:

假定一个地区要建设一所新的学校,并采用全民投票的方式来决定学校的标准。现在,他们有三种方案可供选择,包括低方案(即仅要求新建立的学校达到最低标准,因此所需投资额最低)、中方案(即要求新建立的学校达到同类学校的平均标准,所需投资额中等)、高方案(即要求新建立的学校在所有方面都是最好的,因此所需投资也比较高)。现在,假定该地区持不同意见的人群的结构以及他们对三种方案的评价如表2-1所示。

---

[1] 戴维·韦默和艾丹·维宁在《政策分析——理论与实践》一书中按照西方国家的具体情况对政府失灵现象进行了一个很好的总结(参见〔美〕戴维·韦默、艾丹·维宁:《政策分析——理论与实践》,上海译文出版社2003年版)。这里,我们参考了这个总结并按照本书行文的需要进行了一些改动。

[2] 这些标准包括:第一,该加总机制应当将所有可能存在的个体的意见都反映进去。第二,加总所得到的结果应当是理性的。首先,按照该加总结果,我们应当能够比较所有的方案。或者说,如果我们从全部方案结果中任意抽取出两个方案A和B,该加总结果应当能够告诉我们A比B好还是相反。其次,按照该加总结果,针对任意的三个方案A、B、C,如果A比B好,同时B比C好,那么该加总方案就一定认为A比C好。第三,加总的方式应当具有一致性,即如果针对一定的人群,按照该加总方式我们已经得到结论说,方案A比方案B好,并且此时在原有的个体都没有改变的情况下人群中又增加了一些认为A比B方案更好的新来者,那么,针对这个扩大了的人群,按照该加总方式,我们仍然应当得出A方案比B方案更好的结论。第四,加总的方式应当具有独立性,即按照该加总方式,我们是得到A比B好还是相反的结论,与方案集合中任何其他方案是否存在无关。或者说,我们不会因为增加或减少了一个方案C而得到相反的结论。第五,加总的方式应当不是独裁。

表 2-1　投票缺陷图解

| 投票团体 | 第一选择 | 第二选择 | 第三选择 | 投票者比例 |
|---|---|---|---|---|
| 温和主义者 | 中方案 | 高方案 | 低方案 | 45 |
| 财政保守主义者 | 低方案 | 中方案 | 高方案 | 35 |
| 有效教育者 | 高方案 | 低方案 | 中方案 | 20 |

议程 A(结果:中方案)
　第一轮:高方案对低方案　　高方案赢 65%:35%
　第二轮:中方案对高方案　　中方案赢 80%:20%

议程 B(结果:高方案)
　第一轮:中方案对低方案　　低方案赢 55%:45%
　第二轮:低方案对高方案　　高方案赢 65%:35%

议程 C(结果:低方案)
　第一轮:高方案对中方案　　中方案赢 80%:20%
　第二轮:中方案对低方案　　低方案赢 55%:45%

在上述例子中,如果按照简单多数票的原则来进行两两比较,则结果为:

高方案优于低方案　　65% 的人认同

低方案优于中方案　　55% 的人认同

中方案优于高方案　　80% 的人认同

这样在投票结果上就出现了一个"循环"。进一步地,投票"循环"的发生使得该投票过程潜在地具有被操纵的可能性。比如,如果我们采取"首先选择两个方案进行投票,然后再对其胜出者与剩下的第三个方案进行投票"的方式来选择最终方案,则采用不同的投票议程将带来不同的结果(见表 2-1)。这意味着,通过操纵投票的议程我们就可以操纵投票的结果。进一步地,表 2-1 实际上假设了所有的投票者在每一轮投票中都会表现自己的真实看法,即他们会"说真话"。然而,如果"说假话"对投票者有利,投票者没有理由不采取这种机会主义的行为。比如,如果事先设定的投票议程为 B,则在所有人都"说真话"的前提下,投票结果为"高方案"。这是"财政保守主义者"最不愿看到的结果。因此,他们就有动力采取机会主义的行为来改变这一结果。设想,如果他们在第一轮中"说假话",即选择"中方案"而不是"低方案",尽管从内心来讲他们真心喜欢的是"低方案",那么,第一轮中"中方案"就会胜出。接下去,如果在第二轮中所有人都仍然"说真话",则最终结果就成为"中方案",而不是"高方案"。

"阿罗不可能定理"及上述例子说明了集体行动在加总个体意见得到社会目标的机制方面存在本质的缺陷。如果集体行动甚至连自己将会选择什么样的目标都不能确定,我们就更不能指望通过集体行动一定能够增加社会福利了。当然,这种结论显得有点过分悲观。一般来说,尽管集体行动的结果可能不会是非常理想的,但它总能在一定程度上解决社会问题。

(2)政府中的决策者可能会被少数人的利益所引导,从而忽视甚至损害多数人的利益。除了采用全民投票的方式来进行决策,多数时候,政府的决策总是由少数人做出的。这些人可能是议会中的民众代表,也可能是行政机构中的官员。其决策的具体机制依不同国家的政治体制而不同。但有一点是相似的,这就是,如果社会对这些决策者的监督是不完善的,那就存在决策者为了少数人的利益而忽视甚至损害多数人的利益的可能性。

然而,无论在什么样的体制中,社会对决策者的监督或多或少都是不完善的。这是因为,所谓社会监督,无非就是社会中所有个人、团体或组织所进行的监督活动的总和。由于任何监督都需要支付成本,但监督又等于是在提供一种公共服务,即无论是个人,还是团体或组织,都不可能从实施这种监督来获得由这些监督所导致的所有成果,所以监督活动不可避免地面临"搭便车"问题。这就是说,大家可能都希望由别人实施监督,而自己从这种监督活动中获得好处。其结果是,作为一种公共服务,社会监督发生供给不足的可能性非常大,从而决策者为了少数人的利益而忽视甚至损害多数人的利益的可能性也就始终存在。

政府中的决策者为了少数人的利益而忽视甚至损害多数人利益的一种非常普遍的情况是"寻租活动"。粗略地说,按照经济学理论,由于供给方面的稀缺性而使人们获得的收入被统称为"租金"。除了自然方面的原因外,政府运用自己的垄断性权力而影响某种物品或服务的稀缺性是一种常见的现象,而由这种影响来获得收入的活动就被称作"寻租"。

除了政府中决策者个人或相关群体的利益外,"寻租"活动的推动者经常包括一些政府之外的利益集团。实际上,许多时候,政府之外的利益集团往往成为寻租活动的最重要的推动力量。当然,寻租活动之所以能够成功也往往是由于利益集团与决策者之间形成了非常密切的合作关系。某些时候,决策者事实上成为利益集团的重要组成部分。

另一方面,寻租活动之所以能够发生,往往是因为寻租活动所造成的收益是非常集中的。它可以用于在作为少数人的决策者和利益集团成员之间进行分配。与寻租活动的收益相比,寻租活动所造成的成本却往往是非常分散的。它可能由作为多数人的社会成员或者其组成部分来分担。由于成本的分担非常分散,每一个社会成员所承担的成本就可能比较小。这样,即使寻租活动损害了某些社会成员的利益,由于监督权力、防止寻租活动发生需要支付成本以及"搭便车"问题的存在,这些社会成员一般不会为阻止寻租活动的发生而实施某种实际的行动。其结果是,即使寻租活动给社会造成的成本超过了其为少数人带来的收益,社会也无法消除这些活动的发生。

(3) 行政机构的低效率问题。与市场中的企业相比,行政机构的效率往往显得非常之低。造成行政机构低效率的原因可能有如下几个方面:

第一,与企业相比,评估行政机构的绩效往往非常困难,其结果是,我们往往缺乏监督和激励行政机构并促使其改进效率的手段。

一般来说,人为地促进一个组织改进其效率的手段主要有两个方面:或者通过建立恰当的报酬机制来给予其内部成员正确的激励,或者通过建立恰当的监督机制来确保其内部成员采取了正确的行为。报酬机制最终要将组织内部成员的报酬与其活动的最终绩效联系起来。因此,对于一个其最终绩效无法正确评估的组织来说,建立激励机制的方式往往不能发挥显著的作用。另一方面,在激励机制无法建立的情况下,我们可以考虑通过建立恰当的监督机制的方式来保证效率。而监督机制又可以划分为事前的监督与事后的监督两种方式。事前的监督就是对监督对象的行为进行直接的监督,以确保其采用了适当的行为。但这种监督能否奏效严重地依赖于我们对监督对象的行为信息的获取能力。通常,监督者在获取这些信息方面处于不利地位,即在监督者与被监督者之间存在信息不对称现象。这就制约了监督者对事先监督方式的使用。当然,在事先监督方式不能完全奏效的前提下,监督者还有事后监督的方式可供选择。所谓事后监督就是监督者通过观察被监督者的活动结果来对其进行监督的方式。显然,这种监督方式能否奏效,依赖于监督者能否对被监督者的行动结果进行正确的评价。

至此,我们就可以发现,行政机构通常比企业组织效率更低的一个重要原因是,针对企业组织的绩效评估往往比较容易。实际上,充分竞争的市场往往可以作为评估企业组织绩效的有效手段。而在行政机构的绩效评估方面,我们却往往缺乏有效的手段。当然,这并不是说我们对行政机构活动绩效的任何一个方面都缺乏评估的手段。特别地,由于学者们与行政机构自身的努力,许多国家已经建立了针对行政机构的绩效进行评估的可操作的体系。但这些评估往往是针对有形的投入、产出而进行的。与这些有形的投入和产出相比,行政机构绩效的无形的社会影响可能更加重要。但在这些无形的社会影响方面,现有的评估手段往往表现出许多缺陷。比如,针对政府修建一条公路这样一个政策,有形的投入和产出是比较容易进行评估的,但修建这条公路的社会效应则是比较难以评估的。如果政府修建这条公路恰恰是以社会效应为主要目的的,那么,针对这条公路的绩效评估就非常困难了。

第二,与企业相比,行政机构缺乏竞争也是其效率低下的一个重要的原因。在企业方面,即使我们不能对其进行有效的绩效评估,竞争的压力也能够自动地促使企业提高其运营的效率。这是因为,只有效率较高的企业才能够在竞争中生存下来。反观行政机构,这种竞争效应一般是不存在的。或者说,行政机构是否能够生存下去，并不依赖于它是否能够在竞争中取胜。实际上，这种竞争通常并不存在。这也成为行政机构效率低下的重要原因之一。

第三，与企业的人力资源系统相比，行政机构的公务员体制往往比较僵化，从而制约了行政机构的活力。

一般来说，企业组织的人力资源体系往往非常灵活，而行政机构的公务员体制则往往比较僵化。这种差别与前面提到的，两种组织在最终绩效评估方面的差别密切相关。由于企业组织的最终绩效可以评估，企业的所有者对企业内部管理过程中的人力资源安排就可以不做过多的干预，因为最终的绩效已经说明了一切。但在行政机构方面，其最终结果往往是难以进行绩效评估的。此时，如果政府不对其公务员体制进行严格的管理，其结果很可能就是掌握公务员管理权力的个人或机构的恣意妄为。因此，结果评估上的困难导致了公务员体制的僵化。这种僵化管理体制的一个副作用就是制约了公务员系统的活力。

(4) 政府失灵的其他方面。除了上述三个方面之外，政府失灵可能还表现在许多方面，包括民主投票过程的高成本、直接民主过程可能缺乏保护少数人利益的机制、代议制民主过程中可能出现的地方利益与全局利益的冲突、政治周期对经济和社会的负面影响等各个方面。在此，我们对其不再一一论述。

## 第三节　政府角色与公共政策

上一节中我们分别讨论了政府、市场、第三部门和社区作为解决社会问题的几种途径分别所表现出的优势和缺陷。对这些优势和缺陷的分析成为我们讨论政府角色和公共政策发挥作用的范围的基础。

**一、关于政府角色定位和公共政策作用范围的规范理论**

1. 两个基本问题

在对政府角色和公共政策的作用范围进行深入讨论之前，我们首先来明确两个基本问题，即：

(1) 有关政府角色定位问题的讨论属于规范理论的范畴

所谓政府角色定位问题就是要回答政府应当做什么或者不应当做什么的问题。因此，对该问题的回答属于规范理论的范畴。在实际研究过程中，与回答上述规范性问题同等重要的是，我们还要回答政府实际上充当了何种角色的问题。后面这种研究属于实证理论的范畴。在本节中，我们讨论的中心是前者。同时，我们也将在本节的第二部分中对后者提供一个简单的描述。

（2）政府角色定位与公共政策作用范围之间的关系

制定和执行公共政策是政府发挥作用的基本方式。因此，一个关于政府角色定位的理论基本上也就是在回答公共政策应当在哪些地方发挥作用或者不应当在哪些地方发挥作用。或者说，这是一个关于公共政策的理想的作用范围的理论。按照这种解释，我们在下面的文字中将不加甄别地使用"政府角色定位"和"公共政策的理想作用范围"两个词语。

2. 讨论政府角色定位问题的基本逻辑

前面已经指出，所谓政府角色定位问题就是要回答政府应当做什么或者不应当做什么。这里，我们将回答该问题的基本逻辑总结如下：

首先，作为该逻辑过程的起点，我们建立起一个价值标准的体系。[①] 所谓价值标准的体系通常要包括不同的价值标准以及关于这些价值标准在该体系中的重要性的判断。比如，"效率"和"公平"经常是该体系中核心的价值标准，而"效率优先，兼顾公平"则是对两个标准在体系中的相对重要性的判断。当然，不同的国家在不同的历史时期中所建立的价值标准体系可能是有所差别的。比如，在我国的政策实践中，综合国力经常成为替代社会福利的价值标准。在建国初期，综合国力更被理解为重工业的实力，从而出现重工业优先发展的发展战略并由该战略引出了计划经济时期一系列的政策和制度安排。[②]

其次，当价值标准确立之后，我们就可以依据这些价值标准来对解决社会问题的各种方案进行综合的评判。具体来说，不同的社会问题具有不同的特征。同时，不同的问题解决途径也具有不同的优势和缺陷。这样，问题和途径之间的不同搭配就会形成不同的结果。当然，我们也可以将各种途径相互搭配起来形成一些综合的解决方案。实际上，世界各国的政策实践已经表明，对社会问题的解决往往需要一些综合的而非单一的方案。这样，我们所要判断的就是各种途径的不同搭配方式在解决社会问题方面的潜在效果。

最后，我们按照上述评判的结果来选择对于解决特定社会问题最满意的途径或者方案。其中就包含了政府在解决社会问题过程中的角色定位。

3. 关于政府角色定位与公共政策的理想作用范围的争论

应当指出，关于政府角色定位与公共政策的理想作用范围的问题既是一个非常古老的讨论议题，同时也是一个迄今为止争论仍然非常多的议题。这里，我们可以简单地将争论的主要起因总结如下：

第一，争论的发生可能是由于我们对各种问题解决途径的认识有待深入。

---

[①] 在实践过程中，该体系(或者其中的某些价值标准)可能被明确地提出，也可能虽未被明确地提出但同样在发挥作用。

[②] 参见林毅夫：《中国奇迹：发展战略与经济改革》，上海三联书店和上海人民出版社1994年版。

此时,争论发生在事实层面。对于该层面的争论,我们可以通过进一步加强研究,从而获取更多的关于各种途径的特征、优势和缺陷等方面的事实来使争论最终获得解决。

第二,争论的发生可能是由于争论各方在选择价值标准方面出现了差异。此时,争论发生在价值层面。比如,在我国的公共政策实践中,"效率优先,兼顾公平"一直是一种主流的价值标准。在实践过程中,"效率优先,兼顾公平"的价值标准又经常蜕变为"GDP 优先,兼顾公平",甚至忽视公平仅仅强调 GDP。近年来,针对 GDP 作为评价标准的批评越来越多。同时,也出现了强调政府应当主要以"社会公平"为其目标的观点。显然,在用于评判的价值标准出现如此之多的差异的情况下,人们在政府角色定位和公共政策的理想作用范围方面自然会得出不同的结论。需要强调的是,价值层面的争论是不可能通过进一步的研究来获得解决的。这种争论只有当人们在价值标准的选定方面逐渐表现出一致性时才可能减少。

4. 关于政府与其他部门关系的类型划分

上面的讨论告诉我们,在价值标准存在差异的情况下,关于政府角色定位和公共政策理想作用范围的争论将不可避免地继续存在下去。另一方面,按照前面的讨论,不同的社会问题也具有不同的特征,因此,我们很难一般性地讨论政府角色定位问题。不过,我们还是可以根据学术界对政府与其他三个部门之间关系的讨论,将这些关系大致划分为如下两种类型:

(1) 替代型

在替代型关系中,政府与其他部门在解决特定社会问题时发挥着非常类似的作用,因此存在一种近似相互替代的关系。比如,政府可以通过建立国有企业和实行计划经济来提供私人物品,也可以退出私人物品的提供,放手让市场在提供私人物品过程中发挥主要作用。

鉴于不同的问题解决途径各有自己的优势和缺陷,政府能够做好的地方,其他部门未必能够做好,而其他部门能够做好的地方,政府未必能够做好,因此各个部门需要有一定的分工,从而在解决社会问题上各自发挥自己的作用。

按照这种关系,凡是其他部门不能很好地发挥作用,而政府发挥作用时所表现出来的缺陷又不是非常突出的地方,应当是政府发挥作用的地方。

(2) 补充型

在补充型关系中,政府与其他部门之间所形成的是一种合作关系。简单地说就是,对于某些社会问题,政府和其他部门可能都能够发挥一些作用,但如果二者在解决该问题上进行合作,所得到的结果更为理想。

同样以私人物品的提供为例,政府与市场之间的关系也存在相互补充的一面。比如,市场的运行需要明确的规则。这些规则当然可以由一些非政府的组织来提供。比如,通过谈判来建立一种协议。但是,这种自愿协议的建立和执行成本往往都是比较高的。因此,在现代社会中,政府仍然是规则的主要提供者和维护者。

在发达国家公共管理改革过程中出现的政府与第三部门的合作则为这种补充关系提供了另一个例子。比如,政府可以与第三部门合作来解决特定人群的贫困问题。第三部门中的 NGO 负责项目的具体实施,同时也尽可能地自主筹集资金。但鉴于我们前文已经探讨的一些问题,第三部门筹集资金的能力毕竟存在一些欠缺。此时,政府的资金帮助能够为第三部门缓解资金的压力,有助于它们发挥自己的优势。

按照这种补充型关系,政府应当在适当的地方选择与其他部门进行合作的政策,共同解决社会问题。

最后,我们需要对这种替代型关系和补充型关系的划分进行一些补充性说明。这包括:

第一,所谓替代型关系和互补型关系都不是绝对的。或者说,并不存在绝对的替代关系或者互补关系。因此,我们只能说在某些领域或者某些方面相互替代是主要的关系,而在另一些领域或者方面,相互补充可能是主要的关系。

第二,无论是相互替代还是相互补充,讨论的基础都是各种途径的优势和缺陷。这就是说,我们应当针对社会问题的特征来综合地选择各种搭配方案,尽量发挥各种途径的优势,避免其缺陷。

**二、关于政府角色定位和公共政策作用范围的一些事实**

尽管在理论方面仍然存在许多争论,全球公共政策实践却表现出一些共同的趋势。这里,我们对这些趋势进行一些简单的介绍。

1. 市场化趋势

所谓市场化趋势是指政府通过全面的改革来建立或深化市场在解决社会问题过程中所发挥的作用。这一趋势主要表现在如下几个方面:

第一,20 世纪中后期之后,从美国等发达国家开始,许多国家进行了全面的政府管制改革。管制改革的内容包括减少并重新构建政府管制体系,加强市场在配置社会资源过程中所发挥的作用。从管制改革的结果看,总体上说,改革之后政府干预的程度趋向于不断地减少。当然,在某些方面,包括原先不存在政府管制的地方,政府建立或加强了管制。这可以理解为政府与其他部门之间角色的重新划定过程。

第二,在同一时期中,许多原先由政府在社会资源配置过程中发挥主要作用的国家,包括原先采用计划经济体制的国家,开始了全面的转轨过程。转轨的目的就是建立以市场为资源配置的基础性途径的经济和社会。我国从 20 世纪 70 年代末期开始的经济改革正是这种全球性经济转轨潮流中的一个重要组成部分。

第三,发达国家和国际性组织(包括世界银行、国际货币基金组织等)在参与解决许多国家的经济危机的过程中以所谓"华盛顿共识"①为基础,推动发生危机的国家重新定位其政府角色,加强市场在解决社会问题过程中所发挥的作用。比如,在解决拉丁美洲国家的债务危机和东亚金融危机过程中,国际货币基金组织都曾经以贯彻"华盛顿共识"的原则为提供贷款的先决条件。这就推动了这些国家对其政府角色进行重新定位,促使市场的角色得到加强。

2. 第三部门发挥越来越重要的作用

第三部门在解决社会问题过程中发挥越来越重要的作用,是全球范围,尤其是发达国家近年来公共政策实践中的一个突出的趋势。这一趋势既表现在第三部门中的组织独立地承担着越来越多的社会职能,也表现在政府在解决社会问题过程中越来越强调与第三部门的合作伙伴关系。根据 1999 年《国际组织年鉴》(Yearbook of International Organizations)的统计,在此之前的 10 年间,全球 NPO 的数量增长了 4 倍多。这一现象不仅发生在发达国家和地区,也发生在发展中国家和地区。在东欧地区,从柏林墙倒塌后有超过 10 万个 NPO 产生;而在亚洲的印度地区则有超过 100 万个 NPO 在运作。当然,在我国,目前 NPO、NGO 所发挥的作用还受到各种条件的限制,但近年来这些组织的重要性也正在逐渐引起人们的重视。②

3. 社区角色的变迁

与上述两种趋势相比,社区角色的变迁则同时表现出两个方面的趋势。一方面,对于发展中国家来说,经济发展的过程同时也就是非正式部门的角色不断地被政府、市场(企业组织)和第三部门(非政府组织)侵蚀的过程。或者说,这是一个正式部门不断地取代非正式部门的过程。另一方面,在全球范围内,政府在公共政策实践中也越来越强调社区的重要性,包括依靠社区解决社会问题和通过政府与社区的合作来解决社会问题。

---

① 包括对国有企业进行私有化、除安全等原因外减少政府对市场竞争过程的干预、贸易和投资的自由化、汇率和利率机制改革、财政改革等措施。
② 转引自官有垣:《第三部门的研究:经济学观点与部门互动理论的检视》,《台湾社会福利学刊》2002 年第 2 卷第 1 期。

## 【关键术语】

效率　社会福利　信息不对称　阿罗不可能定理
公平　第三部门
政府　市场失灵
市场　政府失灵
社区　志愿失灵
垄断　公共物品
寻租　外部效应

## 【复习思考题】

1. 选择一个具体的社会问题,思考在该社会问题的认定过程中可能涉及的价值标准有哪些。

2. 针对上述社会问题,思考政府、市场、第三部门和社区四种途径在解决该问题过程中所发挥的作用。

3. 针对上述社会问题,运用本章所提供的理论框架进行分析,提出您认为最理想的解决方案。在该方案中,政府的角色如何被定位?

## 【案例分析】

由于政府角色定位问题的复杂性,本章的讨论可能仅仅为读者提供了一个考虑该问题的起点。为了使读者拓展自己的思考,我们提供如下的案例。建议读者在阅读和思考此案例的同时参阅保罗·克鲁格曼在讨论亚洲奇迹时所发表的观点。①

**上海 2 年 = 浙江 5 年**
**上海的有效政府逻辑**②

记者　汪生科

整个战略是政府做的,市场体系是政府建的,游戏规则也是政府定的,但政府在市场运作上不操纵。归纳起来,政府迅速建立一个平台,这个平台不是市场

---

① 参见 Paul Krugman, "The Myth of Asia's Miracle," *Foreign Affairs*, Vol. 73, Issue 6, Nov/Dec 1994。此文很容易在互联网找到。参考网址:The Official Paul Krugman Web Page ( http://web.mit.edu/krugman/www/)。

② 原文载于:《21 世纪经济报道》,转引自:http://biz.163.com/05/0417/09/1HHH0OQ100020QC3.html。

过程中形成的。这体现了政府的有效性。政府还是市场？在上海确实处处充满着悖论。

**上海2年=浙江5年**

"罗马城不是一天建成的,但洋山港却像是一夜之间冒出来的。"洋山港年底开港的消息传出来后,人们不禁赞叹。

上海的发展速度像个谜,洋山港就是众多谜中的一个：一个前期投资--两百亿的大工程,两年多的时间就建好了。

与此相对应的是浙江。同样建大桥,洋山港的东海大桥两年时间建成,而浙江的杭州湾跨海大桥,却要到2008年完工。

"杭州湾大桥比东海大桥长不了多少(东海大桥32公里,杭州湾大桥35.67公里),浙江造5年,上海只用2年。"上海市一位决策咨询专家跟记者说。

这里的区别在于,浙江大桥的投资主体是浙江省的17家民营企业,上海则是财政投入。

"财政进去,不仅是抢得了3年时间,而且是3年的发展机遇。"参与洋山港建设决策的专家说。众所周知,洋山港一直和宁波北仑港存在竞争关系。

到此,洋山港的速度之谜,大略已经解开,即洋山港是财政出资,属政府行为。政府行为的种种便利,保障了洋山港的建设速度。

此间一位参与洋山港建设的高层人士举例说,洋山港下面有一根天然气管线,是唯一通到上海的天然气管线,但是不到一年时间这条管线也移掉了,没有政府出面协调是不可想象的。

记者获悉,上海市为建设洋山深水港,成立了上海市深水港工程建设指挥部,市长韩正亲任总指挥,市政府一位副秘书长任常务副总指挥。

**同盛模式**

但洋山港是一个跟三峡、青藏铁路等量的宏大工程,按照国务院批复的可行性报告,一期投资就达130亿元。这么大的投资显然不能光靠上海市财政大包大揽(上海市2004年地方财政收入在1000亿元多点)。

这时候,一个名为上海同盛投资(集团)有限公司(以下简称"同盛集团")的投融资公司浮出了水面。

同盛集团2002年成立,是洋山港工程的开发投资主体。它跟洋山港工程指挥部是什么关系呢？

同盛集团有关人士解释,指挥部就是集团,一套人马两块牌子。"算钱在集团,对外打交道(如跟浙江省等),则在指挥部。"

成立同盛集团是上海的惯常手法,解开了同盛集团,也就解开了上海城市飞速发展的资本运作魔方。

## 公共政策分析

同盛集团注册资金50亿元,由三家公司出资:上海国际集团有限公司(简称"上海国际")占52%股份、上海港务局(上海国际港务(集团)公司前身)40%股份、上海国有资产经营有限公司(简称上海国资公司)8%。其中上海国际集团有限公司副总经理刘作亮出任新公司的董事长。

"虽然上海国际出资,但同盛已经跟它没有关系,是市政府的公司。"同盛集团有关人士对记者说。

之所以选这三家公司,有它的内在逻辑:上海港务局自不用说,它是以交通部返还的港务费出资;上海国资公司是上海市政府三大综合投资公司,此次以现金出资,财大气粗;而上海国际则是上海老牌的信托公司,旗下的上海国际信托投资公司曾经叱咤于业界。

至此我们也可以看出一些端倪,即洋山港工程虽然是政府项目公司在运作,但对这些项目公司的注资又不是简单的财政出资,而是通过上海国资公司、久事公司等投资性公司注资,人员也是从这些公司选派,并不是政府官员"下海"。

这些做法是上海烂熟的老套路,其鼻祖要追溯到上海久事公司。

久事公司名字取自"九四"谐音。其故事是这样的:1987年上海发展资金了无着落,中央给了上海九四专项政策,允许上海到国际市场上自借、自还、自担保32亿美元,于是上海成立久事公司统借统还。这个32亿美元贷款就是著名的"久事债"。

久事以降,上海又成立了上海城市建设投资开发总公司(简称上海城投),专事城市建设开发。城投和久事又共同成立上海申通集团有限公司,专营城市轨道投资。此后,工业、农业、商业、体育等大口相继成立了投融资公司。

积十数年功力,至今上海市政府一共有三家综合性投资公司:上海国有资产经营有限公司、上海大盛资产有限公司、上海盛融投资有限公司。

"他们最早涉水市场,谙熟资本运作,具备较高的财技。"上海市国资领域一位资深人士评价说。

更重要的是,十多年的资本市场上的打滚,上海铸造了一支精良的资本"玩家"——手中不但有钱,还有人,这是他们的一个显著特点。

因此上海每一个市政府重大工程,几乎都是无一例外地由这些公司出面,发起成立项目公司,进行资本裂变和繁殖。近者如洋山港,远者如上海F1(上海F1操作模式跟洋山港如出一辙。它的运营主体上海赛车场有限公司,由上海久事公司、上海国有资产经营有限公司和上海嘉定区公司按4:4:3比例出资组成,久事一位副总出任项目公司董事长)。

"我们在重大项目上做得比较出色,完成得好,政府比较放心。"上海久事公司一位部门负责人对记者说。

### 国资通道

根据上海市政府副秘书长李良园在一个会议场合透露,上海从1989年到2001年的"八五"、"九五"期间,上海市共投资16000亿元,其中政府资金只占10%,企业自筹25%,利用外资25%,银行贷款20%,中央企业和外省市在上海投资20%。政府资金在里面真正发挥了"四两拨千斤"的作用。

需要特别指出的是,上海之所以能将这套模式运用自如,在于上海拥有一笔庞大的国有资产。例如上海国资公司,屡屡当出钱的"财神",它的钱从哪里来呢?记者从上海市财政局一位前官员处获悉,上海国资公司主要持有的是原上海市财政局投资的金融类国有资产,它的一个主要任务就是"以存盘现",把存量国资盘活后,将所得利润去投资上海市急需发展的新领域。

上海这样的融资平台不仅上海国资公司,上海大盛资产有限公司也越来越多地担当这种使命。

上海市现在国有资产存量6000多亿元,加上土地,则远远超出这个数。而上海国资资产、利润在上海国资委体内循环,没有进入上海市财政盘子。

"现在的问题是,很多公司应该退出来的不退。"上海市国资委一位决策咨询专家说。此前,上海国资委主任凌宝亨在接受本报记者采访时,也表达过这样的思路,即新国资委机构所要做的就是"撤墙行动",把国资调配到所需要的领域中去。

因此可以说,上海国资对诸多市政府工程建设存在一个庞大的资本输出通道。

### 资本运作魔方

但是,许多市政府工程在短期内并不能看到回报,有的甚至没有回报,如洋山港工程的东海大桥,100多亿的造价,建成后是不收费的,政府性公司进去,怎么看到投资回报呢?

据同盛集团有关人士介绍,洋山港一期工程,同盛集团下设三个公司,分别是同盛大桥公司、同盛港口公司、同盛物流园公司。

"同盛大桥公司账面上肯定是亏的,但它可以在港口和物流园公司上补齐。"上述人士解释说。

港口公司通过一场漂亮的资本置换,能够成功收回一期港口的建设成本。

今年3月18日,上港集箱(600018)发布公告,洋山港一期成立营运公司——上海盛东集装箱码头有限公司(暂定名,以下简称"盛东"),注册资本50亿元,上港集箱占51%股份,以现金出资,上海国际港务集团占49%。而此前上海国际港务集团持有的40%的同盛股份,被上海市国资委收回。

这样,盛东以现金收购洋山港一期港口工程,同盛集团在洋山港一期的总投资61亿元,将全部收回。"

"当然,同盛公司卖出的经营权也就一个成本价。置换出来的投资,进入洋山港二期工程滚动开发。"上述同盛集团人士说。

投资建设和运营分别是独立的公司,同时也分担了还款风险。

当然,洋山港远不止依靠这些政府初始投资,上海的算盘是吸引国外资本进入二期、三期建设。而上海国际背靠政府,在国际资本市场上拥有娴熟经验,为洋山港二期、三期等工程的国际募资留下了接口。

"以政府信誉做担保,外国公司才放心跟你合作。"同盛公司人士说。

**财政的休养生息**

有些项目光靠市场化运作,显然还不行。例如地铁项目,本身就是不赚钱的项目,这样的情况下政府就需要给予财政资助。

"久事公司这些公司都在财政视野范围内,财政通常都会给他们拨款。"上海市财政局一位前官员说。

"上海打的是时间差。"上述人士说,"例如久事公司,向银行借了100亿修地铁。地铁建设周期长,财政每年给它10亿,这样每年银行的利息就有了保证,久事公司也能保持它良好的银行信誉。"这位人士说,上海的许多政府性投资公司在银行界都有良好的信誉。

除了财政出资,据这位人士介绍,上海还有许多做法,例如某家公司资产负债可能不佳,政府就划拨一些土地或者别的资产给它,让它休养生息,另外的公司再接上。

上海市政府副秘书长在一次总结上海十多年的投融资经验时说,关键在于"是否有经济实力作支撑,是否把握好举债的总量和结构,是否把准投资的方向,是否能有效控制风险,维护举债信誉"。

**政府的逻辑**

上海在公共领域投融资的做法,实际上是"拨改投"模式(区别于拨改贷和引入私人资本的市场化模式),即将政府对公共领域的拨款转由法定机构按照企业化方式运作。

上海社科院部门研究所副所长杨建文将之概括为:整个战略是政府做的,市场体系是政府建的,游戏规则也是政府定的,但政府在市场运作上不操纵。

"归纳起来,政府迅速建立一个平台,这个平台不是市场过程中形成的。这体现了政府的有效性。"杨建文说。

一般认为,上海的这种强政府行为能看到几个明显的好处:例如上海治安问题,市场化规范运作问题等。从目前的情况来看,上海在全国来说是贪污相对较少的。

但上海的这些做法,又具有不可复制性。很多外地地方政府到上海来取经,回去后总是学不像。

为什么出现这种"橘生淮南为之橘,橘生淮北为之枳"的现象呢?

此间有说法认为,这跟上海的市场环境有关。"上海的市场经济基因比别的地方强烈。"上海市政协常委、上海洋山深水港物流园区总工程师任先正说。

(本报见习记者陈欢对本文亦有贡献)

**附录**:网易就该文所设计的调查表及截至 **2005 年 4 月 19 日 1 时 25 分的投票结果**

| 商业调查 |
|---|
| 你认为上海2年 = 浙江5年吗? |
| ○ 绝对不认同[差距没那么大] |
| ○ 认同 |
| ○ 差距不止这么大 |
| ○ 不知道 |

| 总得票 1692 | | |
|---|---|---|
| 绝对不认同[差距没那么大] | 60.0% | 1030票 |
| 认同 | 21.0% | 371票 |
| 差距不止这么大 | 10.0% | 183票 |
| 不知道 | 6.0% | 108票 |
| 投票起止时间: 04-17 至 12-24 [1] | | |

---

[1] 注:原文如此。

## 【参考书目】

1. 〔美〕戴维·韦默、艾丹·维宁:《政策分析——理论与实践》,上海译文出版社2003年版。

2. 林毅夫:《中国奇迹:发展战略与经济改革》,上海三联书店、上海人民出版社1994年版。

3. 汝信:《2005年中国社会形势分析与预测》,社会科学文献出版社2004年版。

4. Bjørn Lomborg (ed.), *Global Crises, Global Solutions*, Cambridge University Press, 2004.

5. Lester M. Salamon, "Of Market Failure, Voluntary Failure, and Third-Party Government: Toward a Theory of Government-Nonprofit Relations in the Modern Welfare State," *Journal of Voluntary Action Research*, 1987, 16 (1—2): 29—49.

6. Dennis R. Young, "Complementary, Supplementary, or Adversarial? A Theoretical and Historical Examination of Nonprofit-Government Relations in the United States," in E. T. Boris & E. Steuerle (eds.), *Nonprofits & Government: Collaboration and Conflict*, Washington, D. C.: The Urban Institute Press, 1999.

7. Dennis R. Young, "Alternative Models of Government-Nonprofit Sector Relations: Theoretical and International Perspectives," *Nonprofit and Voluntary Sector Quarterly*, 2000, 29 (1): 149—172.

# 第三章　公共政策系统分析

## 【内容概要】

本章着重探讨了公共政策系统的三个构成要素,即公共政策主体、公共政策客体和公共政策环境,以及公共政策工具的含义、构成及选择。

第一节主要探讨公共政策主体的含义及构成,把公共政策主体划分为官方决策者与非官方参与者,对各类政策主体在公共政策过程中的作用进行了分析。官方决策者一般包括立法机关、行政机关、司法机关,在我国还包括作为执政党的中国共产党。非官方参与者包括利益集团、政治党派、大众传媒、思想库和公民个人等。

第二节着重分析公共政策客体的含义及构成,对社会问题与目标群体进行了辨析。社会问题是公共政策的直接客体,目标群体是间接客体。

第三节重点分析公共政策环境的含义与构成,详细讨论了经济环境、政治环境、社会文化环境和国际环境对公共政策系统的影响。

第四节主要分析公共政策工具的含义、构成及选择,详细分析了自愿性工具、混合性工具和强制性工具三类政策工具,并介绍了三种公共政策工具选择模型。

## 【要点提示】

- 公共政策系统的含义及构成要素
- 公共政策主体的含义及构成
- 公共政策客体的含义及构成
- 公共政策环境的含义及构成
- 公共政策工具的含义及分类
- 公共政策工具的选择

从系统分析方法来看,公共政策的运行是以公共政策系统为基础的。公共政策系统是政策研究的重要内容,是研究公共政策过程的前提。按某些西方学者的观点,公共政策系统是"政策制定过程所包含的一整套相互联系的因素,包括公共机构、政策制度、政府官僚机构以及社会总体的法律和价值观"[①]。我国

---

[①] 〔美〕E. R. 克鲁斯克等:《公共政策词典》,上海远东出版社1992年版,第26页。

有学者把公共政策系统界定为"由政策的主体、政策客体及其与政策环境相互作用而构成的社会政治系统"①。我们认为，从政策主体、政策客体和政策环境的角度进行分析，较好地揭示了公共政策系统的内涵。在本章中，我们将分别讨论公共政策主体、客体与环境这三个要素，并在此基础上进一步分析政策工具及其选择问题。

## 第一节 公共政策主体

主体，按哲学观点而言，是指进行着认识和实践活动的有意识的人。一般而言，公共政策主体是指直接或间接地参与公共政策全过程的个人、团体或组织。公共政策主体不仅参与和影响公共政策的制定，而且在公共政策的执行、评估和监控等环节都发挥着积极的能动作用。由于各国在政治体制、经济发展和文化传统等方面的差异，公共政策主体的构成要素及其作用方式也有所不同。

公共政策主体主要包括立法机关、行政机关、司法机关、政党、利益集团、思想库、大众传媒和公民个人等。在公共政策主体的分类上，存在着官方决策者和非官方参与者、体制内和体制外等划分方式。安德森认为，官方决策者是指那些拥有法定权威参与制定公共政策的人们，包括立法者、政府首脑、行政人员和法官，而非官方参与者包括那些参与政策过程的利益集团、政治党派、研究组织、大众传媒和公民个人。这些非官方参与者通常并不具有制定公共政策的法定权威，它们主要是在政策制定过程中提供信息、施加压力、游说官方决策者。② 琼斯和马瑟斯把政策提案者(即政策制定者)分为政府内部和政府外部两大类。政府内部的提案者包括：行政长官、官僚、咨询者、研究机构、议员及其助手；政府外部的提案者包括：利益团体和协会、委托人团体、公民团体、政治党派和传播媒介等。③

虽然这两种分类方式的划分标准不同，但它们对公共政策主体的分类大致是相同的。拥有法定权威的官方决策者大致等同于体制内政策主体，不拥有法定权威的非官方参与者大致等同于体制外主体。有学者把体制外主体又细分为社会政治法权主体和社会非法权主体。④ 综合这两种分类方式，我们可以从官方和非官方角度来探讨公共政策主体的构成及其行为，前者着重探讨权力配置

---

① 陈振明：《政策科学》，中国人民大学出版社 1998 年版，第 105 页。
② James E. Anderson, *Public Policy Making*: *An Introduction*, Boston: Houghton Mifflin Company, 2003, pp.46—66.
③ 〔美〕斯图亚特·S. 那格尔：《政策研究百科全书》，科学技术文献出版社 1990 年版，"政策执行"一章。
④ 张国庆：《现代公共政策导论》，北京大学出版社 1997 年版，第 34 页。

问题,后者着重探讨政策参与问题。

当然,应该注意到,这两种分类都是以西方社会为背景的,体现了西方国家政策过程的基本特点。由于政治体制的差异,我国的公共政策主体与西方国家的公共政策主体并不一致。我们在下文中将结合我国实际情况对公共政策主体进行讨论。

### 一、官方决策者

一般而言,官方决策者是指广义的政府,即立法机关、行政机关和司法机关。在现代政治体制中,这三大系统分别掌握着立法、行政和司法三种权力,各司其职,依据宪法赋予的权力制定各类公共政策,同时相互制约,保持三种权力之间的平衡。但是在我国,执政党在公共政策制定中有着极为重要的地位,所以,在我国,官方决策者包括立法机关、行政机关、司法机关和执政党。

有学者认为,当代中国的国家政治权力结构,是以中共中央为核心的"6+1+2体系"。"6"是指通常所说的"六大领导班子",即中共中央委员会(含中央政治局、中央政治局常务委员会和中央书记处)、中共中央纪律检查委员会、全国人民代表大会及其常务委员会、国务院、中央军事委员会和中国人民政治协商会议全国委员会;"1"是指国家主席;"2"是指最高人民法院和最高人民检察院。它们共同构成了当代中国政治中枢中"党"、"政"、"军"、"法"四大方面。[①]

#### 1. 立法机关

立法机关是公共政策主体最重要的构成要素之一,其主要职责是立法,即制定法律和政策。立法机关在西方主要指国会、议会、代表大会一类的国家权力机构,在我国则是指全国及地方各级人民代表大会及其常务委员会。由于政治体制的不同,各国的立法机关在公共政策过程中所扮演的角色、所起的作用不尽相同。

安德森认为,在西方尤其是美国,各个层次的立法机关通常能够独立地行使立法权。美国国会在税收、人权、社会福利、消费者保护、经济规制和环境保护等政策制定上发挥着决定性作用。在国会中,常设委员会对提交的法案通常拥有生杀大权,它们甚至可以不顾大多数议员的反对,强行通过有关议案。但是,我们并不能因此认为立法机关具有完全独立的决策地位。在国防和外交政策方面,总统比国会拥有更大的权力。

我国实行议行合一的政治体制,立法机构或权力机构是各级人民代表大会及其常务委员会。宪法规定,中华人民共和国的一切权力属于人民,人民行使国家权力的机关是全国人民代表大会和地方各级人民代表大会。全国人大及其常

---

① 朱光磊:《当代中国政府过程》,天津人民出版社2002年版,第29页。

务委员会是最高权力机关,其制定的法律和政策具有最高效力,行政、司法机关制定的法规、政策一旦与全国人民代表大会制定的法律、政策相抵触,全国人民代表大会有权对其加以纠正或将其撤销。

一般而言,全国人民代表大会具有立法权、决定权、任免权和监督权等职权。我国的立法权"是统一的,不可分割的,并且只属于全国人大及其常务委员会"[①]。我国虽然存在国务院、省级人大、民族自治地方人大和较大的市的人大的立法活动,但它们都没有独立的立法权,其立法工作都只是全国人大立法权的一部分。决定权的表现形式就是决议、决定、命令、条例等的制定和颁行,可以用来解决国家和地区内重大政策性问题和急需解决的社会问题。

2. 行政机关

行政机关是贯彻执行国家的法律和政策,管理国家的内政、外交等行政事务的机关,它掌握国家行政权力,运用公共政策对社会公共事务进行管理,是立法机构所确立的国家意志的执行者。在西方国家,随着行政权力的不断扩张,行政机关在政策制定过程中的地位和作用越来越突出,出现了所谓的"行政国家"。就美国而言,在富兰克林·罗斯福总统任内,总统权力急剧膨胀。其后,总统在美国权力体系和政治生活中逐渐居于主导地位。这主要表现为:更为积极地倡议立法,更多地使用否决权;不再满足于仅行使宪法授予的单方面的权力,而从法律、法院裁决和先例得到更多的机会以行政命令(不需经国会正式批准)和其他方式直接决策。国会还常常将一些非常重大的决策权授予总统,特别是在外交和军事领域,总统所拥有的合法权力和行动自由比其在内政方面所拥有的权力和自由要大得多。

我国国家行政机关是指国务院及其组成部分和地方各级人民政府,它们是国家权力机关的执行机关,行使国家行政权。国务院作为最高行政机关,统一领导全国地方各级国家行政机关的工作,规定中央和省、自治区、直辖市的国家行政机关的职权的具体划分,以及其他能够影响全国所有地方政府和居民的政策和措施。国务院作为中央政府,其权力主要包括行政立法权、法律提案权、授权立法权、行政管理权、经济管理权、社会管理权、外交管理权等。在我国,按照法律规定,各级地方政府在国务院的统一领导下,负责管理地方的政治、经济、社会、文化等各个方面的工作;在地方政府的省(自治区、直辖市)、市、县、乡四个层级中,省、市、县三级政府管理的范围,特别是事权的范围,除军事、外交和戒严外,基本上与中央政府相似;政府的部门也基本与中央政府部门对应设置。

3. 司法机关

司法机关作为政府的重要组成部分,也是公共管理的重要主体之一。司法

---

[①] 蔡定剑:《中国人民代表大会制度》,法律出版社 1998 年版,第 273 页。

机关传统上被认为只是一个检察、审判的机构,但它在公共政策制定中发挥着重要作用。在美国,法院可以运用司法审查权和法令解释权对公共政策的性质和内容产生很大的影响。法院还可以通过判例对经济政策(财产所有权、企业、劳动关系等)和社会政策(如福利政策、基础设施建设等)产生影响。法院不仅参与政策制定,而且在其中扮演重要角色,它不仅规定政府不能做什么,而且规定政府应该采取何种行为。

在我国,作为司法机关的人民法院和人民检察院是国家权力结构中的重要组成部分。按照宪法规定,人民法院是司法审判机关,独立行使审判权,人民检察院是司法监督机关,独立行使检察权。行政机关、社会团体和个人无权干涉。我国的国家司法权为全国人民代表大会赋予,不独立于立法机关,只独立于行政机关。从我国目前实际情况来看,司法机关的作用更多地表现在政策执行和监督方面,并没有真正成为政策制定的主体。

4. 中国共产党

我国现行的政治体制是中国共产党领导的议行合一体制。从制度规范层面来看,全国人民代表大会是最高权力机关,行使国家的立法权;从政府过程来看,中国共产党是我国政府系统的领导核心,左右着政府运行过程,主导着公共政策的制定。我国公共政策的制定与执行过程,实际上是"以中国共产党组织为首的所有履行当代中国社会公共权力的组织机构的决策与执行的过程"①。

中国共产党作为执政党,在我国公共政策过程中发挥着主导性作用。这首先体现在它对国家的政治领导上。党的政治领导包括党对政治原则、政治方向和重大政策的领导。凡是涉及国家和社会发展的根本原则、基本路线、重大方针和各个领域的重要决策,都是首先由党制定和提出的。党在提出各项方针政策后,要由国家立法机关和行政机关据此制定国家的法律和政策,使党的意志通过法定程序变为国家意志。为保证党的路线、方针和政策能切实通过法定程序变为国家意志并得到贯彻执行,党还决定和影响各级政府机关的人事任免,推举共产党员执掌国家各级机关的重要权力,实现组织上的领导。同时,党还确立自己的指导思想在国家意识形态中的主导地位,通过宣传、教育和思想政治工作,宣传党的路线、方针和政策,实现思想上的领导。政治领导、组织领导和思想领导体现了中国共产党作为执政党在公共政策过程中发挥的作用及实现方式。

我国实行的是中国共产党领导的多党合作和政治协商制度。共产党和八个民主党派的关系是执政党和参政党的关系。民主党派作为参政党,主要是通过参加政治协商会议等方式,从政治协商和民主监督两个方面参与到国家政策制

---

① 胡伟:《政府过程》,浙江人民出版社1998年版,第17页。

定中来。

## 二、非官方参与者

非官方参与者包括利益集团、政治党派、大众传媒、思想库和公民个人等。它们作为体制外的力量,通过游说官方决策者,施加压力,从而影响公共政策过程。

1. 利益集团

按照戴维·杜鲁门的观点,"利益集团是在社会中提出特定要求,具有共同态度的集团"①。阿尔蒙德认为,利益集团"是指因兴趣或利益而联系在一起,并意识到这些共同利益的人的组合"②。从公共政策分析来看,利益集团具有两大特征:

第一,有共同的利益和主张。共同利益是利益集团形成的前提。这些共同利益可能基于行业、职业、阶层、民族、宗教、种族等。利益集团的职责就是履行利益聚合和利益表达功能,以保障、增进其成员的利益为最高目标。

第二,影响公共政策的制定。利益集团实现本集团利益的主要方式是影响公共政策的制定。利益集团通过各种途径将自己的利益主张和要求向各个政府机关表达和伸张,因此,利益集团又往往被称为压力集团或者院外集团。

以美国为例,利益集团影响公共政策制定的方式和途径主要有直接游说、间接游说、司法诉讼、政治捐款、示威抗议等。直接游说包括,直接与议员和政府官员沟通、提供情报、起草议案、在听证会上作证、影响重要人事任命等。间接游说又称为公众游说或基层游说,通过传媒对某一政治问题进行引导和宣传,形成舆论压力,或者发动基层选民通过邮寄信件等手段向有关议员、官员提出要求。

2. 政党

政党尤其是执政党是公共政策主体中的一种核心力量。政党政治是现代国家政治统治的基本途径,公共政策在很大程度上可视为执政党的政策。政党在现代社会中发挥着组织选举、参与立法、组建政府、利益聚合等功能。西方国家一般采用两党制或多党制,它们与我国的中国共产党领导下的多党合作制有着根本的区别。前文已经介绍了我国政党在公共政策过程中的地位和作用,这里我们主要介绍西方国家政党在公共政策过程中的作用。

在西方两党制或多党制下,政党的中心任务是争取在竞争性选举中获胜,竞

---

① 〔美〕戴维·杜鲁门:《政治过程:政治利益与公共舆论》,天津人民出版社 2005 年版,第 41 页。
② 〔美〕加布里埃尔·阿尔蒙德等:《比较政治学:体系、过程和政策》,上海译文出版社 1987 年版,第 200 页。

选获胜的政党或政党联盟有权分配政府的主要职位,组建政府,从而才有可能把自己的政治纲领和政策主张转换为真正意义上的公共政策。因此,政党对公共政策制定的影响往往是通过选举来实现的。政党必须努力争取选民的支持,在竞选的政策纲领中尽可能体现多数人的利益需求。在争取选票的压力下,两党制下的政党政策往往趋同,政党总是力图提出与中位选民偏好最接近的政策主张,来获取最多选票。在选举中没有获得执政和参政资格的反对党、在野党则承担监督政府的职责。它们凭借在议会中的合法地位对政府进行监控,影响政府的政策制定。

3. 大众传媒

大众传播媒介主要包括广播、报纸、电视、书刊、电影、国际互联网等传播工具。在现代社会,大众传媒是社会公众获取信息的主要来源,对公共政策过程有着非常重要的影响。大众传媒的作用主要体现在以下两个方面:

第一,传播公共政策信息,实现政府与社会公众的双向沟通。大众传媒可以将政府的政策意图自上而下地及时、迅速、广泛、有效地告知公众,同时也可以把民情民意自下而上地告知和反馈给政策制定者,为公共政策的制定和调整提供客观依据。大众传媒是实现政府与社会公众双向信息沟通的重要媒介,为公众参与公共政策制定提供了途径。

第二,引导社会舆论,影响公共政策议程设置。大众传媒可以通过自己带有倾向性的报道和对新闻事件的分析、解释,引导和控制公众舆论的焦点和走向,使人们按照大众传媒给每个问题确定的重要性次序来分配自己的注意力。大众传媒通过影响和引导社会舆论,从而影响政府的公共政策议程的设置。

4. 思想库

思想库(think tank)是现代政策研究组织的别称,是政策主体非常重要的构成要素,例如布鲁金斯学会、胡佛研究所、兰德公司、野村研究所等。思想库是在特定的社会背景下出现的。在现代社会中,决策问题日益复杂,决策难度不断增大,决策的影响难以清楚界定,对公共决策的质量提出了越来越高的要求。现代科学决策离不开政策咨询,政策研究机构的崛起,代表了未来决策的发展趋势。思想库是由专业人员组成的跨学科、跨领域的综合性政策研究组织,它的出现对于改善政策系统和环境、促进决策质量的提高有着积极的影响。[①]

一般来讲,可以把思想库区分为以下几种类型:

(1) 官方思想库。这类思想库隶属政府及其职能部门,带有明确的官方色彩,直接反映了政府的态度、立场和感兴趣的问题。

(2) 半官方思想库。这类思想库处于民间,但与政府有着非常密切的关系。

---

[①] 张金马:《公共政策分析:概念·过程·方法》,人民出版社2004年版,第303页。

政府可以通过投资或资助重点研究领域和方向,使其为政府服务,或者与思想库签订合同,建立相互依存的关系。思想库还可以与政府部门直接对口挂钩,直接为对口部门提供咨询服务。

(3) 民间思想库。它是由民间发起并得到基金会和企业的资助的社会性政策研究机构,具有选题自由、研究范围广、社会联系多、政治约束少、独立性强、灵活性大等特点。

(4) 国际思想库。它是由不同国家的各学科专家学者组成的、以研究人类全球问题为主的政策研究机构,研究范围包括环境保护、战争与和平、资源利用、人口控制等。

5. 公民个人

公民或选民是公共政策主体的一个重要组成部分,虽然没有明确的组织,力量比较分散,但却是最为广泛的非官方政策主体。公民个人通过各种政治参与途径,影响或制约公共政策的制定与执行。在不同的政治体制下,公民作用于公共政策过程的方式、效果不同。

在西方国家,公民参与政策过程的方式主要包括投票选举、全民公决、听证会、示威游行、罢工等。具体来讲:公民以主权者身份,通过直接投票的方式决定某些重大的政策问题,直接行使个人的权力;通过代议形式,推选代表参与政策制定,间接行使个人的权力;使用威胁手段,如参加请愿、示威、罢工、罢课等活动,反对某项政策的出台,迫使政府修改或废止这一政策;通过参加政治党派和利益集团,借助团体的力量影响公共政策的制定;通过社会舆论或进行多方游说等手段,提出政策诉求,影响政策导向;以个人的知识活动为政策制定者提供实证依据或理论指导。[①]

## 第二节 公共政策客体

公共政策客体是公共政策所发生作用的对象,包括公共政策所要处理的社会问题和所要发生作用的社会成员(目标群体)两个方面。公共政策的直接客体是社会问题。公共政策的制定是围绕着社会问题和政策问题展开的。只有首先界定好社会问题和政策问题,才有可能制定良好的公共政策。另一方面,公共政策是通过调整和规范社会成员的行为来达成政策目标,社会成员或目标群体则构成了公共政策的间接客体。这里,有必要指出的是,由于公共政策系统及公共政策过程的复杂性,公共政策主体和公共政策客体的划分只是相对意义上的。对于许多处于中间层次的人、团体和组织而言,他们(它们)往往充当了政策主

---

① 张金马:《公共政策分析:概念·过程·方法》,人民出版社2004年版,第304页。

体和政策客体的双重角色。

## 一、公共政策的直接客体:社会问题

人们在生活中无时无刻不在面对各种问题。在这些问题中,有些是只涉及个人的纯粹私人问题,有些则是对社会中许多人产生影响的社会问题。只有社会问题才是公共政策的客体,纯粹私人问题则在公共政策关注范围之外。当然,"公共事务与私人事务之间并没有一道不可逾越的鸿沟。一些私人事务表面上只涉及少数人,但很可能通过某种相关放大机制直接或间接地对他人产生影响,从而演变成为全社会必须面对并加以解决的公共事务"[①]。在一定条件下,私人问题也可能转化为社会问题,从而成为公共政策的客体。

所谓问题(problem)通常泛指实际状态与期望状态之间的差距。从此出发,社会问题是指社会的实际状态与社会期望之间的差距。这些差距或偏差往往会导致社会的紧张状态。当社会中一些人对社会生活中的某一方面表现出焦虑和不满,或提出一定主张、采取一定行为时,就说明发生了社会问题。制定公共政策的目标,就是要克服或消除社会的实际状态和社会期望之间的差距。

社会问题、公共问题和公共政策问题这三个概念的含义较为接近,容易造成混淆。其中,社会问题是外延最广的概念,是与私人问题相对应的。一般来说,仅涉及某个人的期望与实际状态之间的差距问题无疑是私人问题,当许多人的期望与实际状态出现差距,问题就超出了私人的界限,从而演变为社会问题。当问题超出了当事人范围,影响波及非直接相关的群体,受到社会公众普遍关注时,问题就转换成为公共问题。在现代社会,政府所面临的公共问题非常多,并不是所有的公共问题都能够进入政府的议事日程,只有那些被政府摆上议事日程并加以处理的问题才是公共政策问题。关于公共政策问题的定义、特征和类型,本书将在第四章加以详细论述,这里就不再展开。

公共政策的制定即是沿着问题——社会问题——公共问题——公共政策问题这条路线发展演化的。制定公共政策是为了解决社会问题,但在政府决策者看来,并非所有的社会问题都是需要政府解决的。有些问题可能通过民间渠道能够处理,比如非营利组织(或非政府组织)在环境保护、消灭贫困等方面能发挥积极的作用;有些问题过于复杂,政府暂时无力加以解决;有些问题已经成为历史,已无解决的必要;当然,也不能排除政府出于某种考虑,对某些问题采取漠视的消极态度。

另外,需要说明的是,社会问题中的"社会"是指社会的广义概念,即社会是

---

① 陈庆云等:《公共管理理论研究:概念、视角与模式》,《中国行政管理》2005年第3期,第15—18页。

政治、经济和文化等领域的统一体,而不是把社会理解为与政治、经济、文化等领域相并列的一个领域。如果按照社会生活领域的不同,我们可以把社会问题划分为政治、经济、社会(狭义)和文化等领域的问题:(1) 政治领域问题,包括政治体制、机构、外交、军事、行政、人事、民族、阶级等方面的问题;(2) 经济领域问题,如生产、流通、分配、消费等生产过程各环节的问题,或者财税、金融、产业等方面的问题;(3) 社会领域问题,如环保、人口、福利、治安等方面的问题;(4) 文化领域的问题,包括科技、文教、体育、卫生等方面的问题。

**二、公共政策的间接客体:目标群体**

公共政策的间接客体是目标群体(target group)。所谓目标群体,就是那些受公共政策规范、管制、调节和制约的社会成员。

作为公共政策的客体的目标群体与公共政策主体之间是相互作用、在一定条件下会相互转化的。公共政策主体对公共政策问题的界定和解决问题的目标直接规定了目标群体的范围和性质,而目标群体并不是消极被动的,而是具有能动性,对公共政策主体起着反作用。另一方面,如前所述,公共政策主体和客体在地位上具有相对性。公共政策主体在某些情况下可以作为客体而存在,公共政策客体也可以作为主体而存在。比如,国家公职人员在制定和执行某项具体政策时,是作为公共政策主体而存在的;而当他们在日常私人生活中受到该项政策的调控和制约时,他们是作为公共政策客体而存在的。公民作为国家主权的拥有者,当他(她)通过各种途径参与公共政策制定时,公民扮演着非官方参与者角色,而公民作为社会成员显然又是公共政策的客体。

人们在社会生产和生活中存在着各式各样的、错综复杂的关系,其中最基本的是利益关系。由于社会地位和社会分工的不同,人们对利益的诉求在性质、层次上存在着很大的差别。这些不同的利益诉求相互影响、碰撞和摩擦,从而产生了各种利益冲突和矛盾,它们可能发生在个人之间、个人与群体之间、群体与群体之间。公共政策所要调整和规范的对象就是具有不同性质的利益诉求的社会成员之间的关系。公共政策制定的根本目标就是如何处理好具有全社会分享性的公共利益、具有组织(集团)分享性的共同利益和具有私人独享性的个人利益三者间的关系,实现这三种利益的和谐。

在公共政策的制定与执行中,目标群体的态度对于公共政策能否达到其预期目标有着重要的影响。公共政策问题能否解决,政策目标能否实现,并不仅仅取决于政策制定者和政策执行者的一厢情愿,目标群体理解、接受、遵从公共政策的程度是决定政策有效性的关键性因素之一。一般而言,目标群体对于某项公共政策的态度选择有两种形式,一是接受,二是不接受。进一步来说,接受又可划分为完全接受和部分接受、积极接受和消极接受;不接受也可划分为完全不接受和部分不接受、积极不接受(强烈反对)和消极不接受(不予合作)。从利益和成本的分担来看,一项政策如果能够使目标群体获得一定的利益,那么它就容易被目标群体所接受;反之,一项政策如果被目标群体视为对其利益的侵害和剥夺,那么它就很难得到目标群体的认可。当然,这仅是目标群体接受或不接受某项政策的一种分析。影响目标群体态度的因素有很多。有学者把目标群体顺服的原因归纳为政治社会化、政策合法化、成本利益衡量、顾全大局观念、基于私利、避免惩罚、情势变迁等,认为目标群体不接受政策的原因有价值观念冲突、同辈团体的社会化、传媒影响、追求目前利益、选择性认知不同、政策本身不妥等。①

## 第三节 公共政策环境

公共政策是环境的产物,受到自然和社会的各种因素的制约和影响。离开了公共政策得以产生的外部环境,就不可能对其进行分析和研究。根据系统论,对政策行动的要求产生于环境中存在的问题和冲突,并由利益集团、官员以及其他政策行动者传递到政治系统;与此同时,环境限制和制约着决策者的行动。②政策系统与政策环境相互影响、相互作用。就其关系而言,政策环境决定和制约政策系统,起着主导作用;政策系统反过来会改善和塑造政策环境,具有反作用。由此,我们可以从两个角度来考察公共政策环境:一方面,把公共政策系统视为因变量,研究公共政策环境对公共政策制定、执行、监控等过程的影响;另一方面,把公共政策系统视为自变量,探讨公共政策系统的输出,即公共政策对环境的作用和影响。

### 一、公共政策环境的内涵

宽泛地讲,环境是指某事物发生、存在所处的生态条件或某行动所处的背景。事物和环境之间既相互分离又彼此渗透。从系统论来看,一切事物都处于一个更大的系统之中,是这个更大的系统的子系统,而这个更大的系统则构成了该子系统的生态环境。

所谓公共政策环境,是指影响公共政策产生、存在和发展的一切因素的总和。从系统论的角度看,凡是对公共政策产生作用和影响的因素皆可归为公共政策环境。

---

① 林水波、张世贤:《公共政策》,台湾五南图书出版公司1980年版,第286—292页。
② James E. Anderson, *Public Policy Making: An Introduction*, Boston: Houghton Mifflin Company, 2003, p.38.

安德森对公共政策环境进行了宽泛的划分,认为政策环境包括地理因素(比如,气候、自然资源、地形)、人口变量(比如,人口规模、年龄分布、种族构成、空间分布)、政治文化、社会结构和经济体制。管理学家卡斯特和罗森茨韦克把组织环境划分为一般环境和工作环境。他们指出,"从广义上说,环境就是组织界限以外的一切事物。但是,从以下两个方面来思考环境可能会有用处:(1)社会环境(一般环境),它影响着某一特定社会中的一切组织。(2)工作环境(具体环境),它更直接地影响着个别组织"①。

因此,我们可以把公共政策环境划分为一般环境和工作环境两类。公共政策系统的一般环境是指影响公共政策的所有外部因素的总和,进一步可以划分为地理自然环境、经济环境、政治环境、社会文化环境和国际环境等。一般环境是政策系统存续和运行的基础,对政策系统的组织特性和功能会产生相当大的影响,是公共政策制定、执行和评价的宏观背景和总体性框架。

真正与具体的公共政策过程发生作用的是一般环境中较为具体的成分,它们构成了公共政策过程的工作环境。公共政策系统的工作环境是一般环境中的不同部分在特定时间点上的聚合,具有多样性、变动性、主观性和人为性等特点。也就是说,一般环境虽然是客观存在的,但要依赖公共政策主体对其加以观察、识别、理解和寻找。②

## 二、公共政策环境的构成

### 1. 经济环境

经济环境是对公共政策系统具有重要影响的各种经济因素的总和。它包括生产力的性质、结构,生产资料所有制的形式、经济结构、经济制度、经济体制、经济总量等。马克思主义认为,社会经济基础决定上层建筑,上层建筑对经济基础具有反作用。无论何种性质的公共政策主体,其决策体制、决策目标、决策行为、决策原则、决策方法等都要受到经济环境的制约。这种制约和影响表现为:

(1)经济环境是制定和执行公共政策的基本出发点。公共政策系统不可能超越经济环境所提供的物质条件和要求。公共政策系统只能对经济资源的存量进行科学合理的配置,而绝不可能超量配置。同时,政策系统对存量资源的配置也不可能脱离经济制度或经济体制的框架,否则必然要引起经济制度和体制的反弹。

---

① 〔美〕弗里蒙特·卡斯特、詹姆斯·罗森茨韦克:《组织与管理》,中国社会科学出版社1985年版,第154页。
② 宁骚:《公共政策学》,高等教育出版社2003年版,第242—245页。

(2)经济环境提供了公共政策系统运行所必需的资源。公共政策的制定、执行、评估和监控等活动都需要消耗一定的人力、物力、财力、信息、权威等资源。公共政策系统提取的实际资源不可能是无限的,总要受到经济规模总量、经济实力的限制。

(3)经济环境影响公共政策系统的经济目标取向。在现代公共政策中,经济政策占据着主导地位。公共政策主体不可能仅凭自己的主观愿望制定和推行某项政策,而必须将特定时期的经济状况、经济利益矛盾、经济资源分配等因素作为制定和实施经济政策的基本依据和主要内容,并由此决定了公共政策不同的经济目标取向。①

2. 政治环境

政治环境是指对公共政策系统具有重要影响的政治状态,包括一个国家或一个地区的政治体制、政治结构、政治文化、政治关系等。政治环境对公共政策系统的影响表现为:

(1)政治环境决定着公共政策系统的性质。特定的政治体制和政治结构决定了立法机关、行政机关、司法机关、政党、利益集团、非政府组织、公民等政策主体的权力及相互之间的关系。公共权力在各政策主体之间的分配方式以及运行机制的设计决定了公共政策系统的性质。

(2)政治环境决定着公共政策系统的民主化程度。政治生活的核心问题是民主化。如果体制外的政策主体缺乏参与公共政策过程的制度化途径,体制内主体与体制外主体缺乏良性互动,政策系统就会成为封闭的、具有专制性质的系统。只有构建畅通的、制度化的参与途径,让个人和群体参与公共决策,形成多元主体间的良性互动,决策的民主化才能实现。

(3)政治环境决定着公共政策的合法化程度。只有在一个法律制度健全、司法独立、真正做到依法治国、依法行政的社会中,公共政策才有可能从内容到形式都实现合法化。有了合法化的政策,再有完善的法治环境,公共政策才能得到有效贯彻实施。

3. 社会文化环境

社会文化环境是对公共政策系统具有重要影响的社会状况和文化状况,包括人口规模、性别与年龄比例、地区和民族分布、社会道德风尚、国民受教育程度、科技人才储备、专利数量等。

社会文化环境对公共政策系统的影响有:

(1)社会文化环境影响公共政策系统运行所需的智力条件。一个教育、科技、文化比较发达的社会,能够为公共政策系统运行的各个环节配备高素质的人

---

① 刘斌、王春福等:《政策科学研究》,人民出版社2002年版,第127页。

员,提供各种现代化的科技手段,准备信息收集和处理的工具和条件,从而提高政策系统运行的效率。

(2)社会文化环境影响公共政策系统运行的伦理和心理条件。如果一个社会具有良好的伦理道德传统,政策的制定者和执行者具有正义感和责任感,政策目标群体具有良好的心理素质,政策系统运行起来就比较顺畅,摩擦较少。

4.国际环境

国际环境既包括全球范围内政治、经济、文化演变发展的一般趋势、全球秩序及相应的规则,也包括了对一个国家或地区的生存与发展产生影响的,由国家间、国际组织间的竞争、合作与冲突而形成的具有一定稳定性的政治、经济、文化关系。国际环境对公共政策的影响表现在:

(1)国际环境影响公共政策系统的价值选择。当今世界和平与发展的主题要求政策系统将注意力集中到经济建设上去,特别是对于发展中国家而言,"发展是硬道理",应利用稳定的国际环境加快本国经济社会发展,推进现代化。

(2)国际环境影响公共政策系统的参照系选择。全球化趋势要求一个国家或地区的公共政策系统打破故步自封,与其他国家或地区的政策系统开展竞争与合作。政策系统之间的交流与互动为评价政策系统运行效能提供了新的参照系,为公共政策的目标定位和手段选择提供了参考依据。

(3)国际环境影响公共政策系统的性质。在全球化、市场化和信息化的影响下,一个国家或地区的公共政策系统越来越受到国际组织、跨国公司的制约。国际组织直接或间接地参与到一个国家或地区内部的政策制定与执行中,甚至使其在某些政策领域丧失了部分决策权。另外,跨国公司对一个国家或地区的政策特别是经济政策的制定和执行具有或大或小的影响力。

## 第四节 公共政策工具

公共政策是公共政策系统的输出,是公共政策主体、公共政策客体和公共政策环境互动的产物。在公共政策的制定中,我们不仅要界定政策问题,确定政策目标,选择政策方案,而且还要确定采取何种手段、通过何种机制来执行政策。这种手段和机制就是公共政策工具。政策工具的选择与政策选择本身同等重要,关系到公共政策能否达成预期政策目标。政策工具的选择与公共政策的主体、客体和环境有着密切的关系。在本节,我们将对公共政策工具的含义、类型及选择做一番简要的介绍。

### 一、公共政策工具概述

政策工具（policy instruments），又称为治理工具（governing instruments）或政府工具（tools of government）。对政策工具的研究在 20 世纪 90 年代以来成为西方政策科学研究的一个焦点问题。政策工具研究在政策科学中兴起的原因是多方面的：一是政策执行的复杂性以及政策的失败导致人们对政策执行工具或手段的反思，实际的政策执行对工具方面知识需求的增长；二是福利国家的失败以及政府工作的低效率，导致人们对工具途径的政治及意识形态上的支持；三是当代社会科学实践性的增强，特别是应用性社会科学领域日益介入政府的政策和管理实践，导致这些学科的学者对包括工具性知识的更多的追求；四是政策科学的研究领域自身的扩展导致了政策工具被纳入学科的视野之中。①

1. 政策工具的含义

关于政策工具的含义，大致存在三种观点②：

（1）"因果论"。这种观点认为政策工具是系统探讨问题症结与解决方案间因果关系的过程。这种观点对于政策工具的定义过于宽泛，公共政策过程本来就是寻找问题症结并设计有效的解决方案。

（2）"目的论"。这种观点认为政策工具是有目的行为的蓝图，或者说，政策工具是目的导向的，是一套解决问题、实现政策目标的蓝图。这种观点没有突出政策工具的特色，有将政策工具等同于政策方案之嫌。

（3）"机制论"。这种观点认为政策工具是将政策目标转换为具体政策行动的机制。政府在不同的场合运用不同组合的工具来实现政策目标。

我们认为，政策工具是实现政策目标的手段。政策方案只有通过适当的政策工具才能得到有效的执行，从而达到政策设计的理想状态。它是连接目标和结果的桥梁，是将政策目标转化为具体行动的路径和机制。

2. 关于政策工具分类的讨论

关于政策工具的分类，并没有形成统一的观点。由于分类标准不一，研究者们对政策工具的分类存在很大的差异。

最早试图对政策工具加以分类的学者是荷兰经济学家科臣。他着重研究这样的问题，即是否存在着一系列的执行经济政策以获得最优化结果的工具。他整理出 64 种一般化的工具，但并未加以系统化的分类，也没有对这些工具的起

---

① 陈振明编著：《公共政策分析》，中国人民大学出版社 2002 年版，第 47 页。
② 参见李允杰、丘昌泰：《政策执行与评估》，台北：空中大学出版社 1999 年版，第 163—164 页。

源和影响加以理论化探讨。

美国政治学家洛维、达尔和林德布洛姆等人进行了类似的研究,他们倾向于将这些工具归入一个宽泛的分类框架中,如将工具分为规制性工具和非规制性工具两类。萨拉蒙在他们研究的基础上增列了开支性工具和非开支性工具两种类型。

胡德提出了一种更为系统化的分类框架。他认为,所有政策工具都使用下列四种广泛的"治理资源"之一,即政府通过使用其所拥有的信息、权威、财力和可利用的正式组织来处理公共问题。麦克唐奈和艾莫尔则根据工具所欲求的目标,将政策工具分为四类,即命令型工具、激励型工具、能力建设型工具和系统变迁型工具。施奈德和英格拉姆等人做了类似的分类,将政策工具分为激励型工具、能力建设型工具、符号与规劝型工具、学习型工具四类。

我国有学者将政策工具分为三大类,即市场化工具、工商管理技术和社会化手段。市场化工具包括民营化、用者付费、管制与放松管制、合同外包、内部市场等;工商管理技术包括战略管理技术、绩效管理技术、顾客导向技术、目标管理技术、全面质量管理技术、标杆管理技术和企业流程再造技术等;社会化手段包括社区治理、个人与家庭、志愿者组织、公私伙伴关系等。①

## 二、公共政策工具的分类

加拿大学者霍利特和拉梅什在《研究公共政策:政策周期与政策子系统》一书中,根据在提供公共物品和服务的过程中政府介入程度的高低,在自愿性—强制性光谱上对各政策工具进行定位,将政策工具分为三类:自愿性工具(voluntary instruments)、混合性工具(mixed instruments)、强制性工具(compulsory instruments)。② 下文,我们主要根据霍利特和拉梅什的研究对政策工具进行详细介绍。

1. 自愿性工具

自愿性工具的核心特征是它很少或几乎没有政府干预,它是在自愿的基础上完成预定任务。近些年来,随着私有化的扩展,人们对自愿性工具的使用不断增强。由于自愿性工具既具有成本效益上的优势,又与主张个人自由的文化相吻合,并且有助于维系家庭与社区的关系,因此,它在许多社会中成为首选的政策工具。自愿性工具包括家庭与社区、志愿者组织和市场等。

---

① 陈振明主编:《公共政策分析》,中国人民大学出版社2003年版,第148—149页。
② 参见 Michael Howlett and M. Ramesh, *Studying Public Policy: Policy Cycles and Policy Subsystems*, Oxford University Press, 1995, pp. 80—98。

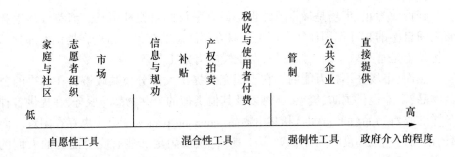

**图 3-1　政策工具光谱图**

资料来源：Michael Howlett and M. Ramesh, *Studying Public Policy：Policy Cycles and Policy Subsystems*, Oxford University Press, 1995, p.82。

(1) 家庭与社区

家庭和社区是常见的自愿性工具。在任何社会中，亲戚、朋友和邻里提供了无数物品和服务。政府可以直接或间接地将服务职能转交给家庭和社区，扩大它们在达成政策目标上的作用。

将家庭与社区作为一种公共政策工具的主要优点在于，除非政府向它们提供补助或补贴，它们将不耗费政府的资金。与其他工具相比，家庭和社区在许多服务领域，比如长期照顾残疾人，显得更为合适。而且，家庭与社区作为一种工具在大多数社会中易获得广泛的政治支持。

但是，家庭与社区作为一种政策工具也有许多缺点。例如，它们通常无力解决复杂的经济问题，规模经济要求政府集中提供而不由家庭与社区分散提供公共服务。这种工具还产生公平方面的问题，服务的需求者难于获取同等的资源、享受同等的服务。因此，在现代社会中，家庭和社区往往只能作为处理复杂的社会问题的辅助工具。

(2) 志愿者组织

志愿者组织的志愿活动是指不受国家强制力的约束，不以追求利润为目标。一般认为，由志愿者组织提供的服务是低成本的，具有较高的灵活性和回应性。比如，在救灾救济中，它们的行动往往要比政府快得多。志愿者组织是一个公平的政策工具，它们通常把那些在危难中需要帮助的人们作为目标群体，能起到"雪中送炭"的作用，是社会公平机制有益的和必要的补充。志愿者组织的活动同时能够促进社会团结，提高政治参与水平。

志愿者组织不适用于解决复杂的经济与社会问题，其应用范围有限。在实践中，志愿组织也可能蜕变为官僚组织，从而使其效率和效力大打折扣，丧失优势。

### (3) 市场

到目前为止,市场是最重要的也是最有争议的自愿性工具。消费者和生产商之间自愿的相互作用往往会产生令双方都满意的结果。市场在提供大部分私人物品上是富有效率的手段,是资源配置的有效工具。

然而,市场并不是万能的。它不能充分提供大部分公共政策旨在解决的公共物品,不能提供国防、警察、路灯以及其他类似的公共物品与服务,在提供各种各样的收费物品(toll goods)和共用物品(common pool goods)中也存在困难。而且,市场是一个高度不公平的政策工具,它仅仅满足那些有支付能力的人们的需求。

### 2. 强制性工具

强制性工具,也叫指导性工具,它借助政府的权威和强制力,对目标群体的行动进行控制和指导。政府可以选择管制、公共企业或直接提供等手段来实现其政策目标。这些是高度强制的工具,没有给目标群体留下多少自由决定的余地。

### (1) 管制

管制是指政府通过一系列行政管理过程(通常由特别指定的管制机构来执行)对个人和机构的行为做出要求和规定的活动。对于这些规定,目标群体必须遵守和服从,反之将受到惩罚。从性质来看,管制可分为经济管制和社会管制两种类型。

管制作为一种政策工具有以下优点:建立管制所需要的信息相对较少;管制较容易实施;在运行管理中,管制的不确定性较低;相对于其他工具来说,管制更适用于危机管理;管制比其他工具(例如补助或者税收)的成本更低;最后,采取管制措施能够表现出政府部门的快速行动,对公众而言具有政治感染力。

管制的缺点如下:管制经常扭曲自愿性或私人活动,从而导致经济上的无效率;管制可能会抑制创新和技术进步;管制缺乏灵活性,过于刻板;管制所引起的社会服从成本可能会比较高。

### (2) 公共企业

公共企业也称国有企业,它可以被看作是管制的一个极端形式。一般认为,公共企业具有三个普遍特征:第一,它们具有一定的公共产权(可能高达100%或者少至不足50%);第二,公共企业需要政府对其进行某种程度的控制或直接管理;第三,公共企业可以生产在市场上出售的物品和服务,这不同于诸如国防或路灯此类的公共物品(对接受服务的对象不直接收费)。

公共企业作为政策工具有以下优点:在因高资本投入或无利可图而私人企业不愿提供社会需要的物品和服务的条件下,公共企业是一项有效率的经济政策工具;在许多情况下,建立公共企业所要求的信息比利用自愿性工具或管制时所要求的信息少;公共企业的利润能积累公共资金以用于公共支出。

公共企业的缺点也很明显:政府难以有效地控制公共企业;在运行中,公共企业即使连续亏损也未必破产,缺乏有效的约束;在诸如水电供应领域中,许多公共企业的垄断地位使其能够将其无效率的成本负担转嫁到消费者身上,效率低下。

(3) 直接提供

由公共财政拨款并由政府及其雇员直接提供物品和服务,是一个基本的、最为常见的政策工具。大部分政府职能通过此政策工具来完成,比如国防、外交关系、警察、消防、社会保障、教育、公用地管理、公园与道路维修、人口普查、地理测量等。

直接提供作为政策工具有以下优点:与其他强制性工具类似,直接提供所需信息较少因而容易运用;直接提供所要求的庞大机构规模使其能够获得高度工作绩效所必需的资源、技巧和信息;直接提供避免了间接提供所产生的一些问题,比如讨论、谈判以及较高的信息需求;直接提供允许交易内部化从而降低成本。

直接提供的缺点也是显而易见的:官僚机构直接提供的服务经常是刻板僵化的;对提供产品及服务的机构和官员的政治控制容易降低公共服务的质量;由于官僚机构缺乏竞争,它们没有足够的成本意识,造成浪费;政府机构之间和政府机构内部的冲突会损害物品和服务的直接提供。

3. 混合性工具

混合性工具结合了自愿性工具和强制性工具的特征,允许政府对非政府行为主体的决策进行不同程度的干预,但最终仍由私人做出决策。在某种程度上,这类政策工具兼备自主性工具和强制性工具的优点。主要包括以下四种形式:

(1) 信息与规劝

信息传播是一种消极工具,政府向个人和公司提供信息并期待它们的行为发生预期的变化。它假设人们一旦获得相关问题的知识或信息,就能做出明智的选择。例如,政府发布经济社会统计方面的信息,公司及个人可以由此形成关于经济社会状况的结论并采取相应的行动;又如政府要求烟草公司在烟盒上印上"吸烟有害健康"的标识,以引导公民不吸烟或少吸烟。但是,信息传播并不具有强制性,公众并没有义务做出特定的回应。

规劝是政府试图说服人们去做或不做某事,力求改变人们的偏好和行动,而不是仅仅向人们提供信息并期待其行为发生预期变化,但是规劝并不运用奖励和惩罚手段。例如,政府规劝人们参加体育锻炼,形成良好的生活习惯,节约用水、节约能源、乘用公共交通工具等。

这类工具的优点是:当问题尚没有明确解决办法时,规劝是较好的首选工具,如果单单通过规劝就能解决问题,那么就不必采取其他措施;如果找到了更好的政策工具,改变或放弃规劝工具比较容易;规劝工具容易实施,成本很低;规劝与强调自由和个人责任的民主理念相一致。

然而,规劝是一个虚弱无力的政策工具。政府采用规劝工具,只是希望或劝导人们做某事,如果没有其他工具的配合,这类工具的效果往往是有限的。

(2) 补贴

补贴是指政府(或者通过其代理)给个人、公司和组织的各种形式的财政转移,目的在于通过影响和改变受资助者对不同备选方案成本与收益的判断,促使其采取政府期望的行为。尽管受资助者行使最后的选择权,但其做出政府所期望的行为的可能性因补贴而增加。

补贴的形式包括拨款、税收减免、凭单、低息贷款等。拨款通常提供给生产者,目的是使生产者提供更多的物品和服务,以满足社会需要。税收减免是一种隐蔽的补贴形式,它实施比较容易,并不涉及直接的支出,对政府而言具有相当吸引力。凭单是政府给予某一特定物品或服务的消费者的具有一定面值的证明。消费者在购买物品或服务时将凭单交给自己选择的供给商,后者则将收到的凭单交给政府来获得相应的补偿。另外,低于市场利息的贷款也是补贴的一种形式。

补贴的优点有:它易于确立并加以实施,是一种灵活的政策工具;能够鼓励创新;补贴的管理和实施成本较低;具有较高的政治可行性。

补贴的缺点包括:补贴(税收减免除外)需要财政资金,而增加开支总是比较困难的;收集关于补贴的相关信息的成本较高;这种工具发挥作用往往存在时滞,不适用于危机处理;补贴一旦建立起来,就难于取消。

(3) 产权拍卖

这种工具假定市场是最有效率的资源配置工具。政府通过产权拍卖,在不存在市场的公共物品和服务领域建立市场。政府对特定的资源确立一定数量的可交易的产权,创造出人为的稀缺,并让价格机制起作用。许多国家都采用这种工具来控制有害污染物的排放。典型的做法是,政府先确定可以进入市场进行交易的污染物排放总量,然后通过定期拍卖来分配污染物的排放指标。

产权拍卖的优点有:它只需政府设定物品和服务的总量,规定上限,其余的事情则留给市场机制去解决,比较容易确立;它是一种灵活的政策工具,政府可以根据其需要来确定不同的上限,同时,即使在政府政策不变的条件下,目标群体也可以根据实际情况的变化来调整自身行为。

产权拍卖的缺点是:它可能会助长投机行为;那些不能购买产权的人常常因为别无选择而被迫采取不合法的行为;产权拍卖是一种不公平的工具,它依据支付能力而不是需要来配置资源,因而容易遭到支付能力不足而又确实需要的人们的强烈反对。

(4) 税收与使用者付费

税收是一种法定的由个人或者公司向政府的强制性支付。它是政府获取财政收入的重要手段,同时也可以作为一种政策工具,用来引发政府所期望的行为或者限制不希望的行为。例如,政府可以通过对某些物品、服务或活动(如烟、酒、博彩)征税,间接地限制其消费规模。

使用者付费是税收作为一种政策工具的创新应用形式,是管制和市场两种政策工具的结合体。政府不用禁止或限制某种行为,只需设定收费的水平,运用市场力量来控制这种行为的数量。使用者付费常用来控制负外部性,比如污染治理和城市交通控制。

税收与使用者付费作为政策工具有以下优点:比较容易确立;是一种灵活的政策工具;可以提供持久的财政激励;使用者付费工具有助于创新;由于它将调整行为的责任留给个人和公司,这减少了官僚机构的执行任务。

税收和使用者付费的缺点有:确定引发预期行为的税率和收费水平需要大量信息;不能满足危机时期快速反应的要求;比较繁杂,可能会提高管理成本。

### 三、公共政策工具的选择

在公共政策过程中,选择何种政策工具对于政策目标能否顺利实现有着重要影响。公共政策的制定要求决策者从其工具箱中挑选出一种或几种工具来解决政策问题。关于政策工具的选择,大致有三种模型:

第一种模型是经济学模型。经济学家大多把政策工具的选择等同于特定工具与需要完成的任务之间的技术性配对演练。

第二种模型是政治学模型。政治学家认为在技术层面上各种政策工具之间具有或多或少的可替换性,因此应该把研究焦点放在各种政治力量上,是它们决定了政策工具的选择。

有学者将这两种模型综合起来,提出了第三种模型,即综合模型。下面,我们对这三种政策工具选择模型展开分析。

1. 经济学模型

新古典经济学和福利经济学对于国家在经济中应发挥的作用持不同见解,由此对政策工具的选择存在一定的分歧。虽然两者都偏好自愿性工具,但相比而言,福利经济学更主张运用强制性工具和混合性工具来纠正市场失灵。而新古典经济学认为,只有在提供纯粹公共物品时,才能使用强制性工具和混合性工具,以任何其他理由使用强制性工具和混合性工具都将扭曲市场功能。

福利经济学对国家干预更为宽容,对政策工具选择的分析也更为系统。它倾向于将政策工具的选择视为一种严格的技术性配对演练,即首先评估各种政策工具的特性,再将它们与不同类型的市场失灵相配对,估算它们的相对成本,然后就特定的市场失灵问题选择一个最有效的政策工具。

新古典经济学家通常运用公共选择理论来分析政策工具的选择问题。他们主张,在民主社会中,选民、政治家和官僚都是由自利动机支配的,这将导致政府的税收和支出不断攀升,提高管制和国有化的水平和规模。在民主政治中,政府倾向于选择这样的政策工具,即能够将收益集中于边际选民,以获取他们的支持,同时将成本分摊到全体民众,尽可能使选民不知晓政策的真实成本。

无论是福利经济学,还是新古典经济学,它们对政策工具选择的分析都过于依靠演绎推理,而缺乏对在现实中政府究竟如何选择的扎实经验研究。它们对政策工具选择的分析是建立在政府应该做什么的理论假设之上的,而不是建立在政府实际做什么的经验研究之上。经济学模型对理论简约性的追求,使其忽视了影响政策工具选择的诸多复杂因素。

2. 政治学模型

政治学家对政策工具选择的分析着重于经验层面,力图把握政策工具的复杂性,归纳出政策工具选择的模型。

多恩等人假设所有政策工具在技术层面上是可替换的,即在理论上任何一个政策工具都可以完成任何选定的目标。由此出发,多恩等人认为在一个自由民主的社会中,政府倾向于采用强制性较低的政策工具。只有在面临民众不服从或者面临要求换用强制性更高的政策工具的持久社会压力情况下,政府才会使用强制性更高的政策工具。也就是说,政策工具选择的模式是,政府首先选择强制性较低的工具,比如规劝,而后逐步地提高政策工具的强制性,最后采用直接提供工具。

胡德认为政策工具的选择并非是技术性的,而是关乎"信仰和政治"的问题。他认为影响政策工具的选择有四个方面的因素,即(1)资源约束;(2)政治压力;(3)法律约束;(4)从以往政策工具失败中得到的教训。在胡德看来,政策工具的选择是政府的目标与资源、目标群体的组织与能力的一个函数。当目标群体规模较大且组织良好时,政府倾向于采用消极的(自愿性)工具,而非积极的(强制性)工具。当政府试图获取目标群体自愿服从时,政府倾向于尽可能避免采用强制性工具,而不论目标群体规模大小。当政府打算进行资源再分配时,必然要采用强制性工具。

林德和彼得斯在前人的研究基础上,认为影响政策工具选择的关键因素有:(1)政策工具的特性,具体包括,资源的密集程度、目标的精确性和明确性、政治风险、对政府行为的约束限制;(2)该国的政策风格与政治文化,以及社会分化程度;(3)有关机构的组织文化以及它们与顾客、其他机构的关系;(4)政策问题的环境、时间约束以及受影响者的范围。同时,林德和彼得斯认为决策者个人的主观偏好在政策工具的选择中起着关键性作用。

总的来看,政治学模型认为政策工具的选择是多因素综合作用的结果,包括政策工具的特性、需解决的问题的性质、政府在过去处理类似问题的经验、决策者的主观偏好、受影响的社会群体的可能反应等方面。

3. 综合模型

霍利特和拉梅什试图将经济学模型和政治学模型综合起来,认为两类模型在建构各自的分析框架时都或隐或显地使用了两个相互联系的变量。第一个变量是国家能力,或者说国家影响社会行为者的组织能力。第二个变量是政策子系统的复杂程度,特别是政府在执行政策时面对的行为者的类型和数目。设定这两个变量,就可以形成一个政策工具选择的模型。

表 3-1  政策工具选择的模型

| | | 政策子系统的复杂程度 | |
|---|---|---|---|
| | | 高 | 低 |
| 国家能力 | 强 | 市场工具 | 管制、公共企业、直接提供等工具 |
| | 弱 | 家庭与社区、志愿者组织等工具 | 混合工具 |

资料来源:Michael Howlett and M. Ramesh, *Studying Public Policy: Policy Cycles and Policy Subsystems*, Oxford University Press, 1995, p.163。

(1) 国家能力强,政策子系统高度复杂。当政府面对的社会行动者的类型和数量比较多且彼此间相互冲突时,政府难于辨析孰优孰劣。如果政府对社会具有较强的管制能力,可以利用市场工具实现自由竞争,通过市场这种"看不见的手"来配置资源。

(2) 国家能力强,政策子系统低度复杂。当政府对于社会行为者的管制能力较强,且面对的社会行为者的类型比较单一、数量不多时,决策者可以采用管制、公共企业、直接提供等强制性政策工具。

(3) 国家能力弱,政策子系统高度复杂。在这种情形下,政府没有足够的能力进行管理,只能采用自愿性工具,如家庭与社区、志愿者组织,借助社会民间的力量来推行政策。

(4) 国家能力弱,政策子系统低度复杂。在这种情形下,决策者可以根据实际情况选用混合性政策工具,比如信息和规劝、补贴、产权拍卖、税收和使用者付费等。

## 【关键术语】

思想库　利益集团　官方决策者　公共政策系统
　　　　社会问题　自愿性工具　公共政策主体
　　　　公共问题　混合性工具　非官方参与者
　　　　目标群体　强制性工具　公共政策客体
　　　　一般环境　　　　　　　公共政策问题
　　　　工作环境　　　　　　　公共政策环境
　　　　　　　　　　　　　　　公共政策工具

## 【复习思考题】

1. 公共政策系统的构成要素有哪些？
2. 在我国公共政策过程中存在哪些官方决策者？
3. 大众传媒在公共政策过程中发挥着什么作用？
4. 思想库有哪些类型？各自具有什么特点？
5. 公共政策的直接客体与间接客体分别是什么？
6. 分析公共政策环境的构成。
7. 对自愿性工具、混合性工具和强制性工具三类公共政策工具进行比较。
8. 简要分析公共政策工具选择的综合模型。
9. 在全社会普及义务教育，有哪些政策工具可供选择？并比较这些政策工具的优缺点。

## 【案例分析】

### 圆明园保护与公众听证①

　　从 2003 年 8 月开始，圆明园进行大规模环境整治工程。2005 年 2 月，圆明园湖底防渗工程开工。3 月 22 日，在北京开会的兰州大学客座教授张正春在圆明园游览时，发现了圆明园的湖底都铺上了防渗膜，张教授认为这项工程会破坏圆明园的生态环境，于是将此事公之于众，引起了社会各界的强烈反应。此后越来越多的生态专家和环保人士对工程提出质疑。在此期间，防渗工程仍在继续，并且已经接近尾声。圆明园管理处负责人表示，圆明园长期缺水和湖底大量渗漏，造成圆明园湖水每年长达七八个月都处于干涸状态，实施湖底防渗工程是不得已而为之。由于这项工程在开工前没有向国家环保总局递交环境影响评价报

---

① 资料来源：根据《73 人获准参加圆明园听证会》(《新京报》2005 年 4 月 13 日) 和其他新闻报道编写。

告,4月1日,环保总局正式通知圆明园停工,依法补办有关审批手续。当天下午,工程停工。按照有关规定,圆明园湖底防渗项目是在国家重点文物保护单位内建设,环境敏感度高,需要举行听证会。

4月13日上午,圆明园湖底防渗工程的公众听证会在国家环保总局二楼多功能厅举行。在公布的名单中,最引人注意的就是专家阵容的庞大,吴良镛等著名专家占到总人数的三分之一,而清华和北大这两座著名学府的院士、教授各有3人,包含了建筑、环境方面的权威。另外,圆明园管理处有6名参会人员。环保总局有关人士表示,该局收到了来自社会方方面面的申请书,但由于场地的限制,不可能满足所有申请人参加听证会的要求。所以在兼顾听证会参加人员的代表性和专业性的基础上,确定参加听证会的单位和人员主要以各类专家为被邀请对象。同时,参会的人员中也有很多普通的公众,他们有的是教师,有的是工人,有的是学生,其中年龄最小的是来自中国少年儿童手拉手地球村的小记者,只有11岁。自然之友、地球村等比较知名的民间环保组织也在名单之列。

此次听证会的内容包括圆明园环境综合整治工程,特别是采用湖底铺设防渗膜的方式可能对生态的影响,以及作为历史人文景观的遗址公园圆明园应该如何修复与保护。这是《中华人民共和国环境影响评价法》实施以来,国家环保总局首次举行公众听证会。

**思考:**

圆明园湖底防渗工程曝光后,参与决策的主体有什么变化?这些政策主体是如何影响决策的?

## 【参考书目】

1. 〔美〕E. R. 克鲁斯克等:《公共政策词典》,上海远东出版社1992年版。
2. 〔美〕斯图亚特·S. 那格尔:《政策研究百科全书》,科学技术文献出版社1990年版。
3. 〔美〕戴维·杜鲁门:《政治过程:政治利益与公共舆论》,天津人民出版社2005年版。
4. 〔美〕加布里埃尔·阿尔蒙德等:《比较政治学:体系、过程和政策》,上海译文出版社1987年版。
5. 〔美〕弗里蒙特·卡斯特、詹姆斯·罗森茨韦克:《组织与管理》,中国社会科学出版社1985年版。
6. 林水波、张世贤:《公共政策》,台湾五南图书出版公司1980年版。
7. 李允杰、丘昌泰:《政策执行与评估》,台北:空中大学1999年版。
8. 张国庆:《现代公共政策导论》,北京大学出版社1997年版。
9. 陈振明:《政策科学》,中国人民大学出版社1998年版。
10. 陈振明编著:《公共政策分析》,中国人民大学出版社2002年版。
11. 陈振明主编:《公共政策分析》,中国人民大学出版社2003年版。
12. 宁骚:《公共政策学》,高等教育出版社2003年版。

13. 刘斌、王春福等:《政策科学研究》,人民出版社2002年版。

14. 蔡定剑:《中国人民代表大会制度》,法律出版社1998年版。

15. 张金马:《公共政策分析:概念·过程·方法》,人民出版社2004年版。

16. 胡伟:《政府过程》,浙江人民出版社1998年版。

17. 朱光磊:《当代中国政府过程》,天津人民出版社2002年版。

18. 陈庆云等:《公共管理理论研究:概念、视角与模式》,《中国行政管理》2005年第3期。

19. 陈庆云等:《论公共管理中的社会利益》,《中国行政管理》2005年第9期。

20. James E. Anderson, *Public Policy Making*: *An Introduction*, Boston: Houghton Mifflin Company, 2003.

21. Michael Howlett and M. Ramesh, *Studying Public Policy*: *Policy Cycles and Policy Subsystems*, Oxford University Press, 1995.

22. B. Guy Peters and Frans K. M. van Nispen (eds.), *Public Policy Instruments*: *Evaluating the Tools of Public Administration*, Cheltenham: Edward Elgar, 1998.

# 第四章 公共政策问题的构建分析

【内容概要】

公共政策问题的构建是公共政策过程的逻辑起点。政策问题具有关联性、主观性、人为性和动态性等特征;可分为结构优良的问题、结构适度的问题和结构不良的问题等类型。政策问题构建通常包括问题感知、问题搜索、问题界定和问题陈述等环节。政策问题的论证分为一级论证、二级论证、功能论证和小论证。一般说来,社会问题可以通过多种途径进入公众议程和政府议程,转化为政策问题。在此过程中,政治权威、危机事件、抗议活动和大众传媒等因素发挥着重要的影响作用。

【要点提示】

- 公共政策问题的含义、特征与类型
- 公共政策问题构建的程序
- 公众议程与政府议程
- 社会问题进入政策议程的途径
- 社会问题进入政策议程的触发机制
- 政策议程建立的模型

政策问题构建(problem structuring)是公共政策过程的逻辑起点。这是因为:公共政策的特质之一是问题取向(problem oriented)——"公共政策关心解决或改善社会问题"[①]。正是在此意义上,美国学者威廉·N.邓恩将公共政策分析称作"问题分析之学"(science of problem analysis)[②]。政策科学家重视问题的分析更甚于答案的找寻,他们宁愿将三分之二的精力花在问题的分析上,因为一旦找到了问题的症结,政策方案就很容易浮现。因此,"要想成功地解决问题,就必须对正确的问题找出正确的答案。我们经历失败常常更多的是因为解决了错误的问题,而不是因为我们为正确的问题找到了错误的答案"[③]。"政策分析中

---

[①] John S. Dryzek and Brian Ripley, "The Ambitions of Policy Design," *Policy Studies Journal*, Vol. 7, No. 4, 1998, pp. 705—719.

[②] 参见〔美〕威廉·N.邓恩:《公共政策分析导论》(第二版),中国人民大学出版社2002年版。

[③] Russel L. Ackoff, *Redesigning the Future: A System Approach to Social Problem*, New York: Willey, 1974.

最致命的错误是第三类错误(EⅢ,errors of the third type),即当应该解决正确的问题时,却解决了错误的问题。"① 豪伍德与彼得斯所谓的政策病理(policy pathology)② 其实就是政策制定者经常对错误的问题提出正确的解决方案,原本以为解决了问题,实际上远离了问题的症结,从而导致政策方案无效果。因此,成功地解决政策问题的前提是针对正确的问题找出正确的答案。

构建政策问题是进行政策分析的第一步,它直接影响政策过程后续阶段的程序与任务。要制定公共政策,首先必须挖掘和确认政策问题,了解问题产生的原因和背景,寻找社会问题进入政策议程的途径,把握政策问题分析的基本方法。

## 第一节 公共政策问题概述

### 一、公共政策问题的定义

公共政策问题是一种特殊的社会问题。因此,要弄清公共政策问题的含义,就必须先弄清楚问题、私人问题、社会问题等概念的含义。

所谓问题(problem),通常泛指实际状态与社会期望之间的差距。正因为这种差距,才导致很多紧张状态。就一个社会而言,问题通常可分为个人问题、团体问题和社会问题等。应当说,个人问题与团体问题、社会问题之间的区别较容易进行。一般说来,仅仅涉及某个人的期望与实际状态之间的差距问题无疑具有个体性,这类问题仅仅涉及具有个人独享性的私人利益,往往通过市场交换机制或个人自治机制来解决;而当两个以上或很多人的期望与实际状态出现差距时,问题就超出了个人的界限,呈现出团体性或社会性,这就涉及具有组织共享性的团体利益和具有社会分享性的社会利益,就需要通过团体协商、公共选择等机制来加以解决。当然,也有人将问题仅仅区分为私人问题和社会问题两类,把纯个人问题与少数人的问题并称为私人问题。③ 大量社会问题都是由私人问题转化而来的。例如,少数人劳动技能不佳而下岗,或个别工厂经营不善而倒闭,都会导致部分人失业,这是他们的个人问题,但由社会经济动荡或政府决策失误而造成的很多人失业,就会形成社会问题;在一个本不富裕的国家,一家多生几个孩子,吃糠咽菜是他们自己的事,但家家都那么干,人口数量恶性膨胀,人口素质急剧下降,个人问题就演变为社会问题,政府就不能坐视旁观了。

---

① 〔美〕威廉·N.邓恩:《公共政策分析导论》(第二版),第197页。
② B. W. Hogwood and B. C. Peters, *The Pathology of Public Policy*, Oxford: Clarendon Press House, Emert R, 1985.
③ 〔美〕詹姆斯·E.安德森:《公共决策》,华夏出版社1990年版,第66—67页。

表 4-1　个人问题、团体问题与社会问题

| 问题类型 | 利益关系 | 利益载体 | 典型特征 | 实现方式 |
|---|---|---|---|---|
| 个人问题 | 私人利益 | 个人 | 个人独享性 | 市场交换机制、个人自治机制 |
| 团体问题 | 团体利益 | 组织 | 组织共享性 | 团体协商、交易、博弈、强制 |
| 社会问题 | 社会利益 | 政府 | 社会分享性 | 公共选择、公共政策 |

　　是不是所有的社会问题都属于政府的政策范畴呢？当然不是。社会所面临的问题很多，但在政府决策者看来，并非所有的问题都需要政府通过制定政策加以解决。有些问题通过私人自治或民间组织就能够进行处理；有些问题已经成为历史，再无解决的必要；有些问题可能过于复杂，政府无力加以解决；另外，也不能排除政府出于各种利益的考虑，对某些属于自己职能范围内的社会问题采取漠视的消极态度。所以，只有一部分社会问题能够得到政府的真正重视，进入政府的政策议程，这部分社会问题由此转化为政策问题。

　　对于政策问题的含义，学术界并没有统一的看法。美国学者安德森认为，从政策意图的角度来看，政策问题可以被定义为引起社会上某一部分人的需要或不满足的某种条件或环境，并为此寻求援助和补偿的活动。寻求援助和补偿的活动可以由那些受环境影响的人直接从事，也可以由别人以他们的名义进行。[1]而威廉·N.邓恩认为政策问题是指："有待实现的需要、价值或机会，不论其是怎样确定的，都可以通过公共行为实现。"[2]我们认为，所谓公共政策问题，是指基于特定的社会问题，由政府列入政策议程并采取行动，通过公共行为希望实现或解决的问题。

　　根据上述定义，公共政策问题的基本内涵应主要包括如下几个方面：

　　1. 社会客观现象或问题情境。任何问题都源自客观存在的社会现实，公共政策问题也不例外。政策问题来源于社会期望与社会现状之间的差距。尽管社会期望具有强烈的主观性，但社会现状是一些可以观察到的、能够表述出来的客观事实和问题情境(problem situation)。这些事实或问题情境是客观存在的，不以人的意志为转移。

　　2. 对上述问题的察觉与认同。即便存在上述客观现象或问题情境，倘若它并没有被社会大多数人所察觉，它也只能是一种潜在的社会问题；只有上述现象或问题已为大多数公众所察觉，潜在的社会问题才能变成现实的政策问题。当然，个别社会问题可能并没有被社会大多数人所察觉，但它现实的影响或未来的趋势已为少数有识之士或决策当局所洞察，它也可能进入政策议程，

---

[1]　[美]詹姆斯·E.安德森：《公共决策》，第65—66页。
[2]　[美]威廉·N.邓恩：《公共政策分析导论》（第二版），第94页。

成为政策问题。"对一个潜在的公共政策问题的察觉和定义都取决于受其影响的人数、他们传播这一问题的范围和能力以及使其要求被认为是合法的政策问题的机会。"①

3. 价值、利益与规范的冲突。在特定社会条件下,各种不同的行为主体都受到上述社会问题的影响与制约,必然要从自身利益出发,依据一定的价值观念与行为规范,表明自己的态度,从而造成了彼此间的冲突。这种冲突除了表现于个体之间,更多地表现于个体与团体、团体与团体,以至于个体、团体与整个社会之间的矛盾与冲突。上述冲突会使人们产生某种需求或相对被剥夺感,人们普遍认为有必要采取行动改变这种状况。这种冲突激烈到一定程度,就会引起决策当局的重视与行动,此时社会问题就转变为政策问题。

4. 团体的活动与力量。让某些个人问题转变为社会问题,直至上升为政策问题,往往不是少数个人行动就能奏效的。在现代社会,人们只有加入一定的团体或组织,以团体或组织的力量和行动才有可能影响政府决策部门。即便是少数权威人物,也必须通过一定的组织行为(如说服执政党或政府职能部门)才能将自己察觉到的社会问题转变成政策问题。

5. 政府的必要行动。作为公共利益的代表者和决策权力的行使者,政府认同社会问题并使其成为政策问题有两个基本条件:一是属于政府职能权限范围内的事务,政府不是万能的,不能包揽一切社会问题的治理,有些社会问题需要靠市场交换机制或社会自治机制来解决;二是属于政府能力范围内的事务,有些社会问题虽然属于政府职能范围内的事务,但政府受财力、精力等治理能力的限制,也可能会消极对待某些社会问题。政府作为社会公共权威,考虑问题的出发点理应是社会公共利益。人们常常误认为政府利益就等于社会民众的利益。其实,政府在处理社会问题的过程中必然要考虑自身利益。不仅如此,政府对社会问题的治理,还与外部压力有关,这种外部压力帮助,甚至是逼迫政府提出问题、解决问题。总之,社会问题要列入政策议程,必须是那些被认为是很重大的问题,值得政府给予更多的注意,并依法采取政策行动加以解决。

## 二、公共政策问题的特征

依照美国学者威廉·N. 邓恩的看法,当代公共政策问题具有下列特征②:

1. 政策问题的关联性(interdependence)。政策问题并非单独存在的孤立实体,事实上,某一领域的政策问题,往往会影响到其他领域的政策问题,不同领域

---

① 〔美〕E. R. 克鲁斯克等:《公共政策词典》,上海远东出版社1992年版,第53页。
② 〔美〕威廉·N. 邓恩:《公共政策分析导论》(第二版),第159—160页。

的政策问题是相互关联着的。如能源问题会影响到卫生与就业等政策问题。在西欧面临着能源危机的形势之下,法国和德国为了寻求可扩大的能源,决定在莱茵河上修建原子能发电站,并明确规定能源问题独立于其他一切政策问题之外。于是一位观察家写道:不久的将来,疟疾会成为欧洲的主要流行病,这是由于原子能发电站利用莱茵河水作为冷却系统,从而使河水的温度达到了引发疟疾的蚊虫可大力繁殖的范围之内。

政策问题的关联性特征增加了解决政策问题的难度。它要求我们在制定政策、解决问题时,必须树立整体协调的观念,将某一问题视为整体问题不可分割的重要组成部分,防范"只见树木不见森林"的错误。

2. 政策问题的主观性(subjectivity)。政策问题是思想作用于环境的产物。政策问题既与客观的社会现象有关,也与人们对这种现象的认识和选择有关。有些社会问题已经存在,但由于种种原因,未能被制定政策的机构和人员所认识,即公众的政策诉求没有引起相应重视;有些社会问题在特定时空条件下并不是最带有普遍性与急迫性的问题,但却有可能被某些政策制定者确定为政策问题。此外,在对政策问题认识的正确程度和深刻程度上,也存在主观性,在很大程度上取决于政策制定者的认知能力和价值取向。有学者针对政策问题的主观性指出:"我们可能会分享相同的数据,至少我们相信我们分享相同的数据,但这一事实并不意味着我们看到同一件事。价值观、信仰、意识形态、利益以及偏见等都塑造我们对事实的感知。"[1]虽然政策问题有其客观情势,但最主要的是人类以概念诠释问题情境的感觉产物,是人类心智的产物(mental artifacts)。

3. 政策问题的人为性(artificiality)。只有当人们对改变某些问题情势的希望做出判断时,才可能产生政策问题。政策问题是人类主观判断的产物,它不能脱离那些试图界定该问题的利害关系人。政策问题是基于人类社会需求而构建、维持和改变的。政策问题的人为性使得我们必须重视公共政策对利害关系人的重要影响。

4. 政策问题的动态性(dynamics)。政策问题的情境不同,问题自然也不同。一个政策问题可能具有不同的答案,答案本身也很可能转变成为一个问题,因此,政策问题与解决方案经常互相流动。如果问题未被正确地加以陈述,则解决问题的方案会逐渐失去其时效。

---

[1] Wayne Parsons, *Public Policy:An Introduction to the Theory and Practice of Policy Analysis*, Cheltenham: Edward Elgar Publishing Limited,1997, p.88.

### 三、公共政策问题的类型

政府要处理的政策问题数量庞大、领域广泛、种类繁多、性质复杂。采用科学的分类标准,对之进行合理分类,可以深化对政策问题的认识,有助于政策问题的正确构建和有效解决。

有的学者根据政策问题的起源,将其分为国内问题与国际问题;或根据政策问题发生的领域,将其分为政治问题、经济问题、文化问题、外交问题、民族问题等;或根据作用范围,将政策问题分为全国性问题、区域性问题和地方性问题。有的学者则以政策问题对人类行为所产生的影响作为分类的基础,将政策问题分为影响人类身体健康的问题(如空气污染、食品安全、香烟广告等)、影响人类生活方式的问题(如网络技术、宇航技术等)、影响人类道德方面的问题(如犯罪、节育、安乐死等)、影响人类平等方面的问题(如自我认同、他人认同等)、影响人类机会均等的问题(如教育公平、就业机会等)。①

下面重点介绍美国公共政策学家米特罗夫与基尔曼、洛维、威廉·N. 邓恩对政策问题类型划分的研究。

1. 米特罗夫与基尔曼对政策问题的分类

美国政策学家米特罗夫与基尔曼在《社会科学的方法论途径》②一书中,提出政策问题构建的主要内容是政策问题的概念化(problem conceptualization)。所谓问题概念化,是指政策分析者使用通用的语言,将政策问题情境界定成一个实质行动政策问题。问题概念化的过程是根据政策分析家的世界观(worldviews)、意识形态(ideologies)或民间传说(myths)而完成的。其原则可分为三类:

(1) 自然观(naturalistic perspective)

认为社会问题的产生是历史发展的自然产物。

(2) 道德观(moralistic perspective)

认为社会问题的产生是由于政策相关者道德的沦丧,例如将社会贫穷问题归因为资本家未尽到回馈社会的责任。

(3) 环境观(environmentalist perspective)

认为社会问题的产生是因问题受害者本身的行动不当或决策不当导致的。

---

① Charles O. Jones, *An Introduction to the Study of Public Policy*, North Scituate, Mass.: Duxbury, 1977, pp. 22—23.

② Ian Mitroff and Ralph Kilmann, *Methodological Approaches to Social Science*, San Francisco: Jossey Bass, 1978.

2. 洛维对政策问题的分类

洛维根据受到问题影响的人数及其相互间的关系,将政策问题分为分配型、管制型与再分配型三类。①

(1) 分配型问题(distributive)

分配型问题是把物品和服务、成本和义务分配给社会中特定群体而引发的政策问题。从博弈论的角度分析,此类问题基本上是一种"非零和博弈"的问题,因为处理这类问题并不构成一方之所得建立在另一方之所失的基础上,不具备利益和义务的排他性,基本上是"有福同享"、"有难同担"的问题。几乎所有提供社会福利的项目都是分配型问题。社会福利和公共卫生领域是最经常产生分配型问题的领域。如公费医疗问题、食品代用券问题、对多子女家庭的援助问题、退伍军人管理问题等,都是为了给那些符合标准的人分配一定的利益(如现金、服务、设施等)。

(2) 管制型问题(regulative)

管制型问题是政府等管制者设定明确一致的管制标准与管制规则,对标的团体(target groups)从事某种活动或处理不同利益的行为加以限制所引发的政策问题,例如污染管制问题、交通管制问题、外汇管制问题、出入境管制问题等。从博弈论的角度分析,此类问题属于"零和博弈"的问题,因为这类问题的处理常常使一方获得利益,而另一方失去利益。

(3) 再分配型问题(re-distributive)

再分配型问题是政府将某一标的团体的利益或义务,转移给另一标的团体享受或承担所引发的问题。如有的学者鉴于社会上财富分配不均、两极分化明显,提倡改革个人所得税制,将财富从富裕阶层手中转移到贫困阶层,以达到缓解贫富悬殊现象的目的。个人所得税制相关的问题,就是再分配型问题。这类问题的处理出现利益上的排他性,是一种"零和博弈"的问题,所以实行起来非常困难,也容易引起争议。

3. 威廉·N.邓恩对政策问题的分类

威廉·N.邓恩从政策问题的结构角度,把政策问题划分为结构优良、结构适度和结构不良三种类型。每一类问题的结构取决于它们的相对复杂程度,见表4-2。②

---

① Theodore J. Lowi, "American Business, Public Policy, Case Studies, and Political Theory," *World Politics*, 1964, No. 16, pp. 677—715.
② 参见〔美〕威廉·N.邓恩:《公共政策分析导论》(第二版),第163—164页。

表 4-2　公共政策问题的结构类型

| 要素 | 问题的结构 | | |
|---|---|---|---|
| | 结构优良 | 结构适度 | 结构不良 |
| 决策者 | 一人或数人 | 一人或数人 | 许多 |
| 备选方案 | 有限 | 有限 | 无限 |
| 效用(价值) | 一致 | 一致 | 冲突 |
| 结果 | 确定性或风险 | 不确定 | 未知 |
| 概率 | 可计算 | 不可计算 | 不可计算 |

(1) 结构优良的政策问题(well-structured problem)

这类政策问题往往包含了一个或几个政策制定者,和一组为数很少的政策选择方案。决策者在政策方案的效用或价值方面,能够达成一致,这反映了他们对政策目标的追求具有一致性。每一种备选方案的结果是完全确定的,或者在可以接受的可能误差之内。这类政策问题的原型是完全可由计算机处理的决策问题,所有备选方案的结果都可预先加以规划。这类问题通常发生在公共权力机构的较低层次。

(2) 结构适度的政策问题(moderately-structured problem)

这类政策问题包括一个或几个决策者,和相对来说有限数量的政策选择方案。方案的效用一致能够反应决策目标的一致。然而所选择的政策方案,其后果是不确定的,即使是在可接受的误差之内,结果预测也有相当大的困难。结果的不确定性意味着错误概率很难估计。结构适度问题的原型来自政策模拟。博弈论中的"囚徒困境"可以说明这类问题的特征。在此模型中,结果的不确定性,往往给做决定带来很大困难,甚至会使"单个理性选择"可能造成小到某个团体、政府机构,大到整个社会集体的"非理性选择"。

(3) 结构不良的政策问题(ill-structured problem)

结构不良的政策问题包括了许多不同的决策者,其价值观或者是不为人们所知,或者是不可能按着连贯形式给予排列。这类问题的目标存在着互相竞争的冲突,无法达成共识。对政策选择及其后果也可能不知道,具有不确定性,以至于无法估计风险程度。结构不良政策问题的原型是完全不具有传递性的决策问题,即没有哪一个较其他的政策问题更可取,人们很难提出满意的政策问题。前两类问题包含对偏好的优先顺序的排列,并且排序具有传递性。例如方案 A 优于 B,B 优于 C,则 A 优于 C,而第三类政策问题的优先顺序则没有传递性。

在复杂的政治和社会背景下,结构优良与结构适度的政策问题较少,大量政策问题都属于结构不良的,因为大量政策问题都牵涉到多个政策利害相关者(policy stakeholders),而他们各自拥有截然不同的价值系统(value system),现实中很难假设一个或几个决策者有着始终如一的选择,价值与利益的冲突会在长时间内发生影响。同时,获取信息的数量与质量也因条件的不同受到了限制,因此使人们很难提出满意的政策问题。

美国政治学家托马斯·R.戴伊认为,对公共政策分析者而言,重视并能掌握结构不良的政策问题,已是公共政策分析中事关成败的大事,理由如下[①]:

- 结构不良的政策问题体现了社会价值的冲突性——一个社会中,经常同时存在着不同的社会价值(social values);
- 政策制定者通常倾向于按照自己的价值系统去制定政策,而常常忽略整体社会的偏好(social preferences);
- 政策制定者往往不愿去考虑创新性的政策(creative policy),而传统的渐进决策模型又无法妥善解决结构不良的政策问题;
- 由于资源有限,政策制定者无法罗列出所有可能的解决方案,因而限制了解决结构不良问题的可能性;
- 政策制定者通常无法预测可能解决方案所有的正面及负面结果。

## 第二节 公共政策问题构建的程序

### 一、政策问题构建的程序

在公共政策过程中,政策问题构建通常由问题感知(problem sensing)、问题搜索(problem search)、问题界定(problem definition)和问题陈述(problem specification)四个相互依存的过程组成;政策问题构建包括问题情境(problem situation)、元问题(metaproblem)、实质问题(substantive problem)和正式问题(formal problem)四种实质内涵。由此,得到了如图4-1所示的政策问题构建的程序。[②]

第一阶段:以"问题感知"体悟"问题情境"。政策问题构建的整个过程有一个前提条件,即认识或"感知"到问题情境的存在。在此阶段中,我们的目标并不是发现单独存在的政策问题,而是企图发现政策问题利害关系人所共同感受到的问题情境形态。

第二阶段:以"问题搜索"认定"元问题"。此阶段中是以公共政策概念诠释问题情境,使之成为政策分析家所能处理的元问题。政策分析家通常面对的是一个由各种不同意见纠集而成的问题之网,它们是动态的,具有社会性,贯穿政策制定过程始终。事实上,这是一个"元问题"——一个问题的问题,它是结构不良的,因为各个利益相关人对问题的陈述差异很大,好像范围大得难以控制。

---

① 参见〔美〕托马斯·戴伊:《理解公共政策》(第十版),华夏出版社2004年版。
② 〔美〕威廉·N.邓恩:《公共政策分析导论》(第二版),第166—169页。

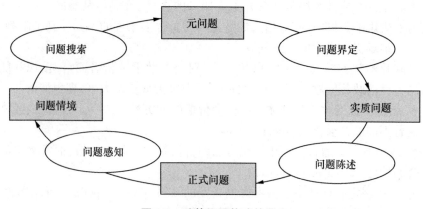

图 4-1　政策问题构建的程序

所以,此阶段的中心任务是要依据政策科学的理论找出结构不良的政策问题,以形成政策分析家感兴趣的元问题。

第三阶段:以"问题界定"发现"实质问题"。此阶段是以专业知识来判断该问题究竟属于哪一个政策领域。若是经济学的范畴,则从供需法则的角度加以分析;若属于政治学的范畴,则要按各利益集团、精英人士或其他社会等级中权力和影响的分布加以分析。不论是选择哪一种概念架构,这个阶段都反映出政策分析家的世界观与意识形态。威廉·N.邓恩曾举例说贫困问题可被定义为下列情况的结果:事故、社会的必然状况、恶人的行为或穷人自己的缺陷等。这些定义都包含了政策分析家的特定世界观或意识形态因素。

第四阶段:以"问题陈述"建立"正式问题"。一旦界定了实质问题,就可以进一步确立更详细、更具体的正式问题。从实质问题到正式问题这个过程称为"问题陈述",即对实质问题形成一个正式的数学表达模型。对于结构不良的问题来说,此阶段的主要任务不在于得到正确的数学解决方法,而在于界定问题本身的性质。

政策问题构建程序中,不同的阶段必然会使用不同的分析方法和理论基础。在前面两个阶段中,所运用的方法着重于主观的研究法或诠释的理解法,思考问题的理性则是政治与社会理性;后面的两个阶段中,所运用的方法则注重于客观的研究方法或量化的分析方法,思考问题的理性则是经济与技术理性。

当我们认定政策问题时,我们所感受到的问题情境必须与元问题的性质相符合,我们所搜索到的元问题也必须符合实质问题,而当我们将实质问题转化为正式问题时,更必须维持一致的关系。如果这些阶段的转化过程中,发生了认定错误的现象,换言之,元问题不能反映问题情境,实质问题与元问题是两回事,正式问题无法凸现实质问题的真相,这些现象都是犯了相当可怕的"第三类错误",即当应该解决正确的问题时,却解决了错误的问题。政策学家拉伊发

(Raiffa)认为,统计学家在从事假设检验的工作时容易犯第一与第二类错误,这种错误还不是很危险;第三类错误乃是政策分析与规划过程中相当致命的错误,因此,一位好的政策制定者与政策分析家,必须尽量避免陷入此种错误。①

## 二、政策问题的论证

在构建政策问题的过程中,经常会遇到对问题的争论。这种争论不仅包括对即将采取的实际的或可能的行动有不同意见,也反映了对政策问题本身性质的认识还存在分歧。为此,就需要进行政策问题论证。

威廉·N.邓恩认为,公共政策问题论证的复杂性可以通过论证所在的组织层次具体表现出来。根据类别等级,政策问题的论证可分为一级论证、二级论证、功能论证和小论证,见图4-2。②

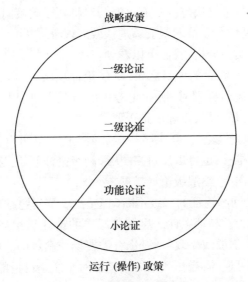

图 4-2  公共政策问题的论证

1. 小论证。政策问题的小论证是政策问题论证的最低层次,它是指将政策问题分解成若干项目,再对具体项目进行论证。政策问题小论证往往是由政策分析人员划分为专门小组来进行的。各个项目论证一般是独立进行的,这样才有利于把每个项目做好做细。项目论证是分散的,必须通过功能论证将其综合起来。

2. 功能论证。政策问题的功能论证通常是由负责政策制定的具体组织来

---

① 丘昌泰:《公共政策:当代政策科学理论之研究》,台湾巨流图书公司1995年版,第227—229页。
② 〔美〕威廉·N.邓恩:《公共政策分析导论》(第二版),第161—163页。

进行的。其任务是将构成政策问题的主要要素的单独分析有机综合起来,从而确定政策问题的结构类型,即:是结构优良的问题,还是结构适度的问题,或者是结构不良的问题。同时,功能论证还需要对政策问题所分属的领域、范围层次和作用方式类别加以划分,以便为政府决策机构的论证提供前提条件。

3. 二级论证。政策问题的二级论证是由政府的决策机构做出的论证。政府是对社会提供公共服务的主要机构,政府对社会进行公共管理的主要手段就是选准政策问题,制定并实施科学、合理的公共政策来解决这些问题。但是,政府从社会中提取政策资源的能力是有限的,它在一定的时间内只能利用有限的资源实施有限的政策。政府对政策问题的论证主要是集中讨论政策目标、政策计划、政策成本、政策效果等问题。

4. 一级论证。政策问题的一级论证是最高级的论证,实际上是对政策问题是否进入政策议程的最终决定。政府可能同时将几个政策问题提交最高决策机构来选择,看究竟是什么政策问题能够进入政府议程。

根据上述论证类型分析,我们可以看到:

1. 小论证反映在特定的项目之中;功能论证反映在具体规划之上;二级论证反映在政府机构进行规划时,所优先考虑的背景条件,以及目标群体的确定等;一级论证反映在最高层,以确定是否要做某件事。

2. 政策问题的分级论证,其次序并不是刻板的。既可以按上面所说的从低级论证向高级论证推移;也可以反过来,从最高级论证开始,逐步细化;也可以从其中某个层级开始向上、下层级论证扩展。①

3. 当沿着政策问题论证的层级不断向上时,政策问题越来越表现出更大的关联性、主观性、人为性和动态性。尽管各层次的论证是相互依赖的,但立论不同,政策也不同。有需要战略政策的,也有需要操作政策的。而战略政策决定的结果相对来说是不可逆的,操作政策的结果相对来说是可逆的。

### 三、政策问题诊断的误差

在政府决策的实践过程中,政策分析家在诊断政策问题时,可能遭遇到许多误差,从而导致对政策问题不能正确地分析与构建。公共政策学者斯塔林概括了政策问题诊断误差的多种来源②:

1. 组织结构(organization structure)。组织结构的问题主要为:第一,层级节制体系(hierarchy)。在过分层级化的组织中,容易造成信息被隐藏,或视寻找新的信息为敌人,而有所谓信息病象的情形,从而使政策问题认定工作无法有效地

---

① 胡宁生:《现代公共政策研究》,中国社会科学出版社2000年版,第131页。
② Grover Starling, *Strategies for Policy Making*, The Dorsey Press, 1988, pp. 92—106.

进行。第二,专业化(specialization)。专业化的结果造成了各部门的本位主义,使正确的信息无法有效地取得,尤其是地理上的区隔造成资源及信息传递上的困难。第三,集权化(centralization)。集权化的情形,使上层的人员信息负载严重,难以获得正确和有效的信息,给科学地认定问题造成困难。

2. 意识形态(ideology)。意识形态是指组织成员所共同拥有的一套信仰体系。第一,这种意识形态有其危险性,因为它就像"过滤器",妨碍了真正信息的传达;第二,过于坚持的信仰,会影响对实际问题的了解,造成认知失去协调(cognitive dissonance),从而使信念和实际现状之间产生强烈的冲突。

3. 无知(ignorance)。某些政府官员由于对专业知识并不了解,所以会轻易相信某些错误的媒体报道。由于政府对大众传媒的报道极为重视,如果大众传媒报道的信息不明确,甚至是错误的,就会造成政府官员对问题诊断的错误。

4. 信息超载(babel)。政府官员的信息太多,容易造成沟通上的障碍,导致对问题的探讨产生误差。而幕僚人员事先过滤,则又容易造成连续的错误。

5. 噪音干扰(noise)。甲想让乙了解某种信息,但乙所得到的和甲的预期不同,同样的原始信息会产生许多不同的意义。由于接受者的认知与人格结构的不同,而使信息有不同的意义。

6. 时间落差(lag)。指接收到信息到开始反应之间的时间差距。现在被忽略的问题,将来可能是严重的问题。

7. 逃避问题(avoidance)。决策者往往逃避其所不愿意面对的问题,于是对于问题的真相无法真正了解。

8. 隐蔽问题(masking problem)。提出某些大家已经知道的问题,来隐蔽事实上的重要问题。

9. 虚假问题(pseudo-problem)。解决了错误的问题,但不会对于真正要解决的问题造成伤害。

## 第三节 公共政策议程的建立

### 一、政策议程的含义与类型

社会公众要求政府采取行动解决各种各样社会问题,但只有一小部分被公共决策者所关注,"那些被决策者选中或决策者感到必须对之采取行动的要求构成了政策议程"①。政策议程(policy agenda)的建立是社会问题转化为政策问题的关键一步。

---

① 〔美〕詹姆斯·E. 安德森:《公共决策》,第69页。

在政治系统中存在着多种政策议程。查尔斯·琼斯在《公共政策研究》一书中,从政策活动的功能方面将政策议程分为如下四类:(1) 为使问题得到积极、严肃的研究和认可而提出的问题确认议程;(2) 能确定从问题进展到发现解决办法的提案议程;(3) 使提案得到支持和发展的协议议程或讨价还价议程;(4) 使问题得到持续检验的持续议程。① 科布和埃尔德区分了两种基本的议程——系统议程和正式议程。②

1. 系统议程

系统议程(system agenda)又称为公众议程(public agenda),是指某个社会问题已经引起社会公众和社会团体的普遍关注,他们向政府部门提出政策诉求,要求采取措施加以解决这样一种政策议程。

从本质上讲,公众议程是一个众人参与的讨论过程,是一个问题从与其具有特殊联系的群体逐渐扩展到社会普通公众的变化过程,即一个问题引起相关群体的注意,进而引起更多人的兴趣,最后受到普通公众的关注。

一个问题要想成为或到达公众议程,必须具备以下三个条件:第一,该问题必须在社会上广泛流传并受到广泛注意,或者至少必须为公众所感知;第二,大多数人都认为有采取行动的必要;第三,公众普遍认为,这个问题是某个政府职能部门权限范围内的事务,而且应当给予适当的关注。③

2. 正式议程

正式议程(formal agenda)又称为政府议程(governmental agenda),是指某些社会问题已经引起决策者的深切关注,他们感到有必要对之采取一定的行动,并把这些社会问题列入政策范围这样一种政策议程。从本质上讲,政府议程是政府部门按特定程序行动的过程,在程序上表现较为正式和固定,在方法上表现比较严谨和精确,在内容上表现较为具体和集中。

科布和埃尔德又将政府议程的项目区分为新项目与旧项目两类。旧项目是指以某种常规形式出现在政策议程上的事项,例如公务人员工资的增加、社会保障的增加以及预算拨款等。一般而言,政府官员对这些项目都较为熟悉,而且,处理这些问题的方案在一定程度上也已经成型。新项目是由于特定的事件和情形而产生的,也可能因为社会上越来越多的人要求政府对某些问题采取行动而引起,例如某国军事政变对相关国家外交政策的影响、外交方面出现的危机等。政策议程的旧项目往往能够从决策者那里获得处理的优先权,这是因为决策者

---

① Charles O. Jones, *An Introduction to the Study of Public Policy*, pp. 40—41.
② 这一分类由 Roger W. Cobb 和 Charles D. Elder 在 *Participation in American Politics: The Dynamics of Agenda-Building*(Boston: Allyn & Bacon, 1972)中提出,参见〔美〕詹姆斯·E. 安德森:《公共决策》,第 69—70 页。
③ 林水波、张世贤:《公共政策》,台湾五南图书出版公司 1997 年版,第 117 页。

总是发现自己的时间有限,而且议程很满,他们自觉不自觉地会把自己的目光更多地投向由来已久的旧项目。① 当然,作为新的事项提上政策议程的问题,随着时间的推移,也会变成旧的事项,环境污染问题和政府危机管理便是最好的说明。

按照政府议程建立过程中各项功能活动的先后次序,政府议程包括以下四个阶段:

(1) 界定议程。通过讨论,积极而慎重地研究被认定的政策问题。

(2) 规划议程。从总体上讨论需要优先解决的政策项目。

(3) 议价议程。根据每一规划方案的利害得失,政策相关人就价值标准与利益分配进行讨价还价的争论。

(4) 循环议程。正式进入政府议程的政策方案,都要不断接受评估与检验,并加以科学修正。②

3. 两种议程的区别

公众议程和政府议程是政策议程的两个不同阶段,二者有着本质区别。公众议程一般由一些较抽象的项目组成,其概念和范围都比较模糊,仅是发现问题,提出问题,它可以不提出政策方案或解决办法,所体现出来的往往是众说纷纭的特点。政府议程则比公众议程来得特定而且具体,它是对政策问题进行认定或陈述的最后阶段。问题经过一定的描述,为决策系统正式接受,并采取具体方案试图解决的时候,公众议程就转入政府议程。

在一般情况下,一个政策问题提出的过程是这样的:某一社会问题先进入公众议程,被公众加以关注和讨论;然后,由于该问题自身的特殊性、重要性、严重性以及迫切性等,引起了政府决策者的关注,由公众议程进入政府议程,最后成为政策问题。然而,并不是所有的社会问题都能如此。很多的社会问题虽然处于公众议程之内,已引起普通公众的普遍关注和讨论,但决策系统并没有把它列入政府议程。出现这种情况有多种原因:或是问题本身的性质、规模和影响尚未达到应该解决的程度,或是问题的表达方式和途径不符合既定的组织体制和工作程序,或是决策者判断失误,或是问题涉及决策者自身的利益等。③ 当然,还存在这样的情况:许多问题可能不经过公众议程,而直接进入政府议程。这是因为高层决策者和专家学者可能根据自己对社会发展变化的研究分析,预见到某些普通公众还没有注意到的政策问题,凭借自己的影响力,直接将这些问题送入政府议程。

---

① 张金马:《公共政策分析:概念·过程·方法》,人民出版社 2004 年版,第 324 页。
② 陈潭:《公共政策学》,湖南师范大学出版社 2003 年版,第 130 页。
③ 陈振明:《政策科学——公共政策分析导论》(第二版),中国人民大学出版社 2003 年版,第 213 页。

最近,美国圣约瑟州立大学政治学教授拉雷·N.格斯顿按照政策问题的重要程度将政策议程分为实质性议程(substantive agenda)和象征性议程(symbolic agenda)两大类。① 实质性议程是指认定那些影响深远和潜在意义重大的政策问题的议程。实质性政策议程有三个必要因素:相当数量公共资源的分配已岌岌可危;问题常常引发普通公民和政府决策者的高度重视和激烈争论;问题必定蕴藏着巨大的变化。一般说来,实质性政策问题大多来源于经济领域,其中税收问题对社会的影响最直接、最广泛,也最重要。近年来一些社会问题也日趋重要,如移民、种族团结、环境污染、暴力犯罪、吸毒贩毒、恐怖事件等。象征性议程则指一些政策问题虽然引起社会公众和政府决策者的关注,但仅属于象征性问题的议程。这些问题多集中于价值领域,而非实质性的资源分配。例如焚烧国旗、虐待儿童等问题以及一些庆典、授奖仪式等,都仅具有象征性,但因它们涉及社会的一些价值、情感和精神激励因素,同样会受到有关方面的重视。决策者往往会根据具体情况而选择议程的类型。实质性问题通常应进入实质性议程,但因为条件的限制和有关方面的压力,也有些实质性问题不能立即得以实质性的解决,只好象征性地进行处理。

**二、社会问题进入政策议程的途径**

前面讲过,社会问题只有在被提上政策议程的情况下,才能成为政策问题。那么,社会问题通常经由哪些途径进入政策议程呢?对此,有的学者,如查尔斯·琼斯和马瑟斯,从政府和私人两种主体出发,将社会问题进入政策议程的途径区分为四类:私人主动、政府有限介入;政府主动、私人有限介入;两者都主动;两者都不主动。② 也有学者,如科布和埃尔德,概括了四种将社会问题送入政策议程的行为主体:再调适者(受到现行政策对利益不公平分配的影响而要求政府采取行动的个人或团体)、环境反应者、行善者(纯粹为社会公益事业考量而主动发掘政策问题者)、开拓者(为自身利益得失而主动挖掘政策问题者)。③

通常,社会问题进入政策议程的途径主要有以下几种④:

**1. 社会中部分团体或者个体主动,政府只是有限介入**

不少团体会从各自的利益出发,力图谋求在社会中所期望获得的平衡位置。"当某一团体的平衡(以及团体成员间的平衡)被严重破坏时,各种各样的行为就会出现。如果这种破坏不是太大,那么团体的领导人将努力使先前的平衡得

---

① Larry N. Gerston, *Public Policy Making: Process and Principles*, New York: M. E. Sharpe, Inc., 1997, pp. 62—66.
② 〔美〕斯图亚特·S.那格尔:《政策研究百科全书》,科学技术文献出版社1990年版,第94—96页。
③ 转引自林水波、张世贤:《公共政策》,第86—87页。
④ 〔美〕斯图亚特·S.那格尔:《政策研究百科全书》,第94页。

到恢复。这种努力将使团体求助于政府立即成为必要。如果破坏大到足以使得平衡瓦解的程度,则有可能导致其他行为。"①如果这些团体的利益受到了威胁,产生了被剥夺感,他们就会千方百计地要求政府采取行动保护他们的利益。虽然这些团体或个人,在请求政府对这一问题的确认与关注中意见并不一致,但他们的要求总是与那些和本团体意见相左的一方,在利益矛盾中发生尖锐的冲突。比如,在美国那些要求解决汽车安全标准问题的部分团体,与那些反对这一要求的汽车制造商之间的矛盾与冲突是不可避免的。政府在强大压力下,采取行动解决这个影响极大的重要公共问题。社会上各种利益、价值与需求的冲突,所表现的程度与范围不同,则对政策问题的确定也不同。这种结果既会影响政府对此关注的程度,又会影响政府采取行动的方式。

对于社会团体或个人认为很重要的社会问题,政府为什么会有限介入呢? 这大致有四个原因:

(1)政府基本不知道这些问题的存在。尽管现代政府承担的职能在不断膨胀,政府管辖的范围在扩大,政府也力图通过各种现代科学技术手段,及时获取社会的各种信息,但遇到了时间与经费等方面的困难,因此,对现存社会问题无法发表积极的见解。

(2)政府知道问题的存在,但没有权力去处理。现代政府都是有限政府,不是具有处理一切问题权限的万能政府。特别对一级地方政府来说,尽管个人和团体提出的政策问题很重要,但因上下、左右各种关系的制约,难于及时去处理被认为是应该解决的问题。

(3)政府知道问题的存在,也有权力处理,但无能力办理。政府的一切介入行为,都需要消耗资源。更重要的是一旦要解决这些问题,其公共资源的消耗更大。能不能有足够资源作保证,政府必须考虑到。

(4)政府知道问题的存在,也有权力与能力处理,但不能马上列入政府的议事日程。政府处理问题有自身期望的轻重缓急。

2. 政府主动介入发现和解决问题,社会团体或个人只是有限介入

政府作为公共权力的主要载体和公共管理的核心主体,比其他社会组织有更多的机会了解社会各方面的动态,更有可能从社会的整体利益方面去推动社会矛盾的解决。个体的介入活动,其能力总是十分有限,甚至是很微弱的。政府主动发现并解决问题,有下列几种情况:

(1)比如保护环境这一类带有全局性的问题,政府会从更高的层次上关心并加以解决。对部分社会团体或个人来说,较多关心的是眼前与局部利益。

(2)社会上的一部分团体或个人由于缺乏资源,他们无力向政府请求帮助,

---

① 〔美〕詹姆斯·E.安德森:《公共决策》,第71页。

而实际上他们又特别需要政府的主动关注。政府的政策制定者可能会主动发现他们,也可能十分偶然地涉入对问题的主动关心。

(3) 在社会各种利益的冲突中,有些团体或个人会凭借控制大量资源的优势,始终处于冲突的主导地位。他们或是歪曲事实,或是蓄意制造混乱。为维护社会的公正,政府需要主动干预,保护冲突中的受害者。

(4) 政府会从自身利益的需求出发,主动地发现问题。当政府成为问题的主要确认者时,对存在什么问题的确认可能经常变化。不同的政策制定者可能对存在何种问题的理解有所不同。但不论什么情况,在权力斗争与权力交换过程中,政府的这种行动会更突出。

3. 政府及社会团体与个人都主动

把社会问题变为政策问题,大多数情况下是政府与私人活动共同作用的结果。这种作用大致有三种形式:

(1) 政府希望解决的问题与公众要求解决的问题完全一致或基本一致。这时能相当迅速地进行政策问题的构建,并顺利地将社会问题列入政策议程。

(2) 政府希望解决的问题与公众要求解决的问题完全相反或基本相反。双方的主动行为成了尖锐的冲突行为。由于对事件与环境的理解上,双方产生了差异,而这种差异又会派生出其他各种相关问题,进一步加深了矛盾与冲突。

(3) 政府希望解决的问题与公众要求解决的问题,在多数情况下既有共同的一面,又有差异的一面。认识上的差异性也会导致一定冲突。但这种冲突与第二种情况不一样,可以通过协调逐步取得认识上的一致性,随着政治参与主体在数量上的不断增加,对问题的理解和确定的多样化将逐渐成为政策问题构建过程的重要特征。

4. 政府与个人、团体都不主动介入

这种类型从理论上似乎是存在的,但在实践中几乎不多见。"可能是由于受某一事件影响的人没有可利用的办法,也可能由于缺乏能向政府提出请求的组织,或者干脆是由于和其他公共问题相比较,缺乏引起政府注意的竞争力。也可能私人团体或政策制定者都尽力避免确认这种问题。"①

### 三、影响社会问题进入政策议程的因素

特定的社会问题能否顺利进入政策议程,被政府决策者加以关注和解决,与下列各因素有着直接或间接的关系。

1. 公民个人的作用

从某种意义上讲,很多具有公共性质的问题都是由私人问题引发而来的。

---

① 〔美〕斯图亚特·S.那格尔:《政策研究百科全书》,第96页。

比如,一个人对现行的车辆管理法规给自己带来的过重负担感到强烈不满,他有可能忍气吞声,或偶尔在亲朋好友间发发牢骚。这时,无论对他个人还是对其他人而言,这只是一个私人性质的问题。但是,他还可以采取另外的方法,比如将自己的想法告知公众和媒体,或将与之有类似看法的人组织起来,掀起一场群众运动,向政府有关部门提出抗议,或者通过正当形式展开对话并提交政策建议。上述的行动很可能会导致反对意见的出现,从而形成讨论的局面,许多人就这样直接或间接地卷入到了这一事务中。另外还需要强调的一点是,非正式关系在社会问题进入政策议程过程中所起的作用。所谓非正式关系,是指超出法定组织制度和工作程序的人际关系,如老乡、亲属、同学、朋友等关系。通过这些关系,公民个人所提出的问题很有可能被决策者列入政策议程。①

2. 利益团体的作用

利益团体是基于某种共同价值、共同利益、共同态度或者共同职业等而形成的正式或非正式的社会组织。利益团体的基本职责是维护并增进本团体成员的共同利益。在社会政治生活中,当既定的社会利益结构发生变化时,出于维护自身利益的考虑,利益团体就会单独或联合其他团体向政府提出种种问题与要求。在多元主义(pluralism)理论看来,现代政府的公共政策过程,在本质上就是众多利益团体代表各自成员的利益,进行利益聚合与表达,通过竞争、博弈和讨价还价,最终达成妥协和均衡的过程。利益集团在问题构建和政策制定过程中发挥着重要作用,它们通过游说、宣传、助选、抗议等手段,迫使政府将其提出的问题列入政策议程,并采纳有利于自己的政策建议,或者通过各种手段阻止对自己利益产生损害的政策,以最大限度地维护本团体成员的利益。

3. 政治领袖的作用

迄今为止,在任何国家和地区,政治领袖都是影响政策议程建立的一个重要因素。他们无论是出于公众价值观和政治使命感,还是出于个人需要和团体利益的考虑,都会密切关注社会中出现的这样或那样的问题,提出对特定问题的解决方案,并在可能的条件下,将其告知公众,以引起必要的回应。需要注意的是,政治领袖对社会问题的关注和认定往往受多种个人因素的制约,如个性特征、成长经历、受教育状况等。在构建政策问题、建立政策议程的过程中,这些个人因素往往会与公共问题交织在一起,并以国家和公众的名义体现。

4. 政府体制的作用

一个国家的政府体制,特别是其民主程度和开放程度,从制度上规定了信息的沟通渠道和利益的表达方式,从而对社会问题进入政府议程产生重要的影响作用。如果政府的产生方式是民主选举,执政理念合乎民主潮流,组织程序符合

---

① 张金马:《公共政策分析:概念·过程·方法》,第 326 页。

民主要求,政务信息向民众开放,决策过程吸收民众参与,倾听民众意见,接受民众监督,那么大量的社会问题才能正常而顺利地进入政策议程。相反,专制、封闭的政府则会将大量社会问题阻止在政策议程之外。

5. 大众传媒的作用

大众传媒在西方国家被视作"第四种权力"。在信息社会,大众传媒凭借其覆盖率高、信息量大、影响面广、冲击力强等优势,传播信息、制造舆论、沟通思想、普及知识,有效地影响着社会问题进入政策议程的效率和质量。在政策议程建立的过程中,大众传媒一方面反映民众的偏好、利益和要求,把少数人发现的问题广泛传播,以形成强大的舆论压力,促使政府决策系统关注并接受特定的政策问题;另一方面,大众传媒也借助政府的观点和自己的见解,影响和改变民众的意愿与要求,重塑社会公共问题。这种双向的互动过程使得大众传媒日益成为政策问题的重要提出者。

6. 专家学者的作用

在科研机构、高等院校中工作的专家学者凭借自己的专业优势和技术特长,既能及时捕捉到社会运行中的现实问题,又能科学预见到社会发展中的潜在问题,并能够凭借自己的特殊地位和重要影响,进行问题分析和政策发动,从而为社会问题进入政策议程创造条件。需要说明的是,与政治领袖的作用相比,专家学者对社会问题的察觉对政策议程的建立影响较小。专家学者提出的社会问题只有同时得到政治权威的认同和支持才能进入政策议程。

7. 问题自身的作用

社会问题自身的特征对政策议程的建立具有非常重要的影响。美国学者科布和埃尔德指出:

- 一个问题的定义越模糊,这个问题到达更广泛的公众的可能性就越大(特殊性程度);
- 一个问题被认为社会意义越大,这个问题到达更广泛的公众的可能性就越大(社会重要性程度);
- 一个问题被认为长期的关联性越大,这个问题到达更广泛的公众的可能性就越大(关联期的长短);
- 一个问题被认为越不具有技术性,这个问题到达更广泛的公众的可能性就越大(问题复杂程度);
- 一个问题被认为越缺少明确的先例,这个问题到达更广泛的公众的可能性就越大(先例的明确程度)。①

---

① Roger W. Cobb and Charles D. Elder, *Participation in American Politics: The Dynamics of Agenda-Building*, p.86.

### 四、社会问题进入政策议程的触发机制

美国学者拉雷·N. 格斯顿将社会问题转变为政策问题的触发机制分为国内和国际两方面。国内方面的因素包括自然灾害、经济灾害、技术突破、环境变化和社会演进等内容;国际方面的因素包括战争、间接冲突、经济对抗、军备升级等内容。①

美国学者安德森总结了他人的研究成果,提出了推动社会问题加速进入政策议程的四种触发机制②:

1. 政治领导(political leadership)。政治领导者可能是决定政策议程的一个重要因素。不管政治领导者处于某种政治优先权的考虑,还是因为对公众利益的关注,或者是两者兼而有之,他们都会密切关注公共领域的一些特定问题,将它们公之于众,提出解决问题的方案。在美国,总统扮演着政策议程主要决定者的角色。国会中也有部分议员,他们怀着推动社会变革的愿望和渴望获得改革者的荣誉而热心于社会问题。

2. 危机事件(crisis event)。某种危机事件或突发事件会使某些事情尽快提到政策议程,如煤矿事故、自然灾害等。尽管社会上有大量的问题,已被人们觉察到,引起了广泛关注与议论,但还没有达到非采取行动不可的地步。这样政府也不会采取什么行动。但在某一突发事件的影响下,把社会上与之相关的事,都统统同这一事件联系起来时,会使决策者为之一震,很快认识到问题的严重性。

3. 抗议活动(protest activity)。抗议活动,包括暴力事件,是使问题引起决策者重视,并使问题提到议事日程的又一手段。20 世纪 60 年代在美国不少城市中,因黑人社区在几乎没有其他手段获得社会关注的情况下,不少地方出现了大规模抗议和骚乱,这促使人权问题提上了政府议事日程。

4. 传媒曝光(media reportage)。特别问题吸引了大众传媒的注意。通过大众传媒的报道与传播,能使问题成为政策议程上的重要内容。而那些已被提到议事日程上的问题,则能获得更多关注。无论新闻传媒出于何种动机,他们对社会上的重大问题进行报道,有助于政策议程的建立。

### 五、社会问题进入政策议程的障碍

如前所述,并非所有的社会问题都能被政府列入政策议程。对有些社会问题,决策者可能觉得并没有制定政策予以解决的必要。在此,"无决策"(nondecision)的概念值得一提。根据巴克拉克和巴拉兹两位学者的看法,"无决策制

---

① Larry N. Gerston, *Public Policy Making:Process and Principles*, pp. 29—47.
② 〔美〕詹姆斯·E. 安德森:《公共决策》,第 72—75 页。

定"(nondecision-making)是主张改变社会现行利益和特权分配的需求尚未提出以前,就加以抑制,或在这种需求尚未到达政策制定领域以前,就加以阻止的一种方法。①

阻碍社会问题进入政策议程的因素有如下几种②:

1. 政治原则的偏离

任何国家都有其视为立国之本的基本政治原则。坚持这些原则,是政府义不容辞的职责。因此,政策诉求一旦偏离了这些原则,政府就会通过各种方法将其排斥在政策制定系统之外。美国政治学家沙特施奈德研究指出:"在政治上关键性的问题,是如何处理冲突。政权为了长久存在,必须要处理一些问题。一切的政治、领导、组织皆涉及冲突的处理。所有的冲突都是对政治宇宙的空间加以分配。冲突的结果是如此的重要,以至于任何一个政权,为了求生存,就必须设法塑造政治系统。"③有鉴于此,政治领袖或政治组织为了稳定起见,对于可能会威胁稳定的问题,必然会设法使其无法进入政策议程。

2. 价值体系的排斥

任何社会都有其占主导地位的价值观念和信仰体系,它是人们思考问题的依据和行为选择的准则。凡是与社会主流价值规范相冲突的社会问题和政策方案,都很难进入政策议程。例如,美国人对私有财产和资本主义的信仰,使得铁路国营无法成为政策议程上的一个项目。

3. 政府体系的封闭

如果政府体系保守,决策过程封闭,政务信息闭塞,民选代表不能代表选民的利益,那么公众与政府联系的渠道就会出现障碍,公众的利益偏好与政策意愿就很难为决策者所知道,普通公众不仅无法与决策者进行必要的沟通,而且不能通过问题讨论等形式,参与公共政策的制定过程。在这种情况下,公众觉察的社会问题很难进入政府议程。

4. 承受能力的不足

任何一种政策问题的提出,如果超出了决策者的承受能力,就会受到他们的排斥或回避。尽管这种问题的提出有时对社会有利,符合民众愿望和时代潮流,往往也难以进入政策议程。

5. 表达方式的失当

有些问题本可以通过法定的正常渠道提出,却偏偏要选择非正常渠道;明明

---

① Peter Bachrach and Morton Baratz, *Power and Poverty*, New York: Oxford University Press, 1970, p. 44.
② 张金马:《公共政策分析:概念·过程·方法》,第329—330页。
③ E. E. Schattschneider, *The Semi-Sovereign People*, New York: Holt, Rinchart and Winston, 1960, p. 71.

可以在正式场合上讲,却偏偏要进行地下活动;明明可以采用平和方式提出政策诉求,却偏偏要采取过激的形式;明明可以言简意赅、通俗易懂地讲明,却偏偏要使用长篇累牍、晦涩冗长的分析报告……上述种种表达方式的失当,很多时候使本该列入政策议程的问题没有被列入。

### 六、公共政策议程建立的模型

前面讲过,政策议程的建立既是现代政府公共政策过程的逻辑起点,又是政府决策的重要环节。不进入政策议程,社会问题就没有通过公共政策加以解决的可能性。在近年来公共政策的研究中,政策问题的构建和政策议程的建立日益受到学术界的重视,学者们从不同角度提出了各种模型,来研究政策议程建立的过程。

1. 科布的政策议程建立模型

美国学者科布在区分公众议程与政府议程的基础上,以政策诉求的主体为标准,提出了建立政策议程的三种模型①:

(1) 外在创始型(outside initiation model)

政策诉求由政府系统以外的公民个人或社会团体提出,经阐释(对政策诉求进行解释和说明)和扩散(通过一定方式把政策诉求传递给相关群体),首先进入公众议程,然后通过对政府施加压力的手段,使之进入政府议程。该模型通常在民主和平等的社会中比较常见。通过该模型创建的政策议程只是让政策问题列入政府的议事日程,并不意味着政府会不折不扣地按创始者的意愿做最后的决定。通常情况是,通过该模型创建的政策议程,最终不是受到彻底否决,就是被修改得面目全非。

(2) 政治动员型(mobilization model)

具有权威作用的政治领导人主动提出其政策意向,并使其进入政府议程。因为在一般情况下,政治领导人的政策意向往往能够成为政府的最终决策,所以看似没有必要建立相应的政策议程。之所以仍要这样去做,主要是为了寻求社会公众的理解和支持,以便更好地贯彻和实施这项政策。政治动员型以政府议程为基点,以公众议程为对象,其目标在于政策方案的顺利执行。该模型通常出现在不太民主的社会中。在那里,政府及其核心决策者具有超强的权威,在建立政策议程的过程中,权力精英的"内输入"现象②相对明显。

---

① Roger W. Cobb, et al., "Agenda-Building as A Comparative Political Process," *The American Political Science Review*, March 1976, Vol. 70, pp. 126—138.
② 胡伟:《政府过程》,浙江人民出版社1998年版,第282—286页。

(3) 内在创始型(inside initiation model)

政府系统内部的人员或部门为解决纯粹的内部事务而提出政策问题,且问题扩散的对象仅限于"体制内"的相关团体和个人。显然,在该模型下,仅限于政府内部的组织或接近于决策者的团体才能提出政策问题;该模型企图排除普通公众参与的可能性,此类问题的确认远离公众议程,普通公众便没有参与的机会和希望;问题最多会扩散到一些认同性团体,以争取更多力量的支持,向决策者施加足够的压力,促使决策者将此类问题列入正式议程。该模型在财富和权力相对集中的社会较为流行。

需要指出的是,任何政策议程的建立都是公众议程与政府议程交互作用和影响的结果,其过程表现为不同政治力量的不断组合与分化,既涉及"体制内",又涉及"体制外",现实的情况决不会像上述模型所归纳的那样抽象和简单。① 具体到一个社会或国家来说,并非仅仅采用一种模型来构建其政策议程,而是同时采用多种模型,因而在多数国家中,政策议程建立的模型均呈现高度的复杂性。

2. 约翰·W.金登的多源流分析模型

到目前为止,对政策议程确立过程描述得最全面的当数约翰·W.金登的多源流分析模型(the multiple-streams framework)。② 他的模型建立在问题流(problem stream)、政策流(policy stream)、政治流(political stream)三种信息流的基础上。图4-3 显示了该模型的基本架构。

问题流主要关注于问题的界定。它包括问题是如何被认知的,以及客观条件是如何被定义为问题的。在约翰·W.金登看来,问题并不是通过某种政治压力或对人的认识的重视而引起决策者关注的,问题常常通过以下三种途径而受到人们的广泛关注:首先,社会问题存在与否及其重要程度,可以用一系列指标(如公路死亡人数、发病率、免疫率、物价水平等)来反映;其次,一些重大事件或危机事件经常能够导致决策者对某个问题的关注;最后,从现行项目中所获得的反馈信息,可以推动对问题的关注。③

政策流与解决问题的技术可行性、问题解决方案的公众接受度等有关。政策流的重要方面在于针对政策问题而提出的各种建议,通常以听证会、论文和会谈等形式获得检验。各种各样的政策建议、解决办法相互碰撞、相互修正、相互结合,广为传播。这些建议能够存在需要满足多项条件,如它们的技术可行性、

---

① 张金马:《公共政策分析:概念·过程·方法》,第325页。
② 参见[美]保罗·萨巴蒂尔:《政策过程理论》,生活·读书·新知三联书店2004年版,第97—101页。[韩]吴锡泓、金荣枰:《政策学的主要理论》,复旦大学出版社2005年版,第337—343页。
③ [美]约翰·W.金登:《议程、备选方案与公共政策》(第二版),中国人民大学出版社2004年版,第114—129页。

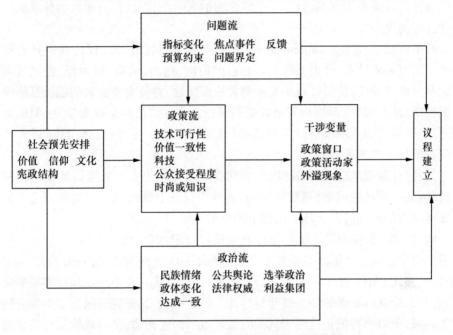

图 4-3 约翰·W.金登的多源流分析模型

它们与主导价值观的适合程度、它们的预算可行性以及政策制定者提出这些建议所可能遇到的支持或反对等。①

政治流涉及政治对于问题解决方案的影响。它包括三个因素:公众情绪、压力集团间的竞争、行政机构或立法机构的换届(turnover)等。② 潜在的议程项目如果与目前的民族情绪相一致,能够得到利益集团的支持或者没有有组织的反对,符合立法机构或行政机构的一贯主张,那么它们就更容易获得议程上的优势地位。

从图 4-3 可以看出,在某一种社会预先安排(价值观、政治文化、宗教信仰、宪政结构等)的背景下,当问题流、政策流和政治流汇合到一起,"政策之窗"(policy windows)就打开了。实际上,政策之窗是"政策建议的倡导者提出其最

---

① 〔美〕约翰·W.金登:《议程、备选方案与公共政策》(第二版),第 165 页。
② 同上书,第 184 页。

得意的解决方案的机会,或者是他们促使其特殊问题受到关注的机会"①,当出现引人注目的问题,或者产生强大的政治流时,政策之窗都将被打开。但是,这样的机会是稍纵即逝的。政策之窗关闭的原因有以下几点:政策制定者认为他们已经通过决策或者立法将问题处理好了;政策制定者没有付诸实际行动;没有可供选择的政策备选方案;打开了政策之窗的人不再拥有权力;重大事件或焦点事件已经消失。②

政策活动家(policy entrepreneurs)是指在政策问题进入议程过程中具有重要影响的政策倡导者,他们愿意利用自己的时间、精力、名望、财力等,提出政策问题及其解决办法,负责促成重要人物关注该问题,并负责使公共问题及其解决方案相结合。③ 诚然,政府议程可以受到问题流或政治流的影响而建立,但如果问题流、政策流和政治流通过政策活动家而结合,那么社会问题"出线"进入政策议程的机会将显著增加。

另外,外溢现象(spillovers)也影响到政策议程的建立。外溢指的是这样一种过程:某一领域的问题(被称作先例)在政府议程上的出现同时也就确定了另一领域的类似问题后来在政策议程上的重要地位。④

约翰·W.金登为了系统地解释政策议程设定过程,用了长达4年的时间,对卫生政策领域和运输政策领域的官员进行了247次深入访谈,做出了23项案例分析,在此基础上提出了多源流分析模型,足见其研究并不是脱离现实的显学范式,其结论具有很强的综合性与包容性。但是,由于其研究局限在卫生和运输政策领域,所以能否把它应用于其他政策领域的问题构建,是对政策议程设定感兴趣的政策分析家们需要研究的课题。在金登之后,一些学者,如尼古拉斯·扎哈里亚迪斯大量应用了多源流分析框架,并对该理论进行了扩展和修正,以使其在更广泛的政策舞台上得以应用。⑤

通过多源流分析模型我们可以看出,政策问题的构建本身就是一项非常重要而复杂的政策制定环节,政策议程的设定并不是根据一种模型就能够说明得了的。正是因为政策问题构建的复杂,人们至今依旧缺乏成熟的、权威的分析框架,将来更需要创建包含概念、假设、验证等内容的有效的理论分析框架。否则,政策问题的构建就很难真正为有关问题的解决铺好路。⑥

---

① 〔美〕约翰·W.金登:《议程、备选方案与公共政策》(第二版),第209页。
② 同上书,第213—214页。
③ 同上书,第226页。
④ 同上书,第209页。
⑤ 参见〔美〕保罗·萨巴蒂尔:《政策过程理论》,第97—101页。
⑥ David A. Rochefort & Roger W. Cobb, "Problem Definition, Agenda Access, and Policy Choice," in Ray C. Rist ( ed. ), *Policy Evaluation: Linking Theory to Practice*, Edward Elgar Publishing Limited, 1995, pp. 249—264. 转引自宁骚:《公共政策学》,高等教育出版社2003年版,第323页。

# 第四章 · 公共政策问题的构建分析

【关键术语】

政策问题　第三类错误　结构不良问题　多源流分析模型
政策议程　外在创始型　结构适度问题　政策议程的触发机制
系统议程　政治动员型　结构优良问题
正式议程　内在创始型　政策问题构建
　　　　　　　　　　　政策问题论证

【复习思考题】

1. 在公共政策过程中，正确地构建政策问题有何意义？
2. 什么是政策问题？政策问题有哪些特征？
3. 如何才能正确地构建政策问题？
4. 系统议程与正式议程有哪些区别？
5. 试简述社会问题进入政策议程的途径。
6. 试分析影响社会问题进入政策议程的触发机制与障碍因素。

【案例分析】

## 关于安乐死问题的争议[①]

现代医药技术的发展，使快速、无痛地死亡成为可能。安乐死，在现代医学背景下被重新提出。安乐死的提出，使患不治之症的病人在临终前有了自主地选择死亡方式的机会。但安乐死并不是一个单纯的医学问题，也是一个牵涉广泛的伦理、法律、社会问题。安乐死从其产生至今，始终处于支持方与反对方针锋相对的境地。虽然支持安乐死的人数不断增加，但立法允许安乐死的国家却屈指可数。合法性的前提是合理性。安乐死是否符合伦理？两派争论的焦点以及各自提出的伦理依据主要集中在以下几个方面。

一、选择安乐死是否违背伦理？安乐死的道德基础、生命价值与尊严。

西方社会一个对安乐死的强烈的反对力量来源于宗教信仰以及基于宗教信仰的伦理道德观。基督教、犹太教等宗教教义都坚持"生命神圣论"，认为人的生命是由神赋予的，因此是"神圣的"。生命至高无上，即使生命享有者本人亦不能随意处置。生命是不可侵犯的，任何人不得在任何情况下危及他人的生命。安乐死的反对者认为安乐死违背了社会文化传统伦理的一个基本方面——人类生命的神圣不可侵犯性。允许安乐死将导致传统伦理的破坏，使以往的社会基

---

① 节选自朱红梅：《安乐死的伦理争议》，《宁波党校学报》2005 年第 5 期。作者有改动。

本价值理念难以为继,是文明的倒退。

而安乐死的赞成派则认为:安乐死可以解除病人的痛苦,使其免受临终前痛苦的折磨,维护其生命的尊严。安乐死对病人来说不是一种伤害,而是痛苦的解脱,因而是人道的,符合伦理的。这是为安乐死辩护的"人道论"。这种人道论建立在新的生命观上:"生命价值论"和"生命质量论"。赞成派提出了"值得活的生命"(life worth living)和"生命质量"(quality of life)的概念,认为人不仅要活着,还要活得有质量、有价值、有意义、有尊严。仅靠先进的医疗手段延长痛苦的生命或维持失去社会属性的躯体生存,并不是真正意义上的挽救和善待生命,现代的人道主义原则应建立在"生命神圣论"与"生命质量论"、"生命价值论"相统一的观念基础之上。所以,安乐死是符合伦理道德与人道主义的。作为人应当有尊严、有价值地生存,否则,延长的不是生命的欢乐,而是痛苦。安乐死是无痛苦的、安详的、有尊严的死亡。它是患者在病情不可逆转,生命失去质量和价值的情况下做出的选择。它可以解除临终病人的肉体和精神的痛苦,尊重"生的意义"、"死的尊严",以及病人的自主决定权。放弃无价值的治疗,选择安乐死,这种观念标志着人类对生与死更理性的认识和选择,病人选择安乐死,是人类文明在更高层次上的一种体现。

## 二、医生的职责是"救死扶伤,治病救人",执行安乐死、医助自杀是否违背医生的职责?

医学界以及其他社会人士反对为主动安乐死立法的一个普遍原因,就在于传统医学伦理观认为:医生的神圣职责就是救死扶伤,治病救人。医生的职业道德要求其尽力去挽救人的生命,而不允许他们实施相反的行为,一旦主动安乐死合法化,则会极大地破坏行医的内在本质及其使命的深邃内涵。

赞成派认为当死亡不可避免,勉强维持生命只是延长痛苦的时间,医生的唯一可能行使的职责就是及时解除其病痛折磨,使病人在一种相对舒适的状态下走向生命终点,安乐死(病人请求下)也就成为一种医疗处置行为。在一定的历史时期和医疗水平下,还存在着医学技术无法治愈的疾病。传统医德把"救人活命"、"延年益寿"当作医生唯一职责,认为医学的目的是维持生命,即使最低的生命质量也应不惜代价去延续它,这种伦理观偏重生命的数量,而不顾及生命的质量和价值。但医学并不能征服死亡、阻止死亡,在某种情况下,安乐死是为病人利益所能做的唯一的事情。医学的真正目的是"治疗疾病,维持健康",现代医学的发展不能仅仅注重维持生命,而应从生命质量角度出发,尊重病人的人格尊严和选择死亡的权利,帮助他们消除痛苦、迅速结束痛苦。

赞成派还认为,安乐死给身患绝症处于晚期极度痛苦状态的病人以身体上、精神上和社会上的安宁状态,让其在安然无痛苦中死去,这较之在极度痛苦中缓慢死去更为人道和符合医学伦理,对病人是有利的。安乐死尊重身患绝症病人选择死亡方式的权利,从道义上满足其最后的要求,这既符合自主原则,也正是医学人道主义的真正体现。医生是出于对病人的同情而帮助自杀或执行安乐死。同情是那些赞成安乐死的人在伦理上所坚持的主要理由之一。他们认为,一个真正仁慈而富有爱心的人,在面对他人被痛苦折磨得死去活来时,不应无动于衷。如果只能在病人的死亡与极端痛苦之间做出选择,那么同情心将倾向于帮助病人尽快摆脱苦难,这是一种善举,最符合不堪忍受痛苦之人的利益。

但是安乐死反对者对所谓"因同情而致人于死"表示强烈置疑。奥德伯格指出,"对每个人而言,生命本身即是一种好事(a good)","假想一个人的死亡对其本人而言可以是一件好事,那是说不通的。相反,如果一种行为对一个人而言是一件好事的话,它应当改善该人的状况,或者将使该人的生活变得比不做出该行为更好。截掉某人折断了的腿对该人而言是件好事,因为它是为了根治疾病。但你永远不可能靠杀死一个人去为该人根治疾病!死亡不是,而且一直不是,根本的药方"。

**讨论题:**

1. 案例中关于安乐死的争论说明政策问题具有哪些特征?
2. 结合案例,总结影响政策问题构建的因素有哪些?
3. 你对安乐死持何种政策主张?试说明理由。

## 【参考书目】

1. 丘昌泰:《公共政策:当代政策科学理论之研究》,台湾巨流图书公司1999年版。
2. 朱志宏:《公共政策》,台湾三民书局1991年版。
3. 张国庆:《公共政策分析》,复旦大学出版社2004年版。
4. 张金马:《公共政策分析:概念·过程·方法》,人民出版社2004年版。
5. 陈振明:《政策科学——公共政策分析导论》,中国人民大学出版社2003年版。
6. 宁骚:《公共政策学》,高等教育出版社2003年版。
7. 〔美〕威廉·N.邓恩:《公共政策分析导论》(第二版),中国人民大学出版社2002年版。
8. 〔美〕约翰·W.金登:《议程、备选方案与公共政策》(第二版),中国人民大学出版社2004年版。
9. 〔美〕保罗·A.萨巴蒂尔:《政策过程理论》,生活·读书·新知三联书店2004年版。
10. 〔美〕詹姆斯·E.安德森:《公共决策》,华夏出版社1990年版。
11. 〔韩〕吴锡泓、金荣枰:《政策学的主要理论》,复旦大学出版社2005年版。
12. John S. Dryzek and Brian Ripley, "The Ambitions of Policy Design," *Policy Studies Journal*, Summer, Vol.7, No.4, 1998.
13. Wayne Parsons, *Public Policy:An Introduction to the Theory and Practice of Policy Analysis*, Cheltenham: Edward Elgar Publishing Limited, 1997.

14. Larry N. Gerston, *Public Policy Making: Process and Principles*, New York: M. E. Sharpe, Inc., 1997.

15. David A. Rochefort & Roger W. Cobb, "Problem Definition, Agenda Access, and Policy Choice," in Ray C. Rist (ed.), *Policy Evaluation: Linking Theory to Practice*, Edward Elgar Publishing Limited, 1995.

16. Grover Starling, *Strategies for Policy Making*, The Dorsey Press, 1988.

17. B. W. Hogwood and B. C. Peters, *The Pathology of Public Policy*, Oxford Clarendon Press House, Emert R, 1985.

18. Thomas R. Dye, *Understanding Public Policy*, Englewood Cliffs, New Jersey: Prentice Hall, 1978.

19. Charles O. Jones, *An Introduction to the Study of Public Policy*, North Scituate. Mass: Duxbury, 1977.

20. Roger W. Cobb, et al., "Agenda-Building as A Comparative Political Process," *The American Political Science Review*, Vol. 70, March 1976.

21. Russel L. Ackoff, *Redesigning the Future: A System Approach to Social Problem*, New York: Willey, 1974.

22. Theodore J. Lowi, "American Business, Public Policy, Case Studies, and Political Theory," *World Politics*, No. 16, 1964.

# 第五章 公共政策方案的制定分析

## 【内容概要】

政府制定政策方案的组织基础是科学完善的决策体制,它由决断子系统、咨询子系统、信息子系统、监控子系统和执行子系统等组成,政府制定政策方案的基本规则是全体一致规则或多数决定规则。政策方案的制定过程具有目标导向、变革取向、选择取向、理性取向和群体取向等特性,应遵循集中性、清晰性、变迁性、挑战性、协调性、一致性等原则。政策方案规划的基本程序包括确定政策目标、设计政策方案、论证评估方案、抉择优选方案等环节。为确保政策方案的权威性,需要遵循特定的程序实现公共政策合法化。

## 【要点提示】

- 公共决策体制的构成
- 公共决策的择案规则
- 政策方案规划的特性与原则
- 政策方案规划的基本程序
- 公共政策合法化的含义
- 公共政策合法化的程序

一旦社会问题被列入政策议程,就需要回答如何解决这些问题,或者更具体地讲,如何制定一系列解决问题的备择方案,并从中优选方案。这就是我们平时所说的政策方案的制定过程。

政策方案制定在整个政策过程中居于枢纽的地位,唯有事前进行良好的政策规划与设计,得到一个可以为社会所接受的可行方案,政策过程才能进展顺利[1],政策运行才能确保成功。

## 第一节 公共决策体制

在既定的政策环境下,公共政策主体通过制定并执行一定的公共政策,解决社会问题,治理公共事务,影响并制约着公共政策目标群体的价值、利益与行为。

---

[1] 丘昌泰:《公共政策:当代政策科学理论之研究》,台湾巨流图书公司1995年版,第115页。

这种政策主体对目标客体的影响并非是某一类或某一个公共政策主体孤立的个人行为,而是多元决策主体在分工与合作的基础上,基于各自的权力与责任,进行充分的互动与合作的集体行为,这就是公共决策体制的概念。

**一、公共决策体制的构成**

公共决策体制是决策权力与责任在决策主体之间进行分配所形成的权力配置格局和责任分担模式,是多元决策主体在决策过程中的分工合作与活动程序。

公共决策体制是否科学,是公共政策是否科学的决定性因素。科学合理的决策体制通过分工合作,集思广益,既有助于克服官僚主义和个人专权,又有助于提高决策的速度和质量,减少决策的失误,提高政府决策的科学化、民主化程度。

世界各国现行公共决策体制虽然存在较大的差异,但都早已实现从个人垄断决策到组织集体决策、从非程序决策到程序决策的过渡。一般说来,一个完整的公共决策体制应由决断子系统、咨询子系统、信息子系统、监控子系统和执行子系统等组成。[①]

1. 决断子系统

决断子系统又叫中枢子系统,是公共决策体制的核心部分,它由拥有最高决策权的政府首脑机关及其领导者构成;处于最高领导者和指挥者的地位,并承担公共决策的主要责任。中枢系统的主要职能在于决策目标的确定和决策方案的抉择。决策中枢系统的完善主要应着力于两个方面:对行政首长负责制的正确认识和决策者素质的提高。

(1) 行政首长负责制

我国 1982 年宪法明确规定实行行政首长负责制。

行政首长负责制遵循的是决策权力归一的原则,也就是各级政府机关的最高决策权掌握在最高行政首长手中,并对决策独立承担责任,实行行政首长负责制,责任明确、事权集中、效率较高,符合现代决策迅速果断解决问题的要求,但是行政首长行使最后决策权是有前提的,对重大事务的决策,必须在集体讨论的基础上听取大家的意见,以便集思广益,最后由行政首长做出正确的决定,行使最终的决定权或否定权。

行政首长行使最终决策权绝不意味着是家长式领导和一言堂决策。实行首长负责制,要注意加强监督,以防止行政首长的个人专断与权力滥用。实际上,目前的决策体制中,中枢部分过于强大,相当比例的中枢部门特别是基层政府的中枢部门仍属于经验型和专断型,这里有决策者个人素质的因素,也有对决策者的权力缺乏制度约束的因素。

---

① 陈庆云等:《现代公共政策概论》,经济科学出版社 2004 年版,第 37—40 页。

(2) 决策者素质的提高

中枢系统成员是整个决策活动的掌舵人,是整个决策过程的指挥者,是实现公共政策科学化、民主化的主导力量,行使着决断的权力,承担着重大的责任,势必要求在各方面具有较高的素质。中枢系统的决策领导者个体应有合理的素质结构,决策领导集团也应从年龄结构、知识结构、性别结构、智能结构、气质结构等方面,提高班子的整体素质结构。

2. 咨询子系统

公共决策的咨询子系统也称"思想库"、"智囊团",它是指由多学科专家学者组成的专门从事广泛开发智力,协助中枢系统进行科学决策的辅助性机构。其主要作用是在决策过程中向中枢子系统提供政策信息、科学知识与备择方案。

现代政府决策之所以离不开咨询子系统的智力支持,原因在于:

- 现代社会分工精细,科技昌明,信息剧增,国际交往频繁复杂,靠决策领导者个人无法收集和处理如此庞大的信息。
- 现代政府决策大多为复杂的多目标决策,决策日益呈现出大型化、多变化、综合化的趋势。一项重大决策往往涉及政治、经济、文化、社会生活多个领域,需要综合运用社会科学、自然科学等广博的知识和丰富的经验,而这种多目标复杂决策所需要的知识、经验、智慧,是任何决策者个人无法包容的。
- 瞬息万变的决策环境客观上要求中枢系统抢抓时机、快速决策。在公共决策过程中,咨询系统能够运用自身的专业知识和科技手段,向中枢子系统提供相关信息、知识与方案,从而帮助中枢系统实现快速决策,抓住稍纵即逝的最佳决策时机。
- 现代政府机关的编制有限,不可能收容多学科、各方面的专家人才,而在编的行政人员因日常繁忙的工作,也没有时间和精力对每个政策问题进行深入细致的调查和透彻入微的分析。

综上所述,现代政府决策者所要解决的问题,所要承担的职责,所要行使的职权与他们的知识、信息、能力之间的差距越来越大。要弥补这一差距,就必须发挥由专家学者和专业人员组成的咨询辅助系统的作用。现代公共决策体制中,咨询建议权与决策选择权的相对分离与有机结合已成为公共决策最为显著的特征。现代公共决策体制必须妥善处理好"谋"与"断"的关系。

3. 信息子系统

在现代信息社会,政府的决策活动离不开信息,问题的发现、目标的确立、方案的拟制、评估和抉择,方案执行的监督和控制,方案的修正完善都依赖于信息。可以说,公共决策的过程就是对相关信息进行收集、加工、整理和利用的过程。公共政策的科学化程度在很大程度上取决于决策部门掌握广泛的外源信息和及时的内源信息的情况。

在我国,政府决策体制的信息系统建设起步较晚,缺乏强有力的信息系统作为决策的支持系统已成为科学决策的一大障碍。信息系统的建设应努力做到:

- 建立和健全信息网络组织。各级政府应有自己的信息机构;一定层次的政府职能部门应有本部门的专业信息机构,各种咨询机构也应建立相应的情报信息机构。此外应充分利用社会情报信息网,还要跨国加强同国际情报信息系统的沟通联系。
- 保持信息的及时准确。要获得及时的信息,重要的是保持信息渠道的畅通,使信息能顺畅上传、下达和横向交流。准确是信息的价值所在。在决策活动中,有的部门和人员存在着对信息进行过滤的行为倾向,影响了对事物整体、客观的认识。另外,虚报、假报、报喜不报忧的现象还严重存在着。要改变这些现象,领导者应树立正确的信息观念,同时完善考核制度、监督制度和公开办事制度,从体制上解决问题。
- 实现信息手段现代化。以往获取信息的主渠道之一是基层一级级汇报上来的书面材料。这些材料在形成和上报过程中需要较长时间,无形中拖延了决策出台的时间,这是导致过去出现的政策滞后现象的重要的技术性原因。目前应使用现代科技手段获取信息。要建立全国政府系统的互联网络,加快网上政府的建设,各级决策者可通过电脑查询所需要的信息,保证信息在传递中的时效性和准确性,提高决策的科学性和超前性。

4. 监控子系统

决策中枢机构之外对决策者的决策行为、决策内容和决策程序进行监督控制的机构,属于公共决策体制的监控子系统。其主要职责是监督检查公共政策主体的决策权力是否合法(是否拥有法定的决策权),决策内容是否合法(决策内容是否与法律规定相违背),决策程序是否合法(程序正义与实质正义具有同等重要的意义)。

监控子系统对公共决策的监控方式,因国体、政体、国家结构形式的不同而存在差异。西方主要发达国家政府的公共决策,在横向上要受到立法机构、司法机构、政党(特别是执政党)、利益集团、新闻传媒和广大公民的监督与控制。在纵向上,下级政府的决策要受到上级政府的监控,政府职能部门的决策要受到政府决策中心的监控。

一般来说,立法机构与司法机构直接通过立法审查与司法审查的方式行使对政府决策的否决权。政党直接通过党内政策审议,或间接通过立法机构审查的方式来行使监控权,一般是监控而不包办,制约而不替代。利益集团、非政府组织和新闻传媒通过介入决策咨询、决策听证等方式来行使自己的监督权,公共决策过程的公开与透明是这类监控组织发挥作用的重要条件。广大公民借有关部门广泛征求国民意见之机,发挥自己的监控作用。

5. 执行子系统

政府决策的最终价值体现在决策目标的实现上。从决策的出台到目标的实现,这一转换是由执行子系统来完成的。在公共政策的实践过程中,决策与执行很难截然二分,执行子系统在执行政策的过程中,承担着细化决策、补充决策、追踪决策的职责,在一定程度上分享了部分决策权力,执行子系统也因此构成了整个决策体制不可或缺的部分。关于执行子系统,我们在下一章中将会展开论述。

**二、公共决策的择案规则**

现代政治是程序政治,程序就是一系列规则。公共决策不仅涉及决策权力的配置和决策责任的分担,也要制定和遵循一定的决策规则。"决策规则划定了一个范围,政治竞争者必须在此范围内制定其战略和策略,并开展政治斗争。"[1]不同的决策规则对最终的方案选择具有非常重要的影响,决策规则的改变很可能导致决策结果的变化。

政策制定主体采用的基本决策规则主要有两种:一是全体一致同意规则;二是多数决定规则。[2]

1. 全体一致规则

全体一致规则(unanimity rule),又称"一票否决制",即所有拥有投票权的直接决策者都对某项政策方案投赞成票,或者至少没有任何一票反对的情况下,政策方案才能转化为正式的公共政策。

全体一致规则有四个基本特征[3]:

第一,按照全体一致规则,每一个决策者的否决,都将导致决策方案被否决。在这种情况下,每一个决策者的个体选择对集体的决策结果都具有决定性的影响。因此,主张全体一致原则的人认为,只有全体一致原则才能确保每一个决策成员享有同等的影响力。确实,全体一致原则的保护性最强,任何一个决策者都不可能将自己的意志强加于其他决策者,不可能将自己的利益凌驾于其他决策者的利益之上,所有决策者的权益都能够绝对平等地得到保障。

第二,按照全体一致决策规则,要通过一项决策方案,该方案必须对所有决策者的利益来说都是最佳方案,都是令人满意或者至少是可以接受的。因此,决策结果必须充分照顾每一个决策者的利益偏好与要求。这样,决策过程中就需要决策集体的全体成员反复多轮地沟通、协调和讨价还价,最后经过妥协,达成

---

① 〔美〕加布里埃尔·A. 阿尔蒙德、小 G. 宾厄姆·鲍威尔:《比较政治学:体系、过程和政策》,上海译文出版社 1987 年版,第 275 页。
② 参阅〔美〕丹尼斯·缪勒:《公共选择理论》,中国社会科学出版社 1999 年版。
③ 赵成根:《民主与公共决策研究》,黑龙江人民出版社 2000 年版,第 293—294 页。

一致。其过程往往是艰苦和漫长的,决策的速度往往是极其缓慢的,最后一致通过的方案往往与决策者的初衷相去甚远,甚至完全相反。

第三,按照全体一致规则,每一个决策者在考虑增进自身利益的时候,由于充分意识到他的行为会影响与一项方案利益相关的其他决策者的行为选择,而其他决策者的行为将直接决定着该方案最后是否能够顺利通过,他如果期望不支付任何成本就获得利益,决策方案必将因损害其他决策者的利益而被最终否决。因此,他的选择不仅要考虑自己的利益,还要充分关注其他决策者的利益。全体一致规则下的决策过程因此是一个高度互动的过程,决策结果也处于帕累托最优状态,即所有决策主体都能因最终的方案而获得一定的利益,或者说,没有人因此而受损。这种决策一旦拍板定案,对决策结果所进行的任何变动,都可能在使一部分决策者的利益有所增进的同时,至少使另一部分决策者的利益受到损害,决策结果的修改,是一件复杂而困难的事情。

第四,全体一致规则的运用,将随着决策组织规模的扩大和决策成员数目的增加,而使形成决策结果的困难程度成倍增加。对于决策成员众多的大规模组织的决策,稍有意见分歧和利益冲突,就可能达不成一致。因此,在很多情况下,全体一致规则根本不适合人数较多的组织的决策。全体一致规则所暗含的一票否决制,使少数控制多数,阻止多数的任何行动成为可能。

从公平的角度看,全体一致规则具有很多诱人之处,但在现实中很难见到这一规则的运用。这主要是因为其中存在着"讨价还价"的难题。尽管从理论上说,决策者共同受益获得双赢、共赢的局面是可能的,但从现实的角度看,要达到一个决策者均满意、利益互不损害的"最优"方案是非常困难的,在有些情况下甚至是不可能的。这是因为,决策主体的价值取向、兴趣爱好、利益预期具有多样化。为此,决策者不得不多次讨价还价,极少出现一次协商就能解决问题的情况。由于决策者为某一政策方案的通过而付出的时间、精力、物质消耗等决策成本可能远远超过由此得到的收益,因此就会导致许多"无奈的选择"或决策中的"策略性行为"。① 也正因为如此,全体一致规则适用的对象是对某些重大政策问题的决策。

2. 多数裁定规则

既然全体一致规则因决策成本过高,在很多情况下难以实施,那么就只能退而求其次,采取多数规则以最大限度地照顾多数的利益。

所谓多数规则(majority rule),就是采取少数服从多数的原则,以得票最多的政策方案作为正式的公共政策方案的规则。

多数规则采取两种基本形式:简单多数规则和绝对多数规则。②

---

① 陈振明:《政策科学——公共政策分析导论》(第二版),中国人民大学出版社2003年版,第153页。
② 宁骚:《公共政策学》,高等教育出版社2003年版,第272页。

多数规则最普通的形式是简单多数规则。所谓"简单多数",就是在多种政策方案的择优中,哪一个方案得到的赞成票最多,则该方案就成为正式的公共政策,而不必超过半数。因此,简单多数规则也称"相对多数规则"。它是现代决策中应用最广泛、程序最简单、最易于为人所接受的一种决策方法。有时,即使没有成文规定,决策者也会约定俗成地采取这种方法。一般而言,简单多数规则要求决策群体的成员数量为奇数。比如,一个由9人组成的决策群体对政策方案A、B、C进行选择,其中,4人选择A方案,3人选择B方案,2人选择C方案,则A方案成为正式的公共政策,虽然5人实际上并未选择A方案。

显然,采取简单多数规则进行决策,其结果反映的只是"小多数"人的意愿。要反映"大多数"人的意愿,则需要对投赞成票的具体比例做出明确规定,如要求达到1/2或2/3或3/4等多数票。因此,绝对多数规则也称"过半数规则"、"比例多数制"。在实践中,如果第一轮投票中没有任何一个政策方案超过绝对多数的相关规定,通行做法是就两个得票最多的备选方案进行第二轮投票,票数领先者成为正式的公共政策。这是绝对多数规则的修正方法。

绝对多数规则的基本特点是:第一,决策过程中无须每个决策者都投赞成票,只要有超过半数的赞成票,决策方案就能够转化为正式的公共政策。因而决策成本较低。第二,采用该规则择定的公共政策对全体决策者都具有约束力和强制性,也就是说,居于少数的反对者必须服从占多数的支持者所做出的决策。

多数规则虽然大幅度地降低了决策成本,却可能出现下列缺陷:

第一,"多数剥削少数"。① 按多数规则选择出的每一项公共政策方案都具有内在的强制性。因为最终的集体决策是按多数人的意愿决定的,而决策的结果又要求全体成员服从,这就意味着多数人把自己的意愿强加给少数人。最终集体决策结果所体现的是多数人的利益,属于少数人的利益被忽略了。这种不公平和对民主原则的违反,并不因为受害的是少数,罪恶就少一些。因为每个人如不和其他人同等重要就不存在平等的选举权②或决策权。显然,在多数规则下,少数人没有权利。

第二,正如"阿罗不可能定理"所论证的那样,多数规则可能造成投票"循环"现象,即投票过程细节安排的变化可能会导致不同的结果。这同时也意味着投票结果存在被操纵的可能性。③

---

① 〔美〕曼瑟尔·奥尔森:《集体行动的逻辑》,上海三联书店、上海人民出版社2000年版,第29页。
② 参见〔英〕约翰·密尔:《代议制政府》,商务印书馆1982年版,第103页。
③ 在第二章关于"政府失灵"的讨论中对此有详细论述。参见本书第50—51页。

## 第二节 政策方案规划的综合分析

方案规划(policy formulation)是公共政策过程中一个最重要的环节。政策问题一旦被提上议事日程,接着就进入分析研究并提出解决方案的阶段,这个阶段就是方案规划阶段。

### 一、政策方案规划的含义

对于政策方案规划,不同学者有着不同的认识。

美国学者安德森认为,方案规划"涉及与解决公共问题有关的,并能被接受的各种行动方案的提出"。[①]

林水波和张世贤认为,方案规划"是一个针对未来,为能付诸行动以解决公共问题,发展中肯并且可以接受的方案的动态过程"。[②]

张金马教授认为,政策规划过程是一个狭义的政策分析过程,包括政策目标的确定、政策方案的设计、政策方案的选择、政策方案的可行性论证等程序。[③]

张成福教授认为,政策规划乃是"政府为了解决公共问题,采取科学方法,广泛收集各种信息,设定一套未来行动选择方案的动态过程"。[④]

陈振明教授认为,所谓方案规划指的是对政策问题的分析研究并提出相应的解决办法或方案的活动过程,它包括问题界定、目标确立、方案设计、后果预测、方案决策五个环节。[⑤]

这些定义都对政策规划的目的、过程进行了说明,这表明政策方案规划就是公共权力机关针对特定的政策问题,依据一定的程序和原则确定政策目标、设计政策方案并进行优选抉择的过程。

### 二、政策方案规划的特性

依据公共政策专家罗伯特·梅耶的看法,政策规划主要有以下五个特性[⑥]:

1. 政策规划的目标导向

政策规划即"达成未来事务现状",因此它具有一定的目标导向,其主要表现就是任何一项政策规划都必须有前瞻性与指导性。要实现政策规划所设

---

① 〔美〕詹姆斯·安德森:《公共决策》,华夏出版社1990年版,第79页。
② 林水波、张世贤:《公共政策》,台湾五南图书出版公司1995年版,第143页。
③ 张金马:《公共政策分析:概念·过程·方法》,人民出版社2004年版,第330—332页。
④ 张成福、党秀云:《公共管理学》,中国人民大学出版社2001年版,第107页。
⑤ 陈振明:《政策科学——公共政策分析导论》(第二版),第221页。
⑥ 转引自张成福、党秀云:《公共管理学》,第107页。

计的"未来状态",就必须有相关的人力、物力、财力的支持和大家的共同努力。

2. 政策规划的变革取向

要实现未来状态,就必须逐步改变现状,才可能最终达成未来状态,因此,政策规划必须要有"变动性"与"创新性"。也就是说,政策规划要注重实际行动,要在时间、观念、行为、事务关系、人际关系等方面有所改变,以此适应未来状态的要求。

3. 政策规划的选择取向

政策规划重在"选择与设计",它包含一系列大大小小的抉择活动,其表现在选择上要有广度、深度、连续性、相关性。也就是在进行规划时,要设法扩大选择的机会,在有限的资源约束下,做有效的选择。只有这样,才能激发创新,发掘智慧。但需要指出的是,在选择时,要对选择的项目、程序、时间等做适当和谨慎的考虑。

4. 政策规划的理性取向

政策规划的基本精髓就在于重视理性。其真正的意义就在于:通过环境、目标、手段之间的有效搭配,产生政策规划的可行性情形,如果政策规划超越了环境的限制,便缺乏可行性。从目标与手段之间的配合,产生政策规划的有效性情形。亦即目标与手段的配合越紧密就越有效。

5. 政策规划的群体取向

现代政策问题的复杂性,使得政策规划已难以由单方面的知识、思考和分析来决定,必须由相关部门和人员进行相互协作与配合。只有人人参与,群策群力,彼此配合,相互补充,才能共同达成公共利益,才能真正为大众服务,并取得大众的支持和拥护。

### 三、政策方案规划的原则

政策规划人员在进行政策方案的设计时,应遵循何种原则,以便获得可行的政策方案?

1. 学者卡普兰的观点

学者卡普兰曾提出以下政策规划的原则[①]:

第一,公正无偏的原则(principle of impartiality),即从事政策规划时,应持无私无偏的态度,对当事人、利害关系人、社会大众等,均应予以通盘谨慎的考虑。

第二,个人受益原则(principle of individuality),即在从事政策规划时,无论采取何种行动方案解决问题,最终的受益者都必须落实到一般民众身上。

---

① 转引自张成福、党秀云:《公共管理学》,第108页。

第三,劣势者利益最大化原则(maximum principle),即从事政策规划时,应考虑使社会上居于劣势的弱势群体及个人,能够得到最大的照顾,享受最大的利益。

第四,分配普遍原则(distributive principle),即从事政策规划时,应尽可能使受益者扩大,即尽量使利益普及于一般人,而非仅仅局限于少数人。

第五,持续进行原则(principle of continuity),即从事政策规划时,应考虑事务的延续性,对公共事务及解决问题的方案,从过去、现在及未来的角度研究方案的可行性,不能使三者相互脱节,否则就不切合实际。

第六,人民自主原则(principle of autonomy),即从事政策规划时,应考虑该政策问题是否可交由民间处理,如果民间既有意愿又有能力处理该问题,最好由他们来处理,政府既无必要也无能力包办一切公共问题。

第七,紧急处理原则(principle of urgency),即从事政策规划时,应考虑各项政策问题的轻重缓急,对于较紧急的问题,应即刻加以处理解决。

2. 公共政策学者斯塔林的观点

公共政策学者斯塔林认为,一项周全的政策方案规划与设计,应把握以下六个方面的原则[①]:

第一,集中性(concentration)。所谓集中性,是指将稀缺的资源集中于策略性的重点项目上,换言之,不能将原本稀缺的资源浪费于无优先性的项目上,而必须集中应用于策略性的项目。所谓策略性项目,是指政策规划所涉及的是关键性的、主要的及基本的因素(包括优点、缺点、机会与威胁等)。

第二,清晰性(clarity)。清晰性是指决策目标清晰、实施步骤明确。只有决策目标清楚简明,才能得到民众的共鸣与支持;同样,实施的步骤越明确,就越有利于规划方案的执行。

第三,变迁性(changeability)。政策必须有足够的弹性或缓冲,以保证能够随着环境条件的改变而调整,也就是说,政策方案及规划设计应能够随着环境的变迁而快速调整,包括组织结构的调整、组织功能的转变等。

第四,挑战性(challenge)。挑战性是指政策目标的规定必须稍高于政府部门现有的能力和资源,但又不能脱离现实。目标具有挑战性,就可以维持组织的活力,以避免组织的衰退;但目标的挑战性如果过高,难以实现,则会导致失败。因此,目标虽然应具有挑战性,但却不能好高骛远而无法达成。

第五,协调性(coordination)。协调性是指应从系统整体的观点出发,使达成政策目标间的各种政策手段形成网络而相互协调。除此之外,各单位、各部门的信息交换及外部回馈的影响均应加以考虑,设计者应建立内部与外部的沟通网络,以加快信息的交流,促进协调和灵活。周全而快速的协调是政策制定与执行

---

① Grover Starling, *Strategies for Policy Making*, The Dorsey Press, 1988, pp. 229—264.

成功的一个重要因素。

第六,一致性(consistency)。有三种一致性是政策方案的规划者所不能忽视的:目标内在的一致性,即一项政策方案所包含的目标不能相互冲突;目标与行动的一致性;政策外在的一致性,即政策方案不能与法律制度和伦理规范相冲突。

3. 学者朱志宏的观点

朱志宏认为,政策规划不但是一门技术(craft),也是一门艺术(art);政策规划涵盖了分析(analysis)、管理(management)与行销(marketing)等层面的活动。由于政策规划政治层面的重要性超过技术层面,因此,政策规划的参与者应高度重视政治因素对政策规划的影响。一般说来,政策规划应遵循下列原则①:

第一,政策规划应具有开放性:政府决策部门应是一个开放系统(open system),在进行政策规划时不能闭门造车,决策部门必须了解并把握与决策系统息息相关的环境(environment),切实掌握两者间的互动关系,通过民意调查和听证会等有效途径,真正了解民众偏好与需求,以增强公共政策的回应性。

第二,政策规划应具有前瞻性:一般规划基本上是由近而远的所谓"直线"规划,而前瞻性规划则是"垂直规划"、跳跃式规划,是由远而近,而非按部就班、由近而远的政策规划。政策规划的前瞻性要求规划者超越问题现状,把握政策问题各种可能的发展趋势,确保设计的政策方案不落后于问题态势的发展。

第三,政策规划应具有策略性:环境的变化无常,环境的力量巨大,会让我们感到微不足道。政策规划人员应肯定自己,发挥潜能,抱定一切操之在我的信念,拟定"赢的策略"(winning strategies),以期转危为安,化险为夷,反败为胜。

第四,政策规划应具有权变性:由于环境不断在改变,政策规划也应随着环境的改变而做适当的调整,从而保持政策方案与政策环境之间良好的动态适应。

### 四、政策方案规划的研究途径

学者丘昌泰认为,政策方案规划可以从下列几个途径加以研究②:

1. 政策方案规划是公共政策适应政治环境的过程

在民主社会中,政策设计者所设计出来的政策方案必须能适应政治环境;换

---

① 朱志宏:《公共政策》,台湾三民书局1991年版,第149—151页。
② 丘昌泰:《公共政策:当代政策科学理论之研究》,第245—249页。

言之,政策方案必须要有政治可行性,才能得到多数公众的支持。如果政策方案不能适应政治环境,就不能算是成功的政策规划。

按照这种观点,政策规划是一种考验、再考验与不断修正政策方案的调适过程(adaptive process),直到政策方案完全适应政治环境为止。因此,方案规划的成败应从政策设计机构适应政治环境的能力来评估。[①] 持此观点的学者通常非常重视以渐进主义的精神推动政策规划,因为渐进主义是非常重视党派协调的。因此,这种研究途径的优点是政策规划的结果很容易为不同的政治团体所接纳,具有高度的政治可行性;缺点则是理性设计出来的政策方案往往成为政治妥协的产物。

就此研究途径所显示的理论形态而言,应以过程理论(process theory)为重点,其意义有:第一,政策规划必须有先后顺序的过程。设计方案之前,必须先澄清政策目标;政策执行之前,必须先进行政策合法化。第二,政策规划过程中必须重视政治因素的影响,政治因素成为解释与选择政策方案的关键因素。

提出此种理论的学者,通常以政治学者为主。学者提出的过程理论,有两种不同的类型:第一是以政策制定机构为主体的过程模式,强调该机构设计政策的权威性与合法性,希望能透过理性的人为程序加以设计。第二则是批判理论,此理论批判政策制定体制,指出政策规划过程常常企图掩饰真相,不能反映民众利益。因此,政策规划不是决策机构所主导的政策设计过程,而是沟通与互动的过程,政策辩论就成为必要的设计技巧。

2. 政策方案规划是分析政策方案的系统思考过程

前一种研究途径过于重视"客体"的政治环境,政策规划经常成为政治的牺牲品,以至于忽视政策规划者"主体"的系统思考(systematic thought)能力。许多政策学者认为应该重视"主体"的这种系统思考能力。政策规划是针对政策问题,依据社会需要,系统思考政策方案的过程,它是方案的可行性分析的产物。这种研究途径相当重视量化的政策分析技术的应用、科学的政策设计理论的指引与政策设计者认知政策问题的能力。

这种研究途径所构建的理论类型为选择理论(choice theory),意指政策规划者如何系统比较政策方案的优劣,并且从优先顺序的方案中,做出最理想的选择。此种理论基本上是规范性的,构建理论的目的在于找出能发挥最大效用的最佳政策。

这种研究途径的优点在于对政策规划者认知能力的重视,但由于过分强调政策方案的技术可行性,往往忽视其政治可行性。

---

[①] A. Browne and A. Wildvasky, "Implementation as Adaption," in J. Pressman and Wildvasky, *Implementation*, Berkeley, CA: University of California Press, 1984.

3. 政策方案规划是发明政策方案的过程

这种研究途径认为:一个好的政策不是人类系统思考的产物,而是规划者本身发挥想象力的结果。以一个新城镇的造镇计划为例,城市规划专业科班出身的设计者并不一定能设计出有创意的新城镇模型,因为其设计的思考逻辑可能受到专业训练的局限。因此,政策设计是灵感(inspiration)而非汗水(perspiration)的产物,是发明与创新而非系统思考的过程。在这种情况下,一个好的政策设计者应该发挥创造力与想象力,分析技术与理论指引并不重要。此种研究途径体现了创新的观点(innovative perspective)。不过政策规划者所面对的环境是相当复杂的,政策利害关系人是多元的,政策目标也是多元的,创新的政策是否能够突破这些限制,令人怀疑。

这种研究途径下的理论类型为企业精神理论(entrepreneurship theory)。这种理论有两种不同的取向:第一,强调政策规划者的企业精神与人格特质对于制定有创意的政策方案的重要性,想象力、毅力与领导能力都成为政策设计者的必要条件。第二,强调企业组织对于政策规划活动的影响力,组织所体现的企业精神往往成为能否设计出理想政策的先决条件。

4. 政策方案规划是考验可行性的过程

这种研究途径认为:政策规划者所设计出来的政策方案,必须考虑其可行性。如何透过可行性分析不断修正解决问题的方案,使其执行绩效出现最佳状态,这是政策规划者最重要的任务。由此看来,这种研究途径与第一种研究途径有几分神似,因为两者都强调不断修正政策方案的调适过程。其差别在于:第一,适应的研究途径在于追求政治环境的适应,所以仅止于平均绩效(mean performance)而已,但本研究途径则试图追求最佳绩效(highest performance)。第二,适应的研究途径非常强调最后的产出对于环境的适应,但本研究途径则重在可行性分析的阶段,并未以最后的产出为基本的考虑。第三,适应的研究途径基本上着重于事实的描述,本研究途径则重在规范性的陈述。

这种研究途径的理论类型为学习理论(learning theory),它强调政策规划者从政策环境中学习强化政策执行力的知识与技巧,以提高政策方案解决实际问题的能力。最典型的理论类型为坎贝尔的实验理论(experimental theory)。[①] 坎贝尔认为:美国应该努力创造一个实验社会,因为政府所制定的公共政策未必适用于全体社会,唯有透过实验方式,不断修正其缺点,才能使政策更具有执行力。

---

[①] D. T. Campbell, "Reforms as Experiments," *American Psychologists*, No. 24, 1969, pp. 409—429.

## 第三节　政策方案规划的基本程序

在政策科学的发展中,国内外不同的学者对于政策规划的程序有不同的理解与看法。不仅划分阶段的数量不同,而且内容方面也存在着差异。下面介绍几种代表性观点。

西蒙受实用主义大师杜威的影响,认为一个决策过程大致可分为三大步骤:情报活动,即诊断问题所在,确定决策目标;设计活动,即探索和拟定各种可能的备择方案;抉择活动,即从各种备择方案中选出最合适的方案。①

拉斯韦尔在《决策过程》中,将政策过程划分为情报(intelligence)、建议(promotion)、规定(prescription)、合法化(invocation)、应用(application)、终止(termination)和评估(appraisal)等七个阶段。② 这是关于政策规划阶段划分的起源。

奎德所提出的政策规划架构包含十个步骤:问题的澄清、标准与目的之确定、方案的搜寻与设计、资料与资讯的搜集、模式的建立与考验、方案可行性的检查、成本与效果的评估、结果的解释、假设的质疑、新方案的开展。③ 这样的划分包含的分析项目相当细致,但过于繁琐,使用时不方便。

帕顿和沙维奇认为,方案规划要严格地遵从理性分析的每个步骤,在现实中经常是不可能的,因此他们提出了一种快速、初步的分析框架,即把主要过程确认为六个步骤:认定和细化问题、建立评估标准、确认备选方案、评估备选方案、比较与选择备选方案以及评估政策结果。④ 其中每一个步骤都可以分成更小的部分。

加里·布鲁尔与彼得·德利翁在修改拉斯韦尔政策过程七阶段论的基础上,提出了一个派生的政策方案制定过程,由六个步骤组成:创意(initiation)、预测(estimation)、选择(selection)、执行(implementation)、评估(evaluation)和终止(termination)。⑤ 布鲁尔与德利翁所提出的这一政策制定程序相当出名,其最大特色在于"政策终止"概念的提出。

威廉·N.邓恩认为,政策规划过程包含两大基本要素:政策相关信息(policy-relevant information)与政策分析方法(policy-analytical methods)。政策相关信息指政策规划时希望产生的知识与信息,包括政策问题(policy problem)、政策行

---

① 〔美〕赫伯特·A.西蒙:《管理决策新科学》,中国社会科学出版社1982年版,第34页。
② Harold D. Lasswell, *The Decision Process*, College Park: University of Maryland Press, 1956.
③ E. S. Quade, *Analysis for Public Decision*, New York: Elsevier Science, 1982.
④ 〔美〕卡尔·帕顿、大卫·沙维奇:《政策分析和规划的初步方法》,华夏出版社2001年版,第43—44页。
⑤ Garry D. Brewer and Peter Deleon, *The Foundation of Policy Analysis*, Chicago, ILL: The Dorsey Press, 1983.

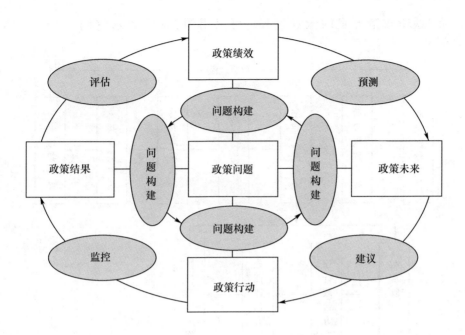

图 5-1　威廉·N. 邓恩的政策规划架构

动(policy action)、政策结果(policy outcome)、政策绩效(policy performance)与政策未来(policy future)等内容(在图 5-1 中我们以长方形来表示)。政策分析方法指进行政策分析、期望产生政策相关信息时所可能运用的方法,包括问题构建(problem structuring)、建议(recommendation)、监控(monitoring)、评估(evaluation)和预测(forecasting)(在图 5-1 中我们以椭圆形来表示)。综合这两种要素,在政策过程中,我们期望以问题构建法澄清政策问题的性质,以建议法倡导正确的政策行动,以监控法观察政策结果的方向,以评估法判断政策绩效,最后以预测法推估政策未来的发展方向。由此,从时间角度看,政策制定过程由议程建立、政策形成、政策采纳、政策执行、政策评估等一系列独立的阶段构成。[1]

根据以上对公共政策制定过程的各种不同理解,对政策制定过程的阶段性认识可分为两类:一类是广义上的公共政策过程,从政策问题的确认开始,一直到政策评估和政策终结为止;一类是狭义上的公共政策制定过程,是指从确立政策目标到抉择政策方案的过程。前者站在宏观角度,关注从问题确认到政策终结这样一个完整的政策周期;后者则站在微观角度,研究从确立政策

---

[1] 〔美〕威廉·N. 邓恩:《公共政策分析导论》(第二版),中国人民大学出版社 2002 年版,第 10—15 页。

目标到决策政策方案的微观过程。可以用图 5-2 来表示它们二者之间的关系。①

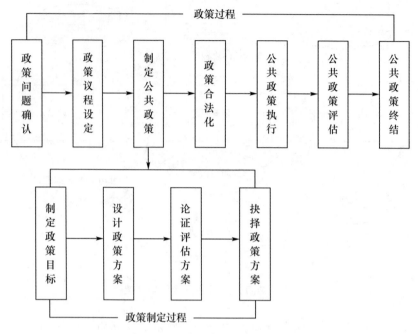

图 5-2 政策过程与政策制定过程的关系

本书的政策规划过程取狭义上的概念,从比较微观的角度来论述。因为政策问题确认及政策议程形成以后,才进入具体的公共政策的制定过程;而且关于政策执行和政策评估等内容,由专门的章节来论述。

在政策方案规划的过程中,有两个基本要素:一是目标,二是方案,确定政策目标是前提,拟定政策方案是基础,选择优化方案是关键。下面,我们着重分析政策目标的确定、政策方案的拟定以及政策方案的优选等环节。

一、政策目标的确定

在公共政策基本思想的指导下,选择好政策目标(policy goals)是政策制定的主要内容,因为它是决策者期望通过政策制定和实施所要达到的社会效果。

1. 政策目标的作用

(1) 政策目标是政策方案设计和优选的基础依据

在进行政策方案设计时,必须始终围绕最初所确定的政策目标进行,任何偏

---

① 张国庆:《公共政策分析》,复旦大学出版社 2004 年版,第 185 页。

离目标的方案设计都是难以取得成功的;有了正确的政策目标,就有了努力奋斗的方向,以政策目标为依据,就能从多个备择方案中选取满意的方案。

(2) 政策目标是政策方案执行的指导方针

有了正确的目标,可以基本统一那些因信仰、价值、利益存在着差异的政策参与者,确保同心同德、群策群力去执行政策;有了正确的目标,可以随时运用政策目标这一标尺去衡量政策执行过程的每一阶段,严格控制和及时纠正偏离政策目标的行为,不断缩小客观现实与主观期望之间的差距。

(3) 政策目标是政策绩效评估的参照标准

科学合理的政策目标的确立,为政策实施绩效提供可评价的标准。

总之,政策目标的确定是政策制定的根本出发点和落脚点。只有合理有效的政策目标能够起到方向性、指导性的作用。如果政策目标错误,就会导致决策失误,甚至还会给经济的发展、政治的变革、社会的进步带来严重的负面影响。

2. 政策目标的有效性

政策目标的有效性取决于两个主要环节:一是政策目标的设计正确,二是不同的参与者对政策目标的共识。没有认清政策目标,就设计政策方案,是很难避免失误的。必须对政策目标进行深入、全面的分析,分清什么是必须实现的主要目标,什么是尽可能实现的次要目标。

为了保证政策目标的有效性,必须达到以下要求:

(1) 政策目标的具体明确性

政策目标应该具体明确,不能模糊不清或模棱两可,不能产生理解方面的歧义。在目标表述上,其内涵和外延都应当科学界定。具体地讲,词义要确切,是单义性的理解;实现要求与约束条件都要具体;在条件允许的情况下,要尽量使目标量化。

(2) 政策目标具有前瞻性

在确定政策目标时,必须以发展的眼光看问题,科学地预测问题的发展动向,掌握问题发展的各种可能趋势,使政策目标具有一定的前瞻性。只有政策目标的规定高于现实水平,才能对政策参与者产生强大的激励作用。

(3) 政策目标具有可行性

政策目标单有前瞻性是不够的,还要考虑可行性,要从实际出发,充分分析主客观条件,使政策目标建立在扎扎实实的客观基础上。这些主客观条件包括人力、财力、物力、信息、技术、时间等方面的资源和国际、国内的社会环境,以及社会公众的期望与要求等。政策目标既要源于现实又要高于现实,是经过主观努力能够实现的目标,避免政策目标偏高或偏低。

(4) 政策目标具有协调性

现代政府决策往往是复杂的多目标决策,同时要实现多个目标,其中有主要目标,也有次要目标;有近期目标,也有远期目标;有经济目标,也有社会目标;有定性的目标,也有定量的目标;有相互补充的目标,也有相互对立的目标。政策目标的协调,是要强调多目标之间的一致性,巩固它们之间的同向性,减少它们之间的异向性,避免它们之间的冲突性。

(5) 政策目标与手段的统一

现代政策系统是一个层次分明的等级系统。除有总体目标外,还有多个具体的子目标。在由总体目标到具体目标组成的分层目标结构中,实现上一级目标的手段,往往是下一级的目标,或者说下一级目标是上一级目标的手段,由此组成了一个复杂的目标——手段链。在政策制定过程中,既要避免目标异化为手段,或手段对目标的胜利;又要避免目标置换,不能用高层次的目标代替本层次的具体目标,也不能用本层次的目标去干涉低层次的目标。

3. 澄清和确定政策目标的困难

尽管政策目标在政策制定过程中发挥着重要作用,但确定政策目标的实际操作难度却很大。这些困难源于政策目标所蕴涵的价值因素、政治因素和多目标的冲突等方面。[①]

(1) 价值因素

政策目标在很大程度上取决于政策制定者的价值判断。"决策不仅包括事实命题……决策还有某种规范性,……决策既有事实成分,又有伦理成分。"[②] 政策目标到底为何物,主要取决于政策制定者的主观价值判断,而不同政策制定者由于受社会经济和政治地位、利益偏好、伦理道德、传统习俗、历史因素等的影响,会有不同的价值观,这给政策目标的确定带来相当大的困难。

(2) 政治因素

公共政策从某种程度上说是政治过程的产物,而不是个人行为决定的结果。因此,决策者从政治的角度出发,常常故意把目标弄得模糊不清。与此同时,各种不同的利益集团也会从自己的价值观念和利益需求出发,向决策系统施加各种压力,竭力操纵政策目标的选择,增加了政策目标确定的难度。

(3) 多目标间的冲突

如前所述,现实的政策目标可能是一个多重的系统:在纵向上是多层次的,在横向上是多方面的。在政策目标系统中,主要目标和次要目标、长期目标和短期目标、定性目标和定量目标、经济目标和社会目标错综复杂地交织在一起,它们之间会有一定的冲突和矛盾,到底如何取舍,怎样分清目标的主次轻重,成为确定政策目标的一个难题。

---

① 陈振明:《政策科学——公共政策分析导论》(第二版),第 442 页。
② 〔美〕赫伯特·西蒙:《管理行为——管理组织决策过程的研究》,北京经济学院出版社 1988 年版,第 44—45 页。

## 二、备择方案的设计

备择方案是指决策者用来解决政策问题、达成政策目标的手段、措施或办法。依据政策目标设计政策方案是解决政策问题的关键性步骤。如果说问题界定是为了发现问题"是什么",目标确立是为了确定"做什么",那么,备择方案就是解决"怎么做"的问题。

备择方案的设计可以分两步走,第一步是进行政策方案的轮廓设想,第二步是对政策方案加以细化。①

1. 政策方案的轮廓设想

政策方案轮廓的构想是方案设计的第一步,也是政策规划中关键性的一步。政策方案轮廓设想也就是运用创造性思维,设计出多种实现政策目标的思路和轮廓方案。政策方案的轮廓设想主要解决两个问题:一是为实现既定的政策目标,大致可提出多少个可能的政策方案;二是将各方案的轮廓要勾画出来,并进行初步设计,内容包括行动原则、指导方针、发展阶段等方面。

在政策方案轮廓设想过程中要注意下列问题:

第一,政策方案整体上的全面性与多样性。为保证初步方案的多样性和丰富化,必须设计出多个具有可行性的备择方案。只有备择方案较为完备和丰富,优化抉择阶段才有挑选的余地。在政策科学中,人们习惯把只有一个备选方案、没有其他选择余地的决策条件称为"霍布森选择"。在政策方案设计过程中,必须尽力避免"霍布森选择",因为管理学上有一条重要的格言:"当看上去只有一条路可走时,这条路往往是错误的"。

第二,政策方案彼此间的互斥性。初步设想的不同政策方案之间必须是相互排斥的,在内容上不能有雷同。如果方案甲的行动或措施全部包括在方案乙中,则甲方案不能称为独立方案。

第三,政策方案设想上的创新性。政策问题的出现说明旧的政策措施已经无法适应社会发展的需要了,要解决政策问题必须有新的思路,开辟新的途径,制定新的方案。

2. 政策方案的细化设计

在政策方案轮廓设想阶段,暂时撇开了对有关细节的考虑,以减少对创造性思维的束缚。但经过这一步所得到的结果往往只是粗线条的方案雏形,尚未构成一个完整的方案。因此,要构造富有实用价值的具体方案,还需要进行精心的细节设计。

政策方案的细化是对初步设想的方案进行具体加工,使之成为决策时讨论的对象。在进行政策方案的细化时,要做好两方面的工作:一是对在轮廓设想阶

---

① 陈潭:《公共政策学》,湖南师范大学出版社2003年版,第152—153页。

段初步提出的方案加以筛选;二是对初步选出的方案加工细化。细化设计阶段应当遵循以下几条规则:

第一,实用性。指设计出来的方案细节,对现实政策问题的解决有实际的价值,能够确保政策目标的实现。

第二,可操作性。细化设计阶段要对保留下来的方案进一步具体化,要对政策方案的目标体系、实施措施、相关机构的设置、实施人员的素质要求、政策执行的资源保障等方面作详细考虑。具体方案所规定的政策手段、方法和步骤,不是抽象的理想原则,而是具体的、可行的、具有可操作性的方法或程序。

第三,细致性。"如果说大胆寻找阶段特别需要勇于创新的精神和丰富的想象力,那么精心设计阶段就需要冷静的头脑和坚毅的精神。因为这里需要反复的计算,严格的论证和细致的推敲,还需要经得起怀疑者和反对者的挑剔。"[①]

### 三、政策方案的评估

设计出各种政策方案之后,就要对它们进行评估[②]和论证。一般来说,政策方案评估包括价值评估、效果评估、风险评估和可行性评估[③],其中,可行性评估是政策方案评估的重点内容。

1. 政策方案价值的评估

主要是对政策方案进行价值分析。它所要回答的主要问题是:为什么设计这一方案?与政策目标是否一致?为了谁的利益?期望达到什么结果?优先考虑的问题是什么?值不值得为这些目标去奋斗?要对这些问题进行论证和评估,就必须对政策目标产生的背景和现状进行分析,从而确定其价值所在。

2. 政策方案效果的评估

这是对一个政策方案将会产生的效果进行预测和分析,来决定该政策方案的取舍。政策效果既包括正面效果,也包括负面效果;既有经济效果,也有社会效果;既有物质方面的效果,也有精神方面的效果。要对产生的各种效果进行综合评估、权衡利弊,来选择那些能产生积极、正面、预期效果的政策方案。关于政策效果预测的方法,本书将在后面以专章论述。

3. 政策方案风险的评估

不同的政策方案有着不同的风险程度,必须对各个备择方案风险的强弱程度、防范性措施的准备程度进行预测评估,以选择出那些在类似条件下风险相对

---

① 黄孟藩:《管理决策概论》,中国人民大学出版社1987年版,第47页。
② 与公共政策执行完毕以后的绩效评估不同,政策方案评估是在政策出台以前,对各种备择方案的可行性、可靠性等方面进行分析和论证,说明各个方案的优劣。
③ 张国庆:《公共政策分析》,复旦大学出版社2004年版,第193—194页。

较小的方案。通过风险识别和预测去衡量风险的程度,对方案的风险成本做出科学的预测。

4. 政策方案可行性的评估

方案可行性评估又叫可行性论证,是政策方案评估、论证中最主要的任务。帕顿和沙维奇在《政策分析和规划的初步方法》中,引用了巴尔达赫的观点,认为技术可行性、经济可行性、政治可行性和行政可行性是影响政策目标实现的最重要因素。①

（1）技术可行性(technical feasible)

这是从技术的角度衡量公共政策是否能够实现预期的政策目标。这一标准包括两层含义:一是是否具备实施某项政策方案的技术手段,使政策目标的实现成为可能;二是在现有的技术水平或方法论上达成政策目标的可能性有多大,即在多大程度上实现政策目标。

（2）经济可行性(economic feasible)

经济可行性包括两个方面的内容:一是某一备择方案占有和使用经济资源的可能性,进而实现政策目标的可能性;二是实施某一政策方案所花费的成本和取得的收益比较是否划算。政府的政策资源是有限的,任何政策方案占有和使用的经济资源也是有限的。因此,任何一项公共政策都存在一个争取公共经济资源的问题。

（3）政治可行性(political feasible)

公共政策形成于政治舞台,必须接受政治考验。如果一项政策得不到决策者、政府官员、利益团体或者普通公众的支持,那么该项政策被采纳的可能性就很小。即使被采纳了,成功执行的可能性也很小。美国学者马约内在《论政治可行性概念》一文中指出:政策方案在政治上的可行性通常会受到政治约束(political constraints)、分配约束(distributional constraints)和体制约束(institutional constraints)等因素的影响。②

（4）行政可行性(administrative feasible)

也称行政管理的可操作性(operability)。作为政策方案评估的基本标准之一,行政可行性的重要意义在于:假如一项政策方案在技术上、经济上和政治上都是可行的,但在行政管理上却不能加以贯彻执行或难以贯彻执行,那么这项方案的优点就会大打折扣甚至是毫无用处的。行政可行性的具体标准包括:权威(authority)、制度约定(institutional commitment)、能力(capability)、组织支持(organizational support)等。③

---

① 〔美〕卡尔·帕顿、大卫·沙维奇:《政策分析和规划的初步方法》,第205—206页。
② 转引自陈振明:《政策科学——公共政策分析导论》(第二版),第467页。
③ 〔美〕卡尔·帕顿、大卫·沙维奇:《政策分析和规划的初步方法》,第214—215页。

### 四、政策方案的优选

经过政策方案设计并加以评估论证的多个备择方案,并非都能被决策主体一一选中并加以执行。通过系统的分析与评价,决策系统只能选择或综合出一个最理想的方案,这一过程就是政策方案的优选,或政策方案的抉择。

1. 政策方案优选的标准

威廉·N.邓恩在《公共政策分析导论》中指出,政策方案优选的标准主要包括效益(effectiveness)、效率(efficiency)、充分性(adequacy)、公平性(equity)、回应性(responsiveness)和适当性(appropriateness)等。[①] 效率是指特定政策方案投入与产出的比率,它主要是一个量的概念;效益则指政策产出给社会公众带来正面的、积极的福利的程度,它包含有质的概念;充分性指特定的政策效益满足引起政策问题的需要、价值或机会的有效程度,它明确了对政策方案和有价值的结果之间关系强度的期望;公平性是指政策效果在社会中不同群体间被公平或公正地分配,它与法律和社会理性密切相关;回应性指政策满足特定群体的需要、偏好或价值观的程度,这个标准的重要之处在于,政策方案可能满足其他所有的标准——效益、效率、充分性、公平性——却仍然不能对可能从政策中获益的某个群体(如老年人、残疾人)的实际需要做出回应;适当性是一项政策目标的价值和支持这些目标的前提是否站得住脚,它与实质理性密切相关,因此在逻辑上应该先于政策方案优选的其他标准。

2. 政策方案优选中共识的形成

在政策制定过程中,决策者只有对最终选择的政策方案形成一致的共识,政策才能最终被制定出来。方案优选过程中决策者形成共识的途径通常有三种,即交换、说服和强制。[②]

(1) 交换

公共政策说到底是政府为了解决和协调公众利益矛盾而制定的行为准则。因此,政府决策过程就是形成一定的规则,使公众利益得以平衡的过程。要形成大家能普遍接受的规则,交换是主要手段与形式。决策中的交换是以利益差别为基础的,它是一种利益上的交易。交换表现为决策中两个或两个以上的决策者彼此调整立场和态度,以适应对方的某种利益需要,从而达成使各方都获益的协议行为。决策中的交换必须具备一些基本前提:决策的各方都拥有一定的能使对方得到利益满足的资源;决策的各方都愿意通过谈判来解决问题;决策的各方都愿意遵守最终达成的协议。

---

① 〔美〕威廉·N.邓恩:《公共政策分析导论》(第二版),第306—312页。
② 参见〔美〕查尔斯·林德布洛姆:《政治与市场:世界的政治—经济制度》,上海三联书店、上海人民出版社1996年版,第14—15页。

(2) 说服

说服是指某一决策主体以另一决策主体为对象,试图证明自己在选择某一决策方案上所采取的立场、态度的正确性与合理性,从而要求对方给予理解和支持的行为。说服也是方案优选中达成共识的常用手段。说服不同于交换的地方在于,主动说服的一方不会改变原有的立场、价值和利益,只是要求被说服的一方相信自己,并理解和支持自己。交换则是双方为了达成协议,都采取某种妥协,以自己的利益让步换回对方让出的利益。

(3) 强制

在政策决定中还常常使用强制的方式。强制是某些决策者利用手中控制的权力、物质及其他优势,在优选政策方案时,迫使与自己利益不一致的决策者放弃原先所持的价值、立场、态度的行为。政策决定中的强制往往通过命令和威胁两种具体方法来实施。命令就是处于优势地位的决策者要求另一些决策者服从自己的选择,接受自己确定的立场与态度;威胁则是让对方知道不服从将失去更多的利益,从而迫使对方转向服从。

交换、说服和强制这三种共识形成途径既有区别,又有联系,在实践中常常交叉、混合使用。

3. 政策方案优选中常犯的错误

在政策制定过程中,决策者有可能犯两类错误:利益偏差导致的错误和技术偏差导致的错误。①

利益偏差导致的决策错误,主要表现为以下情形:

- 政策获利化。决策者只选择那些能使自己个人或自己所属集团获得特殊利益的政策方案。
- 政策廉价化。决策者只选择那些使特定团体或个人能够以最小的代价最大限度地满足他们利益需求的方案。
- 政策优惠化。决策者在最终优选政策方案时,有意选择那些能给某些个人或团体一定优惠的政策方案。
- 政策分割化。决策者最终采用的是将利益在几个团体间按一定比例分割的方案。

技术偏差导致的决策错误,主要表现为②:

- 只着眼于眼前,认识上短视;
- 把未来仅看成是过去的重复;
- 对问题采取过分简化的解决办法;
- 过分依赖于某个人的自身经验;

---

① 胡宁生:《现代公共政策研究》,中国社会科学出版社 2000 年版,第 169 页。
② 〔美〕菲利克斯·A.尼格罗、劳埃德·G.尼格罗:《公共行政学简明教程》,中共中央党校出版社 1997 年版,第 166—173 页。

- 决策者先入为主的看法；
- 不愿做谨慎的实验工作；
- 决策者逃避决断。

## 第四节 公共政策合法化

经过评估论证最后抉择出的政策方案，并不能立即付诸实施，它需要按照一定程序予以审查，取得合法化地位，才能使公共政策在全社会具有约束力与权威性。这一过程就是公共政策的合法化(legitimization)。

### 一、公共政策合法化的含义

对于"公共政策合法化"这一概念，应该从广义和狭义两个角度进行理解。

1. 广义的公共政策合法化

从广义角度而言，一般认为，能够被公众认可、接受、遵从和推行的政策就是具有合法性的政策，而使政策能够被公众认可、接受、遵从和推行的过程就是公共政策的合法化过程。公共政策学专家查尔斯·O.琼斯就是从广义的角度来理解公共政策的合法化的，他认为："在任何政治系统中，均存在着两种层次的政策合法化，第一层次为政治系统取得统治正当性的过程；第二层次为政策取得法定地位的过程。"①其中，政治系统合法性是公共政策合法性的基础；公共政策合法性是政治系统合法性的手段。②

2. 狭义的公共政策合法化

从狭义角度来讲，主要偏重于从法律角度来解释公共政策合法化这一概念，它包括决策主体合法、决策程序合法、政策内容合法等内容。③

（1）合法的决策主体

要保证公共政策合法化，其前提是决策主体及其决策权力的合法化。决策主体的组建及其享有的各项权力是宪法和法律规定的，是由国家权力机关或上级行政机关授予的。政府的决策权力在来源方式上根本不同于公民权利，在现代法治政府的构架下，对前者而言，"法无明文授权，政府不得为之"；而对后者而言，则是"法无明文禁止，人人得而为之"。决策主体依法组建、依法获得授权，这是公共政策合法化的前提条件。

---

① Charles O. Jones, *An Introduction to the Study of Public Policy*, Monterey, California：Brooks/Cole Publishing Company, 1988, p.110.
② 林水波、张世贤：《公共政策》，第193页。
③ 谢明：《公共政策导论》，中国人民大学出版社2002年版，第196—197页。

(2) 合法的决策程序

程序之所以重要,主要是因为它是规范决策主体行为的有效途径。如果没有程序作保证,公共政策的制定就很有可能演变成随机性行为,使个人或少数人的意愿凌驾于组织目标之上,个人行为代替组织行为,这绝不是什么好现象。从实质合理的角度而言,我们并不否认政治家能够做出英明的个人决断,但如果完全寄希望于决策者个人的英明伟大、道德高尚、行为自律和大公无私,那是非常不可靠的,历史的经验证明了这一点。所以需要对程序做出必要的规范,使之符合法律的要求,以更完善的形式合理抑制可能产生的实质的不合理。

许多国家还专门制定了涉及决策程序的相关法律,如审查制度、听证制度等。在公共政策实践过程中,人们逐渐形成这样一种共识:现代社会的公共政策制定,不仅需要实质合理,更需要形式合理,二者相辅相成,才能增强公共政策的合法性。如果只讲实质合理,不讲形式合理,必然会走向人治;如果只讲形式合理,不讲实质合理,必然会导致机械教条。两者都会损害公共政策的合法性。在我国当前的公共政策实践中,保证公共政策的形式合理比实质合理更具迫切性。在笔者看来,政策符合法定的程序,但实际效果欠佳,那是决策者的能力问题;而政策违反法定程序,即使政策效果不错,也容易引起合法性冲突,那就是法律问题了。

(3) 合法的政策内容

政策内容的合法性主要是指公共政策不能与国家宪法和现行法律相抵触,公共政策在内容上不仅要符合有关的法律原则,而且要符合法律的具体规定。为了做到这一点,不仅需要在决策过程中把备择方案与相关的法律法规相对照,而且需要充分发挥司法机关的审查作用。必要的话,应考虑在政策制定的相关程序中建立专门的法律审查程序。美国式的司法审查制度是司法机关通过一定的司法程序审查立法机关和行政机关制定的法律法规和公共政策,并对是否违宪做出裁决。但它属于事后审查,多在提起诉讼后司法机关才会介入。英国的违宪审查是在议会内部完成的,即议会审查自己制定的法律法规和公共政策是否违宪,这虽然是一种事前审查,但自行审查往往容易引起对审查效果的过多猜疑。德国、法国、意大利等国家都建立了专门的机构——宪法法院或宪法委员会独立行使违宪审查权,它们多采用预防性的审查方式,即在法律法规和公共政策生效之前做出最终裁决,以确保公共政策的合法性。

二、公共政策合法化的程序

公共政策合法化的程序是指政策方案获得合法地位的步骤、次序和方式。不同的政策方案,不同的合法化主体,往往导致不同的合法化程序,这说明政策合法化的程序具有相对性的特点。①

1. 立法机关的政策合法化程序

立法机关作为国家权力机关,其政策合法化一般要经过下列程序:

(1) 提出议案

议案是各种议事提案的总称。按照立法机关的议事规则,提出议案的同时不一定要提出法律或政策的具体草案。但政策合法化是将已经过政策规划而获得的政策方案提交立法机关审议批准,因此,提出议案的同时也就提出了相应的政策方案。

(2) 审议议案

议案审议即由权力机关对议案运用审议权,决定其是否列入议事日程,是否需要修改以及如何进行修改的专门活动。对列入议事日程的政策方案的审议,主要围绕下列内容展开:是否符合政治、经济、文化和社会发展等的需要;是否具有必要性和可行性;是否符合法律和公共利益;征询和协调有关方面的意见和利益;名称、体系、逻辑结构、语言表述等具体问题。

(3) 表决和通过议案

经过表决,政策方案如果获得法定数目以上人员的赞成、同意、肯定,即为通过。议案一般采取过半数通过原则,有关宪法的议案一般要三分之二以上的绝对多数通过。有些国家在某些情况下,对议案还要进行全民公决。

(4) 公布政策

政策方案经表决通过后,有的还需经过其他机关或其他形式的批准、认可后,即成为正式的公共政策。但此时的政策还不能立即执行,还得经过公布程序。公布权不一定都属于立法机关或权力机关,如在多数国家,法律由国家元首公布。

2. 行政机关的政策合法化程序

行政机关政策合法化的过程是与政府决策的领导体制紧密相连的。领导体制的不同往往导致政策合法化程序的差异。例如,美国实行的总统制是典型的首长负责制;而瑞士则实行委员会制,这导致两个国家行政机关政策合法化的程序存在很大不同。我国1982年宪法明确规定,从中央到地方的各级行政机关实行首长负责制。在此体制下,我国行政机关的政策合法化通常要经过下列程序:

(1) 法制工作机构的审查

目前,我国县级以上各级人民政府都设置了专门的法制工作机构,其重要职责之一是审查政策方案的合法性。相关行政部门拟定政策方案后,一般先由法制工作机构审查,通过后再报领导审批或领导会议讨论决定。法制工作机构对

---

① 陈振明:《政策科学——公共政策分析导论》(第二版),第234页。

政策方案进行审查具有重要意义,它可以保证政策符合法律的要求,不会与现行法律发生冲突。但法制工作机构的审查只是辅助性、咨询性的。

(2) 领导决策会议决定

一般性的政策方案由主管的行政领导拍板后颁布;重大的政策方案则要召开领导常务会议、全体会议或行政首长办公会议讨论,由行政首长行使最后的决定权。我国不采取委员会制的一人一票的少数服从多数的办法,而是大家畅所欲言,集思广益,充分发挥集体智慧的作用,对于应该做出决定的问题,由行政首长最终拍板定案。

(3) 行政首长签署发布政策

行政首长负责制的主要内容是,行政首长在各级政府机关中处于核心位置,拥有最高决策权和领导权。本级政府制定的政策,由行政首长签署发布;根据规定需要上报审批的政策,则应上报审批后发布。

### 三、公共政策法律化

政策法律化,顾名思义,就是政策向法律的转化。具体地说,是指享有立法权的国家机关依照立法权限和程序,把一些经过实践检验的、比较成熟和稳定的、能够在较长时间内发挥作用的公共政策上升为法律。政策法律化实际上是一种立法活动,所以又称政策立法(legislation)。

政策法律化的主体有两类:一是享有立法权的立法机关;二是享有委托立法权的行政机关。

政策法律化应具备以下条件[①]:

- 对全局有重大影响的政策可以上升为法律,使之纳入法制轨道,以更好地保障其作用的实现。
- 具有长期稳定性的政策可以上升为法律。法律是稳定、严肃和具有权威性的,不可能朝令夕改。
- 只有比较成功的政策才能上升为法律。一般性政策与法律相比对客观需要的反应更为灵敏,具有较强的伸缩性和灵活性,易于在实践中不断修改和完善;而法律是刚性的,相对规范,其制定、修改、补充或废止都要经过严格的程序。法律的稳定性与政策的灵活性决定了一般性政策只有经实践反复检验与不断修正,被实践证明是行之有效的时候,才具备了上升为法律的条件。

---

① 谢明:《公共政策导论》,第198页。

## 【关键术语】

公共决策体制　公共政策合法化
全体一致规则　公共政策法律化
多数决定规则
政策方案规划
政策目标确定
备择方案设计
政策方案评估
政策方案优选

## 【复习思考题】

1. 为实现政府的科学民主决策,应该如何构建公共决策体制?
2. 政策制定主体采用的主要择案规则有哪些?
3. 何谓政策方案规划? 其基本特性有哪些?
4. 政策方案规划应遵循何种规则?
5. 简述政策方案规划的基本程序。
6. 什么叫公共政策合法化?

## 【案例分析】

### 开放式决策:公共政策制定中的公民参与 [1]

对地方政府来说,决策一般都是地方党委常委会、地方政府常务会议来作出的。从这个意义上来说,地方政府公共政策最终的决定是一个封闭的秩序。如果实际运作也是如此,就会出现封闭决策可能导致的一些问题。因此,推进决策的民主化和科学化,就是让决策在集中的时候尽可能地分散,即开放式决策。[2]

杭州市早从1999年就开始探索"开放式决策"之路,当年5月,杭州市制定的《关于进一步完善全市经济和社会发展重大事项行政决策程序的通知》中就提出"坚持决策民主化、科学化"的原则,并要求市政府对全市经济和社会发展重大事项的决策,要广泛听取人民群众和社会各界的意见,同时要认真征求市人大常委会、市政协及人大代表、政协委员的意见。之后,杭州市从逐步拓展决策领域、逐步提升决策层次、逐步扩大公众参与度三方面来逐步扩大政府决策开放度,并不断加强制度化建设。

---

[1] 参见王雁红:《公共政策制定中的公民参与——基于杭州开放式政府决策的经验研究》,《公共管理学报》2011年第3期,第24—32、124页。

[2] 毛寿龙:《开放式决策之要》,《北京日报》2020年10月19日,第14版。

杭州市开放式政府决策，主要是指在政府常务会议前充分征集民意后将政府决策事项提交市政府常委会，会中邀请人大代表、政协委员和市民代表列席会议发表意见，市民也可以通过网上留言或网上视频直播参与决策讨论，会后由市有关部门及时给予网民回应的市政府常务会议决策模式。

在决策事项方面，杭州市政府通过市人民建议征集办公室向社会公开征集为民办实事项目方案、意见或建议，然后从所收集的公众建议中确定公众密切关注的"七难"问题，并纳入政府的议事日程；同时，杭州市政府主动引入公民参与与公众利益密切相关的重大行政事项，如杭州市数字化城市管理、杭州市政府信息公开、杭州市城市地下管线建设管理条例等决策事项。在拟定决策方案活动中，杭州市政府规定由决策事务的承办单位采用专家论证会、座谈会、听证会、协商会、社会公示等方式广泛征求公众意见，在此基础上拟定决策方案。

在参与方式方面，在杭州市政府常务会议决策层次上，基于人员规模、时间的考虑，杭州市政府在决策方案审议阶段理性地选择少数公民代表直接参与决策的形式，通过间接民主方式来实现公民参与决策的需求。在具体操作中，杭州市政府积极利用体制内(人大代表与政协委员)与体制外力量(市民代表)来共同参与决策方案审议。

在信息公开方面，在杭州市开放式政府决策中，政府通过市民列席会议、视频连线发言、收看会议实况视频和图文直播、会议直播论坛上发表意见建议等制度性安排，一方面，向公众传递决策信息，赢得公众对政策的支持与信任；另一方面，推进政府与市民间积极的、有组织的双向沟通活动，避免公民盲目化、情绪化参与行为，甚至起到"公共教育"和"审慎思辨"的功能。

讨论题：

1. 联系实际，总结杭州市在探索"开放式决策"之路上有哪些值得学习的经验。

2. 适用所学的公共政策知识，谈一谈地方政府如何构建决策中的公民参与机制。

# 【参考书目】

1. 张金马：《公共政策分析：概念·过程·方法》，人民出版社2004年版。
2. 陈振明：《政策科学——公共政策分析导论》(第二版)，中国人民大学出版社2003年版。
3. 宁骚：《公共政策学》，高等教育出版社2003年版。
4. 张国庆：《公共政策分析》，复旦大学出版社2004年版。
5. 赵成根：《民主与公共决策研究》，黑龙江人民出版社2000年版。
6. 王佃利、曹现强：《公共决策导论》，中国人民大学出版社2003年版。
7. 丘昌泰：《公共政策：当代政策科学理论之研究》，台湾巨流图书公司1999年版。
8. 朱志宏：《公共政策》，台湾三民书局1991年版。

9. 〔美〕威廉·N. 邓恩:《公共政策分析导论》(第二版),中国人民大学出版社 2002 年版。

10. 〔美〕卡尔·帕顿、大卫·沙维奇:《政策分析和规划的初步方法》,华夏出版社 2001 年版。

11. 〔美〕詹姆斯·E. 安德森:《公共决策》,华夏出版社 1990 年版。

12. Grover Starling, *Strategies for Policy Making*, The Dorsey Press, 1988.

13. Charles O. Jones, *An Introduction to the Study of Public Policy*, Monterey, California: Brooks/Cole Publishing Company. 1988.

14. Patricia W. Ingraham, "Toward More Systematic Consideration of Policy Design," *Policy Studies Journal*, 15(4), 1987.

15. Robert R. Mayer, *Policy and Program Planning: A Developmental Perspective*, Prentice-Hall, Inc, 1985.

16. Garry D. Brewer and Peter Deleon, *The Foundation of Policy Analysis*, Chicago, ILL: The Dorsey Press, 1983.

17. E. S. Quade, *Analysis for Public Decision*, New York: Elsevier Science, 1982.

18. Laurence E. Lynn, Jr., *Designing Public Policy: A Casebook on the Role of Policy Analysis*, Santa Monica, CA: Goodyear Publishing, 1980.

19. Charles E. Lindblom, *The Policy-Making Process*, Englewood Cliffs, N. J.: Prentice-Hall, 1968.

20. Harold D. Lasswell, *The Decision Process*, College Park: University of Maryland Press, 1956.

# 第六章 公共政策内容的执行分析

【内容概要】

公共政策执行(policy implementation)是政策周期中的重要环节之一。在学术界,政策执行研究被划分为三个阶段,学者们提出了政策执行的行动理论、组织理论、博弈理论等多种理论,概括了政策执行的过程模型、系统模型、循环模型、沟通模型等多种模型,总结出"自上而下"和"自下而上"两种研究途径。在实务界,政策执行过程包括政策执行的准备阶段、政策执行的实施阶段和政策执行的总结阶段等三个环节。政策执行手段包括行政手段、法律手段、经济手段、说服引导手段和技术手段等。

【要点提示】

- 自上而下的研究途径
- 自下而上的研究途径
- 政策执行的行动理论、组织理论、博弈理论
- 政策执行的模型
- 政策执行的过程
- 政策执行的方式

公共政策经合法化过程后,一经采纳即进入政策执行阶段。政策执行是将政策理想转化为政策现实、政策目标转化为政策效益的唯一途径。政策执行的有效性事关公共政策的成败。因此,政策执行是政策生命周期中最重要的环节之一。

然而,在西方政策科学发展的相当长时期内,政策执行并没有引起政策学者们的应有重视,政策科学被认为是研究政策制定的科学,人们片面地认为正确地制定政策乃是解决政策问题的关键,这导致长期以来在政策过程链条上缺少执行这一环节。

20世纪七八十年代,美国学术界最先对忽视政策执行的现实进行反思。在政策执行研究的开山鼻祖威尔达夫斯基和普雷斯曼等人的倡导下,西方尤其是美国公共政策研究领域出现了一场研究政策执行的热潮,形成了声势颇大的"政策执行运动"(implementation movement)。从事政策执行研究的学者们写下了大量的论著,提出了各种关于政策执行研究的途径、理论和模型,拓展了政策

科学的研究范围,丰富了政策科学的研究内容。

## 第一节 政策执行的理论研究

### 一、公共政策执行理论研究概述

美国公共政策专家马尔科姆·L.戈金在《执行理论与实务:朝向第三代》一书中,把公共政策执行研究划分为三个阶段[①]:第一代政策执行研究偏重政策执行实务及个案研究,第二代研究偏重政策执行理论分析架构及模式的建立,第三代研究则企图以政府间政策执行沟通模式整合前两代政策执行研究。

1. 第一代政策执行研究

第一代政策执行研究受到古典行政模式的深刻影响。古典行政模式的特点有:

(1) 行政组织的结构特征是集权的、层级制的、金字塔型的,以马克斯·韦伯的官僚制模型为基础。认为官僚层级体系是最为严密、高效、精确的组织体系,在理想的官僚层级组织内,上下级之间形成指挥命令的层级关系,上级负责政策制定,有指挥、监督、命令之权;下属则必须依据官僚规则如实地执行上级命令。

(2) 政治家负责制定政策,行政人员负责执行政策,两者必须加以区分。以威尔逊、古德诺的政治—行政二分法为知识基础,强调行政是中立的、专业的非政治性活动,可以用科学理性的原则加以实现。

(3) 行政管理必须依据客观的科学管理原则,以提高行政效率。以泰勒的科学管理学派为代表,强调以科学方法管理行政事务,管理决策阶层与工人执行之间职责分工相当明确,最重要的组织目标是追求效率。

行政学家古利克与厄威克总结了古典行政模式的三个特点:官僚层级体系、政治与行政分离、效率至上原则。在这种模式之下,政府行政人员在政策过程中自然失去其重要性,因为自上而下的命令链使得下属欠缺独立自主的自由裁量权,以至于造成史密斯所说的:"政策一旦制定,政策即被执行,而政策结果将与政策制定者所预期的相差无几。"[②]

以古典行政模式为基础,形成了第一代政策执行模式,其典型特征是:

第一,偏重于政策执行实务及个案研究。1973年,美国政策执行研究的开山鼻祖威尔达夫斯基和普雷斯曼,合作撰写了《政策执行》一书,引起了人们对

---

① See M. L. Goggin, et al., *Implementation Theory and Practice: Toward a Third Generation*, Glenview, ILL: Scott, Foressman and Company, 1990.

② T. B. Smith, "The Policy Implementation Process," *Policy Science*, No.4, 1975, pp.197—198.

政策执行问题的广泛关注。他们从奥克兰计划（Oakland Project）失败的教训中发现了在政策制定与政策执行之间存在的鸿沟；通过个案研究获得了两项重要启示，即"执行不能与政策分离"，以及"多元参与者联合行动的复杂性"（complexity of joint action）；他们认为，"要想使政策科学成为行动的科学而不仅仅是理论科学，就必须重视政策执行问题，不仅要重视政策执行本身，而且应当在政策执行与政策制定之间建立起密切的联系"①。

第二，坚持自上而下的政策执行分析途径（top-down approach），即"以政策制定为中心的途径"或"政策制定者透视的途径"。这一研究途径强调政策制定与政策执行的分立性，认为二者有明确的分工和任务，并且假定，政策是由上层规划或制定的，然后，它们被翻译或具体化为各种指示，以便由下层的行政官员执行。② 依照这种途径，政策过程被看作是一种指挥链条，政策制定者决定政策目标，政策执行者实行目标，两者形成上令下行的指挥命令关系。其中，政治领导人形成政策偏好，而这种偏好随行政层次的降低而不断被具体化，为下层行政官员所执行。

第一代政策执行研究拓展了政策科学的研究视野，引发了研究政策执行的热潮，推动了20世纪七八十年代"政策执行运动"的兴起和发展。

2. 第二代政策执行研究

从20世纪七八十年代开始，许多学者在批评自上而下模式的基础上，提出了自下而上的研究途径（bottom-up approach），从而构成了第二代政策执行研究。其代表人物是爱尔莫尔、约恩与波特等。他们强调政策制定与政策执行功能的互动性，政策执行者与政策制定者共同协商政策目标的达成，两者形成平行互动的合作关系。

（1）爱尔莫尔认为自上而下的研究途径存在两大缺陷：仅从高层政策制定者的角度出发研究政策执行是不够的，忽略了基层官员的适应策略；政策制定与政策执行截然二分的做法在理论上行不通，在现实中不可取。

在《后向探索：执行研究和政策决定》一文中，爱尔莫尔认为，在政策执行研究方面存在着"前向探索"（forward mapping）和"后向探索"（backward mapping）两种不同的路径。③ 前向探索与自上而下的研究路径是基本一致的，但后向探索则改变了基本立场和看法，主张充分利用基层官员的自由裁量权来推进政策

---

① J. L. Pressman and A. Wildavsky, *Implementation*, Berkeley: University of California Press, 1973.

② 陈振明：《政策科学——公共政策分析导论》（第二版），中国人民大学出版社2003年版，第256—257页。

③ Richard F. Elmore, "Backward Mapping: Implementation Research and Policy Decisions," *Political Science Quarterly*, Vol. 94, No. 4 (Winter), 1979—1980, pp. 608—612.

的执行过程。我国台湾学者林水波称其为"草根途径"。①

（2）约恩与波特曾经指出：以韦伯、威尔逊和泰勒理论为基础的古典行政模式，企图构建广博的、功能一致的与阶层结构的组织；这种组织需要一位极富民主作风，或者通过功绩制而甄选出来的领导者，他不仅能力卓著，而且相当中立，所有的组织任务都能在他的领导下顺利完成。约恩和波特认为这种组织形态容易出现孤独组织综合征（lonely organization syndrome）②，因为没有一个单一的组织可以垄断所需要的全部资源。为了整治这种孤独组织综合征，政治经济学家提出了市场的概念，认为在自利动机的驱动下，自然就有一双看不见的手，通过彼此的自由竞争完成孤独组织综合征所无法完成的使命。③ 但问题是，以自利动机为导向的市场机制无法实现公共政策的集体利益，更何况市场也有失灵的时候。因此，市场这一双看不见的手仍然无法解决孤独组织综合征的诟病。

事实上，随着工业社会、政治民主与福利国家的发展，各种公私组织相继兴起，彼此之间的互动与依赖逐渐增强，实际上我们已经进入"组织社会"（organization society）。在这种情形下，多元组织集群（multi organizational clusters organizations）决定了政策能否有效执行。因此，约恩和波特希望弥补经济学中的原子理论（atomistic theory）与公共行政中的广博规划与管理理论的缺陷，构建一个"执行结构研究途径"（implementation structure approach），学术界将这种研究途径称为"自下而上模式"。④

第二代政策执行研究并非从政策制定者的角度研究政策执行，而是从政策执行运作阶段中对于某一特定问题进行互动的多元行动者着手，分析他们如何影响政策目标，如何重新形成公共政策，我们所熟悉的政策规划、执行与评估过程则逐渐消逝；相反地，焦点集中于多元行动者追求目标的策略。

3. 第三代政策执行研究

第三代政策执行研究试图建立能够结合自上而下与自下而上模式的整合性概念架构，其主要目的在于界定和解释为何政策执行会随着时空、政策、执行机关的不同而有差异，因而可以预测未来出现的政策执行类型。在第三代政策执行研究者看来，成功的政策执行一方面在于"前向探索"策略的运用，期望由政策制定者科学规划政策方案、理性选择政策工具、合理分配政策资源；另一方面必须采用"后向探索"策略，广泛掌握目标团体的诱因结构。整合的政策执行模

---

① 参见林水波：《公共政策新论》，台北智胜出版公司1999年版。
② Benny Hjern and David Portor, "Implementation Structure: A New Unit of Administrative Analysis," *Organization Studies*, No. 2, 1981, pp. 211—227.
③ V. Ostrom, *The Intellectual Crisis in American Public Administration*, Alabama: The University of Alabama Press, 1973.
④ 丘昌泰：《公共政策：当代政策科学理论之研究》，台湾巨流图书公司1999年版，第136页。

式能够同时运用这两种策略。①

第三代政策执行的整合研究强调执行机构间的网络关系与政策执行力的表现,亦即政策执行机构间的连结与互动关系体现政策执行力的高低。从政策执行机构间的网络结构来看,垂直体系有层级政府间(中央政府、省市政府、县乡政府)府际关系的运作;水平关系则有政府部门、社会组织(服务提供者、政策目标团体以及其他利害关系人)间合作伙伴关系的形成。②

第三代政策执行研究的代表人物与主要观点有:马尔科姆·L.戈金提出的府际政策执行沟通模式(the communication model of intergovernmental policy implementation),以及保罗·A.萨巴蒂尔提出的政策变迁的支持联盟框架(advocacy coalition framework of policy change)等。本章第二节将详细介绍他们对政策执行的研究。

最后,笔者需要指出的是,第一代、第二代和第三代政策执行研究各有其优缺点,很难判断孰优孰劣,充其量我们只能说每一代的研究各自可以适用于何种不同的情境。就第一代的自上而下的模式而言,最适用于管制性政策(regulatory policy)与再分配政策(redistributive policy)的情形,因为这两种政策形态必须贯彻中央政府的公权力与公信力,才能发挥公共政策的管制与再分配作用。就第二代的自下而上模式而言,最适用于自我管制政策(self-regulatory policy)与分配政策(distributive policy)的情形,因为这两种政策形态的本质就是希望能拓展基层官僚的自主权或者赋予目标团体自由活动的空间,中央政府过度地以权威介入公共政策,反而失去了这两种政策形态的本质。至于第三代政策执行研究,目前尚处于发展与完善之中,能否成为整合性的政策执行模式仍有待于更多的经验研究与理论修正。③

## 二、公共政策执行研究的基本途径

美国公共政策专家保罗·A.萨巴蒂尔曾指出,政策执行研究有两种基本途径:自上而下与自下而上的研究途径。④ 迈克尔·希尔(有人译作"米切尔·黑尧")也指出,政策执行研究的发展有两波(waves):第一波以自上而下的模式为主,肯定政策制定者设定明确目标的权威与能力,目的在于形成完美的执行(perfect implementation);第二波则针对此论点加以批判,认为政策目标是由政策制定者与政策执行者共同协商达成的,目的在于找出执行缺失(implementa-

---

① 丘昌泰:《公共政策:当代政策科学理论之研究》,第143页。
② 金太军等:《公共政策执行梗阻与消解》,广东人民出版社2005年版,第71页。
③ 丘昌泰:《公共政策:当代政策科学理论之研究》,第143—145页。
④ Paul A. Sabatier, "Top-down and Bottom-up Approaches to Implementation Research: A Critical Analysis and Suggested Synthesis," *Journal of Public Policy*, No. 6, 1986, pp. 21—48.

tion deficit)。①

1. 自上而下的研究途径

如前文所述,受古典行政模式的影响,第一代政策执行研究坚持自上而下的研究途径,就是把高层政府的决策作为研究的出发点,集中研究某种权威性的决定,如政策、计划、方案等,如何经由官僚体系的组织与责任分工而获得实践,并进而实现目标。此种研究途径认为上层政府及其官员确定政策目标,形成政策偏好,基层政府及其官员执行政策内容,落实政策目标;强调层级节制的指挥命令关系,某些中央控制的变量对于地方执行的影响优于其他的因素;注重上级政府对于下级政府的政策指挥、监督与控制的角色与责任,以达成政策预期目标。

公共政策学者纳卡木拉(中村)和斯莫尔伍德曾对自上而下政策执行途径的命题做了阐释②:

(1) 政策制定与政策执行是有界限的、分离的、连续的。

(2) 政策制定与政策执行之所以存在界限,乃是因为:第一,政策制定者设定目标,政策执行者执行目标,二者分工明确;第二,政策制定者能够陈述政策,因为他们能够同意许多不同目标间的优先顺序;第三,政策执行者拥有技术能力,服从并愿意执行公共政策制定者设定的政策。

(3) 既然政策制定者与执行者接受两者之间的任务界限,则执行过程必然是在政策制定之后的连续过程上。

(4) 涉及政策执行的决定,本质上是非政治性与技术性的;执行者的责任是中立的、客观的、理性的与科学的。

我国学者张金马和丁煌等教授总结了自上而下研究途径的基本特点③:

(1) 研究基点在于解释为什么政策过程出现或没有出现成功的结果。这样的解释事先预设了一个所要取得的明确目标,这一点可以称之为"目标假定"。与这种分析性的"目标假定"相适应,政策执行研究所追求的价值目标在于怎样使中央政府制定的政策得到更好的贯彻落实。

(2) 从高层政策制定者的角度来看问题。在相当程度上,政策被视为高层决策者的"财产"。犹如佩奇所言:"自上而下的政策制定观意味着:决策的重要性完全取决于它是在科层等级的哪一层做出的。因此,最重要的决策是由政府机构的最高人物做出的……而处于科层等级低层的人们,只是执行这些决策

---

① Michael Hill, *The Policy Process: A Reader*, New York: Harvester & Whestsheaf, 1993, pp. 235—236.

② Robert T. Nakamura and Frank Smallwood, *The Politics of Policy Implementation*, New York: St. Martin's Press, 1980, pp.10—12.

③ 张金马:《公共政策分析:概念·过程·方法》,第395—396页。

罢了。"①

（3）上述立场之所以得以确立，在很大程度上是因为他们在价值观上秉承了自威尔逊以来的政治—行政二分法理念（在公共政策领域，它表现为政策制定与政策执行的二分法）。政策制定被认为是民选政治家的职责，而政策执行则是政府行政官员的功能。执行者是制定者的代理人，因此，从属于制定者。

（4）这种研究途径的一个重要知识基础是马克斯·韦伯的官僚科层制理论传统，其核心是行政组织的层级原则和由上而下的指挥控制。政策的执行被看作是一种理性的科学管理活动和技术事务。

（5）正是基于上述几点特征，政府行政效率的提高和政策执行问题的解决，其出路在于组织的管理与控制，如更多的资金、信息的沟通、明确的目标、有力的指挥、有效的监督、对自由裁量权的严格控制等。

自上而下研究途径的优点在于为政策执行研究提供了清晰的路线。在实践中，这一研究途径也受到了下列种种批判：

（1）过多地关注中央或高层决策者的目标与策略，其他行动者在执行过程中扮演的重要角色被忽略了。自上而下的研究途径假设"政策制定者是政策执行的关键人物，这导致了对私营部门、基层官员、地方官僚和其他政策子系统策略行为的忽视"②。实际上，他们的策略性创造力和适度的自由裁量权对政策目标的达成可能产生十分积极的影响。

（2）自上而下途径所谓完美执行的必要条件在现实生活中是不可能具备的。自上而下途径肯定政策制定者设定明确目标的权威与能力，目的在于形成完美的执行，而事实上，完美执行需要下列若干条件：明确一贯的政策目标，依法建立的执行程序，敬业、有技能的执行者，充足的政策执行资源，高级领导及利益团体的支持，社会经济条件的变化不危及政策执行……在政策执行的实际过程中，许多时候政策目标都是模糊的。这是由于政策制定者自己故意让政策模糊，以避免政策的真正落实所造成的不利影响；或者是由于政策本身就是利益团体相互妥协的结果，他们不可能使政策目标非常清楚，以便为以后集团利益的最大化提供可能。完美执行所需要的其他条件在现实中也很难完全具备。

（3）政策制定与政策执行的理论区分，在执行过程中无法维持，因为政策是在执行的实际过程中制定和修正的③，制定中有执行，执行中有制定。自上而下研究途径实际上是一种理想化的方法，它暗含的基本逻辑是政策制定者居于决

---

① Edward C. Page, *Political Authority and Bureaucratic Power*, Harvester Wheatsheaf, 1992, p.61.

② Paul A. Sabatier, "Top-down and Bottom-up Approaches to Implementation Research: A Critical Analysis and Suggested Synthesis," *Journal of Public Policy*, No.6, 1986, p.30.

③ David Marsh and R. A. Rhodes, eds., *Implementing Thatcherite Policy: Audit of an Era*, Open University Press, 1992, p.6.

定和指导行动的优先地位,政策执行者则居于执行目标和实现政策的从属地位。可是,对于政策执行实际过程而言,高层政策制定者所发挥的作用并没有下层政策执行者大。

(4) 受第一代政策执行研究风格的影响,自上而下的研究途径不可避免地带有个案研究的局限性。有学者批判自上而下的研究途径不够理论化,拘泥于个案,而且过于悲观。如史蒂文·凯尔曼在《制定公共政策》一书中指出的,第一代执行研究"得出了一个远远超出其狭窄事例研究范围的、一般来说相当悲观的结论"[①]。

2. 自下而上的研究途径

对自上而下研究途径的批评催发了自下而上研究途径的兴起。

自下而上的研究途径以组织中的个人(即参与政策过程的所有行为者)作为出发点,以政策链条中较低和最低层次为研究的基础。自下而上研究途径认为,政策执行过程不是由高层政府及其官员的法令和规则所控制的,而是由政策行为者之间的讨价还价所塑造的。"因此,政策必须与下级官员的需求,至少是行为模式相容。"[②]因为所有的政策最终都会被那些下级官员所修正,以便符合他们的想法和意见。所以自下而上研究途径强调应给基层官员或地方政府充分的自由裁量权,使之能够应对复杂的政策情境。对中央的政策制定者而言,其核心任务并不是设定政策执行的架构,而是提供一个充分的自主空间,使基层官员或地方政府能采用适当的权宜措施,重新构建一个更能适应政策环境的执行过程。

需要说明的是,自下而上的研究途径缺乏一个统一的模式,其中有对照意义的是这样两个分支流派:一是以爱尔莫尔为代表的,在政府组织内部,从"草根"(基层)角度来探索政策执行的效率问题,学术界称之为"基层官员的权力观";另一分支以约恩和波特为代表,彻底抛弃了传统官僚科层组织的执行观,从多元行动者的互动角度来研究政策的执行过程,学术界称之为"执行结构研究"[③]。

(1) 基层官员的权力观

在《后向探索:执行研究和政策决定》一文中,爱尔莫尔提出政策执行研究存在着"前向探索"和"后向探索"两种不同的路径。[④]

前向探索是从高层出发,明确陈述政策制定者的意图,然后层层具体化,在

---

① 〔美〕史蒂文·凯尔曼:《制定公共政策》,商务印书馆1990年版,第118页。
② S. H. Linder and B. G. Peters, "A Design Perspective on Policy Implementation: The Fallacies of Misplaced Prescription," *Policy Studies Review*, Vol. 6, 1987.
③ 张金马:《公共政策分析:概念·过程·方法》,第396页。
④ Richard F. Elmore, "Backward Mapping: Implementation Research and Policy Decisions," pp. 601—616.

每一阶段规定好执行者的角色期望,再把最低层出现的结果与先前的意图相比较,以衡量政策执行的成功与失败。从这种角度出发,对执行过程中所出现问题的解决办法是:进一步明确政策目标,更多地关注行政责任,给下属更多的指导等等。不难看出,所谓"前向探索",也就是上述"自上而下"研究途径的另一种表述方法。

爱尔莫尔认为,"前向探索"这一研究途径,与当时流行的古典行政模式的特征(官僚科层制、政治与行政二分法、科学管理原则等)具有内在的联系。在古典行政模式下,尽管人们承认自由裁量权存在的必然性,但是对自由裁量权的不信任和控制却是其基本特征之一。在最好的情形下,它被认为是必要的罪恶;在最糟糕的情况下,它则被视为对民主制度的威胁,这种对自由裁量权的敌视,与理性官僚制强调等级秩序与层级控制在本质上是一致的。[1] 在这种思维定式中,开发或利用自由裁量权来推进政策的执行过程是不可思议的。

在爱尔莫尔看来,我们不应该假定政策制定者能够完全控制执行组织和执行过程;加强上层控制的传统做法无助于政策执行过程中相关问题的解决。要解决科层控制的内在缺陷,提高政策执行的效率与质量,其出路不是别的,而是改变基本立场和看法,充分利用基层官员的自由裁量权来推进政策的执行过程。

爱尔莫尔提出的基本命题是[2]:

- 有效的政策执行取决于执行机构间的过程与产出,而非政策制定者的意图与雄心;
- 有效的政策执行是多元行动者复杂的互动结果,而非单一机构贯彻政策目标的行动结果;
- 有效的政策执行基于基层官员或地方政府的自由裁量权,而非层级结构的指挥命令、监督控制系统;
- 有效的政策执行必然涉及妥协、交易或联盟等活动,因此互惠性(reciprocity)远比监督性功能重要。

(2) 执行结构研究

总的来看,传统的政策执行研究有两个特点:一是将政策执行看作是政府行政部门的事情,忽视社会团体和其他非政府组织对执行过程的参与;二是在政府组织内部,强调自上而下的层级控制。爱尔莫尔对传统政策执行研究的批判主要针对的是第二个特点。他所主张的"后向探索"或自下而上的途径,主要是肯定基层官员的自由裁量权,试图通过这一解决办法来提高政策执行的效率,就此

---

[1] 张金马:《公共政策分析:概念·过程·方法》,第397页。
[2] Richard F. Elmore, "Backward Mapping: Implementation Research and Policy Decisions," pp. 601—616.

而言，其所作的研究是有局限性的：他讨论的范围并没有超出政府组织系统，没有系统分析政府之外的社会力量对政策执行过程的影响。①

相比之下，约恩和波特等人所做的"执行结构研究"，则比较全面地突破了传统的政策执行观。他们指出，第二次世界大战以来，社会结构的一大变化是组织数目的日益增长。与此同时，公共组织与私人组织之间相互关系的密度也随之增加，结果便是"组织社会"(organization society)的出现。这一现象对于政府政策活动具有深远的影响。因为许多私人组织和社会团体都掌握着大量的社会资源，它们既有意愿、又有能力和政府组织一起从事公共物品和公共服务的提供，从而结成了良好的公私合作伙伴关系。从另一个角度看，在上述复杂的关系结构中，没有一个单一的政府组织或官员能够掌握政策执行所需要的全部资源。政策执行需要相关的众多组织和行动者的共同协作，由此组成了所谓的"执行结构"。②

约恩和波特对执行结构的研究包括下列观点③：

（1）包含多元组织的执行结构是政策执行的核心

所谓执行结构并不完全是一种组织，它固然包含许多组织群(pools of organizations)，但它所包含的组织是由许多计划所组成的；它也不是行政实体(administrative entities)，因为它的组成不必然与政府机构的命令发生直接关系，而是基于执行计划的需要而自动集结的结构体。因此，执行结构是指潜在地或实际地介入计划或政策的官方或非官方结构。

（2）政策执行以计划理性(programme rationales)为取向

传统的政策执行理论是以组织理性(organization rationales)为基础，一个组织内部包含许多计划，每一个计划有其各自的目标，因此，组织的任务是如何以整体性的策略(holistic strategy)完成计划。在此种情形下，计划是促使组织生存的有效手段。

政策执行结构的形成是基于完成计划目标而自我选择(self-selection)的过程，它是一个自组织系统(self-organizing system)，通过自我参考过程(self-referential process)形成执行公共计划的结构体。政策执行既然以计划理性为基础，该结构存在的目的是实现计划。因此，计划不是手段，而是组织生存的目的。

（3）政策执行包含多元的目标与动机

执行结构中的行动者与组织参与该结构的目标与动机是多元的，有的基于公共利益，有的基于个人利益。利益的密度随着行动者的目标与动机而不同。

---

① 张金马：《公共政策分析：概念·过程·方法》，第398页。
② Benny Hjern and David Portor, "Implementation Structure: A New Unit of Administrative Analysis," pp. 211—227.
③ 丘昌泰：《公共政策：当代政策科学理论之研究》，第138—140页。

(4) 执行结构的权威关系并非以阶层命令体系为主体

执行结构的权威关系(authoritative relationship)是以专业地位、协调能力、潜在或实际的权力以及资源控制为焦点,传统的阶层命令体系无法发挥功效。同时,执行结构中的上层领导者以非权威的方式与下属进行互动。

(5) 地方自主性

每一个地方组织或行动者都有其自主权,虽然地区性或全国性的组织企图控制其行动,但是掌控能力有限。因此,并不存在全国性计划的执行结构,而仅存在地方化的执行结构组合体(a collection of localized implementation structure)。

(6) 执行结构内部包括许多的次级结构(substructures)

次级结构是由执行特定角色的次级团体与组织所构成,执行结构的凝聚力是相对的,有些组织发展到相当程度,成为具有一定凝聚力的定型组织,形成网络关系;有些组织尚未发展,仅以临时组织的方式出现。

在方法论方面,约恩及其同事采用交互主观性的方法论,即所谓的现象学研究途径(phenomenological approach),强调个人或组织的行为与认知对于我们了解资源如何被动员与被应用到执行结构中相当有帮助;在分析技术方面,则运用网络技术(network technique),以描绘出多元行动者之间的互动关系;在个案研究方面,着重于人力资源训练计划,因为该计划涉及许多公共部门与私营部门。

基于工业化社会多元组织群集的趋势,约恩和波特提出"执行结构"的概念,修正古典行政模式过于偏重正式组织,忽略许多非正式组织在政策执行过程中的作用,从而发展出一个整合正式与非正式组织的执行模式。

从上面的介绍可以看出:一方面,自下而上研究途径的内部存在着不少具体的差别,从强调基层官员的自由裁量权到主张多元行动者的复杂互动,其中的分歧是显而易见的;另一方面,在这些差别中又存在着一个共同的特点,即都强调从基层的实际情况或问题出发,来研究政策的执行过程。这一点对于许多在不同政策领域里从事政策执行研究的学者具有很大的吸引力。

自下而上研究途径的贡献在于:它促使我们能够正视执行过程中执行机构间的互惠性与裁量权。政策执行往往涉及许多组织与人员,而每个组织和人员对于政策执行皆有其立场、观点、看法与利益,所以沟通协调在所难免。自下而上的执行途径,促使我们重视彼此意见与利益的沟通交流。

对自下而上研究途径的批评意见,主要集中在以下几个方面:

(1) 相对于自上而下的研究途径,自下而上的研究途径过分强调了基层官员的自由裁量权。事实上,基层官员受制于法律体系、财政经费和组织体制的约束,这些约束虽然不决定他们的行为,但是为他们的自由裁量活动设置了重要的参数。同时,自由裁量权的大小与政策执行效率的高低是否具有必然的内在联系,绝不是一个自明的问题。① 此外,过分强调或高估基层官员的策略与行动能力,容易忽视民主政治系统中的政策领导与政治责任的归属问题。如果基层官员自由裁量权很大的话,谁来控制他们?谁能保证他们一定能够做好?

(2) 自下而上研究途径的提倡者认为,他们绕开了自上而下研究途径所需要的诸多先验性假定的限制,如政治体制、法律制度、官僚等级制等,将关注的焦点放在了政策执行者之间的互动上面,因而也是最现实的一种研究途径。但是这一研究途径也有一个最大的缺陷在于:它只适用于分权的政策环境②,在集权的条件下往往不适用。

(3) 对自上而下研究途径的批评有失公允。实际上,任何一种途径的解释都不是完美无缺,它们均有其相应的利弊之处。正如自上而下模式过分重视中心(center)而忽略边陲(periphery),自下而上模式的缺点则是过分重视边陲而忽略中心。③ 在笔者看来,尽管二者都有不完美之处,但在政策执行实践中,二者都有相应的经验基础。我们应该看到:二者除了有相互对立的一面,也有相互补充的一面。

3. 两种研究途径的区别

根据上述对自上而下与自下而上两种研究途径的介绍,我们可以比较二者的异同④:

(1) 以最初的焦点(initial focus)而言,自上而下模式强调的焦点为中央政府;自下而上模式则强调某一政策领域中的地方执行结构。

(2) 以执行过程中对主要行动者的认定而言,自上而下模式强调从中央到地方、从公共部门到私营部门;自下而上模式则强调从地方到中央、从私营部门到公共部门。

(3) 以评估标准而言,自上而下模式强调正式目标的完成,有时采用政治重要性标准,但仅是选择性的;自下而上模式的评估标准则较不清楚,但以实现计划为中心。

(4) 以整体焦点而言,自上而下模式关心政策控制系统如何达成政策制定者所预期的政策结果;自下而上模式则强调政策网络(policy network)中多元行动者的策略互动。

有的学者将两种不同的研究途径大致概括如表6-1:⑤

---

① 张金马:《公共政策分析:概念·过程·方法》,第402页。
② S. H. Linder and B. G. Peters, "A Design Perspective on Policy Implementation: The Fallacies of Misplaced Prescription".
③ 丘昌泰:《公共政策:当代政策科学理论之研究》,第142页。
④ 同上书,第138页。
⑤ 参见景跃进:《政策执行的研究取向及其争论》,《中国社会科学季刊》1996年第14期。

表 6-1　自上而下与自下而上研究途径的一般比较

| | 自上而下研究途径 | 自下而上研究途径 |
|---|---|---|
| 研究的出发点 | 中央政府的政策(通常以法律出台为起点) | 政策执行过程中基层行动者的活动 |
| 关注的中心 | 中央政策的执行 | 具体的执行结构或基层官员的自由裁量权 |
| 执行过程的性质 | 行政技术管理过程,将政策付诸行动 | 执行是一个政治过程,不同的行动者在这一过程中相互作用(讨价还价,博弈妥协) |
| 政策的界定 | 中央政府的法律,目标通常是含糊不清的 | 政策在执行过程中形成的东西,而且中央政府的政策目标是明确的 |
| 对政策执行过程的研究 | 强调官僚机构内部的层级控制、信息管理、资金配置、人员素质等 | 强调执行过程的利益互动,而且,这种互动远远超出了行政组织的范围 |
| 研究的目的 | 提供政策改进的知识,具有浓厚的规范性质(立足点在中央政府) | 以经验描述为起点,分析政策是如何被执行的,其价值色彩较为隐蔽 |
| 政策制定与执行的关系 | 两分法(政策制定与政策执行相分离) | 这种划分是人为的、误导的,不能把执行从制定过程中孤立出来,制定政策是执行过程中的内在组成部分;主张用政策/行动关系取代政策制定 |
| 政策评估 | 关注正式目标的实现程度,以此来判断政策的成功与失败 | 将政策过程视为无缝之网,故很难评价,而且,成功与失败是对谁而言 |
| 出发点的非对称性 | 价值优先,即首先确定目标,然后寻找手段 | 基于经验事实,考察实际的政策过程 |

## 三、公共政策执行研究的基本理论

"政策执行运动"的倡导者和追随者们提出了各种执行理论。下面,重点介绍三种政策执行理论。

1. 行动理论

行动理论学派强调政策执行是对某一项公共政策所要采取的广泛行动。政策执行虽然只是政策过程的环节之一,但就本身来说,它却包含着政策执行者一连串的自觉与不自觉的、偶然的与必然的行动。因此,行动是政策执行的关键,政策执行的研究要以行动过程和行为性质为中心。这一学派的代表人物及其著作包括:范霍恩和范米特,合著有《政府间的政策执行》、《政策执行过程:一个概念性的架构》等;G.爱德华三世和I.沙坎斯基,合著有《政策范畴》;爱德华三世,著有《执行公共政策》;史密斯,著有《政策执行过程》等;查尔斯·琼斯,著有《公共政策研究导论》等。①

查尔斯·琼斯认为:"政策执行乃是将一项政策付诸实施的各种活动。在诸多活动中,又以解释、组织和实施最为重要。所谓解释活动(interpretation),是把政策内容转化为民众能理解且接受的东西;所谓组织活动(organization),乃是设立政策执行机构,用以拟定执行的办法和落实政策;所谓实施活动(application),是由政策执行机构提供例行性的服务与设备,支付各种费用,进而完成政策目标。"②

G.爱德华认为,政策执行的基本条件有四项:沟通、资源、人员特点和官僚体系;执行过程的主要环节包括"发布命令、执行指令、拨付款项、办理贷款、给予补助、订立契约、收集资料、信息沟通、委派人事、雇佣人员、创设机构"等活动。③

范霍恩和范米特认为:"政策执行指公私个体和团体为了实现政策目标所采取的各项行动。这些行动一方面包括政策方案要求的具体化,另一方面包括连续地努力去实现政策方案要求的目标。"④

具体来看,行动理论认为政策执行过程包括了下列六类行动:

(1) 权威性行动:因为执行行为是经过合法授权的;

(2) 目的性行动:以最大限度实现政策目标为最高价值判断标准;

(3) 组织性行动:非官员个人行为,而是合法组织采取的行动;

(4) 公益性行动:面向、动员、组织公众,为公共利益而为之;

(5) 持续性行动:政策目标需在发展进程中通过有步骤、分阶段行动来实现;

(6) 创造性行动:执行者依据其经验、资源以及环境变化,创造性地将政策目标变为现实。

行动理论的贡献在于:从政策执行的行动过程和行动环节出发,探讨了政策执行的内涵和特点,使人们认识到政策执行从一个方面来说就是一个系统的行动过程。强调政策行动只要坚强有力,行动方法切实可行,就可以顺利实现政策

---

① 关于范霍恩、范米特与史密斯的政策执行研究,将在本章第二节中详细介绍。

② Charles. O. Jones, *An Introduction to the Study of Public Policy*, North Scituate, Mass.: Duxbury Press, 1977, p.139.

③ G.C. Edwards III and I. Sharkansky, *The Policy Predicament*, San Francisco: W. H. Freeman, 1978, p.293.

④ C.E. Van Horn & D.S. Meter, "The Implementation of Intergovernmental," in C. O. Jones (ed.), *Public Policy Making in Federal System*, Beverly Hills, Sage Publications, 1976, p.45.

目标。合理的政策执行活动甚至在一定程度上可以弥补政策决定的局限和无能。行动理论的局限性也很明显。首先,在阐述执行行动过程的时候,忽略了对行动主体的研究;其次,在阐述执行过程的互动影响时,忽略了更广泛的其他社会因素的作用。

2. 组织理论

组织理论重视组织在政策执行中的特点和作用,认为组织是政策执行的关键,研究政策执行必须充分了解组织的运作。组织理论的代表人物及其著作有:爱尔莫尔,著有《社会规划执行的组织模式》;佛瑞斯特,著有《预期性执行:规划与政策分析中的规范研究》;蒙太和欧托尔,合著有《政策执行的有关理论:组织观念》;罗克,著有《官僚、政治和公共政策》;等等。

组织理论提出了以下基本观点:

(1) 组织是政策执行的主体,任何政策都是通过一定的组织得以执行的。没有一定的组织机构作依托,没有一定的组织原则作保证,任何政策目标都只能停留在纸上谈兵的政策构想阶段。爱尔莫尔指出:"任何一项观念转变为行动,都要涉及重要的具体工作,组织是从事具体工作的主体。其处理问题的方法,是将问题分成具体的管理项目,再将这些项目分配给专业化机构负责执行。因此,只有了解组织的运作,才能认清原初政策设计是否在执行中被修正或赋加新意。"①

(2) 不论是政策方案本身还是执行环节导致的政策成功或失败,都可以通过组织得到集中反映。政策的成败与执行组织密切相关。执行组织内部的分工与整合、组织的规范程序与变通、组织的人力资源与文化、组织运作方式与环境等因素决定着该组织的执行能力,最终影响着政策执行效果。正如罗克所说:"负责执行的组织,其正式与非正式的属性,往往影响到该组织执行政策达到目标的能力。"②因此,只有了解组织是怎样工作的,才能理解所要执行的政策以及它在执行中是如何被调整和塑造的。

(3) 组织的研究可以从政策执行角度反映公共政策的过程和特征。公共政策系统的运作过程,本质上就是政治组织的运作过程。因此,要想通过执行研究更广泛深入地反映政治,就必须研究执行组织。林水波、张世贤认为:"执行的研究,不仅是一种变化过程的研究,即研究其如何发生,如何被引发而已,且也是对政治生活结构的一种透视研究,即研究政治系统内在、外在的组织如何进行的事务,以及彼此间的相互影响,包括如何刺激组织的行为和激励组织员工的不同

---

① Richard F. Elmore,"Organizational Models of Social Program Implementation," pp. 185—187.
② F. E. Rouke, *Bureaucracy, Politics and Public Policy*, Boston:Little Brown,1967.

行为。"①

组织理论阐明了组织在政策执行中的意义,通过组织分析为政策执行的研究提供了重要的思考角度。组织理论和行动理论从不同角度、不同侧面阐述了影响政策执行的因素,对于我们深化政策执行研究具有重要的启发作用。

3. 博弈理论

博弈理论认为政策执行是一个政治上讨价还价的交易过程。这中间,政策执行者与政策对象之间通过不同方式的交易,在各种力量的互动过程中,达成某种妥协、退让或默契。在政治交易的情况下,公共政策目标与方案的重要性和可靠性都要大打折扣。

美国公共政策学者巴尔达赫在《执行博弈》一书中,将政治学中的博弈理论应用于研究公共政策的执行问题。他认为可以将政策执行过程视为一种赛局(game),包括竞赛者(政策执行人员和相关人员)、利害关系(竞赛可能的原因)、竞赛的资源(包括策略与技术等软资源和财经、权威等硬资源)、竞赛的规则(就是竞赛获胜的标准或条件)、竞赛者之间信息沟通性质、所得结果的不稳定程度等。政策执行的成功与否,取决于参加者的竞争策略。

在宏观层面上,博弈理论把公共政策执行视为各级政府或各部门之间的互动博弈过程。执行博弈的研究构成了政策执行研究的重要分水岭,它使人们对于政府运作的认知逐渐扬弃了传统静态的层级节制观点,并进而转变为以动态的府际关系(intergovernmental relations,IGR)为核心。②

## 第二节 公共政策执行的模型

20世纪70年代中期以后,公共政策学者从不同角度来研究影响政策执行的因素,形成了各种不同的政策执行模型。本节选取几种有一定代表性、应用范围比较广泛的政策执行模型,做一简单的介绍。

### 一、T. 史密斯的政策执行过程模型

T. 史密斯是最早构建影响政策执行因素及其过程模型的学者,他在《政策执行过程》(1973)一文中提出了一个描述政策执行过程的模型(见图6-1)。

T. 史密斯认为,政策可以被界定为由政府在旧的机构内,设立新的处理公

---

① 林水波、张世贤:《公共政策》,台湾五南图书出版社1987年版,第256页。
② Eugene Bardach, *Implementation Game*: *What Happens After a Bill Becomes a Law*, Cambridge, MIT: MIT Press, 1977.

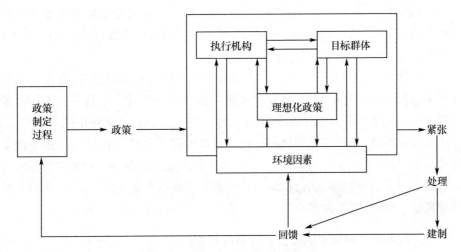

图 6-1　T. 史密斯政策执行过程模型

共事务的模式或机构,或改变原来的处理模式的复杂行动。政策发布以后即在社会上产生一种"张力"(tension)。政策付诸实施以后,政策执行者和受政策影响者,就会感受到一种张力或压力,以及由此带来的冲突。

政策执行所产生的张力可能会引起激烈的抗议,因此可能需要采取相应的措施以实现政策目标,也可能带来一些其他变革。如果在对张力进行处理以后,运作顺畅,就实现某种制度化,在必要的时候才给予回馈。史密斯将影响政策成败的重要因素归结为以下四类:

1. 理想化的政策(idealized policy):即政策目标是否切合实际?政策内容是否妥当?政策规定是否明确、可行?等等。

2. 执行机构(implementing organization):即负责政策执行的政府机关或单位的特性如何?

3. 目标群体(target group):即受公共政策影响的政策对象的特性如何?

4. 环境因素(policy environment):即影响政策执行或被政策执行所影响的环境方面的因素,可能是文化的、社会的、政治的或经济的。

"具体地说,政策的形式、类型、渊源、范围及受支持度、社会对政策的印象;执行机关的结构与人员,主管领导的方式和技巧、执行的能力与信心;目标群体的组织或制度化程度、接受领导的情形以及先前的政策经验、文化、社会经济与政策环境的不同,凡此种种均是政策执行过程中影响其成败所需要考虑和认定的因素。"[①]

---

① T. B. Smith,"The Policy Implementation Process," pp. 203—205.

## 公共政策分析

"处理"(transaction)指对政策执行系统中的四项主要变量彼此互动所产生的张力或压力,做适当的回应。如果处理时发生问题,可立即进行"回馈";如果没有问题,即进行"建制",然后间接"回馈"。

T. 史密斯的政策执行模型与以往的政策执行研究的不同之处,在于它不仅强调了执行中理想化的政策,而且也强调了执行中的其他三个因素。人们习惯于把更多的精力放在理想化政策的制定上,似乎政策执行是简单地照章办事,不太注意目标群体,更少考虑到执行机构与环境因素的影响。事实上,这四个因素是互动的,均应予以充分的重视。因此,有人认为史密斯政策执行模型最大的贡献就在于提出目标群体、执行机构与环境因素之间的互动关系。但是,执行人员的重要性,史密斯模型却没有给予恰当的关注,可以说是它的主要缺陷。

### 二、范米特与范霍恩的政策执行系统模型

范米特与范霍恩两人在《政策执行过程:一个概念性的架构》①一文中指出,在政策决定与政策效果这一转变过程之间存在许多影响二者的变量——既有系统本身的因素,也有系统环境的因素。具体来说,在政策执行过程中存在六大因素,其互动状况会影响政策执行绩效。其模型如图6-2所示:

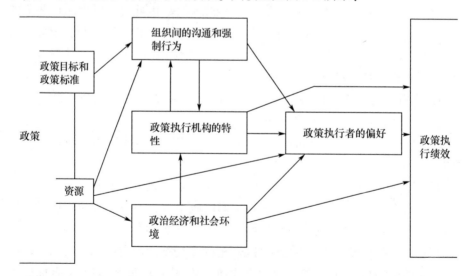

图6-2 范米特与范霍恩的政策执行系统模型

---

① D.S. Van Meter and C. E. Van Horn,"The Policy Implementation Process: A Conceptual Framework," *Administration and Society*, Vol.6, No.4, 1975, p.463.

1. 政策目标与标准

政策在合法化以后,付诸实施时应该已具有清晰的目标,可供执行人员遵循。

政策标准作为衡量政策目标达成程度的指标,是政策目标的具体表现。政策目标是否明晰、可行?政策标准是否能敏感地标示政策目标的达成程度?这些都将影响到组织间的沟通和强制行为,并间接影响到政策执行者的偏好。

2. 政策资源

政策资源即系统本身实现目标的条件,包括所有应用于执行活动的人力、设备、经费、信息、权威等。资源的充足与否会直接影响到组织间的沟通,直接影响到执行人员是否愿意认真去执行政策。

3. 组织间的沟通与强制行为

政策的有效执行需要执行机构与人员通过各种沟通方式,明确政策的目标、评估的标准、执行的技术与程序等。执行机构的执行活动除了依赖制度化程序以取得一致行动的效果,以下三种方式也能促进在执行活动中达成一致的行动。

- 规范(norms):即执行机构的组织文化,以及成员所共同遵循的正式与非正式的行为准则。执行机构成员往往在团体压力的驱使下,顺从团体多数人的行为规范,从而支持政策执行活动。
- 激励(incentives):即可以通过制定各种激励办法,比如加薪、升迁、奖金、福利等,以鼓舞执行人员,使其切实执行政策。
- 惩罚(sanctions):即采用减薪、降职等多种惩罚方式,对于组织中执行不力者给予适当的惩罚,以促使执行人员切实执行政策。

4. 执行机构的特性

政策执行机构的正式与非正式特性,会直接影响到执行人员的偏好。这些特性包括:机构层次高低、规模大小、编制状况、组织结构、权责分配、人员特性、与其他机构及人员间的关系等。

5. 政治经济和社会环境

政策执行所涉及的外在政治环境、经济环境、文化环境、社会条件等,对政策执行机构的特性、执行人员的偏好和最终的执行绩效,都具有直接的影响。

6. 执行者偏好

公共政策的执行人员对政策的认知、认同程度将严重影响到政策执行的成败。执行者偏好可以从三个方面加以考察:

- 执行人员对政策的认知程度;
- 执行人员对政策的反应方向:支持政策、中立态度或者反对政策;
- 执行人员对政策的反应强度:例如强烈支持或者轻微支持。

总体看来,该模型吸收了许多政策执行模型的优点,将影响政策执行的主要因素都纳入了模型中。但是不足之处在于,这六个因素之间的互动关系还不够明确,也就是说为什么某一因素会直接或间接或根本不影响其他因素?这一点该模型并没有给予详细说明。

### 三、M. 麦克劳夫林的政策执行互适模型

美国斯坦福大学教育与公共政策教授 M. 麦克劳夫林,在其 1976 年发表的《互相调适的政策执行》一文中提出相互调适模型(mutual adaptation model)。①

M. 麦克劳夫林研究了美国当时教育结构改革的问题,在此基础上,应用了由具体到抽象的方法,说明政策执行是执行者(组织或人员)与受影响者之间就目标和手段做相互调适的一个过程。他认为这应是一个动态平衡的过程,政策执行是否有效取决于二者相互调适的程度。图 6-3 展示了一定环境下二者的相互调适过程以及与政策的关系,从中也可以看出 M. 麦克劳夫林的相互调适模型至少包含以下四项逻辑认定:

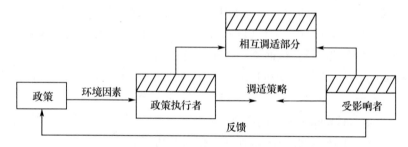

图 6-3　M. 麦克劳夫林的政策执行相互调适模型

1. 政策执行者和受影响者之间的需求和观点并不完全一致,基于双方在政策上的共同利益,彼此需经过说明、协商、妥协等方式,修正立场,以确定一个双方都可以接受的政策执行方式。

2. 政策执行者与受影响者之间的相互调适过程并非传统理论者所说的"上令下行"的单向流程,而是一个双向的信息交流过程,政策执行者与受影响者双方在相互调适过程中处于平等的地位。

3. 政策执行者的目标和手段富有弹性,可随环境因素或受影响者需求和观点的改变而改变。

4. 受影响者的利益、价值与观点仍将反馈到政策上,从而影响政策执行者

---

① McLaughlin and Milbrey Wallin, "Implementation as Mutual Adaptation: Change In Classroom Organizations," in Walter Williams and Richard F. Elmore(eds.), *Social Program Implementation*, New York: Academic Press, 1976, pp.167—180.

的利益、价值与观点。

在 M. 麦克劳夫林看来,成功的政策方案有赖于有效的政策执行,而有效的政策执行有赖于成功的相互调适过程。①

M. 麦克劳夫林的方法论较"纯科学"的行为主义政策执行理论是一个很大的进步,他是在对一个具体案例进行研究的基础上说明问题的,即通过由具体到抽象的途径,说明政策执行者和受影响者的相互调适对政策目标达成的影响。麦克劳夫林同时将政策过程看成是一个动态的过程,从而揭示了由于在政策执行过程中相互调适的结果,执行者和受影响者都能赋予政策以新的含义。就这一点而言,政策执行者不是简单被动地执行政策,受影响者不是简单被动地接受政策,二者在相互调适过程中也起到了影响政策制定的作用。尽管如此,麦克劳夫林仍没能说明调适过程的实质。②

另外,麦克劳夫林所提出的相互调适模型是一个相对简化的模型,其优点在于充分强调了政策执行者和受影响者之间的互动过程,这反过来也成为该模型的弱点,即对其他因素忽略过多,其适用范围受到很大的限制。

### 四、赖因和拉宾诺维茨的政策执行循环模型

麻省理工学院教授马丁·赖因和弗朗西·拉宾诺维茨在 1978 年《执行:理论的观点》一文中,提出了政策执行循环模型,认为政策执行是介于政策意向与行动之间的动态过程,这一过程由三个不同的阶段构成。③ 如图 6-4 所示:

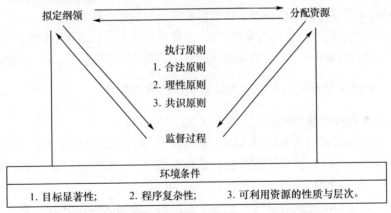

图 6-4 赖因和拉宾诺维茨的政策执行循环模型

---

① 金太军等:《公共政策执行梗阻与消解》,第 63 页。
② 张金马:《公共政策分析:概念·过程·方法》,第 391 页。
③ Martin Rein and Francine Rabinovitz, "Implementation: A Theoretical Perspective," in Walter Dean Burnham and Martha Wagner Weinberg (eds.), *American Politics and Public Policy*, Cambridge, Massachusetts: The MIT Press, 1978.

1. 拟定纲领阶段：将立法机关的意图转化为行政机关执行政策的规范和纲领；

2. 分配资源阶段：将政策执行所需要的资源公平、公正地分配给执行者；

3. 监督执行阶段：对政策执行过程与成果加以评估，确认执行者所应承担的行政责任，监督过程包括监督、审计与评估三种形式。

上述三个阶段是相互作用的双向循环的复杂动态过程，而非单向的直线过程；同时，这种循环过程不仅是周期性的，而且受到环境条件的冲击与影响。在他们看来，这些环境条件包括三类因素，即目标的显著性、程序的复杂性、可利用资源的性质与层次。

在每一阶段，必须遵守三条统一的原则：

1. 合法原则。政策执行的合法原则受四个因素的影响：议员权力与地位的高低、技术可行程度、立法辩论的争议范围和理清程度、立法者与执行者支持法律的程度。

2. 理性原则。政策执行的理性原则包括两个方面：一是一致性原则，二是可执行原则。

3. 共识原则。政策执行的共识原则是指有影响力的政策执行者只有在存在争议的问题上达成共识，政策执行才可能顺利进行。

该模型的贡献，首先在于对政策执行系统内在关系做了较深刻的剖析说明。政策执行的主要功能是资源分配，为了保证公正和公平，不仅决策者要拟定明确的纲领目标，而且监督者也应遵循合法、合理、共识的原则。其次，说明了政策环境对政策执行所产生的重要基础性影响。最后，强调了政策执行过程重复循环的价值，这些都是值得肯定的。不过，它抹杀了政策目标群体的存在，则是不恰当的。①

**五、萨巴蒂尔和马兹马尼安的政策执行综合模型**

美国著名政策科学家保罗·A. 萨巴蒂尔和丹尼尔·A. 马兹马尼安是自下而上政策执行模式的重要代表人物。他们在1979年合著的《公共政策执行：一个分析框架》一文中，提出了政策执行的综合模型，该模型囊括了影响政策执行的三大类、十七种因素，图6-5给予了详细的说明。②

他们认为在政策执行过程中起较大作用的主要因素可以分为三类：

1. 政策问题的可处理性。其衡量标准包括：现存的能对政策问题加以处理的有效理论和技术及运用时的困难程度；标的团体行为的多样性；标的团体的人

---

① 周树志：《公共政策学》，西北大学出版社2000年版，第257页。
② Paul A. Sabatier and Daniel A. Mazmanian, "Policy Implementation: A Framework of Analysis," *Policy Studies Journal*, Vol. 8, No. 4, 1979—1980, p.542.

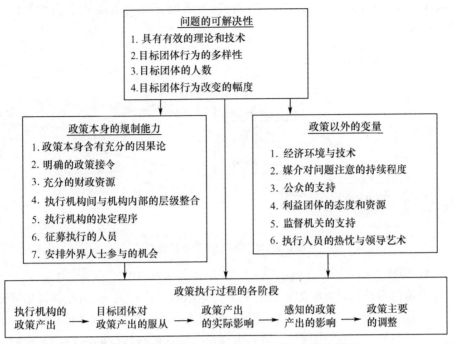

图 6-5　萨巴蒂尔和马兹马尼安的政策执行综合模型

数及其行为需要改变的幅度。

2. 政策本身的规制能力:政策是基于充分的因果关系基础的;政策指令是明确的;有充分的财政资源支持;各级执行机构内部能够通过整合实现协调;执行机构内部的决定程序相对科学;有素质较好的执行人员;能够吸纳社会多方面的政治参与。

3. 政策以外的其他变量:影响政策执行的经济环境和技术条件;大众媒介的参与情况;普通公众的支持程度;利益团体的态度和资源;监督机关是否支持;执行人员的热忱与领导艺术;等等。

该模型的一个显著特点是:联系政策执行的不同阶段来考察变量对政策执行的影响。① 将政策执行分为五个阶段:执行机构的政策产出、目标团体对政策产出的服从、政策产出的实际影响、感知到的政策产出的影响、政策的主要调整。

### 六、爱德华的政策执行模型

G. 爱德华三世在《执行公共政策》一书中,提出了如图 6-6 所示的政策执行模型,认为四项主要因素的互动关系,直接或间接地影响了政策的执行状况:

---

① 陈潭:《公共政策学》,湖南师范大学出版社 2003 年版,第 190 页。

沟通(communication)、资源(resources)、执行者偏好(disposition)和官僚组织结构(bureaucratic structure)。①

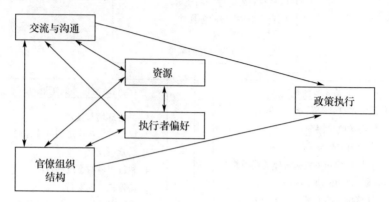

图 6-6　爱德华的政策执行模型

1. 沟通

政策内容及执行方法如果能清晰地传达给政策执行人员,则能够以整齐划一的步伐,促进政策执行的成功。但是,政策执行命令却常会发生传达错误或沟通不良的情况。主要原因有二:(1)执行命令缺乏清晰性(clarity);(2)执行命令缺乏一致性(consistency)。

2. 资源

充分的资源供给也是保证政策有效执行的必要条件之一。大致来看,政策执行所涉及的资源包含四项:人员、信息、设备和权威。

(1) 人员(staff)。要顺利执行政策,既需要拥有充足的专业人员,也需要具有管理和行政技巧的人员,因为人员是政策执行的主力,执行人员的素质、能力、数量等都会对政策执行产生影响。

(2) 信息(information)。政策执行人员需要掌握政策内容、执行方法和其他相关事项等方面的信息,尤其是创新或高技术性的政策,更要掌握充分的信息,才能确保正确地执行政策。

(3) 设备(facilities)。设备有赖于经费充足与否。充足的经费能够购买政策执行所需要的各种设备、材料,甚至雇佣执行人员等。经费充足将极大地提高政策执行的品质。

(4) 权威(authority)。政策执行人员应当具有权威,才能顺利推动政策执行。权威俨然已经成为一种新型的资源。其理由如下:

---

① George C. Edwards, *Implementing Public Policy*, Washington, D. C.: Congressional Quarterly Press, 1980, p. 143.

- 权威可以加强执行者的责任心；
- 权威是获得协调的基础；
- 权威往往意味着有某方面的专长；
- 权威是工作分派、指导和控制的依据；
- 权威是奖惩的基础。

3. 执行者偏好

政策执行人员通常具有相当的自由裁量权,因此他们对政策的态度将极大地影响到政策执行效果。首先,各机构政策执行人员对同一政策所持的态度可能会有很大差异,这是因为各机构都在一定程度上具有本位主义(parochialism)的倾向。此外,政策执行人员由于竞争性的政策兴趣,由于对政策指令做出了选择性的解释,表现在政策执行行动中就是公然抗拒、阳奉阴违、敷衍塞责等,导致政策不能有效执行。

执行者偏好对政策执行的影响很大,要解决政策执行人员不利偏好对政策执行的不良影响的问题,有三种方式可用:其一,可以将执行人员更换为支持政策的人员;其二,可以通过加薪、升迁、福利等激励手段强化政策执行人员的执行行为;其三,可以采取惩罚、制裁措施,迫使政策执行人员努力执行政策。

4. 官僚组织结构

官僚组织在结构和运作上的两项特性,会影响政策执行的成败。

(1) 标准作业程序(standard operating procedures)

标准作业程序指官僚组织为有效处理复杂的日常事务所发展出来的一套例行的惯例规则。执行机构订立的标准作业程序可以节省处理时间,实现公平服务的要求,有利于政策的执行。因此,官僚组织应该建立适当的标准作业程序,以有效执行政策,避免不必要的麻烦。

但是,标准作业程序也可能对政策执行具有下列不利影响:其一,限制执行人员执行能力的发挥,导致执行行为缺乏弹性,无法适应客观环境变化;其二,标准作业程序还可能产生目标置换(goal displacement)的弊端,即政策执行人员将手段性的标准作业程序当作主要行为目标,为严格遵守标准作业程序,以致放弃了达成政策目标的任务;其三,执行人员可能会以遵守标准作业程序为借口,抵制创新与变迁,由此导致政策执行难以适应变革的政策环境的需要。因此,应根据具体政策的特性,选择是否具有标准作业程序的机构来执行。

(2) 执行权责分散化(fragmentation)

执行权力分散到不同的机构,因事权不专所带来的协调困难、资源浪费等,往往造成政策执行不力。比如美国在社会福利方面,联邦的一百多个社会福利计划,分由十个不同的部门负责执行,以致成效不佳。因此,应当调整权责划分,强化沟通协调,减少事权不专、责任不明的情况。①

总之,爱德华所提出的执行模型抓住了影响政策执行的最为关键的几个因素,但是该模型却没有讨论目标群体、各种环境因素对政策执行的影响,因此表现出一定的局限性。

### 七、戈金的府际政策执行沟通模型

马尔科姆·L.戈金是美国布鲁金斯学会的客座研究员,在美国多所大学讲授政治学。1990年,戈金等人在其出版的《政策执行理论与实务:迈向第三代政策执行模型》一书中,提出了"府际政策执行沟通模式"(the communication model of intergovernmental policy implementation)②。如图6-7所示:

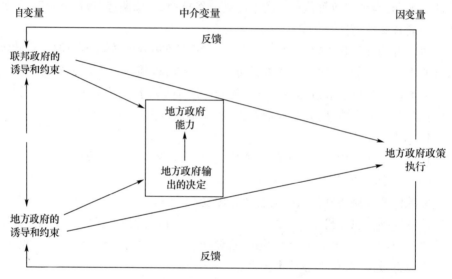

图6-7 戈金的府际政策执行沟通模式

戈金等人认为第一代政策执行研究呈现出演绎的途径(deductive approach),而第二代政策执行研究则呈现出一种分析性的归纳途径(analytical approach)。但是,政策执行是一种极为繁复的过程,是一系列发生于不同时间与空间的政治与行政决策和行动的过程,而不只是单独采取演绎或归纳的途径就可解释。因此,他们主张政策执行研究不应忽视各种层次中执行动态面的探讨,其所提出的"府际政策执行沟通模型"即着重于探讨政策执行的动态过程。

在"府际政策执行沟通模型"中,戈金等人认为中央政府做出决定启动了政

---

① 金太军等:《公共政策执行梗阻与消解》,第64—66页。
② M. L. Goggin, et al., *Implementation Theory and Practice: Toward a Third Generation*, p. 32.

策执行过程,而这一决定通过其形式和内容多多少少都会约束政策执行人员的选择和行为。地方政府回应中央政府强加的诱导和约束的方式是不同的,这取决于地方政府偏好的性质和强度以及地方政府行为的能力。而且,政府决策已经不再是一个单一的理性人的行为,而更可能是团体之间相互讨价还价的结果。因此,这种综合方式认为政策执行实际上最终既取决于自上而下研究途径所关注的影响因素,又取决于自下而上研究途径所关注的影响因素。

在这一模型中,戈金等人将政策执行的影响因素依据其独立性分为三类。独立的自变量包括联邦政府的诱导和约束、地方政府的诱导和约束,这两者都是事先存在的。半独立的中间变量是由中央政府决策与地方政府决定共同影响的,地方政府能力与地方政府输出的决定是两个重要的中间变量,影响着因变量,即地方政府政策执行,而地方政府政策执行情况又反馈回联邦政府和地方政府作为其诱导和约束因素。

这一模型分析的重点在于政府间关系对政策执行的影响,突出强调了地方政府的相对独立性,体现了一种综合的看法。同时,该模型也区分了影响因素之间的相互影响,而这正是我们在进行政策分析中容易忽视的一点,因此,该模型的提出意义重大。

在戈金之后,其追随者们进一步丰富与发展了"府际政策执行沟通模型"的内容。

兰德尔·里普利和格雷斯·富兰克林指出:"典型的公共政策执行是发生在一个复杂的府际关系网络上,其中多元参与者(multiple actors)经常抱持分歧而且冲突的目标与期望;基于此,各种层次的府际关系运作能否顺畅无碍,自然与政策执行的效果息息相关。"①

施柏莉认为政策是否能够有效执行,关键在于培养正面的府际运作关系(working relationship)。她还根据联邦与地方官员彼此互信程度以及上级机构监督介入情形,将府际的运作关系分为下列四种类型:②

1. "合作共事型"(pulling together):在彼此互信程度较高的情况下,"合作共事型"允许联邦机构高度介入地方政策执行过程,并由此带来显著的政策执行效果。

2. "合作但维持地方自主型"(cooperative but autonomous):政策执行前景存在于地方政府受到的诱因激励与条件限制,政策执行的障碍可能会发生。

3. "逃避式各自为政型"(coming apart with avoidance):由于地方政府享有

---

① Randall B. Ripley and Grace A. Franklin, *Congress, the Bureaucracy and Public Policy*, Pacific Grove, C. A.: Brooks/Cole Publications, 1991.
② Denise Scheberle, *Federalism and Environmental Policy: Trust and the Politics of Implementation*, Washington, D. C.: Georgetown University Press, 1997, pp. 10—22.

相当程度的自主性,联邦与地方维持一个行礼如仪的表面关系,两者欠缺实质上的政策连带关系,必须借助于基层官员和民众的鼎力支持才可能取得有效的政策执行。

4."争斗式各自为政型"(coming apart and contentious):联邦政府高度介入地方事务,但彼此的互信度不高、沟通不良是府际运作关系的主要特征,因此,基层的政策执行人员习惯于阳奉阴违,时常拥有自己桌面下的议程。

总而言之,在戈金及其追随者看来,政策执行是通过府际或组织间网络来实现政策目标的,政策执行过程充满着高度的动态性与复杂性。

### 八、保罗·A.萨巴蒂尔的政策支持联盟框架

在政策变迁的支持联盟框架(advocacy coalition framework of policy change)①中,保罗·A.萨巴蒂尔之所以用"政策变迁"代替"政策执行"一词,主要原因在于政策执行过程本身就是改变政策内涵、政策取向的学习过程。

为了说明政策执行与政策变迁的过程,萨巴蒂尔将政策过程的相关因素划分成了政策子系统和其他外生变量。如图6-8所示:

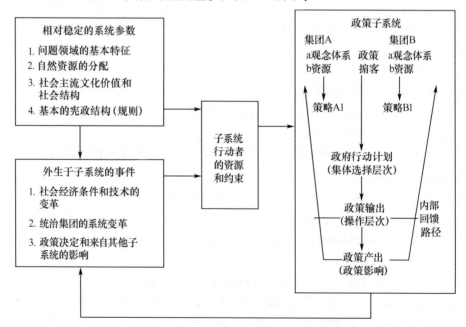

图6-8 萨巴蒂尔的政策变迁支持联盟框架

---

① 关于萨巴蒂尔的支持联盟框架,在本书第十章第三节有更为详细的介绍,此处仅从政策执行的角度加以介绍与分析。

在他看来,政策变迁最好以政策子系统(policy subsystem)的观念来诠释,而非以政府组织的变迁来诠释;政策子系统包含公私部门的行动者,如政客、政府官员、利益团体领导者、知识精英等,基于相似的价值观念、信仰态度与利益偏好,他们会集结成若干支持联盟,并且采用若干倡导策略,以便影响政府的公共政策,当然最终的希望是能够得到具体的政策产出,然后将这种产出所引起的冲击反馈到支持联盟。支持联盟彼此之间所采用的策略可能会相互冲突,但通过中间的政策掮客(policy brokers)的协调,就容易取得平衡的政策影响力。

政策执行与政策变迁主要发生在政策子系统中。政策子系统包括相互存在矛盾的两个行动主体:集团A与集团B。两者的观念体系与所掌握的资源不同。当他们面对同一政策问题时,各自就产生了对自我有利的政策策略。他们各自的策略通过政治游说集团的作用,在政治系统中获得综合,达成一个集体选择层次的政府行动计划,即政府通过的政策。集体选择层次的政策经过操作化以后,作为操作层次的政策输出呈现出来。这时若有矛盾,则通过内部回馈路径重新回到原来的层次,如果没有矛盾则顺利推进政策执行,形成政策产出(政策影响),而政策产出又通过内部回馈途径回到原来的层次。一个社会中政策子系统有很多,依据参与者、关注的问题领域等的不同而不同。各种政策在政策子系统中得以形成,并获得执行。

在萨巴蒂尔看来,要更深入地理解政策执行与政策变迁,还要涉及其他外生变量:相对稳定的系统参数和外生于子系统的事件。其中,相对稳定的系统参数包括问题领域的基本特征、自然资源的分配、社会主流文化价值与社会结构、基本的宪政结构等;外生于子系统的事件包括社会经济条件与技术的变革、统治集团的系统变革、政策决定与来自其他次级子系统的影响。这两种外生变量都会影响到政策子系统的政策执行与政策变迁。

这一模型综合了自上而下研究途径和自下而上研究途径的优势,考虑了众多影响政策执行和变迁的因素,表现出很大的包容性和解释力。这一模型尤其适用于分析政策变革,这种变革也许来自于正规的决策途径,也许来自于执行过程中的扭曲。这一模型确如萨巴蒂尔所言,"基本上考虑的是理论的建构,而不是向实践者提供具体的指导或者具体情况的详细描述"[①]。但是,当我们沿着这一理论去思考的时候,就会发现其强大的解释力,虽然从比较严格的意义上看,他建构的并不是纯粹的政策执行模型。

最后,需要说明的是,上述政策执行模型并没有绝对的好与坏,只是研究的角度不同而已。因此,性质不同的政策,可以采取不同的模型加以说明;在不同

---

[①] Paul A. Sabatier, "Top-down and Bottom-up Approaches to Implementation Research: A Critical Analysis and Suggested Synthesis," p.39.

的政治条件下,采用的模型也不尽相同。

## 第三节 公共政策执行过程与方式

如前所述,政策执行在本质上是一个多元参与者互动的政治过程,它包含了一些基本程序或一系列功能活动。要成功推进这些程序,顺利完成这些活动,就必须选择科学的政策执行方式。对政策执行过程和执行方式的研究,构成了政策执行研究的重要内容。

### 一、政策执行的过程

一般来说,政策执行过程包括三个阶段,一是政策执行的准备阶段,包括进行政策宣传、加强政策认知、制定执行计划、进行物质准备和做好组织准备等活动环节;二是政策执行的实施阶段,包括政策实验、全面推广、指挥协调和监督控制等活动环节;三是政策执行的总结阶段,包括政策执行效果评估、追踪决策等活动环节。

1. 政策执行的准备阶段

政策执行是一种有目的、有计划、有组织的活动过程,因此,在政策方案付诸实施以前,有必要做好各项准备工作,因为"良好的开端是成功的一半"。

(1) 进行政策宣传,加强政策认知

要正确执行政策,就必须加强政策认知;要加强政策认知,就必须进行政策宣传。所谓政策宣传,是指向社会公众宣布和传播公共政策的意图和内容,促使和引导政策执行者和政策目标群体的行为向着宣传者所希望的方向发展。政策宣传除了对社会公众公布新出台的公共政策外,还含有教育、说服和鼓动的成分。它贯穿于政策实施过程的始终,既是政策执行的先导,又是政策执行的手段。[①]

在政策执行过程中,政策宣传具有下列重要作用:

首先,加强政策宣传,有助于提高政策执行者的政策认知。政策执行是以政策执行者对所推行政策的认知和认同为前提条件的,只有执行者对公共政策的意义、目标、内容以及政策执行的原则、方法和步骤有了明确认识和充分了解以后,才能积极主动地执行政策。因此,通过多种形式的政策宣传,可以使执行者认真领会和深刻理解公共政策的精神实质、内在规定和外部环境,从而强化政策认知与认同,为高效的政策执行奠定统一的思想基础。

其次,加强政策宣传,有助于提高目标群体的政策认知。政策对象只有知晓

---

① 张国庆:《公共政策分析》,复旦大学出版社2004年版,第218页。

了政策,才能理解政策;只有理解了政策,才能自觉地接受和服从政策。多渠道、多形式的政策宣传的目的在于:当政策规定能够满足目标群体的利益需求时,政策宣传能够加强目标群体的政策认知,动员人们努力去实施政策;而当政策总体上符合目标群体的根本利益和长远利益,但要求人们对眼前利益和固有观念进行适当调整和改变时,政策宣传就要说服、教育人们从大局和长远利益出发,正确对待和适应公共政策对社会利益关系的调整,从而为高效的政策执行营造良好的舆论环境。

政策宣传的内容包括政策的公布和政策方案的解释、说明。

政策公布也称政策声明,就是下达实施政策的指令。政策公布一般是以法规、命令、指示、决议、批示、纪要、规定、通知、细则、办法等形式下发。除特殊情况外,公共政策都有正式公布的环节。政策一经公布,就进入实施环节,产生约束力和指导性。

对政策的解释、说明,就是通过各种有影响力的渠道和方式,向政策执行者、政策对象和社会相关群体传播政策的合法性、合理性、必要性和效益性等方面的信息,以获得政策执行者和政策目标群体对政策的理解、支持和接受,并形成有利于政策执行的社会舆论环境,以确保目标群体的行为与政策规定的要求保持一致。

(2) 做好组织准备

组织准备主要是指机构的设置和人员的配备。我们知道,公共政策终归是要由一定的人员和机构来执行的,政策颁布之后首先要做的事情就是组建相关的政策执行机构,配备必要的政策执行人员。

组建相关的政策执行机构是组织准备中首要的任务。一般来说,政策的执行,特别是常规性、例行性的政策执行,如属原有政策执行机构的任务,则应由原有政策执行机构及其工作人员继续承担,不必另建机构,但有时也可用提高原有机构地位或者改组机构的方式来保证政策的顺利实施;如果所要执行的是涉及多个部门的非常规性政策,而非原有执行机构所能承担的,则可抽调有关人员组建新的执行机构,以确保政策的有效执行。不过,需要注意的是,无论是指定或委托已有的政策执行机构来执行政策,还是组建新的政策执行机构来执行政策,都必须遵循一些基本的准则,即按照既定政策目标实现的需要和政府管理部门职能的需要来为政策的实施做组织准备,而不能搞因人设事、因人设岗,或者一味地追求上下对口;政策执行机构要完整统一,要统一指挥、统一领导,以防因政出多门、多头领导而造成的执行机构功能紊乱;同时,职能机构设置要完整配套,功能齐全;执行机构内要权责明确,权责一致;此外,在政策执行机构和政策执行人员之间,还要建立必要的组织、协调、沟通与控制机制,以使政策执行机构在组织结构上最终达到科学合理、功能齐全、运转灵活、协调统一、精干高效的要求。①

配备必要的政策执行人员是组织准备中的另一项重要任务,因为人是组织中最能动、最活跃的因素,是政策执行任务的最终承担者。现代政府管理的专业化和政策环境的复杂化,对政策执行机构的主管人员和一般人员的素质能力提出了较高的要求,要求他们不仅要有强烈的事业心和责任感,更要具备丰富的管理经验和广博的专业知识;不仅要有善于宣传、善于沟通的公关能力,更要有脚踏实地、真抓实干、实事求是、讲求效率的工作作风;不仅要有较强的政策理解能力和领会领导意图的能力,更要有积极的创新能力、良好的协调能力和灵活的应变能力;不仅要有坚忍不拔、吃苦耐劳、勤政为民的精神,更要有敏锐的预测能力、准确的判断能力和有效的推动能力;执行机构和人员不仅要有合理的个体素质结构,更要有优化的群体素质结构,以便同心同德、群策群力,通过有机的分工与合作确保政策执行任务的顺利完成。

在组建了政策执行机构和配备了政策执行人员以后,还有必要制定科学合理的管理制度,以明确政策执行的具体准则,保证政策执行的正常秩序。必要的管理制度包括目标责任制、检查监督制度和奖励惩罚制度等。三者是一个有机整体,其中,目标责任制是核心,检查监督制是手段,奖励惩罚制是杠杆,三者相辅相成,共同构成了推动政策全面、顺利、有效执行的一套完整制度。

(3) 进行物质准备

任何一项公共政策的实施总是需要一定的物力和财力作为基本保障。"……仅有执行政策的权威和主要工作人员的承诺是不够的,充足的装备、物资设备以及其他的支持设施也是必需的。"②因此,充分做好政策执行的物质准备,也是政策执行准备工作必不可少的一项内容。这里所说的物质准备主要是指政策执行所必需的经费(财力)和必要的设备(物力)两个方面的准备。

首先,执行者应根据政策执行活动中的各项开支项目与数量,本着既能保证执行活动正常开展,又坚持勤俭节约原则编制预算。预算必须报有关部门批准后,才能执行,才算落实了政策实施的活动经费。

其次,要做好必要的设施准备,如交通工具、通信联络、技术设备、办公用品等。随着现代科学技术的发展,政府管理与政策执行所使用的各类设施已经有了很大的发展,这些现代化设备,为政策执行活动的顺利开展提供了良好的物质条件。

---

① 张金马:《公共政策分析:概念·过程·方法》,第406页。
② 〔美〕卡尔·帕顿、大卫·沙维奇:《政策分析和规划的初步方法》,华夏出版社2001年版,第215页。

（4）制定执行计划

一般来说，一项公共政策的推出，往往是从宏观、战略的角度规定实现政策目标的基本方向，面向整体，着眼长远，具有抽象性、原则性、笼统性和模糊性的特征，因而未必能与实际情况完全契合，导致可操作性相对不足。因此，政策执行机构需要在调查研究的基础上，对政策规定加以具体化，对总体目标进行分解，制定出具体可行的政策执行计划。

制定政策执行计划时，必须遵循下列原则[①]：

第一，客观原则。制定执行计划要实事求是，有的放矢，切实可行，客观可靠，排除主观臆断；执行计划的各项分目标，不保守也不冒进，不是唾手可得也非高不可攀；对有关人力、财力、物力等各种资源与条件，必须做到心中有数，量入为出，量体裁衣，不可含糊笼统、不自量力、好大喜功、脱离实际。

第二，弹性原则。制定执行计划要有适应外部环境条件变化的弹性机制，特别是要有应对突发事件的防范机制；也要在坚持政策原则性的基础上，具有灵活性，通过创新发现政策执行新的切入点和新措施、新方法，既科学有效地执行政策，又减少政策执行成本，提高政策执行效益。

第三，统筹原则。制定执行计划要求能够统筹方方面面，理顺各种关系，实现长期目标与近期目标统一、上级目标与下级目标统一、经济目标与社会目标统一，切忌顾此失彼，前后矛盾，相互冲突，做到计划前后衔接、全局与重点均衡、公平与效率兼顾。

2. 政策执行的实施阶段

政策执行的实施阶段是实现政策目标、提高政策效益的关键环节。它包括政策实验、全面推广、指挥协调和监督控制等内容。

（1）政策实验

政策实验是一项新政策在正式推广之前，根据政策目标群体和政策适用范围的实际情况，选择具有代表性的局部地区、范围或群体，使用较少的成本和较短的时间，试行政策的办法。

在政策执行过程中，政策实验是政策得以全面推行的基础。政策实验的意义体现在[②]：其一，有利于减少政策执行的风险。由于某些大型政策涉及政治、经济、文化、心理等多项社会因素，其执行条件相对不够成熟，准备不可能完全充分，执行计划不可能十全十美，政策信息的非对称性以及执行主体对政策过程和结果缺乏准确的洞察力，因而政策方案的全面推开面临一定风险。政策实验利用有限的政策资源做出局部性、临时性判断，能相对减少政策执行的风险，由于

---

① 宁骚：《公共政策学》，高等教育出版社2003年版，第374页。
② 同上书，第377—378页。

资源投入不多,即使实验全部失败,造成的损失也不至于太大。其二,政策实验有利于降低政策执行成本。政策实验有利于检验政策的可行性和有效性,可以及时修改和完善政策,可以从政策试点中获得重要的经验和教训。同时,通过试点取得的成功与效益,能使人们逐渐转变传统观念而接受新政策,从而有利于提高政策执行效率,降低政策执行成本。

在进行政策实验的过程中,需要注意以下几个方面的问题①:

第一,要注意选点的代表性和典型性。随随便便地找一个缺乏代表性的地方来进行政策实验,显然是行不通的;而找一个条件特别好的地方来进行政策实验,或者给"试点"创造得天独厚的特殊条件,"吃小灶",人为地拔高"试点",更不可能获得准确有效的信息和具有普遍意义的经验。

第二,实验方案的设计要周密。在不给试点单位特殊条件的情况下,为了做好试点工作,现在较为普遍地加强了试点单位与非试点单位的比较工作,即在相同条件下设置"对照组"。有些地方还实行了"暗试"的方式,即不通知试点单位,而由领导机关"暗中"加以观察和分析。这主要是为了避免各种人为因素的干扰,防止失去试点的科学性与真实性。

第三,要重视对实验结果的总结与分析。总结与分析实验结果是政策实验过程最为关键的一步,因为总结阶段要根据实验的整个过程和结果,检验、评估、修改、补充或者否定、废止原有政策方案。这个阶段要注意几个问题:一是总结经验要实事求是,要全面系统地考察整个实验过程,分析产生结果的所有原因,分清哪些是最根本的最重要的原因,哪些是非根本的次要的原因;哪些是必然性原因,哪些是偶然性原因。同样是成功的结果,通常可以证明政策方案是正确的,但也可以是偶然因素促成的;同样是失败的结果,可能是由于政策方案本身的错误所致,也有可能是实验过程中的人为差错而引起的。二是对成功经验要进行理性思考,要分析研究这些经验适用的范围和条件,要分清哪些经验仅仅适用于试点本身,哪些经验具有普遍意义;运用这些经验需要具备哪些条件,需要附加哪些条件。三是要重视政策实验失败的教训。要善于从失败的教训中得到启迪,为下一步政策的全面实施扫清障碍。成功的经验能从正面回答我们应该怎样做,失败的教训却能直接告诉我们不应当怎样做。只有将两者结合起来,才能知道必须怎样做。

(2) 全面推广

在经过执行准备和政策实验的各项工作以后,就进入了政策实施的全面推广阶段。这是政策执行过程中最重要的阶段,因为政策执行绩效的好坏在很大程度上取决于这一阶段的执行情况。

---

① 金太军等:《公共政策执行梗阻与消解》,第118—119页。

在政策实施的全面推广阶段,必须遵循原则性与灵活性相统一的原则。所谓政策实施的原则性,是指政策执行必须遵循政策的精神实质,保证政策的统一性、严肃性和权威性,严格按照政策规定的要求去做,全面地、不折不扣地实现政策目标。所谓灵活性,是指在不违背政策原则精神和保持政策方向的前提下,坚持从实际出发,采取灵活多样的方式方法,因时制宜、因地制宜、因人制宜、因事制宜,使政策目标得到真正实现。在政策实施中坚持原则性与灵活性相统一的原则,就是要把政策精神和实际情况相结合,既要创造性地实施政策,又要正确地把握政策界限。灵活是在原则所允许的范围内的灵活,而不是违反政策的随心所欲;灵活性的临界点是原则性。我们在执行政策的过程中,如果抛弃了政策的原则性,滥用灵活性,就会产生"上有政策,下有对策"的现象,使政策难以得到顺利、有效的执行。[1]

(3) 指挥协调

政策执行是一项非常复杂的管理活动,需要不同执行机构和执行人员的共同参与和密切配合,需要调动并利用人力、财力、物力、时间、信息、权威等多种资源,需要综合使用行政、法律、经济等各种手段。由于不同的政策执行机构具有不同的职责范围和管理权限,不同的政策执行人员在知识、经验、智力、观念、利益、性格和观察问题的角度等方面存在差异,在政策执行过程中难免出现意见分歧、利益矛盾和冲突摩擦。而这些矛盾、冲突和摩擦往往给政策执行带来种种障碍。因此,美国著名政策科学家萨巴蒂尔和马兹马尼安强调说:"执行机关内部以及执行机关之间的整合(integration)是政策有效执行的必要前提条件之一。"[2]要实现政策执行机构和人员之间的整合,就离不开统一的指挥和有力的协调。指挥与协调作为两种重要的功能性活动,贯穿于政策执行全过程。

指挥就是行政领导者将已经确定的执行计划和目标任务通过命令、指示、决定等方式,分派落实到具体的部门、单位和个人;按照计划筹集、分配物资经费,组织实施试点工作,总结推广试点经验;通过行政命令、经济调控和教育激励等手段,指导政策执行工作全面展开和有效推进的过程。

协调是指行政领导通过引导、调停和说服的办法,使不同的政策执行机构和政策执行人员之间建立起相互协同、相互配合的关系。协调工作做好了,才能化解矛盾、解决冲突、缓和关系,使执行人员及其他相关人员做到思想观念上的统一和行动上的一致,才能保证执行活动的同步与和谐,提高政策执行的效率,减少人力、物力、财力和时间等方面的浪费。

---

[1] 陈振明:《政策科学——公共政策分析导论》(第二版),第 269—270 页。
[2] Paul A. Sabatier and D. Mazmanian, "The Conditions of Effective Implementation: A Guide to Accomplishing Policy Objectives," pp. 490—492.

(4) 监督控制

监督控制是政策执行过程的保障环节。在实际的政策执行过程中,常常由于政策执行者主观认识上的差异,造成对政策理解的失当,或者由于政策制定者与执行者之间存在的利益差别的影响,往往会使政策执行活动偏离政策目标,出现政策执行的偏差、失误、违法与低效等情况。因此,必须加强对整个政策执行过程的监督和控制。对政策执行过程进行监督控制主要是为了保证政策执行活动遵循政策原定方案,监督检查政策内容是否得到贯彻执行,看看各项措施是否存在违背全局利益或整体利益的情况,及时发现和纠正一切违背政策目标的行为,提高政策执行的效率,确保政策目标的实现。

3. 政策执行的总结阶段

政策执行完毕后要及时做出总结,这是政策执行的最后一个阶段,也是为制定新的政策做准备。政策执行总结包括以下两个环节:

(1) 绩效评估

在政策执行完毕以后,需要对政策方案及其执行绩效进行科学、客观、系统、全面的评估。政策执行绩效评估对于改进政策制定系统,克服政策执行中的弊端和障碍,提高公共政策的质量和效益,具有重要作用。

首先,政策执行绩效评估是检验政策执行效率(efficiency)、效益(effectiveness)和公平性(equity)的基本途径。一项构思精良、经多方论证认定是无懈可击的政策付诸实施以后,究竟有没有达到预期的目标,产生预期的效果,不能仅由政策制定者或执行者进行主观判断,而是需要使用科学的指标,遵循严格的程序,进行客观的评估。

其次,政策执行绩效评估是决定政策去向的重要依据。一项政策在执行过程中总会呈现出一定的走向。伴随着政策目标实现程度的不断推进,该项政策是应该继续、调整、革新还是终止?这不应该是核心决策者拍脑袋决定的事情,必须以政策绩效评估的客观结果为依据。

再次,政策执行绩效评估是进行追踪决策的必要前提。进行追踪决策不是建立在空中楼阁之上的,它总是以原定政策及其执行效果为背景的。政策执行绩效评估的结果为重新确定政策目标、进行追踪决策提供必要的依据。

由此可见,政策执行绩效评估是政策过程这一有机链条中必不可少的重要一环。[①]

(2) 追踪决策

在政策执行过程中,当主客观情况发生了重大变化,或是发现原有政策本身有原则性错误,就必须及时进行追踪决策。追踪决策不是对原有政策方案的修

---

[①] 关于政策绩效评估的标准与程序,本书第七章有详细介绍。

修补补，而是要进行根本性的修正与变革，因此从本质上讲，追踪决策是针对原有政策问题的重新决策。它同样要严格地按照科学决策的程序和方法进行。但是，追踪决策是在原有政策实施了一段时间以后的二次决策，它不同于正常情况下的一般性决策，其区别在于：

一般决策是在搜集信息、确定目标和拟订方案的基础上进行方案优选；而追踪决策是在原有方案已经实施却面临困境的情况下做出的重新决策。因此，追踪决策必须对原有政策的制定过程及其环境逐步逆推，一环一环进行客观分析，看一看究竟是哪一步开始出现失误的，进一步寻找失误的症结所在，以便采取对策。

追踪决策是在原有政策已经实施了一段时间，不仅投入了一定的人力、物力和财力资源，而且政策的实施和资源的消耗已经对周围环境产生实际影响的决策活动。追踪决策要以这种已经变化了的主客观条件为起点，重新进行决策，重新审查目标，重新拟订方案，重新抉择方案。

一般政策方案的优选是从若干备选方案中一次优选即可，而在追踪决策的方案选择中，一方面各个备选方案都要优于原来的政策方案，因为经过实践检验，原有方案的缺陷已经暴露无遗，合理之处也得到证实，现在拟订方案有前车之鉴，理所当然要优于原有方案。另一方面在重新拟订的方案中，也要对比优选，选择最佳方案。

上述诸环节构成了一个完整的政策执行过程。只有三个阶段中的每一项功能性活动都做好了，政策执行活动才能顺利进行，从而把政策目标转变为政策现实，把政策内容转变为政策效益。

## 二、政策执行的手段

公共政策执行手段是指政策执行机构和人员为实现政策目标、落实政策内容所采用的政策工具、中介途径与措施方法的总称。美国著名政策科学家詹姆斯·安德森曾经指出："行政管理机构的实施活动依靠的不仅仅是该机构官员的态度和动机，以及外部的压力，而且取决于该机构所能获取的政策实施技术。"[1]可以说，政策执行手段选择得恰当与否，直接关系到政策执行目标能否实现，关系到政策执行主体执行力的大小。

1. 行政手段

行政手段是政策执行最基本的手段，是行政机关采用规章制度、命令指示、组织纪律等方式来推进公共政策的执行。

行政手段具有以下特点：

（1）权威性。行政机关以国家权力为基础，强调垂直领导关系和下级服从

---

[1] 〔美〕詹姆斯·安德森：《公共决策》，华夏出版社1990年版，第137页。

上级的权威性,从而保证政策执行在全国范围内统一组织、统一指挥、统一行动。

(2) 强制性。行政手段以命令、指示、规章、纪律等形式出现,以行政处罚作保证,在规定的范围内,任何单位和个人都必须执行,否则就要承担一定的责任,受到一定的惩罚。

(3) 具体性。政策执行的行政手段是就某一具体问题,完成某一具体任务而做出的,因此其内容、对象、时间、范围、限度、措施等,都是具体的。

(4) 无偿性。上级部门根据政策执行的需要,可以使用行政手段对下级的人、财、物等进行调动和使用,这种调动和使用不存在等价交换的问题,因而具有无偿性的特征。

(5) 发挥作用快。行政手段具有权威性、强制性和具体性的特征,导致它比其他政策执行手段发挥作用快。

当然,行政手段也有其不足之处;运用行政手段容易只从行政角度考虑问题,忽视其他政策规律和各方面的利益,容易产生"一刀切"、瞎指挥;同时,行政手段在政策执行中的频繁运用会在一定程度上影响下级组织及其官员的积极性和创造性。所以,在政策执行的过程中,行政手段不能滥用。同时,行政手段的运用还离不开有效的监督。

2. 法律手段

法律手段是通过各种法律、法令、司法、仲裁等工作,特别是通过行政立法和司法方式来调整政策执行活动中各种关系的方法。法律手段的运用,一是通过有关部门对违法行为进行制裁;二是政府机关依法制定和执行行政法规、部门规章,以调整相关社会关系,并对政策执行活动进行控制和监督。

法律手段除了与行政手段一样具有权威性和强制性外,还具有稳定性、规范性和程序性的特点。

(1) 所谓的稳定性,是指行政法规一经国家立法和行政机关颁布,就将在一定时期内生效,不会经常变动,更不允许任何机关、团体和个人随意更改。行政法律和法规的修订必须根据客观形势发展的要求,由国家立法和行政机关遵循立法程序进行。

(2) 所谓的规范性,是指它对一般人普遍适用,对其效力范围内的所有组织和个人具有同等的约束力。法律和法规都要用极其严格的语言,不能发生歧义,因为它是评价不同人们行为的共同标准。不同层次的法律法规不得相互冲突,法规要服从法律,一般法律又要服从宪法。

(3) 所谓的程序性,是指法律的制定要遵循特定的程序,法律的实施要通过法定时间与法定空间上的步骤和方式进行。在政策执行的过程中,法律手段的运用既要讲究实质正义,又要讲究程序正义。

法律手段是政策执行法治化、制度化、规范化的根本保障。只有有效运用法律手段,消除政策执行过程中人治重于法治的现象,才有助于政策执行的顺利进行。

**3. 经济手段**

经济手段是指根据客观经济规律和物质利益原则,利用各种经济杠杆,调节政策执行过程中的各种不同经济利益之间的关系,以促进政策顺利实施的方法。经济手段运用价格、工资、利润、利息、税收、资金、罚款以及经济责任、经济合同等,来组织、调节和影响政策执行者和政策对象的活动。

经济手段不同于行政手段和法律手段,它有如下三个特性①:

(1) 间接性。经济手段不像行政手段那样直接干预,而是利用经济杠杆作用对各个方面的经济利益进行调节,以此来实现间接调控。

(2) 有偿性。与行政手段下的无偿服从不同,经济手段的核心在于贯彻物质利益原则,注重等价交换原则。有关各方在获取自己经济利益的权益上是平等的。

(3) 关联性。一种经济手段的变化不仅会引起社会多方面经济关系的连锁反应,而且会导致其他各种经济手段的相应调整,它不仅影响当前,而且会波及今后。

实践证明,在政策执行过程中,只有正确贯彻物质利益原则,按客观经济规律办事,运用经济手段来调整各方面的经济利益,将执行政策的任务与物质利益挂钩,并以责、权、利相统一的形式固定下来,间接规范人们的行为,给人以内在的推动力,才能充分调动人们执行政策的积极性和主动性,最经济有效地实现政策目标。

**4. 说服引导手段**

与行政手段、法律手段和经济手段相比,说服引导手段较少有强制性,因此是政策对象更易于接受的执行方式。

所谓说服,按照安德森的解释,它"是指某些人试图使他人相信自己的立场和价值观的正确,从而使他们采取和自己一样的行动。它可能包括某人试图使他人相信自己所持立场的价值观所在;或使他人相信,如果接受了这种立场,那么就会增进他们或他们的选民的利益(或两者兼而有之)。就这样,劝说者试图让他人'按自己的方式行事'……官员向公众解释和证实特定的计划,就反映了政府试图说服公众遵守这些计划"②。

耐心说服、正确引导是政策执行的有效方法之一,它对于促进政策目标群体的政策认知、增强他们的政策认同,具有十分重要的作用。相反,简单粗暴、武断

---

① 陈振明:《政策科学——公共政策分析导论》(第二版),第 268 页。
② 〔美〕詹姆斯·安德森:《公共决策》,第 101 页。

专行的执行方式往往会受到政策对象的反抗。对于政策目标群体的思想问题，政策执行人员只有依据其思想发展的规律，采取循序渐进、耐心说服的方法对其进行正确的引导，特别要向他们讲明道理，分清利弊，权衡得失，使他们真正认识到所推行的政策蕴涵的价值与自身的利益是密切相关的，从而加深政策对象对政策的认识和理解，引导政策对象自觉、主动地执行公共政策。

5. 技术手段

技术手段是采用网络技术、信息技术等现代化的科学技术，来改进政策执行的方式，提高政策执行的效率。继美国、加拿大、新加坡等国开始构建本国电子政府之后，我国政府于1999年发起了"政府上网工程"，这标志着我国电子政府的全面开始。据统计，截止到2004年年底，国务院的76个部委和直属单位中，已有71个建立了政府部门网站；在31个省、市、自治区政府中，已有28家建立了政府网站；93.1%的市政府和69.3%的县政府已经拥有了自己的门户网站。①2006年1月1日，我国中央人民政府门户网站正式开通。目前我国政府网站的主要内容是网上发布信息、网上政府采购、网上工程招标、网上征税、网上医疗、网上教育等。电子政府工程的实施，对于促进政务公开，转变政府职能，优化公共服务，建立政府与民众之间的互动机制，提高政策执行的效率与质量，都有着至关重要的影响。

## 【关键术语】

政策执行　　　自上而下的政策执行模式
行动理论　　　自下而上的政策执行模式
组织理论　　　爱德华的政策执行模型
博弈理论　　　T. 史密斯的政策执行过程模型
政策执行过程　戈金的府际政策执行沟通模型
政策执行手段　范米特与范霍恩的政策执行系统模型
　　　　　　　M. 麦克劳夫林的政策执行互适模型
　　　　　　　赖因和拉宾诺维茨的政策执行循环模型

## 【复习思考题】

1. 试比较"自上而下"与"自下而上"政策执行模式的异同点。
2. 联系实际，分析影响政策执行的因素。
3. "上有政策，下有对策"是我国政策执行中长期存在着的一种普遍现象。

---

① 国家信息化办公室：《2004年中国政府网站绩效评估报告》，参见 http://www.chinasafety.gov.cn/files/2005-03/09/F_176798ce759c40b69410ec82e3e81ed3_20050301.doc。

试用所学的政策执行模型,分析这种现象的成因与治理对策。

4. 政策执行过程分为哪些主要阶段?各阶段分别有哪些功能性活动?

5. 政策执行的手段有哪些?

# 【案例分析】

## 国家助学贷款政策为何执行难[①]

2005年8月29日,教育部副部长张保庆对海南、天津、黑龙江、内蒙古、青海、新疆、宁夏、甘肃等8省区市助学贷款不落实、走过场提出严厉批评,引起强烈社会反响。

国家助学贷款,这么好的政策为何执行起来这么难?

记者调查发现,我国去年下半年出台新的助学贷款政策,在风险防范和利益补偿方面对银行做了很多有利的规定。然而时至今日,很多地方的银行仍以风险大、放贷成本高为由,设置较高贷款门槛,致使许多急需资助的困难学生迟迟拿不到贷款。

**助学贷款政策推不开,银行顾虑的是什么?**

以"不让一个大学生因贫困失学"为目标的国家助学贷款政策自2000年正式实施以来,受到了贫困学生和高校的普遍欢迎。

根据中国人民银行、教育部、财政部联合制定的《关于国家助学贷款的管理规定(试行)》,国家助学贷款利息由学生和财政各负担一半,以减轻学生的还贷负担。

但是,这项政策的落实过程却并不如人们所期望的那样顺利。从一开始,这项政策就在很多地方受到银行方面不同程度的抵制,银行给出的理由是此项贷款"风险大、成本高"。到2004年初,国家助学贷款因为所谓"学生还贷违约率太高",而被大多数银行单方面停发,全国只有几所名牌大学和贵州省的助学贷款能正常开展,助学贷款面临崩盘的危险。

2004年7月,有关部门出台了新的政策,针对前一阶段经办银行、学校之间遇到的问题进一步完善了办法。然而,新的办法并没有燃起银行的热情,除中央所属高校确定中国银行中标经办以外,一些地方高校的学生申请助学贷款仍然举步维艰。

**合同规定不尽合理,违约责任究竟在谁?**

2004年国家助学贷款突然被银行大面积停贷,银行的理由是学生违约率太高,贷款风险增大。根据中国人民银行的相关文件,如果违约率达到20%,银行

---

① 案例出处:http://www.edu.cn/20050901/3149416.shtml。

有权停止贷款。

于是,很多舆论就此怀疑当代大学生的诚信素质,认为他们已成为"失信的一代"。"某地近九成学生不还贷款"、"某地学生违约率超过20%"等报道一度充斥报端,似乎国家助学贷款的问题全是由学生自己造成的。然而,大学生违约率真有那么高吗?

记者手中有一份两年前中国工商银行贵阳中西支行与贵阳中医学院学生周琳签订的借款合同,这是一份典型的格式合同。上面明文规定周琳只能采取等额本金法,按季度到工行指定的贵阳中西支行网点还款。

银行强行规定学生必须按月或按季度在指定的地方归还贷款,这对于大多数刚刚参加工作的毕业生无疑是沉重的负担,"迫使"一些学生不得不"违约"。

在学生写给学校的情况说明中,有些是因为工行撤掉县里的分支机构无处还款,有些是因为工行的银行卡升级后省外就业的学生钱还不进去,有些是因为地方政府定向委培的学生回地方后暂时没安排工作,有些则是因为工行不同意贷款学生提前还款。

中国工商银行贵阳中西支行2003年曾作过一次统计,数据显示贵阳中医学院的学生违约率高达95%以上,后经学校调查,真正恶意违约的不到5人,其余均是因为不合理的合同规定所致。

**补偿专项基金已设立,风险到底有多大?**

为了补偿银行风险,新政策规定按照高校当年贷款发生额的一定比例,由财政和高校各出资50%,建立"国家助学贷款风险补偿专项基金"。同时,经办银行从国家指定改为面向商业银行招标,其中一个重要指标就是银行所提出的风险补偿金比例。

这项政策出台后,一些地方投标银行给出的风险补偿比例高达15%以上,而据了解,政策规定不管违约率到底有多高,风险补偿金一旦定下来,都会全额拨付给银行。

贵州省国家助学贷款办公室主任周忆江说,即使违约率真的高达20%以上,银行承担的风险仅有5%。可以说银行的风险完全是在可以承受的范围内,在国家充分保障银行利益的前提下,银行放贷仍不积极实在让人难以理解。

中国农业银行贵州省分行的调查显示,截至2004年8月,全省农行系统发放的助学贷款中,实际违约率仅为0.68%。调查表明,就算在农行贷款的大多数学生还未进入还款期,这一数据可能比实际违约率小,但也不会偏离太多,更不太可能达到甚至超过20%。显然,助学贷款并不比其他银行贷款的风险大,其风险被夸大了。

银行的另一个理由是助学贷款面对成千上万的学生,单笔金额小,导致贷款的运行成本太高,助学贷款无利可图。实际上,就目前国家助学贷款的利率水平,以及每笔贷款财政 4 年全额贴息,加上稳定的数额不菲的风险补偿金,再有该项贷款税收方面的优惠,银行不可能无利可图,更不可能亏本。

对此,一位熟知金融业的企业家指出,一些银行更热衷于放出风险更大的动辄上亿元的大额贷款,看中的是贷款过程中发生的利益关系,而像助学贷款这样面对学生的小额信用贷款,没有办法提供这样的收益,因此银行的积极性不高也在意料之中。

讨论题:

1. 结合案例,运用所学公共政策执行的相关知识,总结导致"国家助学贷款政策执行难"的主要原因。

2. 试从政府相关职能部门的角度,谈谈如何才能让国家助学贷款政策顺利执行下去?

## 【参考书目】

1. 金太军等:《公共政策执行梗阻与消解》,广东人民出版社 2005 年版。
2. 丁煌:《政策执行阻滞机制及其防治对策———一项基于行为和制度的分析》,人民出版社 2002 年版。
3. 丘昌泰:《公共政策:当代政策科学理论之研究》,台湾巨流图书公司 1999 年版。
4. 张国庆:《公共政策分析》,复旦大学出版社 2004 年版。
5. 张金马:《公共政策分析:概念·过程·方法》,人民出版社 2004 年版。
6. 陈振明:《政策科学——公共政策分析导论》(第二版),中国人民大学出版社 2003 年版。
7. 宁骚:《公共政策学》,高等教育出版社 2003 年版。
8. 景跃进:《政策执行的研究取向及其争论》,《中国社会科学季刊》1996 年第 14 期。
9. Denise Scheberle, *Federalism and Environmental Policy*: Trust and the Politics of Implementation, Washington, D. C.: Georgetown University Press, 1997.
10. David Marsh and R. A. Rhodes, eds., *Implementing Thatcherite Policy*: Audit of an Era, Open University Press, 1992.
11. M. L. Goggin, *Implementation Theory and Practice*: Toward a Third Generation, Glenview, ILL: Scott, Foressman/Lettle, Brown Higher Education, 1990.
12. Robert T. Nakamura and Frank Smallwood, *The Politics of Policy Implementation*, New York: St. Martin's Press, 1980.
13. George C. Edwards, *Implementing Public Policy*, Washington, D. C.: Congressional Quarterly Press, 1980.
14. J. L. Pressman and A. Wildvasky, *Implementation*, Berkeley: University of California Press, 1973.
15. S. H. Linder and B. G. Peters, "A Design Perspective on Policy Implementation: The Fallacies of Misplaced Prescription," *Policy Studies Review*, Vol. 6, 1987.

16. Paul A. Sabatier, "Top-down and Bottom-up Approaches to Implementation Research: A Critical Analysis and Suggested Synthesis," *Journal of Public Policy*, No. 6, 1986.

17. Benny Hjern and David Portor, "Implementation Structure: A New Unit of Administrative Analysis," *Organization Studies*, No. 2, 1981.

18. Richard F. Elmore, "Backward Mapping: Implementation Research and Policy Decisions," *Political Science Quarterly*, Vol. 94, No. 4 (Winter), 1979—1980.

19. Paul A. Sabatier and Daniel A. Mazmanian, "Policy Implementation: A Framework of Analysis," *Policy Studies Journal*, Vol. 8, No. 4, 1979—1980.

20. Richard F. Elmore, "Organizational Models of Social Program Implementation," *Public Policy*, Vol. 26, No. 2, 1978.

21. Martin Rein and Francine Rabinovitz, "Implementation: A Theoretical Perspective," in Walter Dean Burnham and Martha Wagner Weinberg (eds.), *American Politics and Public Policy*, Cambridge, Massachusetts: The MIT Press, 1978.

22. Milbrey Wallin McLaughlin, "Implementation as Mutual Adaptation: Change In Classroom Organizations," in Walter Williams and Richard F. Elmore (eds.), *Social Program Implementation*, New York: Academic Press, 1976.

23. C. E. Van Horn and D. S. Meter, "The Implementation of Intergovernmental," in C. O. Jones (ed.), *Public Policy Making in Federal System*, Beverly Hills: Sage Publications, 1976.

24. D. S. Van Meter and C. E. Van Horn, "The Policy Implementation Process: A Conceptual Framework," *Administration and Society*, Vol. 6, No. 4, 1975.

25. T. B. Smith, "The Policy Implementation Process," *Policy Science*, No. 4, 1975.

# 第七章 公共政策效果的评价分析

【内容概要】

公共政策评价是公共政策过程的关键一环。简单地讲,公共政策评价就是对公共政策实施效果所进行的研究。

第一节主要对公共政策评价的含义、历史发展、类型,以及评价的功能与目的进行讨论。政策效果是公共政策评价的核心,可分为直接效果、附带效果、潜在效果、象征性效果几种类型。根据不同标准,公共政策评价可分为正式评价和非正式评价,内部评价和外部评价,事前评价、执行评价和事后评价。

第二节主要讨论公共政策评价的操作过程。一般来讲,公共政策评价都要经过准备、实施和总结三个阶段。本节着重分析了影响政策评价的各种因素,并详细介绍了公共政策评价的基本方法,即前后对比法,包括简单"前—后"对比分析、"投射—实施后"对比分析、"有—无"对比分析和"控制对象—实验对象"对比分析。

第三节主要讨论政策评价后的公共政策终止问题。公共政策终止是决策者通过对政策的审慎评价后,终止那些错误的、过时的、多余的或无效的政策的一种行为。终止的对象可分为功能、组织、政策与计划等四种类型。本节重点讨论了公共政策终止可能遇到的障碍,以及消除终止障碍的应对策略。

【要点提示】

- 公共政策评价的含义与类型
- 公共政策评价的功能与目的
- 公共政策的评价标准设定
- 公共政策评价的操作程序
- 公共政策评价的影响因素
- 公共政策评价的基本方法
- 公共政策终止的障碍及应对策略

公共政策评价是公共政策过程的关键环节。只有通过科学的政策评价,人们才能判定一项政策是否达到了其预期的目标,并由此决定这项政策应该是延续、调整,还是终止。同时,只有通过政策评价,人们才能对公共政策过程进行全面的考察和分析,总结得失与教训,为以后的政策制定与执行提供良好的基础。

本章着重对公共政策评价的几个基本理论问题进行探讨,并在此基础上,进一步讨论公共政策的终止问题。

这里需要做一个简要的说明。公共政策评价,英文为"public policy evaluation",亦可译为"公共政策评估"。有学者认为评价和评估的含义不同,政策评估是对政策方案所做的分析,政策评价是对政策效果所作的判断。① 本章认为"public policy evaluation"的重点在于政策效果,对政策评价与政策评估并不做严格的区分。

## 第一节 公共政策评价概述

人们在采取有意识的行动之后,总是倾向于获取关于该行为后果的反馈信息,这便是一种基本的评价活动。公共政策的制定者在设计和选择方案时,必然要评价各方案的可能后果;在政策执行后,要想知道政策效果究竟如何,是否达到了预期的目标,是否产生了其他非预期的后果,就必须通过公共政策评价来获得这些信息。在本节中,我们将对公共政策评价的含义、历史发展、类型,以及评价的功能与目的进行讨论。

**一、公共政策评价的含义**

关于公共政策评价的含义,大致有三种观点:

第一种观点认为,公共政策评价主要是对政策方案的评价。这种观点把公共政策评价视为政策方案选择阶段的一个环节,认为评价就是对解决问题的各种备选方案进行比较,权衡利弊得失,并将可选方案提供给决策者由其择优决定的过程。有学者认为,政策评价包含四个要素,即:(1)目标,包括规范性约束和各目标的相对权重;(2)政策、项目、计划、决议、可选权、手段或其他用以达到目标的方案;(3)政策与目标之间的关系,包括运用直觉、权威性典籍、统计数字、观测、推理、猜测和其他手段建立的关系;(4)根据目标、政策及其相互关系,得出应当选择哪一个政策或政策组合的结论。②

第二种观点认为,公共政策评价是对公共政策全过程的评价,既包括对政策方案的评价,也包括对政策执行以及政策效果的评价。安德森认为,"政策评价涵盖对一项政策的内容、执行、目标实现以及其他效应的估计与评价"③。

---

① 王春福:《试论政策评估与政策评价的区别》,《理论探讨》1992年第3期。
② 〔美〕斯图亚特·内格尔:《政策研究:整合与评估》,刘守恒等译,吉林人民出版社1994年版,第3页。
③ James E. Anderson, *Public Policy Making: An Introduction*, Boston: Houghton Mifflin Company, 2003, p. 245.

另有学者认为,"所谓政策评估,是指采用现代社会科学研究方法对一个社会或社区或特定社会群体的政策需求、对拟议之中的政策方案以及付诸实施的政策所产生的效果、执行情况及其带来的各种影响等进行客观、系统化的考察与评价"①。

第三种观点认为,公共政策评价是对公共政策效果的评价。戴伊认为,"政策评估就是了解公共政策所产生的效果的过程,就是试图判断这些效果是否是所预期的效果的过程,就是判断这些效果与政策的成本是否符合的过程"②。国内有学者认为,"政策评估是依据一定的标准和程序,对政策的效益、效率及价值进行判断的一种政治行为,目的在于取得有关这些方面的信息,作为决定政策变化、政策改进和制定新政策的依据"③。

我们倾向于第三种观点,公共政策评价的着眼点应是政策效果。简单地讲,公共政策评价就是对公共政策实施效果所进行的研究。这里需要进一步详细解释一下政策效果的含义。

政策效果,一般地可以看成是公共政策实施对客体及环境所产生的影响或效果。我们要注意把政策效果与政策目标、政策产出区别开来,避免形成对政策效果的两种片面理解。

第一种片面理解是将政策效果同公共政策预定目标等同起来,认为公共政策评价就是对某项公共政策在完成其预定目标方面所产生效果的一种客观的、系统的检测。这种认识的片面性在于它将公共政策评价的范围局限于公共政策预定目标的实现上,而忽视了对其全部结果(包括直接的、间接的、非预期的、潜在的等)的考察。

第二种片面理解是将政策效果与政策产出混为一谈,将公共政策评价仅仅视为对政府行为的一种检测,忽略与政府行为相关的各种环境的变化。这里需要区分两个概念,即政策产出与政策影响。政策产出(或政策输出,policy output)是目标群体和受益者所获得的货物、服务或其他各种资源。政策影响(policy impact)是指政策产出所引起的人们在行为和态度方面的实际变化。④

打一个形象的比方,政策产出好像是小鸟在飞行中翅膀振动的次数,政策影响好比是小鸟实际飞行的距离,知道小鸟振动了多少下翅膀并不等于知道小鸟飞了多远。政策产出只能告诉人们政府做了什么,但是不能告诉人们政府制定的公共政策实际产生了什么影响。

---

① 张金马:《公共政策分析:概念·过程·方法》,人民出版社 2004 年版,第 449 页。
② 〔美〕托马斯·戴伊:《自上而下的政策制定》,中国人民大学出版社 2002 年版,第 203 页。
③ 陈振明:《公共政策分析》,中国人民大学出版社 2003 年版,第 268 页。
④ 〔美〕威廉·邓恩:《公共政策分析导论》(第二版),中国人民大学出版社 2002 年版,第 366 页。

在公共政策评价中,政策效果应该包括以下几方面的内容:公共政策预定目标的完成程度;公共政策的非预期影响;与政府行为相关的各种环境的变化;投入公共政策的直接成本和间接成本;公共政策所取得的收益与投入成本之间的比率。

展开来讲,公共政策评价中的政策效果有如下几种类型:

1. 直接效果

直接效果是指公共政策的实施对所要解决的公共政策问题及目标群体所产生的作用。比如,计划生育政策有力地控制了人口的快速增长;九年制义务教育显著地降低文盲的比率;扶贫政策有效地减少了贫困人口的数目等。要评价某项政策的直接效果,首先必须确定政策目标和政策的目标群体,明确政策的目标群体是哪些人或哪些组织,希望达到的目标有哪些。

2. 附带效果

由于公共政策是政府运用公共权力制定的社会行为准则,它对社会全体成员不可避免地产生直接或间接的影响。公共政策在实施过程中,可能对并非作用对象的个人、团体或环境产生影响,这种影响超乎公共政策制定者原来的目标和期望,成为该项公共政策的副产品,这类影响就是公共政策的附带效果。附带效果是政府行为的溢出效果,是一种外部性,它既有正面的,也有负面的。

例如,九年制义务教育的普及不仅减少了文盲的数量,而且为经济发展提供了素质较高的劳动力,还有助于降低当地的犯罪率;福利国家的高税收高福利的公共政策显然有助于实现某种程度的社会公平,保障弱势群体的基本生活,但是也助长了社会中的依赖思想,降低了人们的工作热情。

3. 潜在效果

有些公共政策的效果和成本在短期内不易为人们察觉,但有可能在今后相当长的一段时间里表现出来,这就是潜在效果。有时一项公共政策的实施在表面上成效甚微,或者成本很小,但是它可能在未来产生很大的效益,或者对将来的经济社会发展带来难于克服的困难。这种潜在效果具有不确定性,不易测定,给公共政策效果评价带来挑战。

例如,严格的计划生育政策的直接效果是有效地控制人口增长,降低生育率,其潜在效果是产生"人口红利",即由于生育率下降而导致总人口中劳动适龄人口比重的上升,从而为经济增长提供了充分的劳动力供给,为我国高速经济增长创造了良好的条件。计划生育政策的另外一个潜在效果是使我国在经济发展水平较低的情况下就快速进入人口老龄化阶段,对我国社会保障体制形成了很大的压力,对我国经济社会的全面发展提出了严峻的挑战。① 又如,一项旨在提高贫困地区儿童识字率的智力开发计划,短期看来效果并不明显,但它却极有可能影响这些儿童的一生发展道路。

4. 象征性效果

有些公共政策的内容是象征性的,它产生的有形效果可能十分微弱,其初始用意也不过是让目标群体以为他们关心的问题已经得到解决或者正在解决之中,从而减轻对政府的压力或者激发起某种精神。这时公共政策评价就更为复杂了。不论公共政策给公众带来何种程度的精神满足,这样的政策输出往往并没有引起社会条件的实际变化,但是这并不是可有可无的形式主义。

例如,就业机会均等的公共政策也许在实践中难于推行,但却能使人们相信,政府至少在表面上不容忍就业中存在的性别、种族和国籍的歧视。推行下岗职工再就业计划未必能够真正解决下岗职工的再就业问题,但却能使人们相信政府关心下岗职工的就业问题,从而相信政府、支持政府的工作。这些公共政策对于维护社会稳定、使政府获得人民的支持等方面有着积极的作用。

**二、公共政策评价的发展**

现代意义上的公共政策评价,作为一个专业领域也作为一项实际工作,是在20世纪随着现代科学方法的发展成熟及其在社会研究和政策研究中的广泛运用而首先在以美国为代表的西方发达国家诞生和兴起的。

早在一战之前,就有少数研究人员运用社会学、统计学等学科的知识和方法对教育、卫生、就业等领域的政策和政府项目开展系统的评价。到了20世纪30年代,许多社会科学家主张和倡导运用社会研究方法来评价政府为解决"大萧条"带来的经济社会问题而制定的政策和计划,例如对罗斯福总统"新政"的社会政策和计划进行评价。在二战中,出于战争的需要,美、英等国军队专门聘请研究人员对其人事政策和宣传策略等进行评价,使政策评价得到进一步发展。

二战结束后,美国等西方国家在城市发展、住宅建设、科技、教育、就业、卫生等方面制定了大量的政策措施和计划。这在客观上要求开展政策评价来获知这些政策计划的结果。同时,各种社会研究方法逐步发展成熟,提高了政策评价的有效性和可靠性。

到了六七十年代,西方发达国家为了解决当时各种严重的经济和社会问题,实施了规模空前的政策干预,为了提高政策干预的有效性,要求对所采取的政策进行评价。在美国,政策评价的兴起与约翰逊总统的"伟大社会"计划以及"向

---

① 参见梁鸿:《人口红利的机遇与挑战》,《新民周刊》2004年5月23日。

贫困宣战"计划有着密切关系。另外，各种社会研究方法的完善，特别是计算机技术的应用，为政策评价提供了有力的工具。在这个时期，公共政策评价获得了最为迅速的发展。

进入80年代之后，西方发达国家开展了声势浩大的行政改革运动，其精髓在于注重结果和产出、追求效率、实行绩效管理、增加公共部门的责任性等。这场改革进一步强化了对公共部门的行为包括公共政策开展评价工作。[1]

关于公共政策评价研究的演进，美国学者古帕(有人译作"古贝")和林肯划分了四个阶段：

第一阶段，从1910年到第二次世界大战期间，是第一代评估。这个阶段的标志是"测量"(measurement)，认为"政策评估即实验室实验"。评估的重点放在技术性测量工具的提供上，以实验室内的实验为主，比如对智商、学习成效进行测量。政策评估者相当于技术员。第一代评估的不足在于，过分重视测量和实验室评估研究的结果，而没有顾及实验室的评估能否适用、推广到现实生活中。

第二阶段，从第二次世界大战到1963年，是第二代评估。这个阶段的标志是"描述"(description)，主张"政策评估即实地实验"，强调现实生活实地调查的重要性。除仍保留技术测量的特性外，重点强调描述的功能，政策评估者逐渐变成了描述者。这种以客观事物为取向的描述有致命的缺陷，即过分强调政策评估的价值中立，而实际上，调查活动本身就有意无意地包含了评估主体的价值偏好。

第三阶段，从1963年到1975年，是第三代评估。这个阶段的标志是"判断"(judgement)，认为"政策评估即社会实验"，强调价值判断功能，将重点放在社会公平性议题上。强调政策评估者不仅要把科学的实验研究方法与实地调查方法相结合，而且还要体现出个人对政策目标价值结构的判断，认为评估者是判断者。

第四阶段，1975年以后，是第四代评估。这个阶段是"回应的建构性评估"(the responsive constructive evaluation)，其核心是"协商"，认为"政策评估即政策制定"。其焦点不再是目标、决定、结果或类似的组织者，而是诉求、利益和争执，涉及众多的利益相关者。第四代评估分享着一个结果性的信念：价值多元主义。由于不同的判断在面对同一事实性证据时引起利益相关者价值上的冲突，因此，政策评估者应该扮演起问题建构者角色，重视利益相关者的诉求、利益和争执等回应性表达。通过与利益相关者的反复论证、批判和分析，使政策评估者

---

[1] 张金马：《公共政策分析：概念·过程·方法》，第452—454页；[美]弗兰克·费希尔：《公共政策评估》，中国人民大学出版社2003年版，第4—6页。

与利益相关者之间形成对问题的共识。①

### 三、公共政策评价的功能与目的

1. 公共政策评价的功能

公共政策评价不仅是技术性的科学分析,而且也是一种政治和社会过程。政策评价具有学术上及实务上的双重功能:一方面,政策评价的信息可以积累解决政策问题的社会科学知识;另一方面,可以为决策者提供更充分的政策信息,制定优良的政策方案。② 它在公共政策的全过程中占据了相当重要的位置,发挥着以下几方面的作用:

(1) 提供政策运行的可靠信息,提升政策质量

政策评价可以运用科学的方法,针对政策绩效进行评估,以指出政策达成目标的范围和程度,以及社会对此政策的需求和价值判断。事实上,在政策制定的过程中,决策者规划得再完善,也难免会有瑕疵或预料之外的结果出现;更何况几乎没有决策者能做到全面理性的规划。政策评价可提供相关的信息,作为决策者日后修正、完善政策的依据,逐渐提升政策质量。

(2) 检查政策目标与政策执行存在的问题

公共政策在执行时往往会遇到政策方案不切合实际,以致执行困难的问题。假如政策评价的结果显示政策目标的设定不符合实际,则必须进行调整,重新形成政策问题,拟定政策目标。如果政策目标的设定不存在问题,而是政策执行出现缺失,就必须检视执行机构的工作流程、资源分配、执行者的意愿和态度、执行所运用的方法,并及时加以修正。

(3) 作为提出政策建议和分配政策资源的依据

政策评价提供的相关信息是决定政策是否应该延续、调整或终止的依据,同时也是分配稀缺性政策资源的依据。只有通过政策评价,才能明确哪些资源配置是合理的、有效的,哪些资源配置是不合理的、无效的,从而根据问题的轻重缓急和价值判断,重新分配有限的资源。

(4) 向各利益相关者提供政策信息,构建良好公共关系

政策评价可以向决策者、执行者、目标群体、社会公众等提供政策的相关信息,创造一个交流信息和发表建议的场所,形成良好的环境氛围。这有利于提高政策的认同度,推进政策的执行,减少阻力。

2. 公共政策评价的目的

发起政策评价工作的机构和人员,具有不同的动机和诉求,对于政策评价怀

---

① 参见 E. G. Guba and Y. S. Lincoln, *Fourth Generation Evaluation*, Newbury Park: Sage Publications, 1989, pp.22—48;宁骚:《公共政策学》,高等教育出版社 2003 年版,第 428—429 页。

② 李允杰、丘昌泰:《政策执行与评估》,台北空中大学出版社 1999 年版,第 224—226 页。

有不同的目的。一般而言,政策评价的目的,可以从积极和消极两方面加以说明:

公共政策评价的积极目的有:

(1) 比较各备选方案,为确定备选方案优先顺序提供依据。

(2) 依据评价结果,提供改善政策执行程序和技术的参考。

(3) 通过政策评价,明确政策的可行性程度,提供继续执行或者停止执行政策的参考。

(4) 作为重新分配政策资源的根据。通过评价活动,分清不同政策的轻重缓急,对稀缺性政策资源重新配置。

公共政策评价的消极目的有:

(1) 拖延决策时间。政策制定者利用政策评价工作尚未结束、无法进行决策为理由,拖延决策时间。

(2) 规避责任。决策者利用政策评价的结果,指出其不实施某项政策或实施某项政策的理由,规避应负的责任。

(3) 炫耀工作绩效,为本级政府或相关政府机构歌功颂德。

(4) 夸大工作难度,要求增加政策活动经费,增加工作机构和人员。

(5) 批评政策以达到改变政策的目的。利用政策评价的某些结论,批判政策中存在的失误或不足,为要求政策调整编造理由。

## 四、公共政策评价的类型

公共政策评价可以按不同标准进行分类。从评价组织活动形式上看,公共政策评价可分为正式评价和非正式评价;从评价机构的地位来看,可分为内部评价和外部评价;从公共政策评价在公共政策过程中所处的阶段来看,可分为事前评价、执行评价和事后评价。

1. 正式评价与非正式评价

正式评价是指事先制定完整的评价方案,并严格按规定的程序和内容执行,并由确定的评价者进行的评价。它在公共政策评价中占据主导地位,其结论是政府部门考察公共政策的主要依据。正式评价具有评价过程标准化、评价方案科学化、评价结论比较客观全面的优点。其缺点是,对开展评价的相关条件要求苛刻,不仅要有足够的评价经费和掌握系统的相关信息,而且对评价者自身的素质有比较高的要求。

非正式评价是指对评价者、评价形式、评价内容不作严格规定,对评价的最后结论也不作严格要求,人们根据自己掌握的情况对公共政策做出评价。非正式评价具有方式灵活、简便易行的特点,评价形式多种多样,在日常工作中得到了大量运用。它既可以是受访居民对某项公共政策的随意评论,也可以是政府领导人视察某地的即兴评说。非正式评价的缺点是由于评价者掌握的信息有限,并且缺乏科学的程序和方法,因而得出的结论具有一定的主观性和片面性,容易犯以偏概全的错误,有失客观公正。

2. 内部评价与外部评价

内部评价是由政策机构内部的评价者所完成的评价。它可分为由操作人员自己实施的评价和由专职评价人员实施的评价。

就政策制定者或执行者自己实施的评价而言,这类评价的评价主体对政策的全过程具有全面的了解,掌握了第一手材料,这有利于评价活动的展开;同时,评价者可以根据评价结论,对公共政策的目标与实现方案迅速地做出调整,使评价活动真正地发挥作用。

但是,要求政策制定者和执行者对自己的行为做出客观公正的评价,实非易事:(1)出于对自己声誉和前途的考虑,评价者往往会自觉不自觉地夸大成绩,掩饰失误,存在报喜不报忧的倾向;(2)评价结论往往代表着某一具体机构的局部利益,这使得公共政策评价容易走向片面性并带有浓厚的主观色彩;(3)公共政策评价要求评价者系统地掌握有关的理论知识和专门的技术方法,而从实践上看,那些操作人员往往缺乏这方面的系统训练。

由政策机构中专职评价人员进行的评价,与操作人员进行的评价相比,有充裕的时间和较充足的经费,可以克服没有评价理论、缺乏专业知识和技术方法训练等问题。但是,由于他们自身也处于政府内部,容易受到机构利益的左右,其评价也无法克服内部评价的最大痼疾:很难具有客观性。

外部评价是由政策机构外的评价者所完成的评价。它可以分为受委托进行的评价和不受委托进行的评价两种类型。

受委托进行的评价,是指政策机构委托营利性或非营利性的研究机构、学术团体、专业性的咨询公司、高等院校的专家学者等进行政策评价。这类评价的优势在于:(1)评价主体是专业的评价人员,具有政策评价的丰富经验;(2)评价主体置身于政策机构之外,与政策机构之间是一种契约合作关系,具有较大的相对独立性,有着明确的责任,能比较公正地进行评价。不过,由于接受委托的评价在经费和评价活动等方面受到委托人的限定,评价主体有可能为迎合委托人的意愿而得出倾向于委托人利益的评价结论。

不受委托的评价,是指外部评价者出于自身的工作职责、社会责任感、研究目的、兴趣点或相关利益而自行组织开展的政策评价活动。这些评价者包括立法机关、司法机关、大众传媒、投资者(如企业)、公民、研究机构、社会团体(第三部门)等。[①] 由公共政策目标群体进行的评价属于这种类型。由于公共政策目

---

[①] 宁骚:《公共政策学》,第414页。

标群体是公共政策的承受者,他们对政策制定与实施的利弊得失有着最为真切的感受,获取了第一手资料,可以对政策效果得出比较真实的估计。这种评价在公共政策评价活动中应加以重视和提倡。

外部评价与内部评价相比,所涉及的范围较广,能够表达和代表社会各阶层对于公共政策的基本看法,结论也比较客观公正。但是,外部评价者在获取信息方面比较困难,评价结论也不易受到重视和得到采用。

3. 事前评价、执行评价与事后评价

事前评价,是在公共政策实施之前进行的一种带有预测性质的评价。事前评价的内容大致包含以下三个方面:(1) 对公共政策实施对象发展趋势的预测。公共政策是面向未来的,对未来趋势、发展规律把握得如何,决定着公共政策的成败。(2) 对公共政策可行性的评价。通过分析主客观条件、有利和不利因素,对公共政策的可行性做出评价。一项公共政策的实施具有多种可能性,有的公共政策虽然一时可行,但从长远来看弊害丛生;有的公共政策则是局部可行,而在全局则不可行。通过事前评价就可以使得政策主体在选择或实施公共政策时,对它做严格的时空限制和规定。(3) 对公共政策效果进行预测和评价。即通过对公共政策内容和外在环境的综合分析,对公共政策实施可能产生的效果做出预测和评价。

事前评价是公共政策制定时进行政策规划和优化所必须要做的工作,它把政策评价从单纯的解决检测变成事前控制的有效工具。事前评价要求公共政策主体在制定政策时应听取不同的声音,广泛吸收专家学者和政策目标群体各方面的意见。

执行评价,是对执行过程中的公共政策实施情况的评价。由于公共政策的复杂性,政策执行过程中遇到的许多问题,是公共政策主体在制定政策时难于预料的,只有通过执行才能暴露出来。执行评价就是具体分析公共政策在实际执行过程中的情况,以确认公共政策是否得到严格贯彻执行,是否作用于特定的对象,是否按原定政策方案执行,人、财、物等政策资源是否充足、到位,公共政策环境是否发生了重要变化,执行机构和人员的效率、主动性、原则性和灵活性如何。从这个意义上讲,公共政策执行评价与公共政策执行是同步的。

执行评价的价值在于,评价所获取的信息都是即时的、具体的,评价的结论可以用来对正在执行的公共政策进行调整和修正。执行评价有利于对公共政策执行过程进行控制和管理,也有助于公共政策效果评价。但是,执行评价只是对进行中的一定过程所作的评定,过程并未结束,所以会带有过渡的、暂时的性质。

事后评价,是公共政策执行后对公共政策效果的评价,又称为效果评价,这是对一项政策的最终评价。它在公共政策执行完成之后发生,是最主要的一种评价方式。公共政策评价的主要任务也就是依据一定的标准和方法,考察一项公共政策的执行在客观上对目标群体、政策系统和环境会产生什么影响,综合分析该项公共政策的效果。作为公共政策过程的总结,效果评价对公共政策所做的价值判断最具有权威性和影响力。根据效果评价可以基本上决定一项公共政策的延续、调整或终止,以及长期性的公共政策资源的获取和分配问题。在进行效果评价时,评价者要对公共政策全过程有详尽的了解,同时必须注意分清预期效果和非预期效果、实际效果和象征性效果、短期效果和长期效果,并在此基础上加以综合分析,以便对公共政策的价值做尽可能全面而客观的判断。

## 第二节　公共政策评价的操作

### 一、公共政策评价的标准

政策效果是公共政策评价的核心。要弄清楚一项公共政策的效果究竟是好是坏,是否达到了预期的目标,就必须首先建立一套评价的标准,即进行价值判断的尺度。公共政策评价标准是对公共政策实施情况进行测量、评定的参照体系,选择什么样的评价标准,不仅取决于评价目标与评价者,而且还取决于评价的技术与方法。评价标准并不是评价者可以随意设定的,它具有客观性,必须客观地反映社会对公共政策的要求。

但是,在现实的公共政策过程中,由于公共政策涉及面广,利益相关者众多,变量因素复杂,因此设定统一的、能为绝大多数学者共同认可的评价标准是十分困难的。这是因为:(1)政策目标的影响。政策目标有时是不明确的、含混的,从而使评价标准无法界定。(2)法规制度的限制。有时因受政治上、法律上、制度上各种因素的限制,使评价者无法根据客观实际需要来设定评价标准。(3)因政策效果有预期与非预期、正面与负面之分,因此在设定标准的同时要兼顾不同方面的要求是很困难的。(4)评价标准本身应力求数量化、具体化、客观化,但公共政策效果和影响有时往往是认知、态度、心理等主观层面的问题,而对这些问题的评价是非常不易设定量化且客观评价标准的。因此,必须从系统论的角度出发,从整体性、多层次、多侧面、综合性的角度来考虑评价标准的设定。

美国学者威廉·邓恩把公共政策的评价标准分为六类,分别是:效益(effectiveness)、效率(efficiency)、充足性(adequacy)、公平性(equity)、回应性(responsiveness)和适宜性(appropriateness)。详见表7-1。

表 7-1　政策评价的标准

| 标准 | 问题 | 说明性的指标 |
|---|---|---|
| 效益 | 结果是否有价值？ | 服务的单位数 |
| 效率 | 为得到这个有价值的结果付出了多大代价？ | 单位成本；净利益；成本收益比 |
| 充足性 | 这个有价值的结果的完成在多大程度上解决了目标问题？ | 固定成本(第 1 类问题)<br>固定效益(第 2 类问题) |
| 公平性 | 成本和收益在不同集团之间是否等量分配？ | 帕累托准则；卡尔多—希克斯准则；罗尔斯准则 |
| 回应性 | 政策运行结果是否符合特定集团的需要、偏好或价值观念？ | 与民意测验的一致性 |
| 适宜性 | 所需结果(目标)是否真正有价值或者值得去做？ | 公共计划应该效率与公平兼顾 |

资料来源：〔美〕威廉·邓恩：《公共政策分析导论》(第二版)，中国人民大学出版社 2002 年版，第 437 页。

公共政策的评价在本质上是一种价值判断，然而判断必须建立在客观事实的基础上，事实判断同样是必不可少的。公共政策评价要坚持价值与事实的有机结合，选取客观、公正、全面的评价标准。综合国内外学者的看法，公共政策的评价标准大致有八个方面[①]：(1) 投入工作量。在政策执行过程中所投入的各项资源的质与量以及分配状况。(2) 绩效。依据具体明确的目标，分析政策对客观事物与政策环境所造成的实际影响，绩效既包括政策推动的结果，又含有民众心目中认定的满意程度。(3) 效率。即投入工作量与绩效之间的一种比例关系。(4) 充分性。即满足人们需要、价值或机会的有效程度，它反映了绩效的高低。(5) 公平性。即公共政策所投入的工作量以及产生的绩效在社会不同群体间公平分配的程度。(6) 适当性。即公共政策目标和所表现出的价值偏好，以及所依据的假设是否合适。具体地说，公共政策追求的目标是否是社会期望的，公共政策的成本与利益分配是否公平、公正。(7) 执行力。即探求影响公共政策失败的原因，进而导致因果模型的构建。(8) 社会发展总指标。即对社会状态与发展的数量进行描述与分析，既反映过去的动向，又可作为社会现状的说明，其特征是以描述性指标为主。

## 二、公共政策评价的程序

公共政策评价由四个方面的基本内容组成：第一，规范，即确定公共政策评价得以进行的标准。规范是科学评价的一个先决条件，在评价活动中具有举重

---

① 林水波、张世贤：《公共政策》，台北五南图书出版公司 1982 年版，第 500—519 页。

轻重的地位。第二，信息，即收集有关评价对象的各种信息。这些信息既可以是高度精确的，也可以是不很精确的，既可以是定量的，也可以是定性的。第三，分析，即评价者运用所收集到的各种信息和定性、定量分析方法，对政策的价值做出判断，得出结论。分析是公共政策评价最基本的活动。第四，建议，即对未来的公共政策实践提出建议，以决定现有的公共政策是否延续、调整或是终止，是否要采用新的公共政策。

公共政策评价是一种有计划、按步骤进行的活动，是一个有规律可循的系统过程。虽然评价活动的步骤会因评价类型的不同而有所区别，但是，一般来讲，公共政策评价都要经过准备、实施和总结三个阶段。

1. 评价准备阶段

周密的组织准备是评价工作的基础和起点，是评价工作得以顺利进行和取得成功的前提条件。组织准备比较充分，就能抓住关键问题，明确评价的中心和重心，避免盲目性。制定政策评价方案是准备阶段的核心任务，评价方案是评价实施的依据和内容，其合理与否直接关系到评价质量的高低和评价活动的成败。具体来讲，政策评价方案包括了以下内容：

（1）确定评价对象。作为评价的客体，各项具体执行的公共政策是既定的。但是，由于公共政策具有相关性，一个政策结果的形成往往是受到多项公共政策的共同作用和影响。要清楚地划出一项公共政策作用范围的边界并不容易。同时，并不是所有公共政策在任何时间都可以而且有必要进行评价。只有解决好评价什么，才能把评价的目标、标准和方法等要素确定下来。

（2）明确评价目的。评价目的决定了公共政策评价的基本方向。只有解决了为什么要进行评价，才能使参与评价的各类主体形成共识，统一行动步调。

（3）选择评价标准。公共政策评价是对客观事实的价值判断。事实分析与价值分析，以及它们的有机结合，是评价标准的基本内容。评价标准通常是个指标体系，即根据评价目的所选择的多个评价指标的集合。

（4）规定评价手段。解决好如何评价问题是这个环节的中心任务。它包括许多内容，如规定和提出评价工作的具体步骤与方法；建立评价工作的组织机构；选好合适的评价者，因为评价者的素质以及对评价的态度将会直接影响评价的效果。

2. 评价实施阶段

评价实施是整个政策评价活动中最为重要的阶段，其主要任务是采集评价信息与分析评价信息，做出评价结论。具体来讲：

（1）利用各种调查手段，全面收集有关政策制定、政策执行、政策影响和政策效益等方面的信息。收集信息的技术和方法很多，各有特点，使用时可以相互配合和补充，保证所得的信息的全面性、系统性和准确性。

（2）综合分析政策信息。在前一步骤的基础上，对收集到的相关数据和信息资料进行系统的整理、归类、统计和分析。

（3）选用适合的评价方法，对政策进行评价，得出评价结论。

在评价实施过程中，评价者应该坚持材料的完整性和分析的科学性两个原则，客观、公正地反映出公共政策的实际效果。

3. 评价总结阶段

评价总结阶段的工作主要有两个内容：一是写出评价报告；二是总结评价工作。政策评价者应形成书面形式的评价报告，提交给有关领导和部门，使之了解政策实施的最终情形，及时根据情形决定政策的下一步走向。评价报告除了对政策效果进行客观描述、做出价值判断、提出政策建议之外，还应包括对评价过程、评价方法和政策评价中的一些重要问题进行必要说明，对评价工作进行总结，以便提高今后的政策评价水平。

如何看待评价者所写的评价报告的价值，同样会存在分歧。那些一开始就是勉强同意或不赞成对该项公共政策进行评价的政策主体，自然对评价报告毫无兴趣。而那些支持评价的政策主体，对评价报告的态度也会不尽相同，主要可分为三种：对公共政策建议全部采纳、部分采纳或不采纳。盲目地全部采纳是不可取的，无需再讨论。问题在于部分采纳和不采纳上。对评价者来说，他们总是希望自己提出的建议能被政策主体所接受。因此，政策主体和评价者之间的分歧必然存在，妥善地处理这些问题，对二者都显得很重要。

### 三、公共政策评价的影响因素

公共政策评价在理论上和实践上都有着十分重要的意义。然而，在实际运作中，对公共政策进行系统、全面的评价却是十分困难的，面临着重重阻力和障碍。有些评价活动无法开展，有些评价活动只是一种形式而缺乏实效，有些评价与实际的公共政策运行过程差距太远。清楚地认识影响公共政策评价的各种因素，有利于形成对公共政策评价作用的合理期待，有助于推进公共政策评价顺利进行。

1. 公共政策目标的多元性和弹性

公共政策评价的一个重要层面，是衡量该项公共政策是否达到目标，或者接近目标至何种程度。如果公共政策目标是单一的、明确的，并可用具体、量化的指标来表示，那么开展政策评价比较容易。然而，一般情形下，公共政策所要解决的问题很少是单一的，而往往是复合的，通常是许多问题纠缠在一起，其中任何一个问题又包含着许多复杂的方面。因此，公共政策的目标往往是多元的、复杂的，有些目标之间还存在矛盾。根据什么标准来确定多元目标的主次轻重并不是容易的事情。

同时,公共政策目标大多是弹性的,难于用具体、量化的指标来表示,这为政策评价带来了困难。有时,决策者还有意用含糊的、不太确定的形式来表达政策目标,以此增加某种应变能力。而且,有些政策目标设定的出发点并不在于解决问题本身,而是建立在满足政治要求(比如维持社会稳定)的基础上,从而使政策评价难于用纯粹的科学尺度来衡量。

2. 公共政策效果的多样性和影响的广泛性

如前所述,公共政策实施产生的效果往往是多重的:既有预期的,也有非预期的;既有显性的、一目了然的,又有潜在的、不易感知的;既有实质性的,又有象征性的。正是公共政策效果的多样性和影响的广泛性,再加上许多影响政策的因素难于测定,这给政策评价带来了很大的困难。比如,对我国计划生育政策进行评价就不能仅仅考虑到生育率的下降,还要分析由此带来的正面的、负面的影响,如对家庭结构的影响、对性别比例的影响、对老龄化的影响,等等。

并且,政策效果的这些特性,还为反对进行政策评价的人提供了借口,为某些不科学的评价的出现创造了条件。例如,利益受损者可以从公共政策的广泛影响中选取对其有利的因素进行评价,而没有满足评价的全面性和客观性要求。

3. 政策资源的混合和政策行为的重叠

政策资源的混合是指投入不同政策的资源彼此纠结在一起,难于明确界定某些政策的总投入到底是多少。政策资源的混合使政策的成本难于核定,而其"纯效果"也难于测定。政策行为的重叠是指针对相同的或相似的政策问题和政策目标群体,不同的机构和部门都制定并执行各自的政策。各种政策的效果混杂在一起,很难将某些政策的实际效果从总体效果中区分出来。

4. 行动与效果之间因果关系的不确定性

公共政策评价是建立在政策行动与实际社会情况改变之间的因果关系之上的,即要明确哪些社会情况的改革是由公共政策行动导致的。然而,要在行动与后果之间建立清晰的因果关系并非易事。社会实际情况的改变,往往会受到公共政策行动之外的因素的影响。这些因素有:

- 内在变迁。社会事件或目标群体的状态会受自身内部因素的作用而发生改变,比如有些疾病会不治而愈。在评价扶贫政策的效果时应该考虑那些通过自己努力而脱贫致富的家庭与个人。
- 长期趋势。从长期来看,社会发展存在一些总体的趋势。这种长期的时间因素可能会影响结果的产生,提高或掩盖政策的净效果。比如,当经济社会发展到一定水平后,人们的生育意愿会自然下降,此时就可能高估计划生育政策产生的效果。
- 介入事件。在短期内,突发事件可能会对公共政策的效果产生影响。比如,严重流行性疾病的蔓延对短期内经济增长速度会产生相当大的影响。

5. 信息获取的难易程度

评价有赖于充分的信息。如果缺乏足够的公共政策信息,政策评价就成了无木之本、无源之水,评价活动的科学性、可靠性就无从谈起。在我国,公共政策信息系统还比较落后,公共政策信息工作尚未引起人们足够重视。有些政策机关不重视信息管理,缺乏有效的政策信息收集手段和措施,所获得的信息和数据残缺不全,使得评价失去基础和依托。而且,政策机关往往以保密为由拒绝公开应公开的政策信息和相关资料,对政策信息公开设置障碍,从而使评价者,特别是外部评价者,难于获得足够的信息开展评价活动。

6. 公共政策评价的资源保障水平

政策评价需要投入相当的人力、物力和财力。但是,在现实中,由于评价工作及其价值尚未得到人们足够的重视和认同,决策者和执行者并不愿意从有限的政策资源中拿出足够的人力、物力和财力进行评价活动。政策评价的资源保障常处于短缺状态。而且,即使有的政策机构愿意提供政策评价所需的资源,他们也总是试图影响政策评价的结论,对评价活动形成人为的干扰。

7. 相关机构和人员的态度

政策评价最终要对政策的绩效进行评定,对政策制定与执行的功过进行评判。这种评判可能有利于公共政策的决策者和执行者,也可能对他们产生不利影响,损害其切身利益。因此,与政策相关的机构和人员对政策评价既可能支持、赞成,也可能反对、抵制。他们的态度取决于政策评价结果对其利益的影响。

公共政策评价往往受到相关机构和人员的抵制。这是因为:官僚组织具有天然的"惰性",习惯一如既往地运行,不喜欢变革,而评价往往意味着变革的开始;担心政策评价会得出不利于他们的结论;对公共政策过程的独占心理驱使他们反对他人进入,以免影响他们的行动计划的开展;人们具有本能的支配心理,在潜意识里对自己及自己选择的计划和行动方案有所偏爱,喜欢品评他人而不愿意接受他人批评。相关机构和人员的抵制主要表现为拒绝提供评价经费和资料,藐视、贬低或否定评价结论等。

**四、公共政策评价的基本方法**

公共政策评价方法是公共政策评价者在进行公共政策评价过程中所采取的方法的总称。近几十年来随着公共政策科学的发展,各种新的评价方法不断涌现,极大地丰富了评价的实践活动。在本节中,我们将介绍政策评价的基本方法——前后对比法。我们将在后面的章节中对政策效果评价的三种量化方法(成本效益分析、统计抽样分析和模糊综合评价)进行深入的分析。

前后对比法是公共政策评价的基本方法,是评价活动的基本思维框架,其他一切方法都是在这种方法的指导下进行。前后对比法是将公共政策执行前后的有关情况进行对比,从中测度公共政策效果及价值的一种定量分析法。它通过大量的参数对比,使人们对公共政策执行前后情况的变化一目了然。它不仅可以帮助人们了解公共政策的准确效果,还可以帮助人们认识公共政策的本质和误差,因此是公共政策评价常用的基本方法。[①] 这种方法可分为四种具体方式:

1. 简单"前—后"对比分析

简单"前—后"对比分析是先确定公共政策对象在接受公共政策作用后可以衡量出的值,再减去作用前衡量出的值。如图 7-1 所示,$A_1$ 表示执行前的值,$A_2$ 表示执行后的值,则 $A_2 - A_1$ 就是公共政策效果。

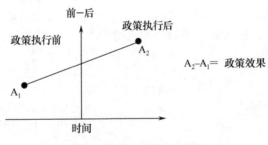

图 7-1 "前—后"对比分析

这种方法的优点是简单、方便、明了;缺陷是不够精确,无法将公共政策执行所产生的效果和其他因素如公共政策对象自身因素、外在因素、偶发事件、社会变动等所造成的效果加以明确区分。

2. "投射—实施后"对比分析

"投射—实施后"对比分析如图 7-2 所示。图中 $O_1O_2$ 是根据政策执行前的各种情况建立起来的趋向线;$A_1$ 为趋向线外推到政策执行后的某一时点的投影,代表若无该政策会发生的情况;$A_2$ 为政策执行后的实际情况。这种方式是将 $A_1$ 点与 $A_2$ 点对比,以确定该项公共政策的效果。

这种方式由于考虑到了非公共政策因素的影响,结果更加精确,因此较前一种方式更进一步。这种评价方式的困难在于如何详尽地收集政策执行前的相关资料、数据,以建立起政策执行前的趋向线。

---

[①] 张金马:《政策科学导论》,中国人民大学出版社 1992 年版,第 264—266 页。

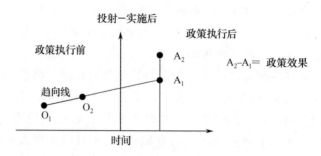

图 7-2 "投射—实施后"对比分析

3. "有—无"对比分析

"有—无"对比分析如图 7-3 所示。这种分析方法是在公共政策执行前和公共政策执行后这两个时间点上,分别就有公共政策和无公共政策两种情况进行前后对比,然后再比较两次对比结果,以确定公共政策的效果。图中 $A_1$ 和 $B_1$ 分别代表公共政策执行前有无公共政策两种情况,$A_2$ 和 $B_2$ 分别是公共政策执行后有公共政策和无公共政策两种情况。$(A_2 - A_1)$ 为有公共政策条件下的变化结果,$(B_2 - B_1)$ 为无公共政策条件下的变化结果。$[(A_2 - A_1) - (B_2 - B_1)]$ 就是政策的实际效果。

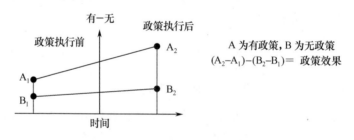

图 7-3 "有—无"对比分析

这种比较的长处是排除了非公共政策因素的作用,能够较精确地测度出一项公共政策的效果,是测量公共政策净影响的主要方法。

4. "控制对象—实验对象"对比分析

"控制对象—实验对象"对比分析如图 7-4 所示,它是社会实验法在公共政策评价中的具体运用。在运用这种评价设计时,评价者将公共政策执行前同一评价对象分为两组,一组为实验组,即对其施加公共政策影响的组;一组为控制组,即不对其施加公共政策影响的组。然后比较这两组在公共政策执行后的情况,以确定公共政策的效果。A 和 B 在执行前是同一的,A 为实验对象的情况,B 为控制对象的情况。图中,$A_1$ 和 $B_1$ 分别是实验前的实验组和控制组的情况,$A_2$ 和 $B_2$ 为实验后实验组和控制组的情况,$(A_2 - B_2)$ 便是公共政策的效果。

第七章 • 公共政策效果的评价分析

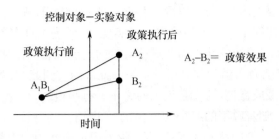

图 7-4 "控制对象—实验对象"对比分析

## 第三节 公共政策的终止

政策主体通过政策评价获得实施中的现行政策效果的信息后,必须对该项政策的去向做出判断和选择。大致的选择有:(1)政策补充。在被认为继续可行的政策中,增加新的内容,拓展政策的规范空间,以适应内外政策因素变化的需要。(2)政策修正。改正政策中那些已被实践证明了的错误内容,同时还依据新的政策环境,修订已经过时的内容,进一步增强与保证政策实施的可行性。(3)政策终止。取消失误的政策,重新制定新政策。

公共政策终止(policy termination)是决策者通过对政策的审慎评价后,终止那些错误的、过时的、多余的或无效的政策的一种行为。政策终止不仅是指取消原有的政策,而且还意味着制定新的政策。因此,政策终止既是公共政策过程的结束,也是公共政策过程的开始。在本节中,我们将对公共政策过程的最后一环——政策终止进行分析,讨论政策终止的对象、主要影响因素、面临的障碍以及可供选择的策略。

### 一、公共政策终止的对象

布鲁尔和德利翁认为,政策终止是"公共部门对某一特定的功能、计划、政策或组织,加以审慎的结束或中止"[1]。根据他们的观点,我们可以把公共政策终止的对象区分为四种类型:

1. 功能。功能是政府为了满足民众的需要而提供的服务,它代表着政府活动的基本方向,政策的效果就是通过具体的功能来体现的。所谓功能的终止,就是终止由政策执行带来的某种或某些服务。

在政策终止的所有对象中,以功能的终止最难。一方面是因为功能的履行,

---

[1] Garry D. Brewer and Peter Deleon, *The Foundations of Policy Analysis*, Homewood:The Dorsey Press, 1983, p.385. 转引自宁骚:《公共政策学》,第469页。

是政府对民众需要之满足,若予以取消势必引起民众的不满和抵制;另一方面,某项特定的功能往往不是单由某项政策来实现的,而是由许多不同的政策和机构共同承担,要予以终止意味着需要进行大量的组织准备工作和协调工作。

2. 组织。任何政策活动都是通过组织来推动的。因此,政策的终止通常也伴随着组织的缩减或撤销,这就是组织的终止。有些组织,是专为制定或执行某项政策而设立的,随着政策的终止,组织也随之撤销;有些组织,同时承担着多项政策或功能,某项政策的终止不足于导致该组织的撤销,此时往往采取缩小规模、减少经费等方式对组织进行缩减。

组织的终止通常难度也比较大,因为它关系到组织中人员的切身利益,在实施时很可能会遭到他们的抵制,从而使得组织的撤销和缩减难于顺利进行。

3. 政策。这是指政策本身的终止,即停止执行某项政策。承担政策活动的组织依旧存在,原先政策所承担的功能由新的政策来担负。

同前两种终止相比,政策本身的终止所遇到的阻力较小。这是因为,就某项具体政策而言,其目标一般比较单纯,容易进行评价并决定取舍。同时,政策变更的代价远比功能转换和组织调整要小得多,容易得到相关部门的认可。另外,公共政策是对社会利益的分配,它往往会形成自身的反对者,这些反对势力有助于政策的终止。

4. 计划。计划的终止,或者项目的终止,是指执行政策的具体措施和手段的终止。在所有终止对象中,计划的终止是最常见也是最容易实现的。这是因为,一方面,执行政策的措施与手段与实际问题最为接近,成功与否较为直观,容易达成共识;另一方面,计划终止的影响面比较有限,不会产生太大的震动。

在政策终止的四个对象中,功能是最难消失的,即使在组织被撤销以后,政策的功能也有可能由其他组织来承担。组织比政策更难终止,这是因为组织会牺牲某一项政策以求自保,在面临终止时能够找到更多的同盟。

### 二、导致公共政策终止的主要因素

一般而言,公共政策终止往往发生在两种情形下:一是,经过政策评价,决策者认为政策目标已经实现,政策问题已经得到解决,政策没有继续存在的必要,应该予以终止;二是,通过评价,决策者发现所执行的政策是无效的或失败的,无法解决所面对的政策问题,需要制定新的政策取而代之。

然而,公共政策终止并非是个纯粹的技术性问题,在很大程度上,它是个政治性问题。德利翁和卡梅伦指出在政策终止决定中发挥关键作用的是政治价值和意识形态,对政策终止的分析不能局限于经济和效率方面的问题,还应考虑意

识形态的动机。① 我们认为,导致公共政策终止的主要因素包括:

1. 决策者的价值取向。在政策的全过程中,政府的决策者,特别是主要决策者的价值观,始终起着关键性作用。一旦他们的价值取向发生变化,必然会引起公共政策相关内容的变化,甚至导致政策或项目的终止。例如,我国从计划经济体制转向市场经济体制,确立市场化改革取向,这是价值取向的重大转变,计划经济时代制定的许多经济政策必然要终止。

2. 政策环境。政策系统所处的环境,是由复杂的多因素共同构成的,处于不断变化之中。政策系统与政策环境是相互作用、相互适应的。当政策环境发生了很大的变化,原先制定的公共政策可能就不能适应新环境的要求,此时就需要对其进行调整或终止。例如,为了适应 WTO 的相关要求,我国政府进行了审批制度改革,终止了大量过时的、不符合 WTO 要求的审批项目。

3. 政策资源。政策的实施和运行需要付出一定的成本,即需要一定的政策资源。当政府的财政收入减少,政府可支配的政策资源减少时,政府就可能会终止某些公共政策或项目,节省开支,减轻财政压力。另外,如果一项公共政策的运行效率低下,耗费了大量的政策资源,所获效益远低于投入的成本,以致难于为继,就需要对其进行调整或终止。

### 三、公共政策终止的障碍

公共政策的终止是一个政治过程,是支持和反对政策终止的各种力量相互作用的结果。一般认为,公共政策终止可能遇到的障碍有以下几个方面:

1. 心理上的抵触

政策终止往往意味着政策制定或执行的失败,以及既得利益的丧失,从而会引致与政策相关的人员的心理抵触和反感。具体而言,对政策终止存在抵触心理的人员有:

(1) 政策制定者。决策者一般并不愿意承认他们费尽心思制定出来的政策不再有存在的必要,更不愿意承认政策失败。他们感到若承认政策失败就等于承认他们在制定政策的过程中犯了错误,损害自己的声誉和利益,从而形成了心理上的包袱。

(2) 政策执行者。他们同样不愿意承认政策的失败,毕竟政策的实施凝聚着他们的智慧和劳动。并且,执行者的权力和利益与政策的实施有着直接的关联。如果政策的终止会危及他们的既得利益时,其抵触心理就会非常强烈。

(3) 政策受益者。那些从拟终止的政策中受益的个人与群体同样会因担心政策终止将导致其既得利益的丧失而对政策终止产生逆反心理。

---

① 参见宁骚:《公共政策学》,第 471—472 页。

### 2. 组织的持久性

组织具有寻求生存和自我扩张的本性，即使已经没有存在必要，它也会想方设法维持和延续自己的生命。政策终止不仅意味着政策本身的终止，同时也意味着执行该项政策的组织也可能会失去存在的必要性。一旦组织感受到终止的威胁时，它会千方百计地减轻所面临的压力，解决所面对的问题，争取各方面的支持，阻碍政策的终止，以便能够继续生存下去。另一方面，组织具有动态适应性，能够随着环境的变化而适时地调整自己，甚至能针对政策终止的各种措施来调整自己的方向，从而使终止计划夭折或破产。

### 3. 反对势力的联盟

反对政策终止的各种力量在面临政策终止的威胁时，往往会自觉或不自觉地形成联盟，共同抵制政策终止。从政策的实施中获得既得利益的政府组织，一方面要求其内部成员齐心协力共同抵制政策终止，另一方面则极力拉拢政府内外有影响力的人士，联合政府外部的利益集团，共同反对终止政策。那些从政策中获取利益的个人和集团，也会自发地形成联盟，通过各种合法的或非法的途径，向决策者施加压力，阻止政策终止的通过。一旦这些反对政策终止的各种力量形成紧密的同盟，他们就能够对拟议中的政策终止形成有效的威胁。

### 4. 法律上的障碍

任何政策的出台和组织机构的建立，都需要通过一定的法律程序来实现。同样，政策的终止和组织结构的撤销也必须按照法定程序来办理。这一过程操作起来比较复杂，费时费力，有时甚至会延误政策终止的时机。程序上的复杂性往往会影响政策终止的及时进行。

### 5. 高昂的成本

政策终止所需付出的高昂成本是影响政策终止实施的一个关键因素。政策终止的成本包括两种：

（1）现行政策的沉淀成本。沉淀成本是指政策实施中已经投入且无法挽回的成本。面对高昂的沉淀成本，决策者往往进退两难。一方面，政策已经被证明为无效的或失败的，继续投入资金只会扩大损失；另一方面，如果放弃，那么已经投入的巨额资金将因政策的终止而付之东流。对决策者来说，不计较政策目前的效果，让其再持续一段时间以观后效，似乎是明智而保险的做法。

（2）政策终止实施所需付出的成本。政策终止本身也需要付出高昂的代价。在短期内，用于政策终止的花费甚至比延续原有政策的花费更多，例如要为裁减下来的人员安排出路，或者对原有政策的受益者进行补偿等。另外，政策终止的决策者还要冒着得罪某些强大的反对势力的风险。因此，在这些高昂的代价下，决策者很有可能改变初衷，放弃政策终止。

### 四、公共政策终止的策略

政策终止是一种困难重重、高度复杂的政治行为,与其说是一种科学,不如说是一种艺术。它需要决策者采用"力场分析",了解支持和反对政策终止的各种力量的虚实、立论基础、可用资源等情况,运用高度的智慧和技巧,采取灵活的策略,削弱反对势力,扩大支持基础,从而顺利实现政策终止。一般而言,决策者可以采取以下几种策略来尽可能地消除政策终止所面临的障碍:

1. 重视说服工作,消除抵触情绪

为确保政策终止的顺利进行,决策者应该做好宣传和说服工作,消除人们对政策终止的抵触情绪。通过有效的宣传和说服工作,向各利益相关者说明政策终止的必要性和重要性,提高思想认识水平。同时要向人们说明政策终止后的相关配套措施,消除他们的顾虑,使人们明白:政策终止并不是某些组织或个人前途的丧失,而是走出困境、寻求发展、迈向成功的新机会。通过及时终止那些无效的、失败的政策,可以充分运用有限的资源,取得更好的绩效。

2. 公开评价结果,争取支持力量

政策终止支持者的态度与人数的多寡,是决定政策终止成败的关键。决策者必须尽力争取各种力量,以推动政策终止的实现。吸收社会公众参与对政策的评价,向社会公众公开政策评价的结果,是争取潜在支持者的方法之一。通过公开政策评价的结果,揭露政策的低效、无效,将公众的注意力集中到原有政策的错误和危害上,使其充分认识到延续原有政策的巨大代价,尽可能地争取社会公众的支持。

3. 旧政策终止与新政策出台并举

为了缓冲政策终止的压力,可以采用新政策出台与旧政策终止并举的方法,及时地采用新政策替代旧政策,减少政策终止带来的不确定性,使人们在丧失对旧政策期望的同时,得到一个新的希望。这种做法往往可以大大减少关于政策终止的争议和阻力,分化和削弱反对者的力量。当然,采取这种方法对于具体操作部门来说要求较高。同时进行终止旧政策和制定、实施新政策,工作量显然要比单独终止政策要多得多,若安排不当往往会顾此失彼。

4. 不放"试探性气球"

在政策终止前是否要放"试探性气球",学者们对此有不同的看法。在正式宣布终止某项政策之前,放出试探性的信息,这会产生双重效果:一方面,可以引起公众的广泛讨论,从而认清政策终止的必要性,为终止的实施创造条件;另一方面,它也可能会由于透露出的信息的不完整性而导致对政策终止的误解和错误反应,并且为政策终止的反对者积聚力量和结盟提供时间。要顺利实现政策终止,应该在开展充分的政策评价的基础上,尽量不要放"试探性气球",最大程度地减少政策终止的阻力。

5. 只终止必要的部分,减少终止代价

在政策终止阻力较大且持久,而决策者又必须终止某项政策的情况下,决策者将不得不接受现实的压力,降低目标期望值。一个重要的方法是有意识地缩小政策终止的范围,只终止必要的部分。因为终止的范围越小,受政策终止威胁的人就越少,反对力量就越小。决策者必须清楚自己的底线,要明确指出原有政策中哪些部分需要终止,哪些部分可以暂时保留。这样可以减少政策终止所需付出的代价和反对终止的阻力。

【关键术语】

政策效果　非正式评价　公共政策评价
政策产出　前后对比法　公共政策终止
政策影响
正式评价
内部评价
外部评价
事前评价
执行评价
事后评价
沉淀成本

【复习思考题】

1. 试分析政策效果的类型。
2. 公共政策评价具有什么功能?
3. 公共政策评价的目的有哪些?
4. 比较内部评价与外部评价的优缺点。
5. 在公共政策评价中,有哪些评价标准?
6. 简述公共政策评价的程序。
7. 分析影响公共政策评价的因素。
8. 简要分析前后对比法。
9. 公共政策终止的对象有哪些?
10. 试分析导致公共政策终止的主要因素。
11. 公共政策终止可能遇到的阻碍包括哪些?
12. 你认为在公共政策终止中可以采取什么策略?

## 【案例分析】

### 北京市燃放烟花爆竹"禁改限"①

1993年北京市第十届人大常委会第六次会议上审议通过《北京市关于禁止燃放烟花爆竹的规定》，至今这条地方法规已经实行12年。这个法规规定：北京市东城区、西城区、崇文区、宣武区、朝阳区、海淀区、丰台区、石景山区为禁止燃放烟花爆竹地区。远离市区的农村及其他远郊区、县则暂不列为禁放区域，由当地区、县人民政府另行规定。

在1993年，北京市对东城、西城、宣武、崇文、朝阳、海淀、丰台、石景山等8个区居民的调查，赞成禁放的占绝大多数。北京市人大常委会和八个城区近郊区人大、政府对8万多市民的调查统计，赞成禁放的占84.6%，反对的占13.2%，持保留态度的占2.2%。

当时，世界上许多大城市，包括华人聚集的城市均禁放烟花爆竹，如新加坡等。国内一些城市如上海、广州、深圳等，也已经成功地实施了禁放烟花爆竹的规定。据有关部门统计，十多年来，我国共有北京、上海、广州、武汉、西安、深圳、福州、南京、长沙、苏州等282个禁放烟花爆竹的城市。近年来，保留春节燃放烟花爆竹以增加节日气氛的呼声越来越高。现在，已有106个城市在实施禁放后重新有限开禁。

据了解，北京"禁放"的第二年，1994年的除夕夜，北京市有关方面统计，在烟花爆竹禁放区没有发现一起燃放烟花爆竹的现象，医院也没有接到一例燃放烟花爆竹而炸伤眼睛的患者。

2000年的资料显示：在近一两年中，北京个别地区违反禁放法规的行为开始抬头，仅对近年的除夕夜监测，环境部门发现，因违反禁放，市区空气中二氧化硫平均浓度比前几年明显上升。尤其是2000年春节期间的环境噪声超过国家标准；因燃放烟花爆竹引发的火警达到34起，并致伤275人，2人死亡。另外，违法贩运、销售烟花爆竹的案件也时有发生。

从1993年开始，每年的元旦、春节期间，禁放工作都需要大量警民力量的维持。据北京市公安局统计，为执行禁放政策，2005年春节期间全市共出动53万人次。仅在除夕夜，在全市参加禁放工作的公安、安监、城管、工商联防队员、治保等力量达到13万人次。全市消防队员除夕夜彻夜不脱消防服，进入警备状态。8辆消防车在五环路上时刻准备灭火。同时，在同仁和积水潭医院设有两队值班民警监控燃放烟花爆竹被炸伤的情况。另有3路暗访组在郊区县检查燃放烟花爆竹的情况。

---

① 资料来源：根据新华网(2004年2月6日)、《北京晨报》(2005年4月7日)等相关新闻报道改编。

一位参与夜查禁放工作的民警告诉记者,每年春节期间,禁放都是警察们的工作重点。尤其是大年三十、初一、初五、十五这几个日子,巡警、派出所民警,几乎能够出动的警力都在街上巡查,"连平时在机关工作的内勤民警都要上街"。民警分为车巡和步巡。车巡民警开着警车,闪着警灯在禁放区巡逻,一旦发现有人违法燃放烟花,便下车执法。步巡民警在重点燃放区域蹲守。这种工作状态从傍晚5时开始一直至凌晨1时。

禁放执法工作非常有难度,民警告诉记者,尤其是在禁放区与非禁放区的边界上。有的市民在禁放区点燃烟花,看到民警就跑到非禁放区,令执法人员感到非常无奈。有时,听见烟花和炮声,等警车到了,燃放烟花的人早就消失了。最令人头疼的就是,有些人抱着侥幸心理,认为燃放烟花警察不一定管。被拘留后,对民警说"我就是想看看你们管不管",让人哭笑不得。

2005年12月1日开始,由市第十二届人大常务委员会审议并通过的《北京市烟花爆竹安全管理规定》开始施行,将本市划分为禁放点、限放区、准放区进行分类控制,并允许在春节期间有限制地燃放烟花爆竹。

**思考:**

请根据案例材料对北京市1993年12月1日至2005年11月30日期间实施的禁止燃放烟花爆竹政策做一个简要的政策评价。

## 【参考书目】

1. 〔美〕斯图亚特·内格尔:《政策研究:整合与评估》,吉林人民出版社1994年版。
2. 〔美〕威廉·邓恩:《公共政策分析导论》(第二版),中国人民大学出版社2002年版。
3. 〔美〕弗兰克·费希尔:《公共政策评估》,中国人民大学出版社2003年版。
4. 〔美〕托马斯·戴伊:《自上而下的政策制定》,中国人民大学出版社2002年版。
5. 林水波、张世贤:《公共政策》,台北五南图书出版公司1982年版。
6. 李允杰、丘昌泰:《政策执行与评估》,台北空中大学出版社1999年版。
7. 张金马:《政策科学导论》,中国人民大学出版社1992年版。
8. 张金马:《公共政策分析:概念·过程·方法》,人民出版社2004年版。
9. 陈振明:《公共政策分析》,中国人民大学出版社2003年版。
10. 宁骚:《公共政策学》,高等教育出版社2003年版。
11. 王春福:《试论政策评估与政策评价的区别》,《理论探讨》1992年第3期。
12. James E. Anderson, *Public Policy Making:An Introduction*, Boston:Houghton Mifflin Company, 2003.
13. E. G. Guba and Y. S. Lincoln, *Fourth Generation Evaluation*, Newbury Park:Sage Publications, 1989.
14. Stuart S. Nagel (ed.), *Handbook of Public Policy Evaluation*, Thousand Oaks:Sage Publications, 2002.

# 第八章 公共政策分析方法论

【内容概要】

公共政策研究,不论是哪个领域、层次,还是政策过程中哪个阶段,都需要用到一些共同的方法。为了区别于各类具体方法,我们把这些方法称之为公共政策分析方法论。本章集中介绍了模型方法中的数学模型,特别是运筹学中常用的方法,如线性规划、决策论、对策论等内容。同时,依据国外学者的研究成果,既讨论了事实分析、价值分析、规范分析与可行性分析的有关内容,也更全面地阐述了利益分析的基本框架,以及它与公共政策中其他常用分析之间的关系。本章还较详细地介绍了系统分析的概念、方法与主要作业。

【要点提示】

- 现代科学方法论
- 政策分析中的模型方法
- 线性规划模型及其求解
- 决策的类型及其求解
- 对策论的基本思想与求解
- 事实、价值、规范与可行性分析
- 利益分析的内容及其实现途径
- 实现公共利益是公共政策的核心目标
- 系统分析的基本思想
- 系统分析的主要作业

据说,有人曾问过一位世界著名的物理学家,为什么那么多的物理问题都能得到解决,而解决不了人与人的关系问题。这位物理学家回答说,物理现象单纯,人与人的关系很复杂。由主体是追求各种利益的人及其相互关系组成的社会系统,要比任何自然系统复杂得多。正因为如此,"社会科学方法论问题因而显得更为突出和重要,人们正在思考,社会科学是否也面临着'以多种概念和方法相互冲击与汇合为特征的时代'?过去的相互隔离的自然科学方法论与社会科学方法论是否必然会遭遇或汇合在一起"[1]。

---

[1] 孙小礼:《方法的比较——研究自然与研究社会》,北京大学出版社1991年版,第10页。

## 第一节 现代科学方法论与模型方法

### 一、科学方法的三个层次

作为一门新兴学科,人们常按传统的理解把政策科学列入政治学中。然而有一点已没多少人怀疑,在它所研究的内容中,关于政策分析所应用的方法是多方面的,既有自然科学的方法,又有社会科学的方法。从一定意义上讲,公共政策分析是一门综合性的新兴分支学科。

"方法"这个词起源于希腊的"沿着"与"道路"两词。因此有人把方法定义为:"从实践与理论上把握现实的、为解决具体课题而采用的手段或操作的总和。"①科学方法按其程度不一,大致可分三个层次:第一个层次是各门科学中的一些具体方法,隶属于各门科学;第二个层次是科学研究中的一般方法,是从各门科学中总结概括出来的,如逻辑方法、数学方法、系统方法等;第三个层次是哲学方法,如辩证法和认识论等。作为新兴学科的公共政策分析,讨论其方法论问题,似乎还不太成熟。然而自然科学方法以及社会科学方法所讨论的一般性理论问题,适用于公共政策分析。

1. 现代科学方法论的内容

美国学者 W.I.B.贝弗里奇对现代科学方法论概括如下:问题的识别与表述;搜集相关资料;用归纳得出假说,说明资料中的因果关系或重要模式;从假说作出演绎,并用实验或搜集更多的资料检验演绎结论的正确性;推理,若所得结果与演绎一致,则假说得到加强。但贝弗里奇又认为,现代科学方法论的这种表述,事实上不论从逻辑方面还是实践方面都会有困难,比如,问题可能表述得不正确;很难知道什么样的资料是相关的;归纳是极不可靠的;实践中可能遇到实际困难,可能存在产生错误的多种原因;在一般情况下,所得结果充其量是概率性的,因为同一结果会有多种解释,可能使人误入歧途。②

2. 现代科学方法的认识论原则

科学方法论研究的基本目的在于说明科学的合理性和认识价值判断的客观性。从方法论角度看,自然科学与社会科学有没有共同的认识论准则与基本要求?国内学者对此做了肯定的解释。我们认为,这种观点也对公共政策方法论的研究有重要的参考价值。

他们认为,自然科学与社会科学应具有认识论的一般原则是:

- 实际知识可由经验和理性获得,不存在超凡的认识能力。

---

① 转引自《自然科学哲学问题丛刊》1980年第1期,第85页。
② 转引自孙小礼:《方法的比较——研究自然与研究社会》,第55页。

- 提出问题并依据经验和理性,在已有的或新知识的帮助下解决问题,是科学的基本任务。
- 检验问题的解决结果应依据某些客观方法,而并不能仅仅考虑与原有观念是否完全一致,否则会使原有观念的不合理性变得更严重。
- 自发的观察对科学毫无价值。没有足够知识背景以形成或选择科学的认识框架,或固守陈旧的认识框架,都不能获得新的科学知识。
- 理论的多元性及其相互竞争,有利于科学知识成长。采取行政手段、命令主义和组织措施来取代科学论据,坚持个人迷信等,都与科学不相容。
- 科学的合理性标准是历史的演变结果,不存在一成不变的合理性标准。
- 科学的基本原理和基础假定,将随着新知识的积累而修正,修正的方式是渐进式,也可能是跳跃式。[1]

## 二、公共政策分析中的模型方法与数学模型

公共政策分析所研究的领域极其广泛,每个领域都有自己的特殊方法,当然也包括移植其他相关学科的各种具体方法。比如,经济学中的投入—产出法和计量经济学方法,以及政治学中的一些方法。我们所指的公共政策方法论中所研究的方法,是各类公共政策分析中普遍应用的方法。这些方法实际上不仅有自然科学方法论,而且也有社会科学方法论的内容,甚至包括自然科学与社会科学方法论中共同的内容。这些内容是相当丰富的,这里重点讨论模型,包括数学模型在内的方法论。

1. 关于模型方法的基本思想

对于模型,公共政策分析感兴趣的主要不是实验中的实物模型,而是理论研究中的以科学概念、科学假说和数学形态出现的理论模式。这种模型有助于人们运用抽象思维,从整体上与动态中分析复杂的政策系统。英国有位学者在"赞颂模型方法"时称,"模型方法是现代科学方法的核心"[2]。我们认为,模型方法论是研究指导运用模型的基本概念与原则。模型方法,包括数学模型方法是公共政策分析最基本的工具。从方法论的角度,探讨和分析模型在公共政策分析中的作用与特点是很有意义的。

(1) 模型的内涵[3]

人们肯定原型与模型之间的关系,最基本的原则是承认或肯定它们之间存在相似性。所谓模型,粗略地说是主体为了某种特定的认识目的,依据相似性原

---

[1] 转引自孙小礼:《方法的比较——研究自然与研究社会》,第 52—53 页。
[2] 同上书,第 11 页。
[3] 参见赵修渝:《自然辩证法概论》,重庆大学出版社 2001 年版,第 290—295 页;中国科学技术大学等编:《自然辩证法原理》,湖南教育出版社 1984 年版,第 359—363 页。

则而创造或选择一种系统,用于代表被研究的对象。通常把模型分为实物模型与理论模型。公共政策分析所讨论的对象经常既可以是定性相似,也可以是定量相似;既可以是外在的相似,也可以是内在的相似;既可以是结构的相似,也可以是功能的相似。

从相似性原则出发,所构建的模型要大致反映原型的本质。同时从错综复杂的现象中抓住主要矛盾,从而简化对对象的研究。坚持真实性与简化性的对立统一,是衡量建立模型艺术水平高低的重要标志。

无论是政策主体还是政策客体,在政策制定到实施的全过程中,都直接或间接地介入了大批的行动者;每个行动者都具有各自的主观能动性,并且他们之间组成了最为复杂的利益关系。

往往在几乎相同的政策环境下,不同的行为者对政策信息的吸收反应差别很大,这在一定程度上取决于他们的价值偏好,以至于造成了输入输出的不确定性。每个行为者所拥有的社会地位、权力和影响力等因素的不同,使得他们掌握和处理信息的能力也很不一样。

这种信息上的不对称,使得不同行动者之间的关系同样存在着不确定性。更为重要的是,所有的行为者都处于各种网络状的相互联系、相互作用中;每个人的决策既依赖于他人的决策,也影响他人的决策。这种"互动反应"式的关系,给政策分析造成很大的困难。

模型方法在满足政策系统整体性的要求下,力求抓住本质、化繁为简,为处理和解决社会公共问题提供行之有效的工具。

(2)理论模型的特点

政策分析中所用的理论模型,往往是从"原型"中所表现出的某些特征,通过科学抽象,在思维中设计出一种从理论预测上能产生相似特性的"模样",再以社会实践检验其真伪,或修正其不足,使"模型"与"原型"更加近似。因此,理论模型方法是一种抽象的逻辑思维方法。这种抽象一要坚持形象化,才容易被他人理解和接受;二要运用合理假设,淘汰对研究对象无本质歪曲的因素。

作为科学方法,理论模型具有三个特点:第一,直观性。理论模型离不开抽象,但往往却采取了极为形象、直观的表述。第二,近似性。只强调客观事物中的主要的本质因素,忽略其次要的非本质因素。第三,假设性。在已有的经验事实、数据资料和理论的指导下,提出假设,并以此作为分析的逻辑前提。

模型的建立过程,要以事实和数据资料为依据,运用一定的科学理论,按照目标所追求的需要,提炼出主要因素、主要过程和主要关系,力求建立能反映系统本质特征、从逻辑上可以展开的理论模型。

公共政策问题来自大量的社会问题,而社会问题所反映的现象是多方面、多层次的。说明社会现象及其相互关系的指标,有的是能够量化的,有的是不能量化的,或者至少是难以量化的。这样,公共政策研究中,有的基本可以通过定量的科学模型来分析,有的则采取定性与定量相结合的模型来分析,甚至还有的是采取半经验半理论模型分析。

我们既不赞成把量化模型绝对化,不分场合、不分问题的难易与需要,简单地套用;也不赞成把量化模型说得一无是处,一文不值。要充分认识到,现代科学技术的发展,特别是现代量化模型方法在计算机的配合下,已开辟了政策分析的不少新领域,取得了令人瞩目的研究成果。作为量化模型研究的集中成果,下面重点讨论数学模型方法的特点与作用。

2. 政策分析中建构数学模型的步骤[①]

作为自然科学方法论中的一个重要方法,数学方法所包含的内容很多。这里,我们主要结合模型方法,仅讨论政策分析中的数学模型。数学模型,是依据研究对象的本质特征和数量关系,经过数学处理和抽象后,借助于数学语言,得到一个反映对象量的关系或运动规律的数学表达式。

建构数学模型的步骤:

在公共政策分析中,与通常运用数学方法研究实际问题一样,提炼数学模型大致经历如下步骤:

- 找出政策研究领域中的主要变量及其基本关系;
- 用数学语言表达它们之间的关系,建立数学模型;
- 寻求解决数学问题的解;
- 对所得数学解加以解释、评价;
- 对照实际问题,提出对解的修正结果;
- 最终形成对政策方案的判断与预测。

数学模型由变量与关系组成。政策分析变量包括随时间变化,或者与其他条件变化相关的因素。这些因素共存并呈现出错综复杂的局面,构成了难以捉摸的关系。因此建立模型时,首先要从政策系统的众多因素中,按照政治价值及其他条件,确定几个基本变量,描述其状态、特征和规律。在获得基本变量的基础上,分析政策系统的主要矛盾,从政策目标出发,以此确定不同变量之间的互动关系。要清楚地分析出哪些是自变量,哪些是因变量,哪些是可近似地视为常量;哪些量是已知的,哪些量是未知的。要敢于又要善于简化某些次要变量及其关系,找出一个基本能反映政策问题本质特征的变量及其关系。

在常用的分析模型中,有的是静态的,也有的是动态的。前者不考虑时间上的因果关系,后者要明确考虑时间因素。数学模型还可以分为随机的和确定的。在确定模型中,通过已知的可控变量和不可控变量之间的关系,可以直接计算所

---

[①] 参见朱建清、张国梁:《数学建模方法》,郑州大学出版社2003年版,第34—43页。

有结果变量。在随机模型中,变量只能依据概率的分布来求解。

### 三、公共政策分析对模型的具体要求

1. 在逻辑推理上模型与事实相符

在处理多数政策问题时,不仅要考虑到数学模型本身在逻辑推理上是否正确,而且要注意分析模型中各参量是否与事实相符。任何一个模型的建立,如果基本假定及其相关资料与事实不符,所构建的理论模型本身再正确也无实际意义。比如,政府在制定宏观经济政策时,经常建立若干不同的政策模型来协助决策。如果建立模型的资料是人为编造的,不真实地反映经济领域中的实际,其结果是可想而知的。

建立模型本身不是实现政策的目的,而只是运用一种分析工具。正因为数学模型的推理是建立于类比推理基础之上,是依靠相似关系把在一个对象系统中成立的结论转移到另一个对象系统上,所以这种推理也会缺少严格的逻辑必然性。因此,从模型所获得的结果理当要接受实践的检验,只有在实践中,通过比较、修正、补充、完善,才使模型更符合客观实际。政策分析中所提出的数学模型,除了从理论意义上讨论的那些模型外,没有一个按实践需要建立起的模型,不被实践检验后而重新研究的。

在现实社会中,任何事物都具有精确性和模糊性所构成的二重性。这点在政治系统与政策分析对象中尤为突出。传统的数学方法并由此建立的数学模型,只看到以精确的语言与方法描述事物的精确性一面,即处理对象集合要么是"属于",要么是"不属于",从简单的取值关系看,或是1,或是0。恩格斯把这种关系称为非此即彼的 $a = a$。但在自然界与社会中还存在着大量的模糊现象,没有"属于"或"不属于"的分明关系,而是按一定关系属于某一集合中的不分明关系;从简单的取值关系看,是介于 $0 \sim 1$ 之间。恩格斯把这种关系称为"亦此亦彼",$a = a$,又 $a \neq a$。事物正是"非此即彼"与"亦此亦彼"的辩证统一。[①]

为了描述事物的这种模糊性关系,西方学者创立了模糊数学,以对客观事物的模糊性作出定量的数学描述。这种模糊数学模型也越来越多地用于政策分析,使得那些不易量化但又需要量化的参数,通过模糊数学模型,找到研究政策问题的新思路。

2. 建立数学模型应该注意的问题[②]

为了运用好数学模型方法,应该注意几个问题:

---

① 参见曾近义等:《自然辩证法总论》,山东人民出版社1990年版,第548—549页。
② 参见韩中庚:《数学建模方法及其应用》,高等教育出版社2005年版,第15—19页。

（1）客观物体的量的规定性,决定了需要运用不同的数学方法

正因为任何客体都有量的规定性,因此,在解决不同问题时,其作用常常各不相同。有的是因研究对象的复杂性使得运用数学方法难于成功;有的是因适合研究这种现象的数学理论,还不成熟或尚未产生。

（2）数学模型的建立与应用,只有在与具体现象有关理论的统一中才有意义

在运用数学时,既应区分科学知识的数学形式和它的现实内容,又要使人们从数学符号和公式的合理解释中,获得对理解现实有价值的东西。

（3）数学模型中所提供的各种变量值,是通过在现实的测量中得到的

测量结果主要来自有明显价值倾向的人,这种主体自身的参与往往会改变社会关系的自然状态。比如进行问卷调查,调查对象会依据调查者的诱导而给出不同的信息,造成测量的不确定性。

（4）数学模型的成功与否,主要看它预测问题的准确性

社会与经济发展的不确定性,给政策方案实施结果的预测带来了很大困难。大量的实践证明,准确地预测某项政策的实际结果几乎做不到。这正是那些怀疑运用模型预测社会发展的人所提出的有力证据。其实,预测成功率低,原因是多方面的,但并不能由此而排斥这种方法的实际操作性与有效性。

（5）数学模型所提供的结果,既要受实践检验,又要指导实践

在社会系统中,被实践检验的现象是不可逆的。由于不少参量的变化发展,在不能对原有背景下的结论作出严格判断时,由实践检验相关理论所产生的误差会较高,但这并不是说不可检验,而是说给检验带来了复杂性。

（6）社会的每个成员,无论是政策主体还是政策客体,都按照特定的价值取向、行为规范去看待社会上的人和事

不带价值判断而保持客观地观察问题是困难的。在构建模型时,这种背景会直接或间接地影响构建模型的质量。西方部分学者提出的"价值中立"的研究,在实践中是做不到的。

## 第二节 数学分析的基本模型

作为政策分析要素,"模型"是必不可少的。建立公共决策模型可以从不同的角度思考,其中突出的是数学分析模型。这些模型从不同的角度,为我们理解政府决策过程提供了有效手段。需要指出,不少政策模型的提出者所能依据的基本资料是来自西方国家,尤其是美国的政治实践。因此,从理论与实践两方面看,它们都可能存有一定的局限性。

数学分析模型在公共政策分析中运用很广。其他更具体的内容暂且不讲,

仅运筹学的内容中,如规划论、排队论、决策论、对策论等,都是经常用到的方法。本节仅介绍规划论(主要是线性规划),以及决策论、对策论的基本内容。①

## 一、线性规划②

1. 线性规划的数学模型

作为规划论中最基本的内容,线性规划是一种合理利用资源、调配资源的应用数学方法。其基本思想是在满足一定的约束条件下,实现目标的最大化,即以消耗最少的资源,实现最大化的社会经济效益目标。这个目标既可以使产出最大,也可以使投入达到最小。线性规划模型结构有三个基本要素:

- 决策变量。在给定的政策问题中,要确定其值的变量,它们与问题的目标和从事的活动有关,是非负数变量。
- 目标函数。是决策目标的数学描述,主要是求得目标的极值。
- 约束条件。实现政策目标的客观条件和限制因素,对模型中的决策变量起约束作用,可分为资源、需求、结构、边界约束等。

在线性规划中,目标函数是决策变量的线性函数;约束条件是决策变量的线性等式或线性不等式,这种以决策变量的线性函数为特征的一类最优化问题,即是线性规划。利用线性规划在所求得的解中,满足各种条件的解称为可行解,在多组可行解中,使目标函数达到极大的可行解,称为最优解。

为说明线性规划的基本内容,举例如下:

某条河流经两个城市 A 与 B,流经城市 A 的河水流量是每天 500 万立方米。在两个城市之间有一条流量为每天 200 万立方米的支流,城市 A 每天排放污水 2 万立方米,城市 B 每天排放污水 1.4 万立方米。从城市 A 排出的污水流到城市 B 之前,有 20% 可自然净化。依据环保要求,河流中的污水含量应不大于 2‰。若两个城市都各自处理一部分污水,城市 A 处理污水的成本是 1000 元/万立方米,城市 B 处理污水的成本是 800 元/万立方米。问要满足环保的要求,两个城市各自处理多少污水,才能使两地总的处理污水费用为最小?③

显然本题所要求的控制变量是城市 A 与城市 B 应处理的污水量,分别用 $x_1$ 与 $x_2$ 表示。目标函数是要求两城市所用于处理污水的总费用为最小,以 $Z$ 表示。按照给定的条件:

$$Z = 1000x_1 + 800x_2$$

---

① 有关规划论、决策论、对策论中若干具体求解法,本章因篇幅所限,不一一介绍,请读者参阅本书第十一章内容或有关书籍。
② 参见宁宣熙:《运筹学实用教程》,科学出版社 2002 年版,第 9 页。
③ 参见李德、钱颂迪:《运筹学》,清华大学出版社 1982 年版,第 2 页。

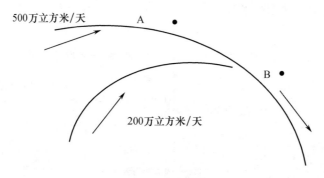

**图 8-1　河流流量**

约束条件是要符合环保要求,河流中的污水量不能大于2‰,因此得出:

$$\frac{2-x_1}{500} \leq \frac{2}{1000}$$

$$\frac{0.8(2-x_1)+(1.4-x_2)}{700} \leq \frac{2}{1000}$$

$$\begin{cases} x_1 \geq 1 \\ 0.8x_1 + x_2 \geq 1.6 \\ x_1 \leq 2 \\ x_2 \leq 1.4 \\ x_1, x_2 \geq 0 \end{cases}$$

综上所述,该环保问题可归纳为满足如下约束条件的一组线性方程:
使得: $Z = 1000x_1 + 800x_2$ 最小。

从以上过程可以归纳出根据实际问题建立线性规划模型的步骤[1]:

- 依据管理要求,确定决策目标和收集相关数据;
- 确定要做出的决策,引入决策变量;
- 确定决策的约束条件和目标函数。

本案例是我们假定这条河只流经两个城市。若这条河流经若干城市,每个城市都可能会向这条河流排放污水。在保证符合环境保护要求的前提下,如何治理各城市的污水,而使总的污水处理费用达到最小?根据这一思路,可以作出抽象,并从数学上列出这一类问题优化的共同结果,并组合成线性规划的标准式。[2]

---

[1] 参见杨超:《运筹学》,科学出版社2004年版,第4—6页。
[2] 参见本书第十一章的相关内容。

## 2. 线性规划问题的求解①

$$\therefore \text{已知条件为} \begin{cases} Z = 1000x_1 + 800x_2 \\ x_1 \geq 1 \\ 0.8x_1 + x_2 \geq 1.6 \\ x_1 \leq 2 \\ x_2 \leq 1.4 \\ x_1, x_2 \geq 0 \end{cases}$$

如何求解一个线性规划问题,可以用不同的方法,其中图解法既直观又简单。在前面所举的例子中,我们可以依据条件画出图来,并由此获得最优解。

在以 $x_1$、$x_2$ 为坐标轴的直角坐标系中,非负条件 $x_1 \geq 0$ 代表包括 $x_1$ 轴和它的右侧半平面;非负条件 $x_2 \geq 0$,代表包括 $x_2$ 轴和它以上的半平面。在两个约束条件同时存在时,实际是指坐标系第一象限。同时 $x_1 \leq 2$,是包括 $x_1 = 2$ 的左平面;$x_1 \geq 1$ 是包括 $x_1 = 1$ 的右平面;$x_2 \leq 1.4$ 是 $x_2 = 1.4$ 的下半平面。特别 $0.8x_1 + x_2 \geq 1.6$ 是表示以 $0.8x_1 + x_2 = 1.6$ 为直线边界的右上方平面。综合上述条件,得出以上多平面相交而成的区域,即图中阴影部分。在这个区域内,每一个点都符合上述条件,即它们是问题的可行解。本题是求最小值问题,由图可知:在 $x_1 = 1, x_2 = 0.8$ 时 $Z = 1640$ 为最小,即 A 城市每天处理污水量 1 万立方米,B 城市每天处理 0.8 万立方米,则处理污水总费用最小。

由图解法可知,线性规划问题的所有可行解组成的可行区域一般是凸多边形,若存在最优解,则一定在可行域的某个顶点上得到。本案例是讨论消耗资源最少问题,也有的案例是讨论效益最大问题,即求最大值问题。其解题步骤与上题一样。图解法的优点虽然十分明显,但在多变量(三个以上)的时候就无能为力。从线性规划的标准式中,人们不难发现,不论决策变量多少,它们基本关系类似于一个矩阵形式,所以可用矩阵法来描述这类问题的计算过程。

在线性规划中,有些最优解很可能是分数或小数。这在实际问题中是不可能的,必须求得整数解。为满足要求,简单做法是把分数化成整数就行。但化整后的解不见得是可行解,或者是可行解但不一定是最优解。对于求最优整数解问题,在规则论中又产生另一个分支:整数规划。它是为处理那些决策变量只能取整数值问题而建立的。

尽管线性规划在政策分析中有一定的应用,但却存在着局限性,那就是在

---

① 参见李德、钱颂迪:《运筹学》,第 4—5 页。

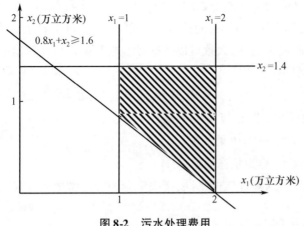

图 8-2　污水处理费用

实际问题中,各种变量之间的关系并不一定都是线性的,以及苛刻的限制条件会使目标函数得不到满意解。特别是由于人们在不同价值观上的差异所造成的目标冲突,使目标函数的设置产生了困难。若不采取一定的妥协,就难以设立目标函数。如果目标函数或约束条件中,有一个或多个变量是非线性函数,这种规划问题称为非线性规划。解非线性规划问题显然要比解线性规划问题困难得多。

在政策分析中,还会遇到这样一类问题:它把整个决策过程划分为若干互相联系的阶段。在每一个阶段都需要作出决策,并且在一个阶段的决策确定后,会影响下一阶段的决策,以至于影响到整个活动过程。如果每一个阶段选择了最恰当的决策,这样可期望获得整体上的最优化。正由于每个阶段是以时段表示的,各阶段所采取的不同决策都随时间而变化。这类规划又称为动态规划。

## 二、决策论①

决策论与规划论一样,也是运筹学的一个重要分支。决策是为解决目前或未来可能发生的问题,选择最佳方案的一种过程。公共政策是政府决策的产物,在政府的决策中,比如做一项设计或计划,常会面对几种不同的情况,有可能采取几种不同的方案,最后从多种方案中选定某一个较为理想的方案。

1. 决策论的数学模型

在决策论中,把所面临的几种不以人们意志为转移的自然情况,称为自然状

---

① 参见朱德通:《运筹学》,上海人民出版社 2002 年版,第 402—413 页;李德、钱颂迪:《运筹学》,第 431—453 页。

态,又叫客观条件,简称状态(或条件),这是一些不可控因素。把那些为实现目标的各种方案,称为行动方案,简称方案(或策略)。每个行动方案在不同的自然状态下受益或损失的值,大致可以依据经验或其他资料计算出来。这样,决策论中的基本模型为:

$$Q = F(A_i, \theta_j)$$

式中:$Q$ 为价值,是 $A_i$ 与 $\theta_j$ 的函数;

$A_i$ 为行动方案,称为决策变量;

$\theta_j$ 为自然状态,称为状态变量;

人们依据政策问题性质的不同,把决策分为确定型决策、风险型决策和不确定型决策。

确定型决策通常具备四个条件:

- 存在着决策者期望实现的明确目标(收益大或损失小);
- 只存在一个确定的自然状态;
- 存在着两个或两个以上可供选择的行动方案;
- 不同的行动方案在确定自然状态下的益损值可以计算。

风险性决策通常具备五个条件:

- 存在着决策者期望实现的明确目标(收益大或损失小);
- 存在着两个或两个以上不以人的主观意志为转移的自然状态;
- 存在着两个或两个以上可供选择的行动方案,最后只选定一个方案;
- 不同的行动方案在不同自然状态下的益损值可计算;
- 在多种自然状态下究竟出现何种状态无法肯定,但对各自然状态出现的可能性(概率)却可预先估计出来。

不确定型决策的条件,前四条与风险型决策相同,唯一不同的是各种自然状态出现的可能性(概率)也不知道。对于这三类决策,我们重点讨论风险型决策。因为它又被称为概率分析型决策,所以对自然状态所发生的概率研究是这类决策十分强调的内容。

依据风险型决策的界定,决策者可以把政策分析中若干行动方案的集合视为一个向量,称为方案向量。同样把自然状态的集合称为状态向量;把状态发生的概率的集合称为状态概率向量等等,分别记为[①]:

$$A = (A_1, A_2 \cdots A_i \cdots A_m) \quad A_i \text{ 是分量}(i = 1, 2 \cdots m)$$

$$\theta = (\theta_1, \theta_2 \cdots \theta_j \cdots \theta_n) \quad \theta_j \text{ 是分量}(j = 1, 2 \cdots n)$$

---

① 参见李德、钱颂迪:《运筹学》,第 431—453 页。

$$P = [P(\theta_1), P(\theta_2) \cdots P(\theta_j) \cdots P(\theta_n)]$$

$P_j(\theta_j)$ 是分量$(j = 1, 2 \cdots n)$ $\quad \sum_{j=1}^{n} P_j = 1$

当自然状态是 $\theta_j$,采取方案的 $A_i$ 的益损值是 $\alpha(A_i, \theta_j) = a_{ij}$,$A_i$ 的益损期望值则为 $E(A_i) = \sum_{j=1}^{n} P_j a_{ij}$。把状态、方案、概率、益损值、期望之间的关系,可用矩阵表示为下式:

表 8-1　一般决策表

| 损益矩阵 \ 方案 \ 状态 | 状态<br>状态概率 | $\theta_1$<br>$P_1$ | $\theta_2$<br>$P_2$ | $\cdots$<br>$\cdots$ | $\theta_j$<br>$P_j$ | $\cdots$<br>$\cdots$ | $\theta_n$<br>$P_n$ | 益损期望 $E(A)$ |
|---|---|---|---|---|---|---|---|---|
| | $A_1$ | $a_{11}$ | $a_{12}$ | $\cdots$ | $a_{1j}$ | $\cdots$ | $a_{1n}$ | $E(A_1)$ |
| | $A_2$ | $a_{21}$ | $a_{22}$ | $\cdots$ | $a_{2j}$ | $\cdots$ | $a_{2n}$ | $E(A_2)$ |
| | $\vdots$ | $\vdots$ | $\cdots$ | | $\cdots$ | | $\cdots$ | $\vdots$ |
| | $A_i$ | $a_{i1}$ | $a_{i2}$ | $\cdots$ | $a_{ij}$ | $\cdots$ | $a_{in}$ | $E(A_i)$ |
| | $\vdots$ | $\vdots$ | $\cdots$ | | $\cdots$ | | $\cdots$ | $\vdots$ |
| | $A_m$ | $a_{m1}$ | $a_{m2}$ | $\cdots$ | $a_{mj}$ | $\cdots$ | $a_{mn}$ | $E(A_m)$ |
| 决策→ | | \multicolumn{7}{c|}{$A_r = \min_A [E(A)]$ (或 $A_s = \min_A [E(A)]$)} |

这里

$$B = \begin{bmatrix} a_{11} & a_{12} & \cdots & a_{1j} & \cdots & a_{1n} \\ a_{21} & a_{22} & \cdots & a_{2j} & \cdots & a_{2n} \\ \vdots & \cdots & & \cdots & & \vdots \\ a_{i1} & a_{i2} & \cdots & a_{ij} & \cdots & a_{in} \\ \vdots & \cdots & & \cdots & & \vdots \\ a_{m1} & a_{m2} & \cdots & a_{mj} & \cdots & a_{mn} \end{bmatrix}$$

是益损矩阵(或称风险矩阵)。[1]

为说明风险型决策在政策分析中的实际应用,我们简略地举一例,并用矩阵法表示。至于实际求得结果,请读者自己完成。

某地方政府为实际解决某个问题进行决策,其方案、状态、概率、效益值如

---

[1] 参见李德、钱颂迪:《运筹学》,第 445—446 页。

下表：

表 8-2 决策表

单位：百万元

| 损益矩阵\方案\状态\状态概率 | $\theta_1$ 0.2 | $\theta_2$ 0.4 | $\theta_3$ 0.1 | $\theta_4$ 0.3 | 方案效益期望值 E(A) |
|---|---|---|---|---|---|
| $A_1$ | 4 | 5 | 6 | 7 | 5.5 |
| $A_2$ | 2 | 4 | 6 | 9 | 5.3 |
| $A_3$ | 5 | 7 | 3 | 5 | 5.6 |
| $A_4$ | 3 | 5 | 6 | 8 | 5.6 |
| $A_5$ | 3 | 5 | 5 | 5 | 4.6 |

从方案效益期望值分析，既可选取方案 $A_3$，又可选取方案 $A_4$，到底选取那个方案合理呢？可以再比较。

2. 风险型与不确定型决策的方法[1]

对风险型决策，基本上有三种解决问题的方法[2]：

(1) 期望值法

把每个可行方案的期望值求出来，依据决策目标要求，选取最大期望收益值的决策方案或者最小期望损失值的决策方案。

(2) 最大可能法

由于各自然状态出现的概率值是不同的，决策者选取概率值最大的自然状态，然后选取在这种状态下收益值最大的可行方案。

(3) 等概率法

用概率均等标准处理决策问题，如有 $n$ 个状态，则每一个自然状态的概率为 $1/n$，再依照最大期望收益值法处理即可。

对不确定型决策，基本上有四种解决问题的方法[3]：

(1) 大中取大法

首先把每个方案在各种自然状态下的最大收益值求出，然后再从中选出一个收益值最大的方案。

(2) 小中取大法

首先把每一个方案在各种自然状态下的最小收益值求出，然后再从中选出一个收益值最大的方案。

---

[1] 对风险型与不确定型决策的各类方法的应用，参见十一章的相关内容。
[2] 参见熊伟：《运筹学》，机械工业出版社 2005 年版，第 248—251 页。
[3] 参见李德、钱颂迪：《运筹学》，第 448—452 页。

（3）乐观系数法

选出乐观系数 $a$，先找到每个方案在各自然状态下最大效益值，乘以 $a$，加上最小效益值乘以 $(1-a)$，比较各方案的折中收益值，选择出最大数值的方案。

（4）后悔值法

将每种状态的最高值定为该状态理想目标，并将该状态中的其他值与最高值相减所得之差为后悔值，然后再从所选择最大后悔值中找出最小值的方案作为最优决策方案。

### 三、对策论[①]

对策是决策者在某种竞争场合下为战胜竞争对手所作出的决策，是在选择的策略集合中选取对付对方的策略。军事对抗、政治对抗等问题，无疑都是典型的对策问题。1944 年著名学者冯·诺依曼提出了系统的对策理论后，人们不断利用对策论，分析军事政策与外交政策，成功地解决了许多重大的政策问题。

1. 案例讨论

第二次世界大战期间，盟军获悉日本舰队准备从南太平洋的一个岛向新几内亚进发。为阻截日舰，盟军西南太平洋空军受命执行轰炸任务。从该岛到新几内亚有南北两条航线，航程都是三天。根据气象预报，提供的北线阴雨、南线能见度高等资料，以及盟军先需派飞机侦察然后再轰炸的要求。

针对日舰将走南线或北线两种可能策略，盟军经过分析获得四种结果：日舰走北线，盟军飞机大多飞北线，可能有两天轰炸时间；日舰走北线，盟军飞机大多飞南线，可能有一天轰炸时间；日舰走南线，盟军飞机大多飞北线，可能有两天多的轰炸时间；日舰走南线，盟军飞机大多飞南线，可能有三天的轰炸时间。从战争的需要分析，盟军策略目标是要获得更多的轰炸时间，同时能满足侦察机对南、北两线的侦察。盟军究竟应采取何种策略？盟军与日双方策略以及实际效果可用表 8-3 说明。

表 8-3　盟军策略分析表

| 盟军策略的条件收益 | | 日方策略（即盟军未来客观条件） | |
|---|---|---|---|
| | | 北　线 | 南　线 |
| 盟军策略<br>（即日方未来客观条件） | （大多）北飞 | 两天轰炸 | 两天多轰炸 |
| | （大多）南飞 | 一天轰炸 | 三天轰炸 |

对盟军来说，一旦日方策略确定，总想在可供选择的策略中，找效果最好的策略。比如日方北航，盟军想采用效果好的北飞策略，因为它能获得两天的

---

[①] 对策论又称为博弈论，相关内容参见李德、钱颂迪：《运筹学》，第 468—495 页；熊伟编著：《运筹学》，第 274 页。

轰炸时间,而南飞却获得一天的轰炸时间。同理,日方若南航,盟军就想采用效果好的南飞策略,因为它能获得三天的轰炸时间,而北飞却获得两天多的轰炸时间。

对日方来说,一旦盟军策略确定,总想在可供选择的策略中,找效果最好的策略,即损失最小的策略。比如盟军南飞,日方想采用效果好的北航策略,因为它只被盟军飞机轰炸一天,而南航则被轰炸三天。同理,盟军飞机北飞,日航则采用北航策略,因为它只被盟军飞机轰炸两天时间,而南航则被轰炸两天多的时间。历史事实是日军走了北线,盟军飞机也把大部分力量放到北线的搜索上。①

该案例是"零和对策",即竞赛双方必有一方是赢者,另一方是输者。双方的利益得失之和为零。事实上在各类政治系统的竞赛中,双方得失之和不一定为零。有时双方都是赢者,有时双方都是输者。为研究方便,我们先从零和对策问题谈起。因为在大量的政策分析中,决策者面对着总资源有限,并且是总量一定的条件下,两者竞赛的对策分析,可以简化为零和对策。

2. 对策分析的数学模型②

上述案例,竞赛双方都仅有两个策略。实际上许多问题的对策中,每方都有若干个策略。为了使问题抽象化,可以假定,A 方有 $m$ 个策略,B 方有 $n$ 个策略,它们之间的对策模式,可以用对策矩阵来说明(见表 8-4)。

表 8-4　对策矩阵

| A 方策略 \ 益损值 \ B 方策略 | $b_1$ | $b_2$ | … | $b_n$ |
|---|---|---|---|---|
| $a_1$ | $V_{11}$ | $V_{12}$ | … | $V_{1n}$ |
| $a_2$ | $V_{21}$ | $V_{22}$ | … | $V_{2n}$ |
| ⋮ | ⋮ | ⋮ | | ⋮ |
| ⋮ | ⋮ | ⋮ | $V_{ij}$ | ⋮ |
| ⋮ | ⋮ | ⋮ | | ⋮ |
| $a_m$ | $V_{m1}$ | $V_{m2}$ | … | $V_{mn}$ |

$a_1, a_2 \cdots a_m$ 表示 A 方所采取的 $m$ 个策略;
$b_1, b_2 \cdots b_n$ 表示 B 方所采取的 $n$ 个策略;
$V_{ij}$ 表示 A 方采取策略 $i$ 与 B 方采取策略 $j$ 时的益损值。

从对策现象的分析中,人们不难发现这中间有三个基本要素③:

---

① 本案例选取于熊伟:《运筹学》,第 274 页。
② 参见李德、钱颂迪:《运筹学》,第 468—474 页。
③ 同上。

(1) 局中人

在一场竞争或斗争中,那些具有决策权的参加者。为在对策中争取好的结局,他们必须制定对付对手的行动方案。而那些在一局对策中,既不参与决策而结局又与他们的得失无关的人,就不算局中人。局中人可理解为个人,还可理解为集体,也可以把大自然看成局中人(在人与自然的斗争中)。为简化研究,经常把那些利益完全一致的参加者,看作一个局中人,凡有两个局中人的对策现象,为"两人对策",而多于两个局中人的对策,为"多人对策"。依据局中人之间是否存在合作关系,还分结盟或不结盟对策。

(2) 策略

决策者为战胜对方所选择的一套行动方案,它不是某一步行动方案。策略可以由有限的"步"组成,被称为有限策略。但对每一个决策者来说,可能采取的策略必须是两种或两种以上,由若干策略组成的全体,称为策略集合。

(3) 局势

从每一个局中人的策略集合中,各取一个策略组成策略组。于是"得失"是局势的函数。若全体局中人的得失总和为零,这样的对策为零和对策,否则称为"非零和对策"。

3. 有鞍点的对策①

在对策论中,有一种对策十分值得研究,这就是有鞍点的对策。比如已知决策者为应付对手采取的策略集为 $A = \{a_1, a_2, a_3, a_4\}$,对手的策略集为 $B = \{b_1, b_2, b_3\}$,这样它们由此组成的支付矩阵为:

$$G = f(a_i, b_j) = \begin{array}{c} \\ a_1 \\ a_2 \\ a_3 \\ a_4 \end{array} \begin{array}{ccc} b_1 & b_2 & b_3 \end{array} \\ \begin{bmatrix} -6 & 1 & -8 \\ 3 & 2 & 4 \\ 9 & -1 & -10 \\ -3 & 0 & 6 \end{bmatrix}$$

从支付矩阵可知,决策者 A 的最大赢数为9,故选取的策略为 $a_3$,然而对手知此策略,绝不会选取 $b_1$ 策略,而要选取 $b_3$ 策略,使决策者非但不能赢,而且要输掉10。同样决策者还会选取 $a_4$ 策略,使对手得不到10,反而输掉6。双方都要想到,自己既不冒风险,又要想到对方会使自己得利最小。双方都要从最坏处争取好的结果。对决策者 A 来讲,分别采取 $a_1, a_2, a_3, a_4$ 策略,其最坏结果分别是损失8、赢2、损失10 和损失3。在所有这些坏结果中,最好结果是赢2,决策者不论对方采取何种策略,总能赢2。

---

① 参见李德、钱颂迪:《运筹学》,第468—474页。

同理，对手分别采取策略 $b_1$、$b_2$、$b_3$ 时，其最坏结果是输 9、输 2、输 6。其中以损失 2 为最好结果。这样，决策者只要选择 $a_2$ 策略，都可以使之获利；而对手只要选取 $b_2$ 策略，其支付不会大于 2。决策者与其对手在最坏情况下最好结果是绝对值为 2，是等值的。我们把局势 $(a_2,b_2)$ 称为最佳局势，在为"2"值的那点又称为鞍点。在对策问题中，决策者面对决策矩阵寻找鞍点的方法是：

- 求出策略集中每一策略的最大损失值；
- 求出各种策略的损失值中的最小者。

为验证其结果，可按同样方法，先求出对手每一策略的最大损失值，再求各损失值中的最小值。在有鞍点的情况下，双方的最优纯策略具有绝对值相等的支付值。

很显然，鞍点存在的意义是：对决策者来说，先从行中求最小，再从列中求最大；对对手来说，先从列中求最大，再从行中求最小。若双方取值相等，则表示有稳定解。这类零和对策问题，除遵守最大利益原则外，所施展策略会受到对方策略与行为的影响，其前提是双方必须了解对方的可行策略及其条件效果；双方都不愿意为争取更好结果而蒙受最大损失。

在许多零和对策中，不一定都存在鞍点，即不可能出现既定型的零和对策。一方不会死守一策略，一旦得知对方决策要改变，就马上改变自己的策略，从而出现无穷回合的改变策略的局面。所以凡不存在鞍点，对策双方首先要做的是保守自己选取的策略秘密，不让对方掌握到自己选择策略的规律。这时采取的策略是随机的，这种随机性服从自己损失最小原则。那么，双方应以何种概率得出不同策略，使之损失最小？由于各方都以一定比例混合采取各个纯策略，所以这类策略又称混合策略。①

比如决策者的策略集为 $A=\{a_1,a_2\}$，对手的策略集为 $B=\{b_1,b_2\}$，在支付矩阵为：$G = \begin{bmatrix} 1 & 0 \\ -4 & 3 \end{bmatrix}$ 时，可以计算本例是无鞍点的混合策略问题。

若决策者选取 $a_1$ 策略的概率为 $P$，选取 $a_2$ 策略的概率为 $1-P$。同理，对手选取 $b_1$ 策略的概率为 $Q$，则选取 $b_2$ 策略的概率为 $1-Q$。在决策者与对手的策略集所组成的支付矩阵 $G = \begin{bmatrix} 1 & 0 \\ -4 & 3 \end{bmatrix}$ 的条件下，决策者的期望赢得值是 $E(P,Q) = 1 \times P \times Q + 0 \times P \times (1-Q) + (-4) \times (1-P) \times Q + 3 \times (1-P)(1-Q) = 8PQ - 3P - 7Q + 3$。分别用 $E(P,Q)$ 对 $P$、$Q$ 求偏导数，以求期望值 $E(P,Q)$ 在 $P$、$Q$ 为何值时有最大值。

---

① 参见李德、钱颂迪：《运筹学》，第 476—477 页。

$$\frac{\partial E(P,Q)}{\partial P}=0 \quad \frac{\partial E(P,Q)}{\partial Q}=0$$

$$\therefore \begin{cases} 8Q-3=0 \\ 8P-7=0 \end{cases} \quad 得 \begin{cases} P=\dfrac{7}{8} \\ Q=\dfrac{3}{8} \end{cases}$$

对决策者来说,应在平均 8 次选择中,有 7 次选择 $a_1$,1 次选择 $a_2$。而对手是在 8 次选择中,3 次选择 $b_1$,5 次选择 $b_2$。他们的最佳期望值可求为 0.375。可见混合策略中,决策者与对手都并不是单一地选择一个策略为对策,而是按一定的分配概率随机地选择策略。

## 第三节 事实、价值、规范与可行性分析①

中外许多学者都认为,不论是公共政策制定与实施过程,还是对公共政策内容本身的研究,政策分析都要回答四类基本问题:

（1）事实分析:是什么? 在什么时间与地点? 程度是什么? 事实的产生可能会改变问题所要达到的价值。

（2）价值分析:因为什么? 为了谁? 应优先考虑什么? 价值是问题能否解决的主要检验标准。

（3）规范分析:应该是什么? 应该怎样做? 政策执行的结果是要达到所谋求的价值与利益。

（4）可行性分析:是否行得通? 公众是否允许这样做? 需要确定客观现实中的能力与可能。

这四类分析是相互关联,相互影响的。R.M.克朗在《系统分析和政策科学》中认为,系统分析研究方法论有三个相互关联的基本范畴,即:行为研究、价值研究和规范研究;同时,他也认为要研究可行性问题。国内学者则认为,政策分析方法论有四个基本范畴:行为、价值、规范和可行性研究（分析）。

### 一、事实分析

事实,简单地说就是客观存在的现实。事实分析,要对社会的事物、事件、关系及其相互作用进行描述、观察、计数、度量与推理。在公共政策分析中,无论是定性还是定量的,人们往往按照经验的方法,对客观现实进行一定因果关系的描述性研究。比如,人们可以真实地描述公共费用的多少以及使用情况等。由此

---

① 本节内容参见 R.M.克朗:《系统分析和政策科学》,商务印书馆 1985 年版,第六章;林德金:《政策研究方法论》,延边大学出版社 1991 年版,第 54 页。

提供给政策分析的信息,往往是描述性信息。所以事实分析中最重要的是尊重客观实际,排除一切主观干扰。

在政策分析中,人们常讲的事实,多是指对客观存在的事物、事件与过程的描述与判断。实现描述与判断的基本方法之一是进行观察。为保证所收集的事实材料真实可靠,必须坚持观察的客观性。在多数情况下,人们的观察是有目的的,总是有意识地去搜寻自己认为有价值的具体事物。但由于人的感官以及感官的生理变化,常常为观察结果带来一定的缺陷。从这个意义上讲,单凭观察所得到的经验,是绝不能充分证明必然性的。然而更重要的是,人们对社会的观察与对自然界的观察有着相当大的差别。对社会的观察,最本质的是对人的观察,是对有利益追求的人的观察。

从政策分析的研究角度来看,事实与价值的关系必须搞清楚。西蒙说:"一项决策都包含两类要素,分别称为事实要素与价值要素。对管理来说,这些要素的区分具有根本意义。"①客观存在的事实,是客观独立存在于人的意识之外的。但在描述事实时,不论是判断、推理还是分析、综合,都离不开价值趋向的引导。如怎样看待北京市部分居民的养狗活动?支持者认为养狗不会对他人或社会引起麻烦,反对者认为养狗已造成了社会上的极大混乱。

同样一个客观事实,人们在观察上明显地表现出主体的价值观。呈现在人们面前的事实,是具有价值的事实。对政府政策而言,问题还不在于事实的价值性,更在于事实的选择性。现代社会的复杂性与政府职能的多样性,总是同政府能力的有限性发生着尖锐矛盾。作为政府管理社会的基本内容,公共政策是政府有选择的管理行为的产物。

从政策分析的目的看,政府行为的选择,既依赖于政府目标,又会考虑到政府资源。更确切地讲,政府要从自身利益去调整社会的利益矛盾,而这一切是与政府的价值取向相联系的。有价值的事实并不都具有同等地位。政策分析的一个基本点,是选择特定价值的事实。用专业术语讲,需要确定分析的边界条件。从这点上讲,政策的功能范围,无论在空间还是时间上都是有限的。人们只能按照决策者或政策分析者的价值偏向等,选取特定的有价值的事实进行研究。公共政策是针对全社会的,它绝不会不考虑社会上的人及人的需要这样一个基本事实。不同的人在不同时期,会有不同的价值需要。政策研究在有目的地选择事实时,便会诱发出事实的潜在价值。

公共政策分析,可分为定性与定量两种描述性分析。前面已经提到,西方部分学者认为,描述性研究不仅表现在过程上,也表现在政策内容上,并非规范研究才集中在政策内容上。事实分析既要与价值分析相区别,也要与规范分析相

---

① 〔美〕赫伯特·西蒙:《管理行为》,北京经济学院出版社1988年版,第44页。

区别。但这种区别是建立在相互联系的基础上,需要在统一的目标下全面回答"是什么"、"期望什么"、"应该是什么"。

## 二、价值分析

马克思主义认为,价值是人在改造客观世界的实践中创造出来的。相对于主体来说,它是客体的一种属性,而不是纯主观的产物。正如马克思所指出的那样:"珍珠或金刚石所以有价值,是因为它们是珍珠或金刚石,也就是由于它们的属性。"① 公共政策是政府对社会客观规律、对不同主体的需求,在一定程度上的认识结果,反映了政府的偏爱,或者说集中体现了政府的价值取向。

### 1. 价值分析的意义

公共政策中的价值分析,主要是决定某项政策的价值,提供的信息是评价性的。政府所做的往往是社会的公共事业,基本目标是最大程度地满足社会广大人民群众的物质与文化需要。公共政策的倡导、评价功能,决定了价值研究在公共政策分析中的突出地位。马克思主义的理论指出,人的全部活动都是在追求着某种价值目标。价值目标越大,越是同活动主体的需要相一致,人们所激发的潜能也越大。政府所制定的政策价值取向,为社会不同群体的实践活动提出行动导向。离开了导向,就失去了政策存在的意义。

公共政策所提供的价值标准,不可能对全社会每一个成员都产生相等的意义。从政府的管理角度来看,政策不仅要把每个成员的积极性、创造性、主动性发挥出来,而且要把他们集中到实现政府所追求的目标上。因此,公共政策的价值标准,会不断帮助人们进行价值选择。例如,政府的环境保护政策,是引导甚至约束人们,必须选择保护环境与生态平衡方面的行为,而不能采取与之相反的行为。社会中存在着大量问题,它们不可能都成为公共政策问题。一旦针对某一公共问题的政策合法地产生,就意味着政府帮助社会成员去认识什么,改造什么;先认识什么,先改造什么,以及如何改造等。这些不仅取决于客观事物本身,也取决于政府在综合考虑各类资源及其他条件后,所选择的具有一定价值的目标。因此,目标明确的行为正是在价值取向的基础上产生的。社会成员服从政策和执行政策,就是服从于特定的价值意识与价值取向。公共政策对社会利益的分配,极大地激励了社会成员的需求。激励的力量,紧紧与政策的价值取向相联系。公共政策尤其要考虑社会上绝大多数人及他们的需求这样一个基本事实。但是不同的人在不同时期,会有不同的价值需求。在政策研究中有目的地选择事实时,便会诱发出事实的潜在性价值。

这里,我们以北京市限制养犬的政策为例。到 1993 年,北京市居民养狗已

---

① 《马克思恩格斯全集》第 26 卷 Ⅲ,人民出版社 1974 年版,第 176 页。

达到19万多只,"狗患"已成了重大社会问题。然而围绕着"禁养"还是"限养",是一般管理还是严格管理,人们的认识并不一致。1994年10月北京市人大根据市政府的提案,经修改后登报公布,广泛征求北京居民的意见,最后形成了《关于北京市严格限制养犬的规定》,并决定从1995年5月1日开始执行。人们从《规定》出台的前前后后,进一步认识到在北京"严格限制养犬"的潜在的深层次价值。北京市政府也从中明确了"严格限制养犬"政策的价值标准。这些价值标准不断帮助市民们进行价值选择,引导甚至约束人们必须选择与《规定》相符合的行为,而不能采取与之相反的行为。

2. 价值评价及其原则

价值的作用,具体地表现于政策制定中的预先调节上。一个完整的政策制定过程,从政策问题的构建,到政策规划,直至评价,自始至终都贯穿了价值的调节作用。难以想象,政策问题能离开价值判断,提出与论证方案可以不受一定文化背景的价值观念的制约和影响。政策是政治的产物,理当有它的评价功能。从对政策的评价角度看,无论是政治上评价、经济上评价还是技术上的评价,都离不开价值,价值决定了评价。客观价值先于评价而存在,评价随着客观价值的变化而变化。一般地说,政策活动的评价,大致有两方面:一是评价政策自身的价值;二是评价为实现政策目标而采取的手段的价值。有什么样的价值现象,就会有什么样的评价方式。

不同的价值,可能坚持不同的原则。但主要原则如下[①]:

(1) 合规律与合目的性的统一

通常人们都会按照自身需求去进行价值选择,千方百计地要实现其目的,但困难在于如何使主体需求的尺度与客观世界的尺度相结合,即合目的性与合规律性相统一。

(2) 社会选择与个人选择的统一

作为统治阶级的工具,公共政策要具有保障社会稳定、发展的功能。协调不同人的需要与利益,就要协调社会需要与个人需要的关系。因为社会需要或价值,与个体需要或价值,会处于矛盾状态之中。只讲个人选择、不讲社会选择,或者只谈社会选择、不谈个人选择,都有其片面性。

(3) 兼顾与急需的统一

任何选择都不是无重点的。对于那些多数人温饱尚无解决的贫困地区,当地政府的政策价值取向首先是脱贫;而对那些温饱早已解决的地区,其政策价值取向却是大步奔小康。急需解决什么,兼顾解决什么是不同的,但突出重点、兼顾一般是必须坚持的。

---

① 李连科:《哲学价值论》,中国人民大学出版社1991年版,第117—121页。

(4) 择优与代价的统一

价值的选择总是要付出代价的,只要选择,就要择优。政府在政策制定中,把握代价与择优的度是困难的。三峡工程上马,有反对者,也有拥护者,各自都从不同的价值标准进行选择分析。国家之所以对三峡工程一再论证,就是分析择优与代价结合的度,看付出的代价值得不值得,在付出代价的条件下如何少付代价多获益。需要指出,同类价值往往容易权衡,但在不同类的价值中权衡择优与代价的统一是不容易的。

总之,在政策研究中开展价值分析,对于发挥政策的导向和调控功能,对于正确评价政策效果,都是绝对不可少的。价值分析,不仅能帮助人们树立正确的价值观,端正制定政策的思想,有效地解决政策中的价值冲突,而且还有助于政策制定全过程的调节,使政策能被其对象所认同。

### 三、规范分析

规范,一般是指规则、标准或尺度。社会规范是指人们为实现其理想,根据特定的观念制定的,供一个社会群体诸成员共同遵守的行为规则和标准,它限定人们在一定环境中应该如何行动。人们的行为是多种多样的,规范研究的形式也是多种多样的,如科学规范、道德规范、审美规范、宗教规范和法律规范等。

很显然,这些规范形式及内容,均在政策的制定与实施中,从不同方面表现出来。比如,法律是一个用来实现某些价值的规范体系。它用一种强制性命令对逆向行为进行制裁,从而达到有效地限定人们行为的目的。政策虽不是法律,但与法律一样,具有很强的规范性。

政策规范作为一种社会力量,除了推动人们去做那些一致愿意做的事情外,还诱导人们去做他们不一定都乐意去做的事,或阻止人们做正在乐意做的某些事情。人们创造规范,是为了借助规范的力量,确定与调整人们的共同活动及其相互关系的原则。所以,规范是维护社会基本秩序的重要机制。在社会共同生活中,绝不可以缺少规范的力量。因为社会是由无数人群组成的,每个人都有自己的目标和利益,人们之间会经常表现出需求与利益上的冲突。公共政策不仅要规范个体与群体的行为,而且要不断地解决人们行为中所产生的矛盾与冲突,达到对社会公共事务实行有效控制之目的。政策行为是政府最重要的一种政治活动,所以在社会活动中,政策的规范性有着更为特殊的意义。从政治的角度来看,政策规范所具有的社会教化作用是极其强大的。

规范分析,同样离不开价值。规范要有效,必须以相关的价值为基础。价值观念的变化必然带来社会规范的变化。在社会生活中,人们对事物的判断,存在着彼此联系的四种形式,即事实判断、价值判断、规范判断和命令判断。这种关系,在政策分析中处处都表现出来。比如,我们在讨论环境政策时,会有如下逻

辑次序的判断:

> 自然环境是人类赖以生存的物质基础。
> 牺牲环境发展经济是十分有害的。
> 我们应当保护生态环境。
> 必须严禁对生态环境的污染与破坏。

很明显,这四句中,前三句分别是事实判断、价值判断与规范判断,最后得出的第四句是"命令判断"。由此我们可以看到,事实、价值、规范这三种分析是相互联系、相互制约的,每种分析在政策分析过程中都不会各自孤立。当提供了大量与政策问题相关的"事实的"信息后,往往需要通过特定的假设来过滤这些信息。这些特定的假设、理论或思想等,实际上包含了某些价值与伦理前提,并且具有排他性。

人们发现,同一信息常与相互冲突的政策主张相融,但各自所依据的假设却不相同。在一定的价值判断确定后,随之自然会引申出规范判断。在上例中,正是人们普遍认为,"牺牲环境发展经济是十分有害的",才得出"我们应当保护生态环境"这样的结论。如果政策分析中,只有事实分析,而没有价值分析与规范分析,或者只有事实与价值分析,而没有规范分析等,显然分析的结果是不全面的。特别需要指出,某些为了想说明政策分析的无偏见特征,试图将按一定价值取向的政策评价排除在外的看法显然不可能。恰恰相反,面对着各种不同的评价,人们需要有针对性地、明确具体地引入相关的价值前提。

### 四、可行性分析

可行性分析,是对规范研究中所提出的方案进行考证,论述在客观现实的基础上是否具备了条件与能力。因为规范分析中提出的"应该是什么",仍是理性上的东西。在政策分析中,可行性分析的重要方面,表现在政治、技术及经济的可行性上。

政府的政策,从最终的实际执行结果来看,它不是社会一切阶级共同意志的表现,也不是统治阶级中某个人或少数人的意志的表现,而是整个统治阶级的意志,它反映整个统治阶级的根本利益。与此同时,作为指导社会成员行为准则的政策,必须反映和代表那些具有共同经济地位的人们的共同要求和愿望。离开了这些,公共政策就失去了它应有的政治意义。当然,对人民政府来说,有了维护广大人民利益的根本目标,并不等于实际中政府的政策就能顺利地被人们所接受。

常有这种情况,一项好的政策,多数人对它还不理解,尚未认识到它的重要性时,这项政策在实践中并不一定可行。在我国经济转轨时期,我国不少政策的出台时机,是充分考虑到人们群众对它们的认同程度的。如物价政策,实际上是采取逐步放开的政策,而没有一步到位,否则就会引起社会的混乱。在我国,强调政策的实施结果,首先要有利于政治稳定,这是政治可行性考虑的出发点。

我国是发展中国家,我们不仅要在国内实现自己的宏伟目标,而且要赶上或接近世界的现代化水平。因此,政策的威力,以及政策在政治上的可行性是事关重大的。我们在改革开放过程中坚持了两条基本原则:一是必须毫不动摇地巩固和发展公有制经济;二是必须毫不动摇地鼓励、支持和引导非公有制经济发展,坚持和完善以公有制为主体,多种所有制经济共同发展的基本经济制度。我国所有的经济政策都是为建立社会主义市场经济的总体要求而制定的,这既是社会主义政治上的需要,也是政策的政治可行性的基本条件。

经济上的可行性,基本目的是全面研究政策实施的经济效益。在制定政策与实施政策中,都需要消耗资源,即消耗人力、物力与财力等各种资源。不少较为理想化的政策无法实施,正是由于资源的限制所致。考虑经济效益,既要重视投入项,更要重视产出项。公共政策本身不会直接表现出一定的经济利益,而是通过政策实施后间接地反映出来的。

技术上的可行性,主要表现在实现目标的科技手段上。一般来说,经济上的可行性取决于科学技术水平。反过来,经济上的投入越大,越有利于科学技术水平的提高。经济、技术上可行性越大,越会影响由决策者主张或坚持的政治上的可行性。应该讲,这些可行性研究是相互联系、相互影响的。成功的政策,往往要全面地考虑到各方面可行性,并选出一个最佳结合点。

## 第四节 利益分析的内容及其实现途径

### 一、利益分析视角下的公共政策研究

人们经常发现,在政策过程中,众多利益主体间的利益冲突愈来愈显示出复杂化趋势。如何化解各个利益主体之间的利益矛盾,实现作为社会利益核心的公共利益、与具有组织分享性的共同利益和私人独享性的个人利益之间的和谐发展,便越来越显示出其重要性和迫切性。在这种情况下,对利益问题的梳理和提炼,对利益分析方法的反思和斟酌,就不是一个简单的重复性工作。凸显利益分析的地位,探讨利益分析的基本框架,在公共政策研究中有着重要的理论意义。

在当前的社会科学研究中,相对于制度分析、理性分析等当下颇为流行的方法而言,利益分析并没有获得人们足够的关注和重视。甚至有学者一直质疑利益分析,认为它并不是完全意义上的研究方法,因为利益是一个模糊和不确定的

概念,利益问题往往只能停留于价值层面进行探讨。

我们认为,对利益分析持有误解的一个重要原因,是由于对利益界定的差别所引起的,不同的定义会有各自对利益的不同解释。利益的界定是利益分析方法的逻辑前提,只有在明确利益概念的内涵和外延的基础上,才能为利益分析方法提供稳定的支点,从而构建好利益分析的基本框架。

利益问题是一个十分复杂的现象。关于什么是利益,学者们有各种各样的解释。我们认为,利益是人们为了生存、享受和发展所需要的资源和条件。① 对这一定义,我们特作如下说明:

(1) 利益的实质是资源与条件,它具有客观性;
(2) 利益为人的生存、享受和发展所需,它具有主观需求性;
(3) 资源的表现形式既有物质也有精神,因而必然存在物质利益与精神利益;
(4) 利益满足人的生存与发展需要不言而喻,而满足人的享受需要,似乎有人不想涉及,但这是千真万确的;
(5) 条件列为利益的一种特殊形式,应受到人们的足够关注。

首先,这种界定表明了主体的需求与满足需求的客体之间的一致性。正是人们有生存、享受、发展等各种需求的推动,才产生占有资源和条件的动机。利益的存在依赖于主体需求的确定,离开了主体需求,利益是不存在的。而且,不同的人有不同的需求,利益最终需要主体的认定。但利益的内涵又集中体现了它的客观性。这种客观性始终与利益主体的需求性紧密相连,并受制于外部环境及现实的制度和文化影响。只讲利益定义中的客观性,否认它与主体的需求性密切关系,或者只讲利益定义中的主体需求性,否认它的客观性,恐怕都有片面性。

其次,这种界定表明了人所需求的利益具有普遍性。只要是人,不论他(她)是伟人还是凡人,都需要生存与发展,都有利益要求;而且只要是由人组成的组织,为了组织目标的实现,以及组织与组织中的成员的生存与发展,也同样需要资源与条件。因此,现实生活中的任何个人与组织,无论是私人,还是集体和政府,都有与之相关的利益存在,利益的普遍性集中体现在利益主体的普遍性上。

再次,这种界定表明了人所需求的利益具有合理性。任何人、任何组织都要生存与发展,这自然就需要利益。所以,个人利益的存在显然具有基本的合理性。在公共政策中,最具有争议的还有一类利益,它的存在是作为特殊组织所需

---

① 这个概念是北京大学魏英敏教授最早提出的。魏教授认为,利益是人们为了生存和发展,获得自由与幸福,所需要的资料和条件。

求的利益,这就是政府利益。按照以上定义,如个人利益一样,合理合法的政府利益存在也是不证自明的事实。与利益的普遍性一样,利益的合理性不仅存在于人们的观念中,更重要的是存在于现实中。换句话说,利益的普遍性与合理性已被大量的经验与事实验证。

最后,这种界定表明了人所需求的利益具有交换性。资源与条件,其本身都可以在特定环境下用于交换。人们清楚可见,公共政策的不同主体所拥有的经济利益或政治利益,会经常出现在这些相关人员的交易行为中。其中物质利益,不仅可用于交换,而且会在交换中有"量"的体现。这说明利益分析既有定性讨论的基础,也有适当定量研究之可能。

综上所述,明确的利益内涵,可以为纷繁复杂的人类行为提供一个有力的解释框架。基于这点,我们相信:利益分析在揭示人类行为的内在动力和社会现象的根本来源方面,有着不可或缺的重要地位。

## 二、利益分析与制度(权力、文化等)分析的关系

在公共政策的研究中,有规范研究方法,也有实证研究方法;有从制度的视角进行研究,也有从价值的视角进行研究,不一而足。主张公共政策的利益分析法,并不意味着排斥其他方法对公共政策进行研究。恰恰相反,这些方法与利益分析法是互相补充、相得益彰的关系。这是因为,利益问题是公共政策多种研究方法和视角的内在焦点,所以诸如制度分析、权力分析、文化分析、伦理分析、组织分析等多种方法,必须结合利益研究才更加具备解释力和信服力。

1. 利益视角下的制度分析

制度分析可谓是迄今为止公共政策发展得最为成熟的研究方法。但制度主义研究所提出的若干核心概念,都可以从"利益"那里获得基本答案:某种制度安排,其实质就是各利益群体之间的利益分配处于相对均衡的状态;制度变迁的实质就是谋求利益再分配的新形式;制度创新的内涵就是谋求利益分配方案的优化。

2. 利益视角下的权力分析

美国学者在关于公共管理的新近研究中指出,权力研究应该成为合作情境中公共管理的理论核心。[1] 从权力的角度看,公共管理的发展过程是政府与社会之间,不断分权、放权、还权,乃至最终定权的过程。但权力关系的分析离不开利益分析的内核,因为"政治权力不过是用来实现经济利益的手段"[2]。权力依

---

[1] Robert Agranoff and Michael McGuire, *Collaborative Public Management: New Strategy for Local Government*, Washington, D. C.: Georgetown University Press, p. 185.
[2] 《马克思恩格斯选集》第4卷,人民出版社1995年版,第250页。

赖本质上就是一种利益依赖;权力链条的形成与破裂内在地由利益所驱动;利益关系决定了权力关系的走向;集权与分权的选择最终取决于何种方式能更好地实现社会利益。

3. 利益视角下的组织分析

组织视角也是新近公共政策研究中的重要途径。学者们从组织间关系及组织社会学的角度,不断探讨政府与非政府公共组织、中央政府与地方政府、地方政府之间及政府各部门之间的关系。可以这样讲,除了以信仰作为形成和维系纽带之外,在多数情况下,组织是一个利益共同体,利益是组织成员的主要联结机制。在组织视角看来,政策过程的实质是各种同质或异质的组织形成了特定的组织网络,并在网络中平等地进行利益博弈和利益妥协的一种活动。

4. 利益视角下的文化分析

在某种意义上讲,文化是一种利益认知的历史积淀。关于文化分析在公共管理中的运用,英国公共管理研究的资深学者克里斯托弗·胡德在《国家的艺术:文化、修辞与公共管理》中指出,文化多样性的分析应当成为公共管理研究的核心内容。在胡德构建的文化分析体系中,对个人利益的激励和约束是其中不可分割的一部分。[①] 从宏观层面上看,有的文化谱系侧重于实现公共利益,有的文化谱系则更加关心个人利益的实现,由此生长出各不相同的社会秩序和公共管理风貌。

5. 利益视角下的伦理分析

伦理分析是公共管理研究中的重要分支。公共伦理学的学者认为,公共服务就是公民美德的延伸。公共伦理的最终任务,就是要促使人们除了追求自身利益之外,应以兼爱的姿态关心他人及公共的利益。因此,从事公共服务的工作人员不应该是完全自利的,而应该承担公共责任、追求公共利益。公共伦理学的这些看法,实质上是与利益分析的思路基本相容的。因为利益分析并不完全赞成"经济人"假设作为公共政策人性假设的基础,认为这种假设在公共政策运用中应该有一个限度,主张应该坚持管理主体的权力、责任、义务与利益的有机结合。

### 三、利益分析与事实(价值、规范和可行性)分析的关系

公共政策分析最本质的方面是利益分析,这是由公共政策的基本性质所决定的。利益分析与事实、价值、规范和可行性分析的关系,既有联系又有区别。

1. 利益分析与事实分析

尽管利益分析中也要研究利益如何分配、分配给谁、谁获得的利益多、谁获

---

[①] 〔英〕克里斯托弗·胡德:《国家的艺术:文化、修辞与公共管理》,上海人民出版社2004年版,第21页。

得的利益少等问题,从形式上看似乎是"事实分析"的一部分。但事实分析的内容,往往体现于现象分析。仅有这种分析经常不能准确地把握本质,从而造成政策研究中的失误。比如我国改革中所暴露出的各种矛盾与问题,从本质上看是物质利益分配问题。如果从所见到的浅层次事实出发而不加以深入研究,那么则只能制定出"治标而不治本"的政策。特别在一些假象掩盖事实真相时,就事论事地出台各种政策,必然造成政策严重失效。近几年不少地方政府出台的政策,所造成的不良后果已引起全社会的高度警惕。

2. 利益分析与价值分析

"'价值'这个普遍的概念是从人们对待满足他们需要的外界物的关系中产生的。"①价值产生在实践基础之上,反映了主客体关系之中的人及其需求,表现为人从满足需求的角度对客体进行的评价。满足人的需求越大,其价值也越大。但价值的大小来自何处?是来自满足人的需求的客体,即前面所说的利益。要评价,首先要决定接受评价的对象。正是不同利益的存在,才产生不同的评判价值。因为价值不能是超现实的、离开一定的客体形式而独立存在的东西。作为联系主客体关系的价值,尽管反映了人们需求效用的大小,但毕竟不是满足人们需求的具体资源。有利益存在,才有价值存在。尽管我们评价某种活动时,可以用个人和社会多重价值去衡量并进行合理的评价,但不要忘记产生这些价值的是与之相关的利益。政策研究中只有价值分析,而没有利益分析,至少是很不完整的。

3. 利益分析与规范分析

正由于规范是一种规定,无疑它需要特定的价值导向。对于理性化程度极高的公共政策,它是按某种价值为导向的系统化规范,具有强制性,否则某些群体或个体就会产生倒退性的失范行为。这种失范的表现集中于两个方面:只讲物质利益的追求,拜金主义严重,不讲高尚的精神利益;只讲个人利益,不顾集体与国家利益。从其本质来看,政策的规范分析是要在不同的利益关系与利益矛盾中,寻找出平衡利益关系、解决利益矛盾的量与质的规定,以约束多元利益主体的行为。

4. 利益分析与可行性分析

社会中每一个成员都有自己的需求,但社会能否满足这些需求,一直是社会发展中不可克服的矛盾。与之相关就产生了人们期望获得的理想利益和实际利益的差距。经常出现这样的情况,政府在对某项政策规划时,很想给某一社会群体带来实际利益,但由于社会的总资源有限,政府无力做这件事;或者给这一群体增加了实际利益,会连锁到其他群体,产生了负面效应,因而政策迟迟不能出

---

① 《马克思恩格斯全集》第 19 卷,人民出版社 1963 年版,第 406 页。

台,或者根本就不能出台。因此,可行性分析的基本前提也需要利益分析。

**四、公共政策的利益分析框架**

在公共政策中,利益分析必须与事实分析、价值分析与规范分析相结合,并需要综合运用于实际问题的研究中。

首先,人们在分析中所遇到的基本问题是:分配什么利益?向谁分配利益?谁获利益多?谁获利益少?这些属于事实层面的分析。

其次,利益分析离不开价值分析,在利益分析中必须渗透平衡公平与效率的价值理念,为利益分析提供价值导向。

最后,要在各种利益关系和利益矛盾中寻找利益平衡,化解利益冲突,必须通过规范分析,达到激励和约束多元利益主体行为的目的。总之,利益分析不但要明确"谁"在追求"什么"利益,而且要分析其追求利益的"方式"及"结果"。

1. 利益主体及利益结构分析

利益分析首要的问题在于明确利益主体及主体间的关系和结构,所以利益主体及利益结构分析是一个重要的研究工具。"人们可能对利益的理解有较大的分歧,但大多数人都认为,利益总是与主体相联系的,离开了利益的主体,空谈利益是不实际的。"① 一般来说,利益主体有个人为载体和组织为载体两种表现形态。

在个人利益和组织利益之外,还有缺乏明确利益载体的公共利益,它们构成了一个互动、冲突和相容的利益结构。从组织形态的利益主体来看,利益分析会包括如下基本内容:组织间的利益关系呈现水平型的还是垂直型的结构?如果是水平型的利益关系结构,主体间的利益冲突如何协调?如果是垂直型的结构,弱势主体的利益是否能够得到补偿?另一方面,从组织利益与个人利益的关系来看,个人利益是恪守组织利益,还是背离组织利益?哪些个体的利益与组织利益是一致的?哪些个体的利益会失去组织利益的庇护?这个层面的分析,更多的是事实分析。

2. 利益需求分析

利益主体的利益需求可以是政治层面的,也可以是经济、文化等层面的。或者,可以大致分为物质与精神两个方面的需求。哪种类型、哪个层面的利益需求更容易被激励起来,使之与社会利益的实现和增进相协调,这可能是利益分析中的一个要点。

对利益主体需求的分析是一种行为动机分析。行为是受利益支配的,理解了人的利益需求,就可以对人的行为进行解释和预知。从这个角度上讲,利益分

---

① 陈庆云:《关于"利益政策学"的思考》,《北京行政学院学报》2000年第1期。

析与行为主义分析有内在的一致性,利益分析属于行为主义分析的范畴。西方多数学者认为,一般来说,人们的行为动机遵循着一种"经济人"的自利性逻辑,并在这种自利性逻辑引导之下,形成一个由亲及疏的差序性格局。然而,人们的行为动机是复杂的,并不是一成不变地以自利性作为所有行动的出发点。在资源互相依赖的环境之中,利益主体必须把追求自身利益的愿望,与实现他人的利益结合起来,在利他和利己之间寻找一个平衡点。

3. 利益实现方式分析

从宏观政策层面上来看,利益的实现方式主要包括强制式的政府机制、交换式的市场机制和美德式的伦理机制。政府在公共政策的过程中,其主要责任在于弥补交换式的市场机制的只重效率、不顾公平的缺陷,用各种政策工具来对受损者进行合理的利益补偿,体现最少受惠者获益最大的公平原则。除了市场和政府两种最为基本的方式之外,道德机制也是利益实现的主要途径。此外,在当前的中国社会中,还存在着基于以人情为基础、以社会网络为载体的关系型分配,以及政策过程中执行偏差所导致的冲突型分配,这些都是十分值得人们关注并需认真研究的利益实现方式。

在利益实现方式之中,最为核心的问题是如何体现效率与公平的统一。具体地讲,在利益实现活动中,如何杜绝个人通过搭便车和机会主义等途径实现利益的方式;如何按照付出与回报、成本与效益相一致的准则来规范逐利行为;如何遵循帕累托改进的原则,以不损害其他所有人的利益为前提去提高某一部分人的福利。可见,这个层面的分析与规范方式是紧密结合在一起的。

4. 利益分配结果分析

结果层面的分析也是利益分析的重要内容。通过判断公共政策活动,分析最终实现的是谁的利益,是长远的利益还是短期的利益,是大多数人的利益还是少数人的利益,并由此对公共政策进行价值分析。前文已提到,一般情况下,以下三类利益群体容易从公共政策中获取利益:与政府主观偏好一致或基本一致者;最能代表社会生产力发展方向者;普遍获益的社会多数或绝大多数者。

结果层面的利益分析,重要的目的在于研究如何在公共政策中实现社会利益的维护与增进。事实上,公共政策并不是所有一切仅为实现具有社会分享性的公共利益。换句话说,公共利益是公共政策期望实现的根本目标但不是唯一目标。公共政策还包含着其他两类目标:一部分利益主体所追求实现的具有组织共享性的共同利益和具有私人独享性的个人利益。因此,公共政策最终达成的利益分配结果,是公共利益与组织的共同利益和个人利益的和谐与均衡。衡量公共政策成功与否的标准,就是看利益分配结果中公共利益是否基本实现。

利益分析是社会科学研究中的基本方法,它对人类行为和社会现象有着充裕的解释力。利益分析在公共政策多种研究视角和途径中是独特的,是多种研究方法的基础和核心。运用利益分析的方法,可以揭示公共政策过程中利益冲突和利益妥协的本质过程,证明公共政策的要旨在于规范利益主体之间的互动和合作,实现以公共利益为核心的社会利益的维护与增进。

我们曾把公共政策的利益分析研究称为利益政策学。对此,我们的解释是:利益政策学是以马克思主义的利益理论为指导,运用利益分析方法,研究公共政策过程中的不同利益主体,如何在为维护、增进与分配社会利益的博弈中,实现利益相对和谐与均衡的学问。需再次强调,这里的社会利益不仅包括作为社会利益之核心的多层次公共利益,也包括具有组织分享性的共同利益与私人独享性的个人利益。

### 五、公共利益是公共政策的核心目标

1. 对公共利益的不同的解读

公共利益是公共政策过程中的核心目标,对"公共利益"展开研究是公共政策不可回避的重要问题。由于公共利益的概念包含着"公共"与"利益"两个始终有争议的元素,这就使得对公共利益的探讨显得困难重重。西方学者普遍认为,公共利益是一个含糊的术语,它难以进行明确的界定。帕森斯指出:"应该注意,'公共利益'这个词组有些模棱两可。一方面,可用来指与有关情境的系统价值一致的社会利益……公共利益的另一种含义是专指政治方面。"[1]安德森指出:"包括政治科学家在内的许多人,都认为不可能对这个概念进行一个普遍接受的和客观的界定。"[2]而黛博拉·斯通的论述,则更直接地表明公共利益概念的不确定性:"在什么是公共利益的问题上,永远不能达成一个广泛的共识。公共利益有如一个空盒,每个人都可以往其中注入自身的理解。"[3]布坎南从个人主义方法论出发,认为个人偏好只有个人知道,不存在所谓的普遍愿望或公共利益;"假如存在着可以客观定义的'公共利益',这与我们所说的契约主义视角不一致。"[4]

因此,从不同的角度和价值观出发,人们可以对公共利益进行不同的解读。迄今为止,学术界对于公共利益的看法充满着各种争论和歧见。有人认为公共利益是公共机构的利益,有人认为公共利益是各方利益冲突和妥协的结果,有人认为公共利益是多数人的利益,也有人认为公共利益是所有人的利益。

---

[1] 参见〔美〕帕森斯:《现代社会的结构与过程》,光明日报出版社1988年版,第152页。

[2] James E. Anderson, *Public Policy Making: An Introduction*, Houghton Mifflin Company, 2003, p.134.

[3] Deborah Stone, *Policy Paradox: The Art of Political Decision Making*, W. W. Norton Company, Inc., 2001, p.23.

[4] 〔美〕杰弗瑞·布伦南、詹姆斯·布坎南:《规则的理由》,〔美〕杰弗瑞·布伦南、詹姆斯·布坎南:《宪政经济学》,中国社会科学出版社2004年版,第43页。

这就需要政策科学对公共利益有一个基本的判定:公共利益是客观存在,还是虚无缥缈的?什么是公共利益?公共利益能否等同于公共机构的利益?公共利益是否完全等同于全体人或多数人的利益?公共政策是否必然以实现公共利益为唯一目标?

2. 公共利益的界定

利益是人们为了生存、享受和发展所需要的资源和条件。从一般意义上讲,公共利益是具有社会分享性的,为人们生存、享受和发展所需的资源和条件。所以公共利益也应具有客观性、满足主体的需求性,以及它们之间的统一性。在公共利益的体系中,不仅存在不同层次和不同领域的公共利益,而且还存在着完全自愿性分享,以及包含着自愿性分享与强制性分享并存等多种形式的公共利益。正是这个原因,我们才称"公共利益具有社会分享性",而不说它"具有社会共享性"。在含有强制性分享的公共利益之中,公共利益必须以符合相关的法律、法规,符合法定程序为前提条件。

这里,我们以"具有社会分享性"为切入点来界定公共利益。对于"社会分享性",需做下面两个基本注释:

(1) 分享机会的无差异性

社会分享性主要强调的是获取资格的开放性。也就是说,一旦某种资源和条件被界定为公共利益,那么当基本标准设定之后,这种资源和条件对所有的人应该是没有任何门槛的,不存在民族、阶级、地区及教育等差异,每个社会成员都有同等的享受机会。尽管社会的边界是有限定的,但人们分享公共利益的权利与机会是无界的。

比如,社区中的优美环境与完善的健身设施都充分体现了社区公共利益。这些资源与条件,不仅对社区全体居民是开放的,同时对该社区居民以外的任何人也是开放的。或许某些地区的居民永远也不会来到这个社区,但只要某些(个)公民来到这里,他们就应该分享到这些利益而不需付费或受到其他条件的约束。

公共利益的社会分享性集中体现在平等的分享机会上,但并不排除实际分享结果存在差异。比如,在本社区中的居民,他们分享社区公共利益的份额一定会比其他人获得的实际数目多得多。即使在本社区长期生活的居民内部,他们各自从社区公共利益的分享中,也不可能获得实际完全相等的份额。解决好这种差异所带来的冲突,从规范角度思考,有两条途径:一是防止差距过大,保持分配的均衡;二是若产生拥挤效应,就需要依法收费。采取如此措施,本质上仍然是为了公共利益,即切不可把不同领域中公共利益的实现过程完全分离或对立起来。至于这过程中有可能出现的乱收费现象,则是另外一个问题。

(2) 分享方式的双重性

双重性指的是,社会分享既有自愿的分享,也有强制的分享,而后者常常为人们所忽视。公共利益既有自愿分享的一面,也有被迫分享的一面。有的公共利益是人们主观上并不需要的利益,而只是经过法律的规定及其固化后成为"被迫接受"的利益,是强制分享而不是自愿分享的利益,这种情况较多地表现在政治性公共事务的管理中。

比如,为了维护社区的公共利益,必须通过民主选举的方式,选出有关的管理者。假如,某个参选者以微弱优势当选,甚至人们发现选举中还产生了一些极不正常的现象,直至目前尚无力量能解开其中谜团,但选举的一切过程,至少从目前看,都是依法进行的,那么这就不能说这场选举是违背社区公共利益的。对于被选出的管理者的反对者来说,选举结果是一种无奈的被迫分享,他们不仅分享了这次选举结果,而且还会分享这一结果所带来的其他与之相关的依法被迫接受的结果。可见,依照法律法规和符合法定程序,是强制性分享的利益成为公共利益的必要条件。

3. 关于公共利益的几点新思考

(1) 需求者数目不是判定公共利益的唯一标准

对于大家共同需要所构成的公共利益,理论上的讨论较为简单。比如,在经济性或社会性公共事务管理中,大家一致需求的公共产品或公共服务,容易使人们达成共识。若人们需求的利益发生了分歧,甚至形成激烈的冲突,这时是否还存在公共利益?不少学者认为,所有人需求的,至少大多数人需求的利益才应称为"公共利益",其实不然。

需求者的数目只是衡量公共利益的标准之一。为所有人或大多数人共同需要和认可的利益,无疑是具有社会分享性的公共利益。然而,除此之外,还有两种情形的利益同样具有社会分享性。一是不需要所有人或绝大多数人都明确表明需求和认可的态度,而是少部分人需要,但具有社会开放性,同样具有社会分享性。二是为个人或少部分人需要,但对所有人都有影响的利益,它通过合法程序实现,往往使得相当一部分人被动接受的利益,也具有社会分享性。

因此,公共利益不能以需求者数目的多少来简单地判定。公共利益不仅仅就表现为所有人或绝大多数人的利益,实际上分享人数的多寡不是唯一因素,决定是否真正构成公共利益的基本特征是"具有社会分享性"。因此,符合社会分享性的利益,都可以称之为公共利益。换言之,社会分享性是判定公共利益的基本标准。

(2) 公共利益不仅仅表现为单一的国家利益或表现于单一领域内

在传统观念看来,公共利益仅仅表现在国家层面上,不存在各种层次的地方公共利益及其与国家利益之间的冲突。然而,社会分享性的"社会"具有层次性。在我国,既可以从全国范围内来理解"社会",也可以从地方行政区域(如省、市、县、乡),直至社区等多层面的角度来理解"社会"。换句话讲,从空间层面看,"社会"存在着大小不同的范围。因此,不可能由国家利益包容其他有差别的多元化的公共利益。

既然公共利益是具有社会分享性的资源与条件,社会又有范围不等的大小之分,那么公共利益必然存在着不同的层次,如国家层面的公共利益、省(市、县、乡)的公共利益与社区的公共利益。具体到某个层次,它既要维护本层次的公共利益,又要处理好与之相关的高(低)层次的公共利益。多层次的公共利益彼此之间既有一致性,又有差异性。多个层面的地方公共利益,既有与国家利益一致的方面,也有与国家利益冲突的方面。因此,不同层次的公共利益之间存在着利益博弈是正常的,关键是如何处理好它们之间的利益关系,妥善解决好利益冲突。

另一方面,在过去的"政治统帅一切"思想支配下,否认了政治领域与其他公共领域在公共利益上的实际差别与矛盾。事实上,从横向上看,公共利益存在着政治性公共利益、社会性公共利益和经济性公共利益等多种形式。公共利益不仅仅就表现于单一的领域内,如只看到政治领域或经济领域。人为地割断不同领域中公共利益之间的关系,或者不承认多个相关领域的公共利益之间的利益博弈的存在,这都是不现实的。因此,公共利益有强弱与大小之分,公共利益并不是铁板一块的。公共利益所形成的"谱系"意味着,公共利益是多元竞争的,公共利益需要整合内部的分歧,达成对外的一致。

(3)公共利益并不一定完全体现真、善、美

公共利益存在着抽象的公共利益与具体的公共利益的分野。抽象的公共利益集中体现在价值层面、规范层面和理念层面。这个层面的公共利益,是政府行为的向导,是确定政府行为边界的合法性根据。具体的公共利益则集中体现在事实与描述性层面。这个层面的公共利益,往往表现在公共产品、公共服务等各种实物和事件上。

公共利益所表现出的抽象性和具体性表明,公共利益既是公共政策的理念,也是公共政策的产出。从目前关于公共利益的研究来看,大多数研究把焦点放在规范层面上,重点在于阐述公共利益与正义的相关性。正是这个原因,公共利益往往暗含着人们对于正义的追求,体现的是德性和善。然而,公共利益在事实层面上又是具体的,指的是公共服务与公共产品的提供。由于实践与价值目标可能出现偏离,实践和事实层面的公共利益就不一定是正义的表现,不一定体现完全的"真、善、美"。

公共利益不一定全部或始终体现"真、善、美",最重要的原因是公共政策中

的主体与客体对利益需求所表现出的相对性和动态性。公共利益的确认与实现,是通过特定区域内的政府或非政府公共组织,为解决本区域内的民众需求,所做出的各种不懈努力而付诸完成的。不仅政府或非政府公共组织,对公共利益的确认与实现的途径具有相对性,而且本区域内的民众需求也具有相对性。由于社会中公与私之间的界限,有时往往很难进行清晰的界定,公共利益与私人利益之间在特定条件下是可以互相转化的。公共利益的相对性表明,公共利益的认定有一个认识论上的难题:公共利益需要主观的认定,由于人们立场和价值观的不同,一种资源或条件能否成为公共利益,常常会依赖于具体的时间、空间和环境的变化而变化。

(4) 从动机、过程和结果三个视角的结合上综合判定公共利益,重点在于结果

如上所述,公共利益是客观存在的,既存在着所有人或者多数人需求的公共利益,也存在着自愿性分享与强制性分享共存的公共利益。持有这种看法,完全有可能会使得社会中部分人或组织,把他们所需求的利益,以强制方式变成"公共利益"找到理论上的借口。我们认为,检验是否"打着'公共利益'旗号,实际在谋取个人或小集团利益"的行为的基本方法是:坚持从动机、过程和结果三个视角的结合上综合判定,重点在于结果。

某些组织或个人利用手中的特殊权力,或用虚假信息欺骗社会与民众,按照法定程序,名义上获得并维护了所谓的"公共利益",并使得全社会被迫分享,而人们一时还不具备全面识破与改变这种局面的能力和资源。应该说,这类事情还是经常发生的。换句话说,人们从动机与过程两个角度往往难以判断"公共利益"的实质。对于这种人们确实分享了的"公共利益",我们的解释是:一方面,它只能说明公共利益的存在具有相对性,不一定是完全的"真、善、美";另一方面,违背民心、民意的"结果"终究会按民众的意愿发生改变,而实现这种变化的最基本保障是民主政治与法治。人民群众必须依法有参与权、知情权、决策权和监督权。

## 第五节 系统方法与系统分析

### 一、系统方法

在科学方法论研究中,系统方法是广泛运用的重要方法之一。"所谓系统方法,就是把对象放在系统的形式中加以考察的一种方法。具体来说,就是从系统的观点出发,始终着重从整体与部分(要素)之间、整体与外部环境的相互联系、相互作用、相互制约的关系中综合地、精确地考察对象,以达到最佳地处理问

题的一种方法。"①

1. 系统的含义与组成要素

系统是由两个以上要素组成的,具有一定结构和功能,与外部环境发生联系的有机整体。坚持系统观点,是要充分认识到系统是各要素之间、要素与整体之间相互联系、相互作用,具有从要素的量的组合达到系统整体的质的飞跃的矛盾统一体。或者如古希腊哲学家亚里士多德所说"整体大于它的部分之和"。或者如系统论创始人贝塔朗菲明确表达的那样:"复杂现象大于因果链的孤立属性的简单总和。解释这些现象不仅要通过它们的组成部分,而且要估计到它们之间的联系的总和。有联系的事物的总和,可以看成具有特殊的整体水平的功能和属性的系统。"②"1945年贝塔朗菲的《关于一般系统论》于《德国哲学周刊》第18期上发表,明确地提出一般系统论的任务'乃是确立适用于系统的一般原则',并对系统的共性作了一定的概括,如系统的整体性、关联性、动态性、有序性、终极性(目的性)等。"③

政府是国家组织社会活动的最具有权威性的机构,是统治阶级实现社会利益的重要工具,是由众多要素组织而成的人为开放性系统。作为系统的政府,必然具有一般系统的特征。

与政府行为密切相关的公共政策,在社会与经济的发展中所表现出的形式与作用极其复杂。从作用范围分析,既有对内的又有对外的政策;从作用领域分析,既有经济又与之相关的政治、科学技术、文化等各个领域中的政策;从作用层级分析,既有对微观层又有对中观层与宏观层的政策;从作用类型分析,既有分配导向又有控制、协调与服务的政策。

由政策主体、政策客体与政策环境组成的任何一项政策系统,在制定与实施中都要消耗如人、财、物、信息与时间等各种资源。由此可见,分析政府政策确实不是件容易的事。但如果把某个政策的制定与实施的全过程,以及由若干相关政策组成的政策体系看成是一个系统,暂时抛开各种政治、技术、经济等具体因素,仅从抽象的整体与部分之间的相互关系来考察,或许简化得多。再者,由于系统都是在一定的环境下存在,具有对外做功的本领,即具有输出某种"东西"的本领。为了保证系统有功能输出,必须保证要输入某种"东西"。这些"东西"的形式可以是物质、能量与信息。

输出的条件,不仅有输入作为前提,而且更重要的是系统自身的作用,即系统的处理。处理是使输入变为输出的活动。从动态流分析,系统由输入、处理与

---

① 孙小礼:《自然辩证法讲义》,人民教育出版社1979年版,第399页。
② 转引自冯国瑞:《系统论、信息论、控制论与马克思主义认识论》,北京大学出版社1991年版,第106—107页。
③ 许国志:《系统科学》,上海科技教育出版社2000年版,第5页。

输出三个基本要素组成。为了简化研究,当人们难于知道系统是由什么关系组成的结构方式及处理方式,使得输入变为输出结果时,可以把系统视为一个"黑箱"或"灰箱",而仅仅从输入与输出关系、系统整体与环境的关系来研究系统的结构及其他相关问题。

这类简化的研究方法,自然也适用于公共政策分析,特别是某些政治系统在制定政策过程中,透明度不大、民主性差的情况下,用抽象的系统方法来分析这类问题是行之有效的。在研究复杂的政治与社会系统行为时,要坚持从整体出发,从要素(或部分)与整体的联系中,探索政治系统或社会系统的一般规律。

比如,社会上经常发生影响人类生存的公害事件,通过政府与其他部门的调查,从公害寻找到环境,再从环境追到污染源,终于发现许多公害病的产生与污染源所排出的污染物有关。只有把公害病、环境与污染源作为整体分析,才可能得到正确的解决方案。据说某城市为解决某些工厂排放的烟气对空气造成的污染,曾采取利用石灰水吸收废气中的二氧化硫的方法解决污染问题,结果却把形成的硫酸钙排入河中,造成了水污染。由此可见,解决环境保护问题,必须从整体出发进行综合治理。

2. 系统的特性

"系统有各种各样的行为:维生行为、学习行为、适应行为、演化行为、自组织行为、平衡行为、非平衡行为、局部行为、整体行为、稳定行为、不稳定行为、临界行为、非临界行为、动态行为,等等。"①从系统的界定来看,系统具有整体性、相关性、目的性、环境适应性和动态性等特征。

(1) 整体性

"整体性是系统的主要特征,贝氏阐述系统思想时多次指出:系统论是对整体和完整性的科学探索。所谓整体性包括两方面含义:其一是指系统内部的不可分割性,如果把系统的各个组成部分分割开,系统就无法存在。其二是指系统内部的关联性,即系统内部任何一个要素的改变都会引起其他要素的变化。……整体性有三种基本类型:空间、时间与逻辑的整体性。"②系统的整体性主要表现在突出整体功能上。这种整体功能不是要素功能的简单叠加。人们通常所说的"一个和尚挑水吃,两个和尚抬水吃,三个和尚没水吃",正是说明了这个道理。

从人们的期望来看,系统的整体功能应大于各要素功能之和,即:$F_s > \sum_{i=1}^{n} F_i$。式中:$F_s$ 表示系统的整体功能,$F_i$ 表示要素功能($i = 1, 2 \cdots n$)。

马克思、恩格斯指出:"许多人协作,许多力量结合为一个总的力量","造成

---

① 许国志主编:《系统科学》,第 26 页。
② 常绍舜:《系统科学方法概论》,中国政法大学出版社 2004 年版,第 30—31 页。

'新的力量',这种力量和它的一个个力量的总和有本质的差别"①。这种"新的力量"是整体效应所呈现的新质。系统方法与传统方法不一样,认识、分析事物并不一定先把对象分割成各个部分,然后再综合研究,而是直接把对象作为整体对待,从要素与整体之间的相互联系、相互作用、相互制约的关系中,经过综合—分析—综合的辩证认识过程,去揭示对象之间的本质联系。

(2) 相关性

相关性是指系统各要素是相互作用和相互联系的,因为系统可以理解为相互关联的集合。为说明这种关联性,贝塔朗菲用一组联立微分方程描述这种特征②:

$$\frac{dQ_1}{dt} = f_1(Q_1, Q_2, \cdots Q_i \cdots Q_n)$$

$$\frac{dQ_2}{dt} = f_2(Q_1, Q_2, \cdots Q_i \cdots Q_n)$$

$$\vdots$$

$$\frac{dQ_n}{dt} = f_n(Q_1, Q_2, \cdots Q_i \cdots Q_n)$$

式中:$Q_i$ 代表 $i$ 个元素的某个特征,任何特征 $Q_i$ 的变化都是所有从 $Q_1$ 到 $Q_n$ 的函数;反过来,任何 $Q_i$ 的变化会使其他特征及整个系统也变化,即系统任一要素的变化会引起其他要素的变化和整个系统的变化。"系统研究最关心的是把所有元素关联起来形成统一整体的特有方式,包括关联力。"③

比如,某项政策中的部分内容在实际执行时,遇到了难以克服的障碍,实际中很难操作。一旦对这些内容重新调整,就会影响到其他内容与这项政策本身,以及其他相关政策。政策系统的相关性,不仅表现在不同层级上的纵向相关,而且也表现在不同政策内容或措施之间的横向相关。它们之间的相关性是随时间变化的动态相关,一旦部分政策内容需要改变,就必须充分认识到这种改变对其他政策内容的影响,要保持它们之间发展变化的同步性与协调性。

(3) 目的性

目的性是指系统要有明确的目的和目标。系统的目的是由人们根据社会实践的需要而确定。对政策系统来说,其目的是制定政策时所确定的目标。政策系统是人造系统,通常不只具有单一目的。然而所有的目的并不在同一层次上,

---

① 《马克思恩格斯选集》第 3 卷,人民出版社 1995 年版,第 469 页。
② 〔奥〕L. 贝塔朗菲:《一般系统论:基础、发展、应用》,社会科学文献出版社 1987 年版,第 45—47 页。
③ 许国志:《系统科学》,第 18 页。

具有完全相等的地位,而是有主有次。为此,常用图解法来说明各目的之间的关系,这种图解法就是前面提到的目的树法,如图 8-3 所示。①

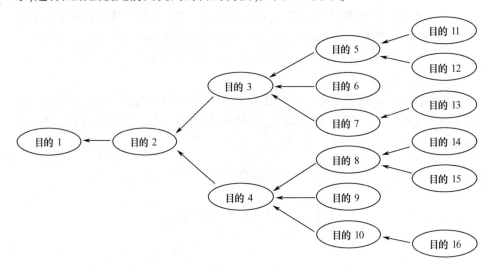

图 8-3  目的树法

完成目的 1,必须完成目的 2,完成目的 2,必须完成目的 3 与目的 4,以此类推。系统的总目的被描绘成由总目的到各层的具体目的的树式结构。对于复杂的政策系统,经常需要画出目的—手段系统图进行分析与研究。

(4) 环境适应性

"一个系统之外的一切与它相关联的事物构成的集合,称为该系统的环境。"②环境适应性是指由于系统以外的物质、能量、信息等各种因素对系统的影响,系统在与环境相互依存中,不仅需要不断地与环境发生各种形式的交流,而且能适应外部环境的变化,使之与外部环境保持着理想的适应状态。政策在制定与实施过程中,总要受到环境的制约,即环境的输入约束系统;反过来,系统又可以通过对环境的政策输出来影响环境。"任何系统都在一定的环境中产生出来,又在一定的环境中运行、延续、演化,不存在没有环境的系统。系统的结构状态属性行为等或多或少都与环境有关,这叫系统对环境的依赖性。"③

政策系统对于环境的适应性,可以说是系统稳定性在系统外部关系上的表现。一个多变的政策系统,通常是难以适应外部环境的;反之,若环境发生激烈变化的时候,政策系统本身却毫无改变,同样也不能适应环境。比如我国在经济体制转轨的过程中,社会中的各方面利益关系都发生了巨大变化。然而不少政

---

① 参见梁军、赵勇:《系统工程导论》,化学工业出版社 2005 年版,第 69—73 页。
② 许国志:《系统科学》,第 23 页。
③ 同上书,第 24 页。

策却是20世纪80年代中期甚至更早的时候制定的,因而引起了在管理上的混乱。同样,不少地方政府有时置中央的政策于不顾,经常随意修改政策,"造成政策多变"现象屡屡发生,人民群众对此十分不满意。系统与环境密切相关,意味着它们之间并不存在着不可逾越的鸿沟。有时划分系统与环境的边界是困难的,分割它们联系的边界线并非严格不变。

(5) 动态性

动态性是指组成系统的各要素以及与系统密切交织的环境处于不断发展变化之中,考察它们之间的联系与作用要从动态中把握。贝塔朗菲十分注重动态观点,为了说明其理论,他曾用前面写到的联立微分方程进行系统描述。他还着重研究开放系统,使之得出的一般模式更具有普遍意义。从辩证法看来,系统一经产生,就要向前发展,直到系统成熟。一旦系统中的要素不再发展,系统就会消亡。政策系统与其他社会系统一样,系统发展变化的动力,来自系统内部要素的矛盾。虽然社会经济条件变化是重要的外部力量,但研究政策系统的发展变化,一定要深入考察自身的产生、发展、调节和完善的功能。对于政策分析来讲,自觉地认识到这一点是很重要的。人们经常在分析某项政策的成败时,较多地是看到政策对象与政策环境,而忽略了对政策系统"自己运动"的研究。

3. 系统方法的基本要求

充分认识系统的特征,或许是坚持系统方法用于政策分析所遵循的相应原则的基础。国内不少学者把这些内容进一步概括,特别强调了系统方法应当符合三项基本要求[1]:

(1) 整体性

它是系统方法的基本出发点。依据整体性要求,首先要把系统整体作为研究对象。系统整体的性质与规律只存在于组成系统的那些相互作用与影响的要素及其运动过程之中,各要素的孤立特征和活动的总和并不能反映系统整体的特征和活动方式。

(2) 综合性

"所谓综合性是指任何系统都不是由单一要素、单一层次、单一结构、单一环境因素、单一功能构成的总体,而是由不同质的要素、层次结构、环境和功能因素构成的总体。系统的综合性表现为五种情况:不同要素、不同层次、不同结构、环境因素、不同功能等综合。"[2]

它包含着两层含义:一是不仅要看到组成系统的各个要素,看到各要素之间存在着的普遍联系,同时还要看到各要素与系统、环境的联系。简单地讲,要综

---

[1] 冯国瑞:《系统论、信息论、控制论与马克思主义认识论》,第184页。
[2] 常绍舜:《系统科学方法概论》,第31—32页。

合地认识到要素、系统与环境的各种关系。二是这些联系不是静态的、一成不变的。各要素在变化,环境在变化,组成的系统也在变化。因此,应当从政策系统的组成、结构功能、相互联系方式、历史发展等方面进行综合的系统的研究。

(3) 最优化

这是运用系统方法实现政策目标的理想要求,或者说是追求一种最实用性的结果。政策系统通常都是复杂的大系统。在运用系统方法进行考察时,应依据需要和可能为系统的整个运行过程定量地确定出总体优化目标,并运用现代技术与方法,把整个系统逐步分解,分成具有不同层次结构的子系统。通过各层次逐级的组合,形成越来越高级、越来越庞大的系统。

## 二、系统方法与公共政策分析

1. 系统方法在政策分析中的地位

在各种科学研究方法中,如果按照它在认识过程中的功能来划分,一般可分为两类:确定目标的方法和实现目标的方法。在科学方法论体系所形成的一种垂直方向结构中,"系统方法则横贯各种方法,作用于各种方法,在确定目标和实现目标两个方面,都形成了一些新的专门方法和技术"[①]。系统方法在研究社会现象时,比其他方法更能将分析和综合、归纳和演绎等方法有机地结合起来,并借助于其他现代化的技术,处理与解决大系统的管理问题。

掌握系统思想与系统方法,对于成功地进行政策分析是极为有效的。因为现代社会是一个庞大、复杂、多变的整体,具有影响、协调、控制社会发展功能的公共政策,必然也是一个要素众多、结构复杂、功能齐全的有机整体。系统方法的整体性、综合性、最优化的要求,反映到政策分析中,突出地表现在两个结果上:政策整体功能的最优化;政策结构、功能与环境的协调发展。

系统的整体性表明,具有一定功能的系统要素及其相互关系,以及各个要素在层级上的分布,总是逻辑地统一并协调于系统的整体之中。作为政治体系管理社会的基本手段的政策,必须把政策主体及其相关群体,以及政策客体等多种因素的功能有效地协调起来,通过调动一定资源作用于环境而产生效果。所以根据政策目标,协调并统一诸要素的功能,是政策分析中强调系统整体性的集中体现。

因为单项政策的功能与社会系统的复杂性之间始终存在着尖锐矛盾,所以突出系统整体性,还要在政策分析中充分认识政策体系的整体作用。政策体系是以政治体系的全部现行政策为要素,具有管理社会功能的有机整体,即政策体

---

[①] 沈泰昌:《系统分析与管理决策》,中国展望出版社1984年版,第13页。

系是由在时间和空间上相互联系、相互作用的多项政策组成的整体,而不是各孤立政策的简单相加。一方面,以政策体系来说,没有单项政策,就构不成政策体系;没有单项政策的功能,就谈不上政策体系的整体功能。因此,要把现行各项政策功能的发挥,作为改善政策体系整体功能的基础。通常做法都是从提高质量入手,来实现功能的提高。

另一方面,改善政策体系的整体功能,而且更需要调整各政策之间的联系形式,保持良好的结构,使整体功能优化。不同政策的组成形式,会影响政策体系功能的变化。如在宏观经济政策体系中,可能会产生"双紧"政策,也可能会产生"双松"政策,还可能产生部分"紧"、部分"松"的政策等。显然,不同的政策结构方式,所形成的整体功能是不一的。

政策分析中坚持相关性的基本要求,其意义十分重要。比如在改变政策系统的某些不合理因素时,一定要考虑到它对其他因素的影响。坚持政策的协同效应,才会有整体的放大效应。某项政策在刚刚实施时,总会有一部分政策对象不能理解。简单地用行政手段推行这项政策,而与之相关的政策又不配套,即使是正确的政策,也不一定保证能收到理想结果。

在政策体系中,每项政策既受其他政策的制约与影响,同时本身又影响、制约其他政策。一项政策的变化定会引起其他政策的变化,其连锁反应是不可避免的。离开相关政策的支持,单项优化的政策也会效力衰减,甚至会产生事与愿违的结果。单项政策的变化总是以政策之间的内在联系为前提,由相关政策的变化所推动。政策的相关性不是静态的,因而要在变化中认识相关性、把握整体性,以求得系统的最优化。

面对着人类社会所要解决的问题往往带有全局性特点,如人口控制、粮食与资源的供给、社会的稳定与发展、生态的平衡与环境的保护等,系统方法为政策分析提供了一个考察问题和解决问题的新思路。总之,可以把"复杂情况当作结合在一起的一整块来考虑";"观察一定数目的、不相同的、相互作用的事物,视它们在多种多样的影响之下作为一个整体的行为";"复杂整体的特点实际上不可能还原成各部分的特点"①。

2. 系统分析的构成

作为利用系统方法去研究对象的一个具体工具,那就是系统分析。国内有关专家认为:"政策分析是逐步发展起来的,最初从运筹学开始,后来发展到系统分析,经系统分析又发展到政策分析。这种分析,大大扩展了我们进行效益分析的范畴。它主要是帮助政府机构处理日益复杂的公共事务,解决千头万绪的

---

① 〔美〕E. 拉兹洛:《用系统论的观点看世界》,中国社会科学出版社 1985 年版,第 4—6 页。

公共问题,以及拟定与广大群众息息相关的公共政策等等。"①也有其他学者认为:"政策分析是政策科学和系统分析的结合","综合性是政策分析的最大特点"②。可见,政策分析与系统分析之间,有着确定的渊源关系。研究政策分析,首先要从方法论角度搞清楚系统分析。然而,关于系统分析的概念,至今没有统一的解释。一般认为:"系统分析就是对一个系统内的基本问题,用系统观点进行思维推理,在确定与不确定的条件下,探索可能采取的方案,通过分析对比,为达到预期目标选出最优方案的一种决策方法。"③

系统分析是一个有目的、有步骤的探索和分析过程。系统分析与技术经济分析不同,它以系统的整体效益为目标,以定量分析和定性分析相结合,经过一定范围内的综合分析,寻求最优的可行方案。系统分析既有局部分析,又有整体分析,突出整体性;系统分析在技术手段与方法的运用上,强调综合性;系统分析在对系统输入、输出、转换过程和动态变化,以及系统与环境的相互作用进行综合研究时,注重动态性。R. M. 克朗认为,运用系统分析会达到以下效果:"决策者能更充分地考虑到面临的各种不同选择;稀缺而昂贵的人力物力资源能够得到更有效的利用;能够更好地达到目的;肯定能够在有关资源合理分配、政策贯彻、目标设定、解决涉及社会政治文化因素的问题等等方面,加强决策能力。"④

在进行系统分析时,人们借助于逻辑思维推理,提出一系列"为什么"(如表8-5 所示),以获得圆满答案。⑤

表8-5 "为什么"

| 项目 | 第一次提问 | 第二次提问 | 第三次提问 |
| --- | --- | --- | --- |
| 目的 | 是什么? | 为什么要确定这个? | 目的是否已经明确? |
| 地点 | 在何处做? | 为什么在这里做? | 有无其他更合适的地点? |
| 时间 | 在何时做? | 为什么在这时做? | 有无其他更合适的时间? |
| 人员 | 由谁做? | 为什么由此人做? | 有无更合适的人选? |
| 方法 | 怎样做? | 为什么要这样做? | 有无更合适的方法? |

3. 系统分析的主要作业⑥

系统分析的主要作业包括系统模型化、最优化分析和综合评价。

---

① 朱松春等:《实用决策科学》,解放军出版社1988年版,第259页。
② 林德金等:《政策研究方法论》,延边大学出版社1991年版,第23页。
③ 沈泰昌:《系统分析与管理决策》,第53页。
④ 〔美〕R. M. 克朗:《系统分析和政策科学》,商务印书馆1985年版,第23页。
⑤ 参见沈泰昌:《系统工程》,浙江教育出版社1987年版,第91页。
⑥ 参见沈泰昌:《系统工程》,第98—110页。

(1) 系统模型化

模型化过程的好坏,对系统分析的效率有重要影响。通常在构成模型时要考虑四类变量:决定变量、环境变量、结果变量与评价变量。比如某政府所管辖的××铁路段,主要是地方自筹资金修建的。在建立分析模型时,经过方案选择,确定铁路动力要实现电气化。其中电气化干线的修建,以及每年用电力的消耗量及其费用等是可控的决定变量;每年货运、客运的需要数量是环境变量;结果变量则是实际对外服务的收益量;评价变量是该铁路段每年财务的盈亏量。

(2) 系统的最优化分析

依据模型求解,所得出的结果往往是最理想的,又称最优解。这种最优化的分析,往往体现在政策目标上,是"效益(或效率)为最大"、"费用为最少"、"时间为最省"之类。而体现在模型的数值计算上,最优化是求极值,或是极大值,或是极小值。人们熟知,极大值和极小值都可借助于微分学中的微商运算求得。一元函数取得极值的必要条件是一阶微商$\frac{dy}{dx}=0$。具体讲,函数$y$对自变量$x$的一阶微商等于零时,有极值。如果考虑多变量的优化问题,如函数$z$与变量$x$与$y$的表达式为:

$$z = f(x,y)$$

$$\begin{cases} \frac{\partial z}{\partial x} = 0 \quad \frac{\partial z}{\partial y} = 0 \quad \text{得出 } x \text{、} y \text{ 的最优值} \\ \frac{\partial^2 z}{\partial x^2} < 0 \quad \frac{\partial^2 z}{\partial y^2} < 0 \quad \text{得出 } x \text{、} y \text{ 有极大值} \\ \frac{\partial^2 z}{\partial x^2} > 0 \quad \frac{\partial^2 z}{\partial y^2} > 0 \quad \text{得出 } x \text{、} y \text{ 有极小值} \end{cases}$$

令$z$与$x$、$y$的偏微商分别等于零,即可求出最优解。为判断其解是极大还是极小,再分别求出它们的二阶偏微商。

(3) 系统的综合评价

利用模型和各种资料,用技术经济的观点对比各种可行方案,考虑成本与效益间的关系,权衡各方案的利弊得失,从整体性出发,综合分析问题,选择可行的优化方案,这是进行系统综合评价的基本途径。综合评价是利用"价值"的大小进行评判的,这种"价值"可理解为"有用性"或"重要性"之类。系统在一定环境下存在。不同的环境会影响"价值"的大小,所以系统分析中所使用的价值具有相对意义。评价因素是多方面的,而反映这种关系也有若干价值因素。它们互相联系,共同决定着总的价值。比如,设某一政策制定中有三个可行方案,每个方案有 5 个评价目标。通常先求出各评价目标的评价系数,具体求法见表 8-6。①

表 8-6  评价法

| 评价目标 | 评定 | | | | | | | | | | 得分 | 评价系数 |
|---|---|---|---|---|---|---|---|---|---|---|---|---|
| | 1 | 2 | 3 | 4 | 5 | 6 | 7 | 8 | 9 | 10 | | |
| A | 1 | 1 | 1 | 1 | | | | | | | 4 | 0.4 |
| B | 0 | | | | 1 | 1 | 1 | | | | 3 | 0.3 |
| C | | 0 | | | 0 | | | 1 | 0 | | 1 | 0.1 |
| D | | | 0 | | | 0 | | 0 | | 0 | 0 | 0.0 |
| E | | | | | 0 | | 0 | | 1 | 1 | 2 | 0.2 |
| 合计 | | | | | | | | | | | 10 | 1.0 |

再列表评价三个方案,将各方案对比评价目标进行权衡评分后,则各个方案的综合评价值 $W_i$ 为:

$$W_i = \sum W_{ij} a_{ij}$$

$W_{ij}$ 为各评价目标的评价系数
$a_{ij}$ 为各可行方案的评分值

依据 $W_i$,可选出优化方案。本题的评价系数与评分值分别如表 8-7 所示:

表 8-7  综合评价

| 评分值 \ 方案 \ 评价系数 \ 评价目标 | A | B | C | D | E | 综合评价值 |
|---|---|---|---|---|---|---|
| | 0.4 | 0.3 | 0.1 | 0.0 | 0.2 | |
| Ⅰ | 60 | 40 | 40 | — | 80 | 56 |
| Ⅱ | 80 | 60 | 40 | — | 20 | 58 |
| Ⅲ | 40 | 20 | 20 | — | 40 | 40 |

根据表 8-7 可知综合评价值以方案 Ⅱ 为最高,所以评定它为最优方案。

4. 系统分析的步骤

综合上述系统分析的主要作业,可以归纳为五个步骤:问题的构成,旨在确定目标,以及问题的重点与范围;收集资料,通过数据分析,寻求可行方案;建立模型,从便于分析出发,可试建多种模型;分析对比各方案的经济效果;综合分析,坚持定量与定性相结合,确定最优方案。

R.M.克朗认为,系统分析的步骤应为②:

---

① 该案例及其分析源于沈泰昌的《系统工程》中的第 108—110 页。
② 〔美〕R.M.克朗:《系统分析和政策科学》,第 59 页。

- 将问题分解为便于分析的相互联系的小问题,并寻求有可能取得成果的研究方向;
- 进行事实研究,描述系统、子系统和系统环境;
- 进行价值研究,确定所期望的目标;
- 进行规范研究,确定应该有哪些选择、哪些建议及执行步骤;
- 进行经济、技术和政治方面的可行性研究;
- 在观念上再确论和评价整个过程;
- 与决策者交流系统分析的结果;
- 验证执行过程中和执行后的结果;
- 若有必要可推荐新的政策措施。

5. 系统分析应注意的问题

应该看到系统分析方法本身所具有的基本要求,并不是那些运用该方法者都能深刻理解与掌握的,克朗又提出了利用系统分析可能存在的问题是[①]:

- 忽略了在选择技术方法前,先从观念上努力的重要性;
- 过高估计和强调分析表现能力,而过低估计为满足需要而花费的时间和精力;
- 将问题本身加以改变,削足适履以适应现有方法;
- 因模型僵化而经不起实践检验;
- 滥用定量化方法;
- 不区分什么是偏好与效用;
- 以价值观念中立为由,不明确地表明分析者和系统的偏好;
- 不区分互不相容的绝对偏好;
- 运用错误的技术、模型和标准;
- 忽视反馈与交叉输入的作用;
- 过分依赖技术性方法;
- 忽视过去和未来的时间影响;
- 忽视组织分析队伍;
- 做出一系列从局部看是好的,但全局是很糟的决策;
- 过分限制了不同方案的选择;
- 忽略了要同时从经济、技术与政治三方面进行可行性分析;
- 过多地考虑他人会反对自己的分析结果或所推荐的行为;
- 忘记了在处理有关信仰、政治、对话、文化等问题时,存在着某些系统分析范畴外的东西;

---

① 〔美〕R. M. 克朗:《系统分析和政策科学》,第24—25页。

- 不能以容易理解的方式,把分析结论告诉决策者。

R.M.克朗特别强调,下列六种问题仅用简单合理的系统分析模型和工具是不行的:带有极强政治色彩的问题,诸如争取舆论、巩固权力等;具有深刻社会意义的问题,如如何对待种族隔离和歧视问题;在决策过程中超理性因素起着重要作用的问题;在做不同选择时,必须在价值观念(偏好)和实际价值(效用)之间加以权衡的问题;当解决问题时所希望的战略不是考虑系统各部分之间的平衡,而是要对现存系统进行激烈变革所面临的问题;当不能经过现存组织,而必须通过新的机构去贯彻执行某项政策时所面临的问题。①

## 【关键术语】

模型　决策论　模型方法　科学方法论
系统　对策论　线性规划　可行性分析
　　　　　　　事实分析
　　　　　　　价值分析
　　　　　　　规范分析
　　　　　　　利益分析
　　　　　　　公共利益
　　　　　　　系统思想
　　　　　　　系统分析

## 【复习思考题】

1. 公共政策分析对建构模型有哪些主要要求?
2. 如何用线性规划分析公共政策问题?
3. 风险型决策与不确定型决策各具备什么特征?举例说明。
4. 如何求解有鞍点的对策问题?
5. 什么是事实(价值、规范与可行性)分析?与利益分析是什么关系?
6. 如何理解利益分析视角下的公共政策研究?
7. 如何开展公共政策研究中的利益分析?
8. 为什么说公共利益是公共政策追求的核心价值目标?
9. 如何理解公共利益?
10. 系统分析包含哪些最基本要求?
11. 系统分析如何在公共政策中得到正确应用?
12. 系统分析包括哪些主要作业?

---

① 〔美〕R.M.克朗:《系统分析和政策科学》,第25页。

## 【案例分析】

公共政策分析的对策讨论的策略集，往往都大于2，且具有较复杂的情况。我们下面举一个人们熟知的齐王与田忌赛马的例子，来分析这类复杂问题所具有的规律。[①]

我国古代"田忌赛马"是典型的对策论案例。战国时期的齐王要与田忌赛马，双方约定各自选出上、中、下三个等级的三匹马。每匹马都需参赛，且仅参赛一次。每次赛后输者付胜者千金。已经知道齐王拥有的三个等级的马都比田忌所对应等级的马强些。如果田忌用自己的上等马与齐王的上等马比，用自己的中等马与齐王的中等马比，用自己的下等马与齐王的下等马比，则田忌要输三次，因而要输黄金三千。

田忌的谋士孙膑给他出主意，让田忌用自己的下等马去对齐王的上等马，用自己的上等马对齐王的中等马，用自己的中等马对齐王的下等马。尽管田忌的下等马会输，但上等马与中等马会赢，因此非但未输掉三千金，相反，却能赢得一千金。由此可见双方在博弈中，选择的策略是重要的。若齐王与田忌所选择的参赛策略是未知的，显然问题要复杂得多。

若分别把齐王的三匹马参赛次序排好，显然会组成一个策略，比如用(上、中、下)方案，即表示先上等马出赛，其次中等马出赛，最后下等马出赛，这样组成一个策略。对齐王来说，共有(上、中、下)、(上、下、中)、(中、上、下)、(中、下、上)、(下、中、上)、(下、上、中)六个策略。同样田忌也有与上面一致的六个策略。它们组成的矩阵为：

表1

| 齐王的策略 \ 齐王的支付 \ 田忌的策略 | $[b_1]$ (上中下) | $[b_2]$ (上下中) | $[b_3]$ (中上下) | $[b_4]$ (中下上) | $[b_5]$ (下中上) | $[b_6]$ (下上中) |
|---|---|---|---|---|---|---|
| $a_1$(上中下) | 3 | 1 | 1 | 1 | 1 | -1 |
| $a_2$(上下中) | 1 | 3 | 1 | 1 | -1 | 1 |
| $a_3$(中上下) | 1 | -1 | 3 | 1 | 1 | 1 |
| $a_4$(中下上) | -1 | 1 | 1 | 3 | 1 | 1 |
| $a_5$(下中上) | 1 | 1 | -1 | 1 | 3 | 1 |
| $a_6$(下上中) | 1 | 1 | 1 | -1 | 1 | 3 |

---

[①] 本案例及其分析选于李德、钱颂迪主编《运筹学》中的第470—472页。

可以把上面的支付表改写为支付矩阵

$$A = \begin{array}{c} \\ a_1 \\ a_2 \\ a_3 \\ a_4 \\ a_5 \\ a_6 \end{array} \begin{array}{c} b_1 \quad b_2 \quad b_3 \quad b_4 \quad b_5 \quad b_6 \end{array} \\ \left[ \begin{array}{cccccc} 3 & 1 & 1 & 1 & 1 & -1 \\ 1 & 3 & 1 & 1 & -1 & 1 \\ 1 & -1 & 3 & 1 & 1 & 1 \\ -1 & 1 & 1 & 3 & 1 & 1 \\ 1 & 1 & -1 & 1 & 3 & 1 \\ 1 & 1 & 1 & -1 & 1 & 3 \end{array} \right]$$

根据纯策略判断，本例没有鞍点，需要求出齐王与田忌的各自最优混合策略。对齐王来说，选取 $a_1$、$a_2$、$a_3$、$a_4$、$a_5$、$a_6$ 的概率分别为 $X_1$、$X_2$、$X_3$、$X_4$、$X_5$、$X_6$，这些概率一定为正数或零，其和等于1，其数学表达式为：

$$\begin{cases} X_i \geq 0 \\ x_1 + x_2 + x_3 + x_4 + x_5 + x_6 = 1 \end{cases}$$

从支付矩阵看，当田忌选用 $b_1$ 策略时，齐王若选择概率 $x_1$ 则会赢得3，选择概率 $x_2$ 则会赢得1，选择概率 $x_3$ 则会赢得1，选择概率 $x_4$ 则会输掉1，选择概率 $x_5$ 则会赢得1，选择概率 $x_6$ 则会赢得1。所以齐王的期望收益值是 $3x_1 + x_2 + x_3 - x_4 + x_5 + x_6$。同理，田忌分别选出 $b_2$、$b_3$、$b_4$、$b_5$、$b_6$ 时，齐王的期望收益值分别是：

$$\begin{cases} 3x_1 + x_2 + x_3 - x_4 + x_5 + x_6 \geq V \\ x_1 + 3x_2 - x_3 + x_4 + x_5 + x_6 \geq V \\ x_1 + x_2 + 3x_3 + x_4 - x_5 + x_6 \geq V \\ x_1 + x_2 + x_3 + 3x_4 + x_5 - x_6 \geq V \\ x_1 - x_2 + x_3 + x_4 + 3x_5 + x_6 \geq V \\ -x_1 + x_2 + x_3 + x_4 + x_5 + 3x_6 \geq V \end{cases}$$

$$X_i \geq 0 \quad i = 1, 2, \cdots 6$$

齐王的目标应是期望值中最大者。同理，田忌的目标也应是期望值中最大者。

因本例不存在鞍点，齐王与田忌都不存在最优纯策略。所以可选择等式试算法，即将不等式线性方程组转化为等式方程组，以求得对策解。

求解结果与常识一致，即双方都以1/6的概率选取一个纯策略，总的结局是齐王有5/6的概率赢田忌，期望值为千金。若齐王把每次决策结果告诉田忌，而田忌又听从了孙膑的建议，采取相应对策，也会赢得千金。[1]

---

[1] 卢向南：《应用运筹学》，浙江大学出版社2005年版，第281页。

在政策分析的对策问题研究中,通常策略集所包含的策略都大于2,因此所组成的支付矩阵相对要复杂些。当矩阵的阶数越高,求解就越困难。但对于某些特殊结构的矩阵,可以用降低阶数或线性规划法求解。不同的具体对策问题,会有许多不同的方法与技巧。

市场经济条件下,存在着大量的竞争现象,因而使得不少公共问题都可以从对策角度加以研究。不仅如中央与地方关系、政府与企业关系等一些明显存在竞争的例子可以通过建立对策模型,从一个角度去反映它们之间的相互关系,而且可以把社会某一组织(或群体)看成一方,把大自然看成另一方,组成一种竞争。从这个意义上讲,凡带有竞争性质,或至少包含竞争成分的现象,都可以视为对策现象。这个案例实际结果十分简单、明显。在社会生活中发生的对策案例,要比它复杂得多。

【参考书目】

1. 孙小礼:《方法的比较——研究自然与研究社会》,北京大学出版社1991年版。
2. 苏宏章:《利益论》,辽宁大学出版社1991年版。
3. 冯国瑞:《系统论、信息论、控制论与马克思主义认识论》,北京大学出版社1991年版。
4. 〔美〕R. M. 克朗:《系统分析和政策科学》,商务印书馆1985年版。
5. 沈泰昌:《系统分析与管理决策》,中国展望出版社1984年版。
6. 〔美〕E. 拉兹洛:《用系统论的观点看世界》,中国社会科学出版社1985年版。
7. 苗东升:《系统科学精要》,中国人民大学出版社1998年版。
8. 卢向南:《应用运筹学》,浙江大学出版社2005年版。
9. 朱松春等:《实用决策科学》,解放军出版社1988年版。
10. 林德金等:《政策研究方法论》,延边大学出版社1991年版。
11. 常绍舜:《系统科学方法概论》,中国政法大学出版社2004年版。
12. 宁宣熙:《运筹学实用教程》,科学出版社2002年版。
13. 李德、钱颂迪:《运筹学》,清华大学出版社1982年版。
14. 杨超:《运筹学》,科学出版社2004年版。
15. 朱德通:《运筹学》,上海人民出版社2002年版。
16. 熊伟:《运筹学》,机械工业出版社2005年版。
17. 西蒙:《管理行为》,北京经济学院出版社1988年版。
18. 〔美〕杰弗瑞·布伦南、詹姆斯·布坎南:《宪政经济学》,中国社会科学出版社2004年版。
19. 许国志:《系统科学》,上海科技教育出版社2000年版。

# 第九章 公共政策过程中的分析方法

## 【内容概要】

本章集中介绍公共政策过程中的分析方法,如构建公共政策问题、备择政策方案的优化、预测以及政策效果评价等过程中所使用的方法。这些方法有些是定性的,但大多数是定量的方法,或者是兼而有之。这些方法虽然在本章中置于政策过程中的特定阶段给予介绍,但实际上在政策过程中许多方面,它们也常常被使用。

## 【要点提示】

- 政策问题构建中的类比分析
- 政策问题构建中的多元分析
- 政策备择方案优化中的效用分析
- 政策备择方案优化中的决策树法
- 政策备择方案中的优序图法
- 预测的原理与方法
- 预测的特尔菲法
- 政策成本收益分析
- 政策效果评价中的模糊综合评价法

人们在对公共政策过程不同阶段的分析中,常常会用各种方法处理所需解决的问题。为便于比较与理解,我们把从政策问题构建,到拟定与优化方案所需的方法,直至政策效果评价所需的方法相对分开,集中在本章加以介绍。但这种"分离"仅是相对而言,实际上不少方法在政策过程中所有阶段都能得到应用。

## 第一节 构建公共政策问题的方法

不同性质和形式的政策问题,不仅可以通过不同方法进行分析,而且政策问题构建的每个环节,都可能会使用不同方法与相关技术去处理。一般来讲,这些方法都有各自的目的、使用范围、程序和效用标准。这里,我们主要简略介绍几种方法:

## 一、观察法[①]

观察法是一种最基本的普遍应用的方法,它是认识主体获得感性经验和事实的最重要的途径。

观察是人们通过感官或借助于一定的辅助工具,有目的、有计划地考察和描述客观对象的方法。

观察可分为直接观察和间接观察。前者是指直接通过感官考察客体的方法,其优点是直观、生动、具体,避免中间环节出错,但缺点是有很大局限性;后者是指人的感官通过辅助手段观察客体的方法,它大大扩展了感官的观察范围。

观察必须在自然发生的条件下进行,即人们在考察社会与自然时不干预所发生的现象;同时,也不否认主体在观测中的能动作用。

观察是一种受观念支配的寻找证据的活动,观察者原有的经验和理论背景在观察中极为重要,中性、纯粹的观察是不存在的。

观察所获得的信息与数据是客体自身属性的反映,为真实认识客体的本来面目,应坚持观察的客观性原则。

人们在观察中,要全方位、多角度地把握客体对象,坚持全面性原则。

要选择具有能体现同类事物共同特征的典型对象进行观察,易于揭示事物的本质与规律,即坚持典型性原则。观察的特点之一在于它具有目的性与计划性,并不是单凭人的感官而盲目行为的活动。

在观察领域里,机遇只偏爱有准备的头脑。

## 二、边界与类比分析

1. 欲对政策问题具体研究,必须首先划定研究对象的边界。然而,确定研究对象的边界,看来很简单,实际上却是一个非常复杂、困难的问题。因为任何事物之间都具有广泛的联系,想要人为地割断它们之间的联系,清楚地划出它们的界限,或者说研究对象的边界,需要认清事物某一层次上的本质,把握这一本质与外界环境条件的必然联系。

政策分析中,很少面对的是单一确定的问题。与之相反,却经常是面对交织在一起的多重问题,它可以用不同的视角来定义。比如,政府要制定扶贫政策时,自然要构建扶贫问题。这时,必须对"贫困"进行界定,并由此确定谁是贫困对象?多少贫困对象?如何扶贫?定出贫困对象,搞清为什么要对他们实行扶贫,确实是不容易的。

---

[①] 参见刘元亮:《科学认识论与方法论》,清华大学出版社1987年版,第166—187页。

再比如,制定能源政策时,能源问题的边界是什么?从能源的成分上看,有的是战略物资,有的是化工原料,有的是工业原料;从使用上看,工农业、交通运输、生态平衡、城市与农村等,都与能源有关,能源问题的边界只从能源政策的角度定义,有时会产生相当大的困难。

边界分析,是要划定研究对象的边界,找出与其他事物严格区别的本质及其属性,使之与外界相对隔离,在边界内组成一个统一整体。

2. 类比是根据两个或两类事物之间某些方面的相似或相同,而推出它们在其他方面也可能相似或相同的一种逻辑方法。① 它以不同事物之间的比较为基础。"它借助于对某一类对象的某种属性、关系的知识,通过比较它与另一类对象的某种相似,而达到对后者的某种未知属性和关系的推测性的理解和启发。"② 类比法的一般性公式如下:

"已知:A 对象中 $a$、$b$、$c$ 与 $d$ 之间有 $R$ 关系

已知:B 对象中有 $a'$、$b'$、$c'$ 与 $a$、$b$、$c$ 相似

预感到:B 对象中与 $a'$、$b'$、$c'$ 相联系存在有 $R$ 关系或与之相似的 $R'$ 关系
（中介）

猜测:B 对象中有与 $d$ 相似的 $d'$

在这公式中,$a$、$b$、$c$、$d$ 代表对象的各个属性;$R$ 代表属性之间的关系。在类比中,并不要求 B 对象中的 $a'$、$b'$、$c'$ 与 A 对象中的 $a$、$b$、$c$ 等同,而且 $R$ 关系也可以是各种各样的,甚至仅仅是与之相似的 $R'$ 关系。"③

类比分析是把这种相似性研究创造性地用于政策问题构建中,寻求政策问题的成因、性质及类别的方法。人们在缺乏可靠论证思路时,类比分析法往往能够奏效。按照类比提供思路,人们不仅能识别出那些看来是新问题而实际上是旧问题的伪装,而且还能正确地获得解决新问题的思路。在构建政策问题时,有三种不同的类比形式可以运用④:

(1) 人的类比

分析者试图将自己置于政策相关人的地位,以同样的方式体验政策形势。这种类比在揭示政治问题时尤其重要。人们经常讲的"换位思考",就是从一个角度反映运用这种方法的必要性。

(2) 直接类比

分析者可以寻找两个以上的问题形势直接比较,并从中获得有益启示。例

---

① 参见林定夷:《科学研究方法概论》,浙江人民出版社 1986 年版,第 178—179 页。
② 同上。
③ 同上。
④ 参见张金马:《政策科学导论》,中国人民大学 1992 年版,第 142—143 页。

如在构建吸毒问题时,经常可能从对传染病的控制经验中建立直接的类比。

(3) 想象类比

分析者完全自由地探讨问题形势和某些所想象的事物状态之间的相似性。国防政策问题的构建中,经常应用想象类比,去探讨战争中实际进攻与防护问题。

类比方法运用是否恰当,取决于选用的类比对象之间的关系是否适当、合理。类比程度的可靠性,取决于相似属性和推出属性之间的相关程度。以表面相似为依据的肤浅类比是容易的,但不说明本质问题。只有抓住事物的本质属性进行类比,才能获得可靠、深刻的类比推论。

为了使类比分析在实际中更有效,必须注意"类比所依据的相似性质或关系越多,则类比结论的可靠性越高"。"类比所依据的相似属性之间的关联性越强,类比的可靠性越高。类比物与被类比物的相似属性有多少,这还只是量上的考察。关键的是相似属性与外推属性之间有无内在的联系,这是从质上的考察。"①

### 三、兰德式的问题分析法②

"问题本身并不神秘,因与果也不只是哲学家的事。一个凡夫俗子一生之中会面临成千上万个大大小小的问题,但其间分析问题的技巧与方法却很少人掌握。"③为了构建好政策问题,首先需要对各种问题进行分析,即掌握好问题分析技术。通常问题分析技术包括以下内容:

第一,定义问题。

在人们能够描述、分析、解决某一问题之前,首先必须对问题进行定义。

定义的方法通常采取两种方法:一是使用"偏离应然情况的叙述";二是对问题赋予名称。

依据这两种方法,提出解决问题的方向。

定义问题,究其实质仍是复杂的。比如,"某地社会治安出了些问题"与"某地社会治安出了大问题",其差别很大。

第二,从四个层面对问题加以叙述:问题确认、发生地点、时间、问题的程度。

问题确认:所试图解决的是什么?

发生地点:在何处观察到发生的现象?

时间:什么时候发生?

---

① 张巨青:《科学研究的艺术——科学方法导论》,湖北人民出版社 1988 年版,第 99—100 页。
② 参见乔迪:《兰德决策》,大地出版社 1998 年版,第 97—167 页。
③ 转引自乔迪:《兰德决策》,第 96 页。

程度:有多么严重？范围多广？

第三,从问题的四个方面搜取关键资料,综合找出可能原因。

从"确认、地点、时间、程度"四个方面,找出产生问题的可能原因。

人们所应做的是发现一切合理的可能原因,而非选择问题的真正原因。

从"确认、地点、时间、程度"四个方面找出不同的可能原因之间的联系与差异。

除了有"发生"与"未发生"的资料比较外,还应充分考虑有关变化的问题及其解释。

第四,检验"可能原因",以便找出最可能产生的原因及其特点。

最可能产生的原因,要比其他可能原因更能解释偏离状况为什么会发生。

从"确认、时间、地点、程度"等特征中寻求相关事件的变化,分析哪些变化最能说明问题的原因。

在寻求那些难以捉摸的变化时,需要在界定清楚的范围中寻找偏离事态的最可能产生的原因,这个范围往往是"发生"与"未发生"资料相比较所显示的特别之处。

第五,证明真正的原因。

作为一项独立程序,其目的在于证明某种因果关系。对于无法进行的"证明",只能依赖检验步骤。

证明一项可能原因,就是证明它确实产生所观察到的影响结果。

"证明"的方式有两种:一是依据所分析的问题原因复制结果;二是把怀疑引起问题的"变化"加以反转过来,看看问题是否会因此而停止。

第六,潜在问题分析。

潜在问题分析提出两个问题:"有什么可能会出差错？""我们现在能做什么来应对这些差错？"它大致包含四个方面的内容：

找出最易出问题之处,分析其所产生的最大影响；

在最易出问题之处找出潜在特定问题；

找出能够防止特定潜在问题的行动；

对无法预防的潜在问题,找出可以使其影响减至最低的应变行动。

### 四、多角度分析[①]

通过系统地运用个人、组织、技术等方面的多重认识,以获得对政策问题的看法及解决的途径。这种方法常常用于那些结构不良的政策问题。美国学者邓恩用下列典型案例,以说明多角度分析的功能。

---

[①] 参见〔美〕威廉·邓恩:《公共政策分析》(第二版),中国人民大学出版社2002年版,第191—192页。

1. 技术角度

以最优化模型分析政策问题,具体使用的理论与技术是:概率统计、成本—效益分析、决策分析、经济计量学以及系统分析等。用技术观点强调客观的因果推断,突出科学技术的作用。美国人在决定是否向日本投放原子弹时,曾对此行动方案进行比较。当时有多种选择:轰炸和封锁;入侵;不事先警告而投放原子弹;事先警告投放原子弹;原子弹投向无人居住区等。从技术角度看,美国希望以最小损失取得日本的投降。经过分析,美国选择了不事先警告而投放原子弹的方案。

2. 组织角度

将政策问题及其解决,看成是从一种组织状态向另一种组织状态有序发展的组成部分。强调标准化的操作程序与规划,经常是组织观点的主要特征,它常与技术观点相抵触。在是否投放原子弹的决定中,当时美国高层领导人中有一种担心,因为几十亿美元是在没有得到国会批准的情况下花掉的。所以,有人坚持投放原子弹,就是为了向国会表明资金没有白白浪费。

3. 个人角度

将政策问题及其解决看成是个人的感知、需求与价值作用的结果。它突出决策者的悟性、能力以及自我利益,在支配政策制定中所起的作用,它可以提供从技术、组织角度无法提供的认识。在美国决定是否投放原子弹的过程中,当时美国总统深感自己的权力不够巩固,对不少特殊的利益集团,缺乏必要的影响力,无法向这些集团挑战。为此,美国总统从自身的形象与利益出发,果断地决定投放原子弹。

以上案例是从技术、组织、个人角度对问题所做分析基本一致的典型。当然多角度分析结果也会有不一致甚至互相矛盾的。但可以看出,多角度分析是一个集成型的综合分析。运用这种分析,必须注意下列原则:

(1) 要在不同行业而不是简单地在不同学科之间的组合基础上形成专家队伍,因为它需要最大限度地提供机会,正确评价方方面面的观点;

(2) 要在不同角度的观点之间考虑寻求平衡;

(3) 与技术角度分析不同,从组织与个人角度分析问题所获得结果是不可重复的;

(4) 选择与交流的内容相适应的交流手段,如口头简况介绍与情况说明方式适用于持组织、个人观点的人们之间的交流,而模型、变量分析等表达方式适用于那些持技术观点的人们之间的交流;

(5) 要综合地把各种观点推荐给政策制定者,但又必须指出从技术、组织与个人角度得出的不同结论及其相互联系。

多角度分析是从早期外交政策的制定工作的基础上发展起来的。它常用来处理那些具有很高的科学性、技术内容复杂的社会经济体系所产生的各种问题。

## 第二节 政策备择方案的优化技术

准备选择的政策方案提出后,可以从不同的方面去分析每一个方案,进一步获得它们各自的利弊,为选出优化方案打下良好基础。

### 一、选择方案的一般性方法

备择方案分析的方法有许多,其中有:

1. 经验分析

归纳已往政策成功的经验或失败的教训,支持、补充或否定已有方案,特别要注意总结以往或目前正实施中的有关政策的效果。

2. 抽象分析

利用抽象思维,抽取分析方案中各个主要要素及其之间的联系进行研究,它要反映方案的本质,如模型方法就是其中之一。

3. 比较分析

在不同方案有可比性,并且有稳定的比较标准时,可以通过对比,充分认识各个方案的优与劣。

4. 因果分析

以因果性为依据,对已知的相关事实,从多元与多层次角度做出解释,对事物发展变化的链条做出说明。

5. 试点分析

选取一个可实施方案的小区域进行试验,这个试验方案基本上已被决策者认可,然后对实施过程中所产生的结果加以分析,推断其实施的可行性。

### 二、选择方案的具体方法

对备择方案进行分析的内容,可依据不同的政策问题与目标来确定,原则上讲大致有如下内容:

1. 效益分析

政策实施后会带来多方面的效益,既包括经济效益,也包括社会效益与生态效益。

2. 条件分析

政策实施需要依靠多种条件,有主观的也有客观的,有内部的也有外部的。有些学者认为这些条件大致分为:政治、经济、社会、技术、自然等。

### 3. 成本分析

政策实施需要资源,从某种意义看,它可列入条件分析中。这里特别强调是因为实施政策所付出的成本高低,集中反映了政策可行性的大小。

实施中需付出成本太高的政策,有时尽管从目标分析看是很好的,但其可行性却太差,必须对每个方案所消耗的各类资源进行具体分析,把需要与可能结合起来,综合评估每个备择方案。

### 4. 灵敏性分析

政策执行过程中,不可能一帆风顺,总会遇到意外或反常情况。能否承受外界条件的突然变化,基本不改变政策实施过程(前提是在不需要改变总进程的条件下),这是检验每个方案应变性的重要标志。

把上述几个方面简单小结,可归纳为四点:
- 能最大限度地实现政策目标;
- 能最少地消耗各种政策资源;
- 能对多种风险具有最大的应变性;
- 能在政策实施中产生最小的负面效应。

为了实现对各种备择方案的评估,从技术上看,已经建立了多种方法,接下来我们围绕方案分析的内容,简略介绍四种常用的方法。

### 三、效用分析[①]

凡带有风险性的决策,不同的决策者会对同一个决策方案结果采取不同的态度,因为他们承担着不同的风险。或者在同等程度的风险情况下,不同的决策者会从同一个决策方案结果下获得不等的效用值。因而"效用"会因决策者所具备的主、客观条件的不同而产生差异,具有一定的主观性。

举一个简单例子,有一件可获利 1000 元的合法工作,虽具体操作带有一定风险性,对于那些温饱尚未很好解决的人,他一定会冒险也要干。而对那些经济收入很高的人,有可能根本就不愿意干这件事。因为 1000 元的价值对这两种人的效用是不等的。假如有一件可获 10 万元的生意,虽然同样是前面讲的两种人,谁做都承担相同风险,恐怕在一般情况下,此事只有经济收入较高者才敢于承担这种风险。

人们对"效用"的主观认识,是由社会的客观存在所决定的,人们的社会存在,决定了人们的思想。由这一例子,可以推广到公共政策分析中,在不同的地区,如沿海与内地不同的地方政府,因政治、经济、科技、文化等条件不同,

---

[①] 参见熊伟:《运筹学》,机械工业出版社 2005 年版,第 256—258 页;李德、钱颂德:《运筹学》,清华大学出版社 1982 年版,第 454—460 页。

往往对同样一个政策方案,会在不同地区产生不同效用。

北京市为加速高科技发展,采取了许多特殊的科技政策,比如在高科技人员密集的地区,建立了"中关村电子一条街"。内地的极少数地区,不考虑本地的实际条件,也简单模仿北京的做法,建立了"电子一条街"。可想而知,实施这一政策的结果,其效益会极差。

所以效用是决策者从自己的立场、价值、利益出发,对益损值的一种度量。一般情况下,用 1 表示最大效用值,用 0 表示最小效用值。效用值的大小表示决策者对于承担风险的态度,对事物的倾向、偏好等主观因素的强弱程度。人们将决策者对承担风险的态度大致分为三种类型:保守型、冒险型、中间型。如果两个事物(益损值或机会)对于决策者是可分辨优劣的,那么较优的那个事物的效用应高于另一个事物的效用;若它们之间不能分辨优劣,则两事物可以看成是等效的。

为了表示决策者对风险所承受的程度,人们选取在直角坐标系内,用横坐标表示益损值,用纵坐标表示效用值,将决策者对风险态度的变化关系画出曲线表述。这种曲线叫作效用曲线,不同的决策者,其效用曲线是不同的。比如前面提及的三类人,他们的效用曲线可由图 9-1 表示:图中纵坐标为效用 $u(x)$,表示风险程度,理解为行动方案成功的可能性;横坐标 $x$ 表示益损期望值。对保守型曲线,其效用点所对应的益损值小于直线上相同效用点所对应的益损值,说明决策者不求大利但求风险小。与之相反,对冒险型曲线,其效用点所对应的益损值大于直线上相同效用点所对应的益损值,说明决策者求大利不怕风险。虚线所表示的是中间型曲线,其中转折点 $Q$ 称为效用满足点,该点前后可采取不同的决策,其分析同前所述。

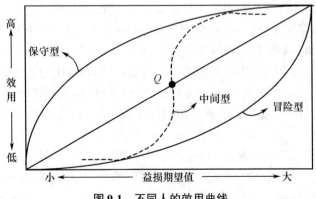

图 9-1　不同人的效用曲线

## 四、决策树法①

决策树是决策过程的一种有序的概率图解表示。它能使多阶段决策清楚、有条件地进行,是分析决定方案优劣的十分有价值的基本工具。由一系列决策环节构成的决策过程,可用树状图表示,图9-2中的符号分别为:

□表示决策点,由此引出方案分枝,分枝数代表行动方案数。

○表示方案节点,由此引出概率分枝,分枝数代表自然状态数,每条分枝上表明自然状态及其出现概率。方案节点上表明其效益期望值。

△表示结果节点,该点旁边数字表示相应状态下的益损值。

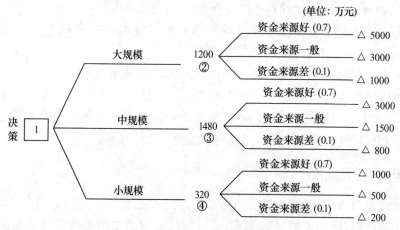

图9-2 某城区改造决策树图

某市政府,为加速城区中某小区的建设,准备对现小区加以改造。在讨论中,分别提出三个方案:大规模改造、中规模改革和小规模改造。不论按哪个方案进行,资金是个突出矛盾,初步估计,按大规模、中规模、小规模改建,分别需要3000万、1000万与500万元资金。从获得资金来源分析,大致也有三种情况:资金来源好、资金来源一般、资金来源差,其概率分别为0.7、0.2与0.1,经初步预测,在不同的方案下,近期所能获得效益,仅从经济效益看,如图中所示。这样,某市的小区改造决策就可以用树图9-2所示:

计算各点益损期望值:

点2:$5000 \times 0.7 + 3000 \times 0.2 + 1000 \times 0.1 - 3000 = 3500 + 600 + 100 - 3000 = 1200$

---

① 参见熊伟:《运筹学》,第252—254页;宁宣熙:《运筹学实用教程》,科学出版社2002年版,第180—181页;以及李德、钱颂德:《运筹学》,第437—442页。

点 3：$3000 \times 0.7 + 1500 \times 0.2 + 800 \times 0.1 - 1000 = 2100 + 300 + 80 - 1000 = 1480$

点 4：$1000 \times 0.7 + 500 \times 0.2 + 200 \times 0.1 - 500 = 700 + 100 + 20 - 500 = 320$

三者进行比较，从近期经济效益看，采取对城区中规模改造的方案较为合理。

从上例中，可看出用决策树帮助人们对方案进行分析，其具体步骤是：

- 画决策树，把某个决策问题未来发展情况的可能性和可能结果所做的预测，用树状图反映出来；
- 预计可能事件发生的概率，其数值可依过去历史资料或特定方法计算，把确定好的概率标在相应位置上；
- 计算益损期望值，可利用益损值与相应概率计算出每个方案益损期望值；
- 选取期望值最大值，若是费用支出则选取期望最小值。

决策树法的优点主要有三个方面：它构成了简单的决策过程，使决策者有顺序、有步骤地进行决策；它比较直观，使决策者按照逻辑推理去周密地考虑各有关因素；它对于较复杂的决策，尤其对多级决策比较有效。

## 五、灵敏度分析[①]

在政策分析中，常有这样的问题发生，当人们已经对政策问题制定出政策方案后，与政策问题相关的某些因素，或者所构造模型中的系数或参数发生了变化，这说明需要人们进行灵敏度分析，确定其中最敏感的某些因素，获得可能出现的偏差及结论的可信度等。在风险性决策中，实际所使用的概率基本都是估计的，无十分把握。灵敏度分析是在主观概率的可能的估计误差范围内，取许多不同主观概率值进行试算，看看哪些因素变动不影响最优策略的选取；反之，哪些因素稍加变动，最优策略就会变化，即从一个策略变为另一个策略。在这种情况下，所提供的数据称为灵敏性数据。凡是面对灵敏性数据，必须重新审查原来估计的主观概率是否正确。我们举下面一个简单例子以说明灵敏度分析的基本内容：

某政府要对一个重大项目投资，其策略效果如下表 9-1：

---

① 参见宁宣熙：《运筹学实用教程》，第 187—188 页；朱德通：《运筹学》，上海人民出版社 2002 年版，第 414—422 页；以及李德、钱颂德：《运筹学》，第 446—448 页。

表 9-1

|  | 投资 | 不投资 |
|---|---|---|
| 成功 | 500 万元 | 0 元 |
| 不成功 | −200 万元 | 0 元 |

因为不知对该项目投资的概率究竟多大,所以不妨设成功的概率为 $P$,自然,不成功的概率为 $1-P$,由此推出该政策获利的期望值为:

$$P \times 500 + (1-P) \times (-200) = 500P - 200 + 200P = 700P - 200$$

显然,期望值大于零时,才对该项目投资,否则不会投资。

令:$700P - 200 = 0$

所以:$P = 2/7 \approx 0.286$

当成功的概率大于 $2/7$ 时,该政府原则上可以对项目进行投资,人们把这时的 $P=2/7$ 称为转折概率,即使决策发生根本变化的概率。假如人们以各方面的资料为依据,估计成功的概率是 0.5 以上,远远高于 0.286,主观概率与转折概率的差距较大,这说明进行投资的方案是可行的。如果成功的概率是 0.25,则是不能投资的,因为这是会亏空的项目。然而灵敏度分析的意义不仅如此,更重要的还在于它告诉人们,即使主观概率高于转折概率,比如 $P_主 = 0.33$,它与 $P_转 = 0.286$ 之差相对来说要小得多,是十分灵敏的,这时决策者必须慎重对待,或者重新估计该概率,减少可能误差,否则不宜对该项目投资决策。

### 六、优序图分析[①]

不同方案之间要进行比较,总是希望比较结果能表明各方案之间的优劣顺序。通常可供比较选择的方面较多,往往是越多,比较越复杂。如果各种选择之间的有利方面或不利方面都错综交织在一起,要做出最终选择则更难。优序图分析,就是把那些复杂的比较与选择方案问题,转化成两两比较,因为确定两个方案的相对优劣要比直接选十个或更多方案的优劣顺序容易得多。

比如,某政府机构为进一步提高行政效率,对机关内部管理不善的因素进行调查研究,发现以下因素是管理工作要解决的问题(见表9-2):

---

[①] 参见〔美〕保罗·穆迪:《管理决策方法》,中国统计出版社 1989 年版,第 106—137 页。

表 9-2

| 因素号 | 限制力 |
| --- | --- |
| 1 | 机构重叠 |
| 2 | 信息不畅 |
| 3 | 领导素质低 |
| 4 | 缺乏现代办公设备 |
| 5 | 人员频繁流动 |
| 6 | 人员结构不合理 |
| 7 | 工作负担繁重 |
| 8 | 规章制度不健全 |

这八个因素对管理都有影响,但影响程度不一,为此,我们画一张 8×8 个方格图(图 9-3),每一个方格代表一个比较因素:

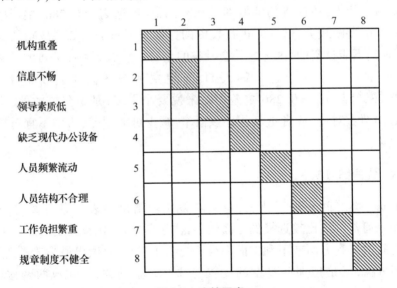

图 9-3 比较因素

当图画好后,下面是将各因素两两比较。先以第一个因素机构重叠分别与其他七个因素比较。为简化问题,可以把两两比较中获得重要的因素确定得分 1,填写于相应方格中,而次重要的因素,确定得分为 0,也填写于相应方格中。当第一个因素与其他因素比较结束后,再选第二个因素与其他剩余的六个因素(第一个因素已除外)进行类似于上述的比较,直至所有因素都比较完。假如本题比较结果如下图 9-4:

|  |  | 1 | 2 | 3 | 4 | 5 | 6 | 7 | 8 |  |
|---|---|---|---|---|---|---|---|---|---|---|
| 机构重叠 | 1 | ▨ | 1 | 0 | 1 | 1 | 1 | 1 | 0 | 5 |
| 信息不畅 | 2 | 0 | ▨ | 0 | 1 | 0 | 1 | 1 | 0 | 3 |
| 领导素质低 | 3 | 1 | 1 | ▨ | 1 | 1 | 1 | 1 | 1 | 7 |
| 缺乏现代办公设备 | 4 | 0 | 0 | 0 | ▨ | 0 | 0 | 0 | 0 | 0 |
| 人员频繁流动 | 5 | 0 | 1 | 0 | 1 | ▨ | 0 | 1 | 0 | 3 |
| 人员结构不合理 | 6 | 0 | 0 | 0 | 1 | 1 | ▨ | 1 | 0 | 3 |
| 工作负担繁重 | 7 | 0 | 0 | 0 | 1 | 0 | 0 | ▨ | 0 | 1 |
| 规章制度不健全 | 8 | 1 | 1 | 0 | 1 | 1 | 1 | 1 | ▨ | 6 |

图 9-4

图 9-4 中,信息不畅、人员频繁流动、人员结构不合理均为 3 分。因此仍采用以上方法,画一个 3×3 方格图,将它们进行比较,其结果为:

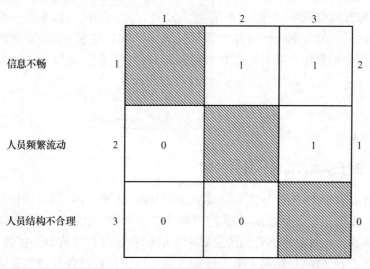

图 9-5

这样，八个因素最后比较结果是：

| | | |
|---|---|---|
| 1 | 领导素质低 | 7 |
| 2 | 规章制度不健全 | 6 |
| 3 | 机构重叠 | 5 |
| 4 | 信息不畅 | $3^{++}$ |
| 5 | 人员频繁流动 | $3^{+}$ |
| 6 | 人员结构不合理 | 3 |
| 7 | 工作负担繁重 | 1 |
| 8 | 缺乏现代办公设备 | 0 |

优序图不仅排出各因素的优劣次序，更重要的是参与评优的这些因素是没有限制的，可以组成 $n \times n$ 个方格图，原则上可以让 $n$ 个因素进行比较。但这是一种简单比较，原因是在两两因素的比较中，简单地要把一个得分定为 1，而另一个得分定为 0，实际上这些因素比较时，每个因素的权重系数并不相同。

在政策分析中，假如同样有八个方案，经过专家评定，对不同方案比较时，专家们按照各自的意见发表看法。若考虑有五位专家，其中有两名专家的意见十分重要。这样，这两位专家对方案评判的分值，可以相当于其他三位专家的 3 倍与 2 倍，即五位专家中，三位专家所给的表决票各为 1 分，一位专家所给的表决票为 2 分，另一位专家所给的表决票为 3 分，最后同样按照上面所介绍的简单优序图方法，分别算出专家们对八个方案所给予的总分值。这种方法称为加权优序图法。

## 第三节 预测及预测方法

### 一、关于预测理论的一般性讨论

在政策分析中，预测分析是极其重要的内容，对于整个决策和政策制定都具有十分重要的作用。通过预测，人们可以建立对社会过程进行理解和控制的基础。预测本身不过是用已有的信息对未来的社会状况和结构做出描述，通过对信息的加工和变换，以影响未来的过程。这一过程是通过各种预测方法及其他相关知识的综合运用得以实现的。

1. 对"未来"的理解[①]

预测是为了理解和控制未来，当然要涉及对"未来"的理解。人们通常所说的与预测有关的"未来"可有如下几种理解：

---

① 参见〔美〕威廉·邓恩：《公共政策分析》（第二版），第 219—220 页。

一是所有可能的未来。这个可能指由政治、经济、技术等因素限定了的可能,而不是逻辑上的"可能"。显然,预测事件必定是所有这些可能事件的子集。

二是最有期望发生的未来。所谓"最有期望"牵涉到预测者与决策者的信念与知识背景,他们会依据这些在可能事件的全集中选出"最有期望"的子集。所说的预测,可以理解为对"最有期望"事件的判定。这其实是知识和信息对可能事件的未来集进行选择的过程。

三是决策者"最希望"发生的未来。若按对预测的科学化和客观化的理解,"最有期望"的事件应是客观上最可能发生的。而最希望的事件,则取决于决策者的文化状况、知识背景和信念。最希望的事件集虽是可能事件集的子集,但却不必是最有期望事件的子集。

但未来事件并不是固定不变的,预测中许多因素都对未来产生影响,而这些因素并不能在预测中完全准确地被人们所把握。与对物理过程的预测不同,对社会过程的预测本身就将对未来事件的发生产生影响,更不用说最有希望事件的选取,很大程度上决定了决策者的价值观,而价值观是可以随时间的变化而改变的。这就决定了未来可能事件的各子集的结构是变动的。随着时间的推移,最希望的事件可能成为最有期望的事件。预测不是一次完成的,而是要根据新信息、新知识、新目标不断进行调整的过程。调整之所以必要,是因为未来可能事件集本身的子集的内部结构在发生不断的变化。

2. 预测的分类[①]

预测可根据不同的分类标准划分为不同种类,但常见的大致有以下几种类型:

(1)按照预测的时间尺度和期限不同,可分为长期预测、中期预测和短期预测。这里所讲的长期、中期和短期并不能确定一个严格的时间界限。它将依据预测目标和预测对象的不同而有所不同。一般来说,在同一类问题的预测中,预测的难度和误差随时间区段的扩大而增大。

(2)按照预测的功能不同,大致分为:直觉性预测,即依据人们的创造性思维、知识和经验、能力来推测未来事件可能发生的情况;探索性预测,即以获得关于预测对象未来发展的新信息,以及模拟方案实施后的各种结果,通过外推侧重探索可能性;规范性预测,即在确定了目标,获得关于需求、愿望、价值功能要求及结构相互联系方面的新信息的条件下,研究达到目标的可行性与约束条件;综合预测,即综合各种主要预测的优势,取长补短,互相补充。

(3)按照具体计算方法的不同,大致可分为定性预测和定量预测。定性预测主要依靠个人经验、直觉判断,或一些非量化的社会科学理论进行预测。定量

---

[①] 参见徐水师、安立仁:《预测方法与决策分析》,西北大学出版社1997年版,第21—22页。

预测常见的可分两类:一类是趋势外推法,利用已有的统计或抽样调查的数据,去推测未来的发展趋势,具体方式是使用时间序列分析技术。另一类是因果分析法,利用已有的数据,以及相关理论,把过程模拟作为考虑因果相互作用的数学模型,常见的分析有投入—产出法和回归分析。

3. 预测的依据①

按照实证科学的要求,预测的基本依据首先是已有的经验资料,包括大量的统计数据、调查问卷等。除此之外,预测的产生还可能有如下根据:

(1) 理论假说

自然科学和社会科学的相关理论,经常是预测的重要依据。比如,经济学中的边际效用理论,对经济预测常有重要意义。对因果分析方法来说,理论是确定因果联系的根据。

(2) 价值体系

这包括决策者及相关分析者的理念、道德信仰。尽管它们在多数情况下并不在预测中明显陈述出来,但预测事实上受其影响。

(3) 分析方法

一些经过实践证明为有效的方法,为预测技术上的合理性提供依据。

(4) 推论

对一个问题成功的预测纪录,可作为另一个预测类型的根据。或者对同类问题在不同时间和地点下的预测,进行对比,互为参照,并彼此作为根据。

(5) 权威

众多的各领域中的专家,以及经典案例中成功(失败)的经验(教训),往往也是预测中产生重要影响的因素。

4. 预测的原理与方法②

(1) 连贯性原理

预测对象的演化发展,其变化规律具有连续性,过去、现在与未来的发展没有根本性变化。

(2) 类推性原理

预测对象不仅具有一定的结构,而且这种结构及其变化规律,基本符合特定的预设模型,可以借助模型,从过去与现在的状态分析中预测未来。

(3) 相关性原理

预测对象与其他研究对象之间具有相关性,一旦对预测对象直接预测发生困难,可以用相关对象及其关系进行预测。

---

① 参见〔美〕威廉·邓恩:《公共政策分析》(第二版),第220—221页。
② 参见徐水师、安立仁:《预测方法与决策分析》,第16页。

为选择适当的预测方法,至少应考虑如下因素:

(1) 最合适的时限

因预测时间范围在不同的政策领域中会有不同的理解。

(2) 最合适的数据形式

要掌握最佳时期内的各种数据,尤其是重要的数据。

(3) 最合适的模型

要针对不同的研究对象,找出最能反映问题本质的模型。

(4) 最合适的费用

按照效益原理要求,总是力图使费用越少越好,若费用的项目很多,可以通过平衡关系,找到整体费用最小。

(5) 最实用的预测方法

预测方法要对使用者有直接的吸引力,并且在实际使用时,其预测时间要在可允许的范围内相对越短越好。

5. 预测准确性的限制

预测在实践中总是有误差的,无论是对于简单的单变量预测模型,还是对于有几百个变量的复杂模型均是如此。复杂模型因考虑到一些对外界变动极其敏感的变量,故常常导致比简单模型有更大的误差。存在误差,使预测不准确,其原因复杂多样,而且在不同的具体场合下有不同的表现形态。人们可以通过对引发误差因素的控制,把误差减小到人们所需要的范围之内。通常造成误差和不准确性的因素有如下几种原因[①]:

- 理论本身的不完善。任何理论都是在一定程度上被确证的假说,总存在不断完善的需求。这就意味着有导致建立非正确模型的可能性存在。自然由此而做出的预料将与实际的未来事件有一定差异。
- 为推断结论所提供的经验材料的非准确性。
- 预测方法本身引起的误差。任何方法都是对过程抽象化及简化的过程,不可能包括全部的相关因素,因而可能引起不同程度的误差。
- 预测者的信念体系和知识背景可能引起的干扰。
- 预测者所从属的组织性质。一般来说,非营利的研究机构预测的准确度要大于商业团体和政策部门。
- 预测时间的跨度太大。
- 预测对象本身的复杂性和一些难以预料的随机变化。在社会急剧变革时期,预测结果可能与实际有更大的差异,甚至能做出与实际过程完全相反的预测。

---

① 参见王卓等:《系统预测实用方法》,民族出版社 2000 年版,第 95—96 页。

- 预测对象的成熟程度。若预测对象不太成熟,则只能预测到带有方向性的结果,难免误差较大。

6. 定量预测①

定量预测要求建立在完整的统计数据之上,并要求被预测的过程,从过去到现在以至将来都是平稳发展的。正因为分析的基础是数据,所以数据资料的可靠性直接影响到预测精度。比如在收集数据时,既要分析数据的真实性,又要分析样本数据的变化规律。

在数据分析基础上建立起来的模型,必须用数字表达式表示预测问题的目标、变量、约束条件、假设条件等诸因素之间的关系,构建模型时经常要考虑四类变量:

- 决定变量,是可控因素变量,能决定其数值,常用 $x$ 表示;
- 环境变量,是不可控因素变量,不能决定其数值,常用 $y$ 表示;
- 结果变量,是由决定变量与环境变量所决定的变量,常用 $Z$ 表示,$Z = f(x, y)$;
- 评价变量,是评价结果变量的变量,常用 $u$ 表示,$u = g(Z)$。

以上四类变量的关系,可由图9-6表示:

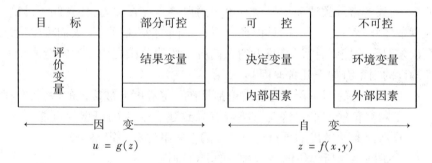

图9-6 定量预测

有了可控变量和不可控变量同目标的关系,以及其他因素(如约束、假设等条件)和目标的关系,基本形成了以数学表达式为特征的预测模型。

## 二、直观判断预测分析

在预测所需要的经验材料并不充分,又缺乏处理某一问题的有效理论时,则预测就必须借助于专家们的经验、直觉和特有的洞察力,而不是建立在明确表述的理论模型和详细的历史资料的分析基础上。这类利用直觉和经验判断的方法,可以叫直观判断预测法。在实际问题的研究中,此方法常常与其他方法结合

---

① 参见沈泰昌:《系统工程》,浙江教育出版社1987年版,第99—100页。

在一起。它们之间并不是相互排斥的,而是相互补充。目前特尔菲法和相互影响矩阵法用得较多。

1. 特尔菲法①

简单地说,特尔菲法是采用函询调查,对所预测问题涉及的有关领域分别提出问题,并将回答意见进行综合、整理、归纳,匿名反馈给各个专家,再次征求意见,然后再加以综合、反馈。这样经过多次反复循环,而后得到一个比较一致的且可靠性也较大的意见。

特尔菲法最初是作为对一般的专家座谈会法的不足的改进措施而发展起来的。同专家会议法相比,它的特点是:

- 专家小组组员彼此互不知道,他们可以不公开地改变自己意见,对各种不同论点都能得到充分发表。
- 专家们会从反馈回来的问题调查表上得到集体意见和目前状况,以及同意或反对各个观点的理由,并依此做出各自的新判断,构成专家之间的匿名相互影响。
- 对预测结果采用统计评定回答的方法,能够包括整个小组意见,根据小组的回答,可找出能够代表专家的主流意见。

使用特尔菲法进行预测,大致经历如下步骤:

- 预测或分析者依据所研究问题的领域,提出一个讨论题目的清单,这些题目可能会进入第一轮的问卷。
- 选择被询问对象(不一定是专家)的原则是要能代表各种相互冲突的观点,常用办法是指数增量法,即在确定一位人选时,再让他选择赞同或不赞同观点的另外两人,以此类推,直到满足所要求的人数。
- 问卷设计,特尔菲法通常需要几轮才能完成。问卷除给主题外,完全没有框框,允许任意回答。问卷表要对特尔菲法做出简要说明;问题要集中;用词要确切;给出预测事件实现的概率;问卷表要简化;要限制问题数量;不强加领导者个人意见;在必要时要提供背景材料。在第一轮中,通常有这样一些项目:被预测事件的目标;实现目标的可行性;达到目标的途径;相关题目的重要性分类和分级;对主要事件出现概率的评价。
- 第一轮结果的分析与评价,这包括对一般意见、分歧意见的分布和方向等的计算和分析,为第二轮问卷设计提供基础。第二轮问卷将根据第一轮的分析结果,以及参加者对自己观点的充分表述,对自己观点与其他观点差异的充分认识而产生。
- 组织相关者进行面对面的讨论,更直接地表述自己的意见。

---

① 参见徐水师、安立仁:《预测方法与决策分析》,第 31—36 页。

- 完成可能包含各种不同观点的论证报告,送交决策者作为政策决断的一种重要基础材料。

特尔菲法也有若干自身不易克服的缺点。从专家本身看,专家讨厌一无所知的提问,难以忍受时间的消耗,特别是迫于无奈要回答与专业无关的看法。从方法本身看,为获得不同意见,不得不强行要求作极端回答,很可能权威性专家的意见会屈服于集体回答的意见。匿名信也使得不少人对预测问题的责任感淡漠。

2. 相互影响矩阵法[①]

为克服特尔菲法的缺陷,充分描述或说明被预测的各个项目之间的支持和排斥作用,从而实现对某一事件发生概率的估计,因此,条件概率的计算在这里起着极为重要的作用。因条件概率所考虑的是当一给定事件发生时,另一事件发生的概率,这就反映了两事件间的某种关系。这种两事件之间的相关性是通过矩阵表来实现的。虽然在预测中,会涉及若干个变量与关系,计算也极其复杂,但借助于相互影响矩阵,可以求得它们之间的影响,进一步修正各事件发生的概率。相互影响矩阵法可用于确定一系列事件($A_1, A_2 \cdots A_n$)及其发生概率($P_1, P_2 \cdots P_n$)之间的变化关系。若需要评定有关某一事件的各种预测方案时,可以用相互影响矩阵法调整它的概率。

表 9-3 各种预测事件的相互影响

| 事件 | 发生概率 | 对诸事件的影响 | | | |
|---|---|---|---|---|---|
| | | $A_1$ | $A_2$ | $A_3$ | $A_4$ |
| $A_1$ | 0.75 | — | ↑ | ↑ | ↓ |
| $A_2$ | 0.40 | ↓ | — | ↓ | ↓ |
| $A_3$ | 0.50 | ↓ | ↓ | — | ↓ |
| $A_4$ | 0.20 | ↓ | ↓ | ↓ | — |

表中,"↑"表示正的影响,说明第一事件的发生,增加了第二事件发生的概率;"↓"表示负的影响,说明第一事件的发生,减小了第二事件发生的概率;"—"表示第一事件与第二事件之间无相互影响。

从分析矩阵中各基本要素的关系看,有三个量值得注意:一是反映各个不同概率之间增量关系的影响强度;二是影响作用方向的量,表现为相应增量是正负号;三是影响作用的时滞量,表现为一事件发生到另一事件相应变动的时间间隔。

---

[①] 参见孙明玺:《现代预测学》,浙江教育出版社 1998 年版,第 164—169 页。

### 三、因果预测分析①

因果预测,顾名思义是利用已知的因果关系去预测未来事件。而因果关系总是以某种理论为基础,这样因果预测是依据理论的假设去建立过程的因果模型,进而推测未来行为的一种分析。正是在这个意义上讲,因果预测也可称为"理论预测"。理论可以是确定性理论,也可以是统计性理论。但预测中使用的逻辑形式都是演绎的,或者是模仿演绎的。

从传统的统计理论看,是不能导出决定论的结论的,因决定论所预言的是类似于拉普拉斯所要求的理论推论,即它要求在给定初始和边界条件时,由理论可导出事件的任一时刻 $t$ 的状态。所以,服从统计规律的过程,不能是传统意义上的因果过程。应注意一点,若要使统计事件从相应的统计理论导出,该统计事件必须是被理论所认定的高概率事件。对被预测事件 $A$,最好有 $P(A) \approx 1$,才能保证推导过程类似于演绎式推导分析。

这里所讲的因果关系,具有较广的含义。它包括结构关系,以及不明显的具有因果性的"伴随"关系,即那种必然同时发生的关系(这种关系不具有通常因果之间所具有的时间滞后)。因果论证的形式常见的大致有三种:

- 两个以上的因果假设去导出一个结论;
- 用一个假设去支持两个以上的结论;
- 用一个结论作为假设去支持一个序列中的结论。

因果论证中所体现出来的因果关系可以表示为结构图,再依据这种用箭头明确表示因果关系的结构图,去建立相应的数学模型,然后用数学模型导出预测结论。

用于理论预测的数学方法很多,如投入—产出分析、微观经济学模型、回归分析和系统动力学等。这里只简要地概述回归分析和系统动力学方法的分析思路。

1. 回归分析预测②

在预测中,一类常见的问题是根据一组实测数据,去设想某种函数关系,以使得这一函数轨迹尽可能地接近于已测数据。这个构造出来的函数与实测值之间的差距应最小,这种函数被称为"回归函数"。它反映了事件内部各因素的变化关系和发展趋势,即利用回归分析,预测对象 $y$ 与影响 $y$ 的因素 $x_i(i=1,2\cdots i\cdots n)$ 之间所存在的因果关系,再依据自变量 $x$ 的未来值,来推断预测对象(因变

---

① 参见孙明玺、吴俊卿:《实用预测方法与案例分析》,科学技术文献出版社 1993 年版,第 158—160 页。
② 参见张启锐:《实用回归分析》,地质出版社 1988 年版,第 19—20 页。

量)$y_i$ 的相应值。

依据自变量与因变量之间关系的复杂程度,回归分析可分为线性与非线性两类;线性模型又可依自变量数目的多少,分为一元线性回归和多元线性回归。一元线性回归的一般表达式为:

$$y = a + bx$$

现在求回归函数的问题就落实到如何根据已有数据,求函数系数 $a$、$b$ 的问题。设有一个线性函数,并已有 $n$ 对实测数据 $(x_1,y_1),(x_2,y_2),\cdots(x_n,y_n)$,则定义:

$$Q(a,b) = \sum_{i=1}^{n}[y_i - (a+bx_i)]^2 \quad -\infty < a,b < +\infty \qquad [2,1]$$

显然上式可理解为平面上直线 $y = a + bx$ 与实测点的接近程度。考虑到要使实测点与所示直线的距离为最小,所以利用[2,1]式分别对 $a$、$b$ 求偏微商可得:

$$\begin{cases} \dfrac{\partial Q}{\partial a} = -2\sum_{i=1}^{n}(y_i - a - bx_i) = 0 \\ \dfrac{\partial Q}{\partial b} = -2\sum_{i=1}^{n}x_i(y_i - a - bx_i) = 0 \end{cases} \qquad [2,2]$$

整理上式可得:

$$\begin{cases} na + b\left(\sum_{i=1}^{n}x_i\right) = \sum_{i=1}^{n}y_i \\ a\left(\sum_{i=1}^{n}x_i\right) + b\left(\sum_{i=1}^{n}x_i^2\right) = \sum_{i=1}^{n}x_iy_i \end{cases} \qquad [2,3]$$

令 $\bar{x} = \dfrac{1}{n}\sum_{i=1}^{n}x_i$;$\bar{y} = \dfrac{1}{n}\sum_{i=1}^{n}y_i$ 最后得出:

$$\begin{cases} a = \bar{y} - b\bar{x} \\ b = \dfrac{\sum_{i=1}^{n}(x_i - \bar{x})(y_i - \bar{y})}{\sum_{i=1}^{n}(x_i - \bar{x})^2} \end{cases} \qquad [2,4]$$

上述这种求回归函数未知参数的点的估计方法,又统称最小二乘法,这种方法保证了回归方程与实测数值之间的偏差最小,可使方程较为满意地用作预测工具。但回归方程所做出的预测,还需要估算其准确程度。因实际误差存在,预测值不可能是一个确定值,而应该是一个范围或区间,这个区间称为预测值的置信区间,它说明回归分析模型的适用范围或精确程度,一般要求实际值位于这个区间内的概率达到95%以上。①

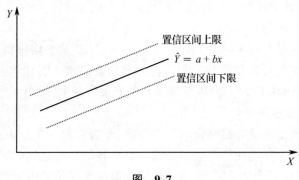

图 9-7

置信区间上限为：$Y_1 = a + bX + 2S$
置信区间下限为：$Y_2 = a + bX - 2S$ （$S$ 为标准离差）

为突出主要矛盾,人们常常利用一元线性回归模型进行预测。但必须看到,事物发展变化是复杂的。多数情况下,某一结果都是由诸因素共同影响与作用的结果,有时又必须考虑多因素间的因果关系。多元线性回归模型正是考虑到一个因变量 $y$ 与多个自变量 $x_i (i = 1, 2 \cdots n)$ 之间的线性关系问题建立的模型。一般表达式为：

$$y = a + b_1 x_1 + b_2 x_2 + \cdots + b_i x_i + \cdots + b_n x_n$$

式中：$y$ 是因变量

$x_1, x_2 \cdots x_n$ 是自变量

$a$ 是常数

$b_1, b_2 \cdots b_n$ 是偏回归系数

回归方程中自变量越多,计算就会越复杂。在建立多元回归方程时,必须反复挑选自变量,要忽略那些对因变量影响不大的因素。多元线性回归模型的分析思路与一元线性回归模型差不多,这里暂不从数学上讨论,而仅举一例说明。

某市政府为解决本市居民的菜篮子问题,要对本市蔬菜需求量的影响因素进行分析。分析认为,影响蔬菜需求量的因素主要有两方面：一是消费人口；二是人均需求量。消费人口取决于人口的净增长率、调入（出）人口、流动人口等因素。人均需求量受季节、人均收入、蔬菜价格、品种、质量的影响,还与副食品、粮食、水果等供应有关,甚至还要考虑消费者的心理与生活习惯。可见,该市蔬菜需求量 $y$ 将由上述若干因素（$x_i$）决定。

依据广泛收集的数据与信息,若假定消费人口、蔬菜价格、瓜果人均年消费

---

① 参见周复恭、黄运成：《应用线性回归分析》,中国人民大学出版社1989年版,第38—45页。

量、粮食人均年消费量、副食人均年消费量与人均月收入等为影响蔬菜需求量的主要因素,由此就构成多元线性回归模型。如果仅选前两个因素,组成了一个二元线性回归分析模型:

$y$(蔬菜需求量) $= a_1 + b_1 x_1$(消费人口) $+ b_2 x_2$(蔬菜平均价格)式中:$a_1$,$b_1$,$b_2$ 可以从提供的统计数据资料求得。比如要预测 2006—2010 年某市每年蔬菜年需求总量,可以从 1990—2005 年所获得的有关资料中,运用上述方法得到。

2. 系统动力学模型[①]

对于由多个子系统有机结合的复杂系统,要想对每一个子系统都详尽了解并给出精确的数学描述往往是很困难的。但对各子系统之间的联系方式,因果作用方式,有时却可清楚了解到。这样,可能对整个系统的因果联系、结构和动态行为构建一个模型,对系统未来行为进行预测。系统动力学是在这种思路下,适应处理复杂系统的需要而发展起来的,并在社会预测领域获得了成功运用。其中有较大影响的是罗马俱乐部所预测的世界动力学模型,代表作是人们熟知的《增长的极限》。尽管书中的结论一直受到来自各方面的批评,但他们所采用的方法却引起了许多人的认真思考。

《增长的极限》的研究者把当时世界经济的投资、人口、粮食等五个因素作为基本变量,依此再进一步分离出更下一层次的变量。然后把世界系统分为工业、粮食生产等子系统,以及再下层次的更小子系统。在描述各系统之间相互作用(因果关系)的基础上,构造了一个复杂的数学模型。在设想的各种条件下进行计算机仿真实验,测算各种可能结果。

系统动力学预测的基本思路是:

系统的行为模式是由系统的结构决定的,环境对系统行为模式产生影响,是通过系统内部结构起作用的。各子系统之间的相互作用的方式和格局,决定了产生某种行为模式的可能性。

系统的构造着眼于物质和信息的流动,特别是物质和信息正负反馈的相互作用。在系统动力学模型中,应用正反馈和负反馈把所有变量连成一体,形成一个集合所有流程的有机动态系统。

正因为系统行为的预测是以计算机对模型的仿真为工具,因此它不仅使得复杂系统的预测成为可能,而且也使多方案的比较和选择成为可能。

系统动力学预测的基本步骤可概括为:

• 将系统分解为若干个子系统;
• 描述子系统间作用的因果关系和信息反馈方式;

---

[①] 参见贾仁安、丁荣华:《系统动力学——反馈动态性复杂分析》,高等教育出版社 2002 年版,第 18—36 页。

- 建立以流程图和结构方程式为形式的数学模型;
- 用计算机模拟在不同输入和状态下系统的反应;
- 评估和验证模型及其预测结果的准确性和有效性。

系统动力学模型的建立过程是绘制因果关系图、系统流程图和构造数学模型的过程。因果关系图是用来描述系统因果反馈结构的一种关系图形;系统流程图主要由流位、流率、信息流和物流四个基本要素组成;构造的数学模型是由流位方程、速率方程、辅助方程等组成。因模型要在计算机上构造和运行,所以模型本身需要通过进一步表述为计算机的程序来实现。

### 四、时间序列分析

时间序列是随时间而变化的观察值的集合。时间序列分析是基于时间序列之上的一种统计分析方法。用于预测时,逻辑本质是把过去和现在的时间相关的趋势向未来时间方向外推。也就是说,它本质上是归纳法的运用。它的基本假设是:观察资料是可信和有效的;变化趋向和形式是可以外推的。由于过程的内在发展有齐一性,所以预测中对不规则的统计项向规则方向变换是允许的。下面主要介绍其中两种方法的分析思路。

1. 趋势曲线外推[①]

对于具有明显趋势的时间序列进行较为准确的预测,常用的方法是以回归分析,获得拟合过去观测资料的数学表达式,然后将其外推去预测未来的状况。最常见的外推估计是线性趋势分析。线性回归要求实际测量值与回归直线的距离的代数和为零。回归分析的结果就是用已测量的数值来求出与测量值最为逼近的一条直线,即线性表达式,其中的一个变量是时间变量。

线性回归虽有成功的应用,但也受到多方面限制。首先,线性回归要求时间序列必须是线性的,对于非线性序列,需要应用其他手段处理。其次,时间序列的形式必须以恒常的数值上升或下降,不能表现为周期波动或突变。因线性方法在数学上较易处理,有些非线性的时间序列,可通过适当变换,转化为线性模式。非线性包括非常复杂的一些曲线,但在公共政策分析中常用,具有较多研究的是指数曲线。比如下例就是其中之一。[②]

指数增长或衰减的模式一般可以表示为:

$$S_n = (1+r)^n S_o$$

$S_n$ 表示给定的时间段(比如某年某月)某一被测量项的累积数值。

$S_o$ 表示同一被测量项的初始值。

---

[①] 王卓等:《系统预测实用方法》,第104—106页。
[②] 〔美〕威廉·邓恩:《公共政策分析导论》(第二版),第236页。

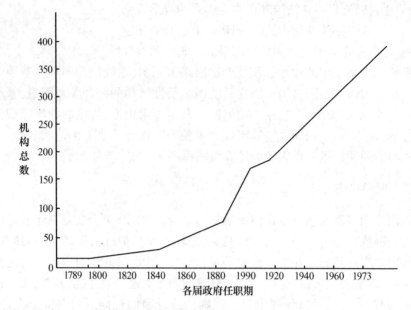

图 9-8 美国联邦政府机构的增长(1789—1973)

$r$ 表示变化率。

对于更复杂的曲线,可以采用其他方法进行拟合,或用滤波技术,或差分方法进行时间序列的变换,把趋势曲线变为平滑或平稳的较易处理的形式。

2. 突变方法①

突变法专门处理时间序列非连续,发生突然间断或剧烈变动的情况。突变理论的基本假设是:

(1)许多最重要的物理、生物和社会过程都不表现出连续曲线,而发生突然剧烈的断裂或变化。

(2)社会系统是个有机整体,即使其部分只是逐渐而平衡地变化,整体却可以发生剧烈变动。

(3)政策的选择经常倾向于使现存常规和模式发生渐进的变化,且变动总是有一个累加的滞后效应。这可能是因为社会机构的惯性、历史原因等造成的。直至最后,出于某些突发因素,政策才被迫发生突然的转变。

---

① 参见许国志:《系统科学》,上海科技教育出版社 2003 年版,第 80—81 页;谭跃进等:《系统工程原理》,国防科技大学出版社 1999 年版,第 341—346 页;常绍舜:《系统科学方法概论》,中国政法大学出版社 2004 年版,第 216—220 页。

## 第四节 政策效果评价方法

针对政策评价的不同内容,可以选取不同的评价方法。与政策评估一样,评价方法的不断发展,是政策评价领域中最富有创造性的内容。这里,我们主要介绍常用的三种量化方法。

### 一、成本效益分析[①]

在政策整个运行过程中,所消耗的费用被称为"政策运行成本",它既包括直接的实际耗费,也包括间接的财富损失。政策运行成本大致有五种形式[②]:

1. 政策制定费用

它是政策主体从提出政策问题到政策最后出台生效的全过程中的资源投入,是直接的价值或实物投入。

2. 衔接成本

政策运行是需要一定的衔接过程的,而在新旧政策的衔接期过长的情况下,不可忽视衔接中付出的代价。

3. 摩擦损失

在各项政策缺乏配合、协调以及相关度低而不能形成完整兼容体系时,各政策之间必然产生摩擦,造成政策效益的损失和社会价值的浪费。

4. 操作费用

执行部门在实施政策中因宣传、解释、传达、监控乃至成立专门机构、配备专门人员操作等所消耗的费用,在政策不利于自己利益时,用各种手段抵制和削弱政策运行效率,加大了政策投入。

利用成本效益分析法进行政策评价时,可借助于成本效用曲线。以成本为自变量,用 $x$ 表示;以效益为因变量,用 $y$ 表示,即横轴表示成本,纵轴表示效益。

通常使用的评价原则有三条:

效益相等时,成本越小的系统越优。从图9-9中可知,当效益达到 $E_2$ 时,两种系统的效益一致,此时成本同为 $C_0$。当成本低于 $C_0$ 时,甲系统比乙系统好。当成本高于 $C_0$ 时,则乙系统较好。

成本相等时,效益越大越好。这时以效益为变量,如果成本水平为 $C_1$,则甲

---

① 参见沈泰昌:《系统工程》,浙江教育出版社1987年版,第114—115页。
② 朱启财:《论财政政策的运行成本、效益及均衡》,《广西财政研究》1992年第3期。

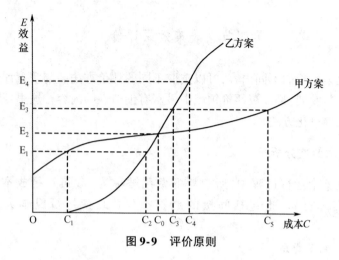

图 9-9 评价原则

系统效益为 $E_1$，乙系统无效益，以甲系统为优。若成本水平为 $C_0$ 时，甲、乙系统的效益相同，但从长远看，采用乙系统为宜。

效益与成本的比较率越大越好。如图 9-10 所示，当效益与成本均不限定时，可采取寻找效益对成本超过的最大数值。横轴 $x$ 表示不同的选择系统，纵轴 $y$ 表示效益和成本。效益与成本曲线相交于 $P$、$Q$ 两点，在 $P$ 点以下，$Q$ 点以上成本均高于效益，不予考虑。仅在 $P$、$Q$ 两点之间，寻求效益对成本超过的最大值。图中 $X^*$ 处，效益对成本的超额最大，或者说效益与成本的比较率最大。

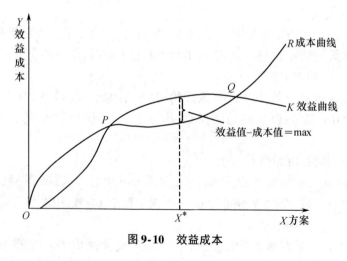

图 9-10 效益成本

## 二、统计抽样分析[①]

社会调查中,评价者总希望调查获得的数据资料越多越好,最理想的是全部资料,但这是不可能的。人们常用的抽样是选择和观察调查对象总体的一部分,并基于对这一部分的观察,对总体进行推断的一种非全面的调查方法。统计抽样分析是根据抽样调查的资料进行统计推断的一种科学方法。从被观察的调查对象总体中抽取出的那部分,称之为样本。统计抽样的特点在于:(1) 目的在于从样本推算全体;(2) 按随机原则抽选,保证被抽中的对象在全体中的代表性;(3) 利用数理统计原理对抽样误差进行控制,使得抽样结果的准确性更高;(4) 抽样可以快速、及时地获得数据资料。

依据样本所遵守的随机原则,抽样可以区分为任意抽样和非任意抽样。任意抽样,是在抽取样本时,严格遵守随机化原则,总体中的每一个元素皆有被选取的机会。因为可应用概率法则计算样本的可靠性,故称为概率抽样。如果选取相等概率抽样,则称为等概率抽样;反之,采用不相等的概率抽样,则称为不等概率抽样。前者方法简单,后者因计算中必须加权,计算复杂。

1. 任意抽样常见的四种方法

(1) 单纯随机抽样

对总体不经任何排队,完全按照偶然机会抽取样本。为实现随机目的,需要对总体中各个单位编号。若总体数目过大,则进行全部编号是不可能的。特别是当各单位存在较大差异时,这种抽样的代表性就会大大降低。

(2) 机械随机抽样

把总体各元素按一定属性排队,然后按相等距离抽取样本加以调查。比如关于某市居民对政府某项政策的态度进行调查时,可以把市划分区,区划分若干街道,街道划为若干居民组,用随机抽样法,对某几个居民组进行普查。

(3) 分层随机抽样

按照调查目标,把总体分为若干层,每层中各元素特征相似,不同层中各元素特征差异很大。然后用单纯随机抽样或机械抽样法,分别从各层中抽样,合成样本组。

(4) 整体随机抽样

不是抽取个别样本,而是随机抽取整群样本。

---

[①] 本节内容仅简单地介绍统计抽样分析的基础知识,详细内容可见本书第十二章,或参见赵俊康:《统计调查中的抽样设计理论与方法》,中国统计出版社 2002 年版,第 36—65 页;冯士雍、施锡铨:《抽样调查:理论、方法与实践》,上海科学技术出版社 1996 年版,第 1—21 页。

2. 非任意抽样常见的三种形式

（1）随意抽样

建立于调查对象在总体分布均匀的前提下，可以从总体中随意抽取样本，且都能代表总体。

（2）判断抽样

依靠专家的事先判断，而选择样本抽样，如"典型家庭"、"落后企业"等。

（3）定额抽样

根据预定目标，由调查人员自行确定调查对象，并事先做出安排。

3. 抽样误差与统计分析[①]

抽样是从总体中选取样本，并依照样本值来推断总体特征。这种推断显然存在误差。比如从样本计算的平均值 $\bar{y}$ 去估计总体平均值 $\bar{Y}$ 时，$\bar{y}$ 不可能等于 $\bar{Y}$，只会在 $\bar{Y}$ 附近，或可能大于 $\bar{Y}$，或可能小于 $\bar{Y}$。总体 $\bar{Y}$ 值实际上是未知的，但我们可通过样本值 $\bar{y}$，以及某个精度来估计总体值 $\bar{Y}$。样本值 $\bar{y}$ 可以通过抽样调查获得，关键是如何确定一个合适精度。

如果从 $N$ 个元素中，用同样方法反复抽取规模为 $n$ 的样本，并计算每个样本的统计量 $\bar{y}$。人们发现不同的样本值有不同的发生概率。那些所有可能的样本值的概率分布，被称为抽样分布。抽样分布的中心是所有可能样本值的平均值，也称为样本期望值，用 $E(\bar{y})$ 表示。

中心极限定理表明，当样本规模 $n$ 足够大时，抽样分布近似于正态分布。正态分布是应用最广泛的概率分布。它是以样本期望值 $E(\bar{y})$ 为中心的对称分布，如图 9-11 所示。

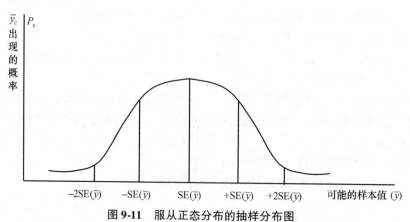

图 9-11 服从正态分布的抽样分布图

统计抽样的目的是以样本统计量 $\bar{y}$ 来估计总体值 $\bar{Y}$，即欲知 $\bar{Y}$ 以多大概率落

---

① 详见本书第十二章的内容。

在以统计量 $\bar{y}$ 为中心的区间内。人们把在有一定概率作保证的程度下,总体平均数的可能范围称为置信区间,概率所保证的程度称为置信度。与其他社会统计一样,政策分析中常将 95% 与 99% 作为置信标准,尤其 95% 的置信度使用更多。

### 三、模糊综合评价[①]

综合评价是对多种因素所影响的对象进行总的评价。若其中所涉及的因素是模糊因素,则这种综合评价被称之模糊综合评价。何谓"模糊"？模糊相对精确而言。

"'一粒种子肯定不叫一堆,两粒也不是,三粒也不是……另一方面,所有的人都同意,一亿粒种子肯定叫一堆。那么,适当的界限在哪里？我们能不能说,123585 粒种子不叫一堆,而 123586 粒就构成一堆？'确实,'一粒'和'一堆'是有区别的两个概念。但是,它们的区别是逐渐的,而不是突变的,两者之间并不存在明确的界限。换句话说,'一堆'这个概念带有某种程度的模糊性。类似的概念,如年老、高个子、很大、很小、聪明、价廉物美等等,不胜枚举。"[②]

**1. 模糊综合评价的数学模型的建立**

如何进行模糊综合评价？模糊综合评价大致分为两步:一是按每个因素单独评价;二是再按所有因素综合评价。[③]

(1) 建立评价因素集。评价因素集是以影响评价对象的各种因素为元素而组成的一个普通集合。这些因素一般都具有不同程度的模糊性,常用小写字母 $u_i(i=1,2\cdots m)$ 表示。评价因素集常用大写字母 $U$ 表示,$U=\{u_1,u_2\cdots u_m\}$。

(2) 建立权重集。各个评价因素在总的评价过程中的重要性是有差别的。为了反映这种差别,人们常以所赋予权重系数的不同来说明,通常以小写字母 $a_i$ $(i=1,2\cdots m)$ 表示。由各对应的权重系数所组成的集合被称为权重集,常用大写字母 $A$ 表示,$A=(a_1,a_2\cdots a_m)$。各权重系数 $a_i(i=1,2\cdots m)$ 应满足归一化与为非负性条件。

(3) 建立评价集。评价集是评价者对评价对象可能做出的各种总的评价结果所组成的集合,常用大写字母 $V$ 表示,$V=\{v_1,v_2\cdots v_n\}$,其中 $v_i(i=1,2\cdots n)$ 代表各种可能的评价结果。

(4) 单因素模糊评价。单独以某一个因素所进行的评价,以确定评价对象对评价集元素的隶属程度。常用 $R$ 表示单因素评价集,显然,它应是评价集中的一个模糊子集,实际上可看成是评价因素集与评价集之间的一种模糊关系,反

---

① 参见沈泰昌:《系统工程》,第 85—88 页。
② 刘应明、任平:《模糊性:精确性的另一半》,清华大学出版社 2000 年版,第 6 页。
③ 王彩华、宋连天:《模糊论方法学》,中国建筑工业出版社 1988 年版,第 138—146 页。

映了一个因素对评判对象的影响。

（5）模糊综合评价。为了综合考虑所有评价因素对评价对象的影响,需要把相应于每个因素的单因素集找到,并由此组成单因素评价矩阵 $\tilde{R}$,它实际上是一个模糊矩阵。此时再考虑到各评价因素的重要性,由此得出 $\tilde{B} = \tilde{A} \cdot \tilde{R}$,按模糊矩阵乘法进行运算。

$$\tilde{B} = (a_1, a_2 \cdots a_i \cdots a_m) \begin{bmatrix} r_{11} & r_{12} & \cdots & r_{1i} & \cdots & r_{1n} \\ r_{21} & r_{22} & \cdots & r_{2i} & \cdots & r_{2n} \\ \vdots & \vdots & \ddots & \vdots & & \vdots \\ r_{j1} & & & r_{ji} & \cdots & r_{jn} \\ \vdots & \vdots & & \vdots & \ddots & \vdots \\ r_{m1} & r_{m2} & \cdots & r_{mi} & \cdots & r_{mn} \end{bmatrix}$$

在政策效果评价中,经常会遇到的问题是不少指标因不宜精确地描述,具有极大的模糊性,所以给评价带来了困难。比如,"把城市建设得更好","让人民群众的生活得到极大改善"等等。类似这样的指标,经常是由决策者主观提出的价值目标。对于这类问题,常用的方法是模糊综合评价分析。

2. 模糊综合评价的案例分析

现以城市建设的评价为例,介绍模糊综合评价的数学模型是如何建立的。城市建设的因素很多,涉及许多领域。每一个领域都有不同的政策来引导、规范人们的行为。为便于问题分析,这里选取城市建设中的四个因素组成一个评价因素的集合(实际操作可选取 n 个因素)。这四个因素是:交通、环保、卫生与社会治安。同样的理由,对这四个因素的评价也分四个等级:A、B、C、D。通过抽样调查,以及专家的统计分析,将百分制的评判结果换成等级制为:

A： 90—100 分　　很好
B： 75—90 分　　较好
C： 60—75 分　　一般
D： 59 分以下　　不好

$$U = \{交通 \quad 环保 \quad 卫生 \quad 治安\}$$
$$V = \left\{ \begin{matrix} A & B & C & D \\ 很好 & 较好 & 一般 & 不好 \end{matrix} \right\}$$

这四个等级也组成了一个集合,即评判等级的集合。设 $U$ 代表因素集,$V$ 代表评判集,则有:

通过抽样评定,在交通方面,本市居民中有 10% 的人认为很好;有 50% 的人认为较好;有 30% 的人认为一般;有 10% 的人认为不好。这样,对"交通"因素的评价向量为(0.1　0.5　0.3　0.1)。

同理,对"环保"因素的评价向量为(0.1　0.6　0.2　0.1)。
对"卫生"因素的评价向量为(0.2　0.6　0.2　0.0)。
对"治安"因素的评价向量为(0.0　0.5　0.2　0.3)。
由这样各因素的评价向量组成的评价矩阵:

$$\tilde{R} = \begin{bmatrix} 0.1 & 0.5 & 0.3 & 0.1 \\ 0.1 & 0.6 & 0.2 & 0.1 \\ 0.2 & 0.6 & 0.2 & 0.0 \\ 0.0 & 0.5 & 0.2 & 0.3 \end{bmatrix}$$

这四个因素对城市建设所产生的影响也是不一样的,这说明它们有不同的权重。从实际出发,该市存在的问题,由领导、专家与广大市民相结合共同研究,得出:社会治安问题严重些,其次是交通问题,再其次是环保问题,最后是卫生问题。所以这四个因素的权数分配为 $\tilde{A}=(0.3\ \ 0.2\ \ 0.1\ \ 0.4)$。它说明从价值判断上看,交通的好坏对城市建设的影响程度占30%,环保占20%,卫生占10%,社会治安占40%。很清楚,每个因素的权数是非负数的,而且所有权数之和等于1。请注意,权数的分配是评价模型中的一个关键,要尽量符合客观现状,依据模糊综合评价模型 $\tilde{B}=\tilde{A}\cdot\tilde{R}$,所以

$$\tilde{B}=\tilde{A}\cdot\tilde{R}=(0.3\ \ 0.2\ \ 0.1\ \ 0.4)\begin{bmatrix} 0.1 & 0.5 & 0.3 & 0.1 \\ 0.1 & 0.6 & 0.2 & 0.1 \\ 0.2 & 0.6 & 0.2 & 0.0 \\ 0.0 & 0.5 & 0.2 & 0.3 \end{bmatrix}$$

$\tilde{B}=(0.3\wedge 0.1)\vee(0.2\wedge 0.1)\vee(0.1\wedge 0.2)\vee(0.4\wedge 0.0)$
$\quad\ (0.3\wedge 0.5)\vee(0.2\wedge 0.6)\vee(0.1\wedge 0.6)\vee(0.4\wedge 0.5)$
$\quad\ (0.3\wedge 0.3)\vee(0.2\wedge 0.2)\vee(0.1\wedge 0.2)\vee(0.4\wedge 0.2)$
$\quad\ (0.3\wedge 0.1)\vee(0.2\wedge 0.1)\vee(0.1\wedge 0.0)\vee(0.4\wedge 0.3)$
$= (0.1\ \ 0.4\ \ 0.3\ \ 0.3)$

归一化运算　$0.1+0.4+0.3+0.3=1.1$

$$\therefore \tilde{B}=\left(\frac{0.1}{1.1}\ \ \frac{0.4}{1.1}\ \ \frac{0.3}{1.1}\ \ \frac{0.3}{1.1}\right)$$
$$=(0.09\ \ 0.37\ \ 0.27\ \ 0.27)$$

从综合评价结果看,该市建设与管理的总体水平被认为较好,不过认为水平"一般"与"不好"的比例较高,说明了问题是严重的。

【关键术语】

预测　类比分析　多角度分析　成本效益分析
　　　效用分析　优序图分析　模糊综合评价
　　　决策树法
　　　特尔菲法
　　　回归分析

【复习思考题】

1. 如何进行类比分析？
2. 什么是多角度分析？利用多角度分析应注意什么？
3. 如何运用决策树法？
4. 如何运用优序图分析？
5. 限制预测准确性的基本因素有哪些？
6. 如何运用特尔菲法？
7. 如何运用成本效益分析？
8. 如何运用模糊综合评价？

【案例分析】

## 国家卫生服务总调查[①]

为了适应社会主义市场经济体制的形成和发展、政府职能转变和科学决策的进程，促进卫生事业宏观管理水平和决策能力的提高，加强卫生事业发展战略目标及其实施过程的监督、监测和评价，国家卫生部决定1993年在全国范围内开展国家卫生服务总调查，作为完善国家综合卫生管理信息系统的重要环节，为制定社会卫生计划与政策、卫生管理与评价服务。

### 一、调查目的

国家卫生服务总调查的基本目的是提供人群健康状况及卫生服务需要量、有关卫生服务资源的筹集、分配、结构和卫生服务资源利用及其效率的资料，为卫生事业管理决策提供客观依据。具体目的如下：

1. 通过系统地收集我国不同类型地区居民两周病伤的患病率和慢性病患病率、伤残率、因病伤丧失劳动能力程度及其影响因素的资料，反映我国和不同类型地区居民的健康状况、卫生服务需要量和存在的主要卫生问题，分析不同类

---

① 本案例选自冯士雍、施锡铨：《抽样调查理论、方法与实践》，上海科学技术出版社1996年版，第385—395页。

型地区卫生问题的优先级以及主要的影响因素。

2. 从提供卫生服务的种类、数量和居民实际接受各类卫生服务的程度两个方面，系统收集我国不同类型地区居民卫生服务利用的资料，分析和评价我国卫生服务利用的效率和效果以及地区间的差异，确定不同类型地区卫生服务资源利用的现状和存在问题。

3. 系统地收集我国不同类型地区卫生资源的投入量及其筹集、分配、结构、比例，享受各种医疗保健制度的人数、费用以及因病自付医疗保健费用等资料，分析和评价我国不同类型地区卫生服务资源分配和结构的合理性以及影响因素。

4. 分析和研究我国居民健康状况、卫生服务需要、卫生服务利用及卫生服务资源之间的联系，探讨卫生服务供需的平衡关系，为卫生事业的发展和改革、宏观管理和科学决策提供依据。

5. 为深入进行某些疾病病因或医疗预防保健措施等方面的专题研究提供线索。

## 二、调查对象和调查时间

家庭健康询问调查的对象为全国抽中样本住户的实际人口（凡居住并生活在一起的家庭成员和其他人，或单身居住、生活的，均作为一个住户）。卫生机构调查为抽中"样本地区"[包括样本县（市或市区）、样本乡镇（街道）、样本村（居委会）]的卫生机构和基层卫生组织。

国家卫生服务总调查的调查时间从1993年6月1日开始至6月25日结束。

## 三、抽样设计

国家卫生服务总调查抽样的原则是经济有效的原则。根据调查目的和调查内容采用多阶段分层整群随机抽样方法抽取"样本地区"和"样本个体"。

第一阶段分层采用多变量分析法，综合社会经济、文化教育、卫生保健和人口结构等多个指标为分层标识，以县（市或市区）为单位进行分层，将全国2400多个县（市或市区）分为五类地区。根据所要求的样本量按各层占总体的比例随机整群抽取各层的"样本县（市或市区）"共90个。

第二阶段分层采用人口数或人均收入为标识，以乡镇（街道）为单位。每个"样本县（市或市区）"按20%的比例随机整群抽取乡镇（街道），平均每个县（市或市区）抽取五个乡、镇（街道）为"样本乡镇（街道）"，全国共抽取450个。

第三阶段采用人口数或人均收入为标识，以村（居委会）为单位，平均每个"样本乡镇（街道）"整群随机抽取两个"样本村（居委会）"，全国共抽取900个村（居委会）。

最终的抽样单位是户，在每个"样本村（居委会）"中随机抽取60户，全国共抽取54000户。全国平均每户被抽取的概率为1:5000（见表1）：

表1　国家卫生服务总调查样本量和抽样概率

| 单位名称 | 全国总数 | 抽样样本量 | 抽样概率 |
| --- | --- | --- | --- |
| 县/市区 | 2450 | 90 | 1:27 |
| 乡镇/街道 | 70000 | 450 | 1:160 |
| 村/居委会 | 1000000 | 900 | 1:1120 |
| 户 | 280000000 | 54000 | 1:5000 |
| 人 | 1200000000 | 216000 | 1:5000 |

**四、调查内容**

国家卫生服务总调查包括基于"人群"的家庭健康询问调查和基于"机构"的卫生服务调查,两种调查内容各有侧重。(具体项目略)

**五、调查方法**

国家卫生服务总调查采用一次性横断面抽样调查。

1. 资料收集的方法

基于"人群"的家庭健康询问调查采用入户询问、询问与查阅记录相结合的方法。经培训合格的调查员在对调查户进行摸底调查后深入样本户按调查表的项目对该户所有成员逐一进行询问调查;有关调查项目如确定孕产妇系统保健(产前检查、产后访视等)和儿童系统保健等内容应与保健手册的记录核对。

基于"机构"的卫生服务调查采用文件抄录和实地调查相结合的方法。常规报告、报表和工作记录已有的指标,可根据调查表具体的要求抄录;需要调查的指标由样本县(市或市区)卫生局、被调查卫生机构的统计人员与有关人员配合进行实地调查。

2. 收集资料的人员

家庭健康询问调查,设调查员和调查指导员。调查员负责入户调查。一般一个样本乡镇(街道)组织两个调查组,一个调查组应有2名调查员(一名卫生院医生和一名乡村医生,平均一个调查组调查60户)。

调查指导员负责调查的组织、指导、检查及验收工作。每个样本乡镇(街道)应配一名。

"机构"卫生服务调查的调查人员应该是该单位的业务领导和统计人员,调查时需要与有关业务部门的同志配合。

3. 资料收集的工具

家庭健康询问调查采用:① 家庭健康调查表;② 0—5岁儿童健康调查表;③ 15—49岁已婚育龄妇女健康调查表;④ 60岁及以上老年人健康调查表;⑤ 两周病伤调查表;⑥ 1992年住院调查表。

"机构"卫生服务调查采用:① 全县(市或市区)基本情况调查表;② 乡镇(街道)卫生机构调查表;③ 村级(居委会)卫生组织情况调查表;④ 医院(县及

县以上医院、中医院、专科医院、疗养院)情况调查表;⑤卫生防疫机构情况调查表;⑥妇幼保健机构情况调查表。

### 六、调查实施和质量控制

为了保证调查的顺利展开和调查的质量,必须对调查的每一个环节实行严格的质量控制。质量控制包括设计阶段(含调查表的设计)的质量控制、调查员的质量控制、调查实施阶段的质量控制和资料整理阶段的质量控制。

1. 调查方案设计、论证和试调查

调查方案的设计必须要科学可行,指标筛选要慎重,指标解释要清楚,各项标准要统一,在正式确定调查方案前必须经过反复的论证和试调查,其目的是检验调查设计工作的合理性及可行性,正式调查前通过试调查使调查员熟悉调查内容,做到准确、完整地填写调查表格。

2. 调查人员的培训

调查人员的严格挑选和培训是取得准确、可靠资料的不可缺少的前提。培训的要求是:明确调查的目的和意义,了解调查设计的原则和方法,统一指标的含义及填写,得以保证调查工作的质量,明确调查工作的进程等。每一个调查员必须按照统一计划和填表说明的要求执行。人员培训按统一的培训计划、统一培训内容和教材分两级培训。

3. 明确调查人员工作职责,建立调查质量核查制度

调查质量的核查制度包括:

① 现场调查中,在每户询问并记录完毕后,调查员都要对填写的内容进行全面的检查,如有疑问应重新询问核实,如有错误要及时改正,有遗漏项目要及时补填。

② 每个乡镇(街道)的调查指导员要对每户的调查表进行核查验收,从正式调查开始后的当晚,要检查调查表的准确性和完整性,发现错漏项时,要求调查员应在第二天重新询问予以补充更正,认真核实无误后,方可签字验收。

③ 每个县(市区)设立质量考核小组,在调查过程中抽查调查质量,调查完成后进行复查考核,家庭健康询问调查的复查考核应在已完成户数中随机抽取5%,观察复核调查与调查结果的符合率;机构卫生服务调查的复核应与有关报表如人员、财务、工作报表等核对,考查其符合率。

4. 质量要求

① 一致性百分比:用来衡量调查人员调查技术的一致性。要求经过培训后,调查人员调查技术的一致性达到100%。

② 符合率:复查考核中,同户复查与调查结果的符合率除了两周患病有所差异以外,其他项目符合率要求在97%以上。

③ 调查完成率:在出现了三次上门无法调查而放弃该户时,应从候补户数

中按顺序递补。调查完成率应控制在98%以上。

④ 本人回答率:回答应以本人为主,本人不在场时应由熟悉情况的人代替回答;儿童一般由母亲代替回答,育龄妇女最好由本人回答;要求成年人自己回答率不低于70%。

**七、数据处理及上报方式**(略)

**八、组织领导**(略)

**附件  国家卫生服务总调查样本地区和样本个体的抽取方法**

**一、概述**

1. 国家卫生服务总调查抽查的原则是既要兼顾调查设计的科学性即样本地区和样本个体对全国和不同类型地区有足够的代表性,又不至于过多增加样本量而加大调查的工作量,即经济有效的原则。

2. 抽样的方法是多阶段分层整群随机抽样法。第一阶段分层是以县(市或市区)为样本地区;第二阶段分层是以乡镇(街道)为样本地区;第三阶段分层以村为样本地区;最后是住户为样本个体。

**二、第一阶段分层整群抽样**

1. 第一阶段抽样着重解决两个基本问题

一是由于全国各县、市差异极大,如何确定第一阶段分层的基准;二是抽样比例,多大的县、市样本量能经济有效地代表全国和不同类型的地区。

2. 第一阶段分层基准的确定

第一阶段分层的指标是通过专家咨询法和逐步回归法筛选的10个与卫生有关的社会经济、文化教育、人口结构和健康指标。10个指标的主成分分析结果如表2所示。

**表2  主要社会经济和人口动力学指标的主成分因子模型**

| 变量 | 主成分1 | 主成分2 | 主成分3 |
| --- | --- | --- | --- |
| 第一产业就业率% | 0.82* | −0.49 | 0.17 |
| 14岁以下人口比例% | 0.80* | −0.10 | −0.49 |
| 文盲率% | 0.69* | 0.32 | 0.22 |
| 粗出生率‰ | 0.69* | 0.35 | −0.10 |
| 粗死亡率‰ | 0.67* | 0.51 | 0.33 |
| 婴儿死亡率‰ | 0.67* | 0.60* | −0.02 |
| 人均工农业产值 | −0.65* | 0.53* | 0.12 |
| 第二产业就业率% | −0.84* | 0.45 | −0.10 |
| 初中人口比例% | −0.92* | 0.02 | −0.04 |
| 65岁以上人口比例% | −0.10 | −0.19 | 0.93* |

从主成分分析中可以看出主成分1与绝大多数变量有十分显著的关联,意义十分明确,而且代表10个变量整体信息的51.22%。其值的大小可以综合反映一个地区社会经济、文化教育、人口及其健康的发展。因此,确定主成分1为分层的基准称它为分层因子。

3. 第一阶段的聚类分层

在计算各县、市分层因子的得分后,用K-Means聚类分析方法将总体分为组间具有异质性和组内具有同质性的五类地区即五层。聚类分层的结果第一层有201个县(市或市区),占整个县(市或市区)的8.2%;第二层有650个县(市或市区),占26.5%;第三层有698个县(市或市区),占28.5%;第四层有691个县(市或市区),占28.2%;第五层有212,占8.6%。

表3显示了各层因子得分和选择的社会经济等变量的均值,可见各层呈明显的梯度。可以认为,第一层所在的市县,是社会经济、文化教育和卫生事业发展以及人群健康状况好的地区,第二层是比较好的地区,第三层是一般性地区,第四层是比较差,第五层是差的地区。

**表3　主要社会经济和人口动力学指标的主成分因子模型**

| 层别 | 市县数 | 因子得分 | | 社会经济和人口动力学指标 | | | | |
|---|---|---|---|---|---|---|---|---|
| | | 均数 | 距离 | GNP | AEP | ILLIT | CDR | IMR |
| 1 | 201 | −2.4354 | 3210.28 | 3330 | 15.7 | 19.7 | 5.1 | 17.5 |
| 2 | 650 | −0.6638 | 2164.66 | 835 | 64.6 | 23.7 | 5.7 | 26.2 |
| 3 | 698 | 0.0692 | 1655.00 | 450 | 83.5 | 32.4 | 6.3 | 31.4 |
| 4 | 691 | 0.5776 | 1264.57 | 341 | 88.1 | 43.6 | 7.4 | 49.1 |
| 5 | 212 | 1.7457 | 539.61 | 319 | 90.0 | 66.8 | 11.7 | 121.4 |

**表4　不同大小样本量样本在各层的分配**

| 层别 | 全国 | 不同大小样本量样本的分配 | | | | |
|---|---|---|---|---|---|---|
| | 合计(%) | 120 | 90 | 60 | 45 | 30 |
| 第一层 | 201(8.2) | 10 | 8 | 5 | 4 | 2 |
| 第二层 | 650(26.5) | 32 | 23 | 16 | 11 | 8 |
| 第三层 | 698(28.5) | 34 | 26 | 17 | 13 | 9 |
| 第四层 | 691(28.2) | 34 | 25 | 17 | 13 | 8 |
| 第五层 | 212(8.6) | 10 | 8 | 5 | 4 | 3 |

4. 第一阶段分层等概率多种样本量的抽样

用经济有效的样本代表总体是抽样调查的精髓。样本量的确定基于以往的经验和其他国家抽样调查样本的设计,首先给定一个样本量大小的范围,确定抽取样本量为120,90,60,45,30五个大小不等的样本。为了保证各层每一个县

(市或市区)都有同等被抽取为样本的概率,必须考虑不同大小样本量的样本在各层的分配,即按比例的分层抽样(见表4)。

按系统随机抽样方法,每个不同大小样本量的样本抽取6次。同一样本量的6次抽样,通过计算每次抽样样本各变量的统计量,分别与总体各变量参数进行比较,从中筛选出与总体参数最为接近的那个样本,作为该样本量的最佳抽取样本。

考虑到经济有效的原则和对全国、不同类型的地区和上述每个指标的代表性,国家卫生服务总调查的县(市或市区)样本量取90。

### 三、第二阶段整群随机抽样

1. 在上述抽取的90个"样本县(市或市区)"中,以乡镇(街道)为第二阶段整群系统随机抽样单位。全国每个乡镇(街道)被抽取为"样本乡镇(街道)"的概率是1:160。第二阶段整群系统随机抽样全国共抽取450个乡镇(街道)。平均每个"样本县(市或市区)"抽5个乡镇(街道)。第二阶段分层整群抽样具体由各样本县(市或市区)按下述方法抽取。

2. 第二阶段整群随机抽样的基准

由于一个县(市或市区)内社会经济、文化教育和卫生状况的差异远小于全国各县、市之间的差异,因而确定县(市或市区)的抽样基准相对容易。根据我国各县(市或市区)的基本特征、实际的可操作性和以往抽样调查常用的指标,确定采用人口数(或人均收入)作为分层基准。

3. 第二阶段整群随机抽样的方法

① 将样本县(市或市区)所有的乡镇(街道)按人口数的多少(或人均收入的大小)由多到少依次排序。

② 由多到少依次计算人口数(或人均收入)的累计数。

③ 计算抽样间隔,用累计的人口总数(或人均收入累计总数)除以抽取的样本数(累计总数/5)。

④ 用纸币法(随便拿出一张人民币,看人民币的号码与最初累计数哪一个数接近,取这个数为开始数)随机确定第一个样本乡镇(街道),然后加上抽样距离确定第二个样本乡镇(街道),以此类推确定第三至五个样本乡镇(街道)。

### 四、第三阶段随机抽样

1. 第三阶段随机抽样的基准和样本量

(1) 在同一个乡镇(街道)内,各村(居委会)的经济发展和卫生状况基本上变异不大。因此,第三阶段不用分层,直接采用随机整群抽样的方法从"样本乡镇(街道)"中抽取样本村(居委会)。但是,抽样时应按各村人均收入或人口数作为标识进行排序。第三阶段随机抽样由调查指导员负责。

(2) 每个"样本乡镇(街道)"整群随机抽取2个村(居委会),全国共抽取

900个村(居委会),全国每村(居委会)被抽为样本的概率为1∶1120。

2. 第三阶段整群随机抽样的方法

(1) 将样本乡镇(街道)所有的村(居委会)按人均收入的多少(或人口数的大小)由多到少依次排序。

(2) 由多到少依次计算人均收入(或人口数)的累计数。

(3) 计算抽样间隔,用累计总数除以抽取的样本数(累计总数/2)。

(4) 用纸币法(随便拿出一张人民币,看人民币的号码与最初累计数哪一个数接近,取这个数为开始数)随机确定第一个样本村(居委会),然后加上抽样距离确定第二个样本村。

**五、样本户的抽样**

1. 最终的抽样单位是住户。在每个"样本村(居委会)"中按20%的比例随机抽取住户,平均每个村抽60户,全国共抽取54000户。全国平均每户被抽取为样本的概率为54000/280000000,约五千户中抽一户。如果按每户四个人计算,人口抽样比也为1∶5000左右。

2. 抽户方法是各样本乡镇(街道)的调查指导员上述抽样比例在样本村(居委会)随机抽取,具体方法为:

① 按人口普查的编码顺序,按门牌号、楼号、单元号、门号从小到大排列。

② 对同一门牌号,同一个大院和楼号的,按门号从小到大排列,对同一门牌号内没有门号的按从左到右,从外到里,从下到上的原则编码。一经编码不许变动。

③ 编好住户码列入住户清单中。

④ 根据抽样比例计算应抽的户数(一般平均每个样本村60户),然后系统随机抽取。方法同上:第一步将所有住户的人口累计数、本村的平均人口数(1200/300 = 4)和本村应抽取的住户数(300 × 20% = 60);第二步计算抽样距离(1200/60 = 20);第三步确定第一个随机数,如取一张人民币,其编号的后两位数是12,这个随机数接近第3编号的累计数,因此确定第3号住户为第一个样本;第四步用第3号的累计数加抽样距离(13 + 20 = 33),看33最接近第几编号住户,并确定这家住户为第二个样本,同理用第二个样本住户对应的累计数加抽样距离确定第三个样本。同样确定以后各样本住户。

⑤ 抽样时可多抽取六户,作为备用。抽取方法是在上述抽取完毕以后,按上述步骤再从未抽取的住户中抽取6户。

【参考书目】

1. 〔美〕威廉·邓恩:《公共政策分析导论》(第二版),中国人民大学出版社2002年版。

2. 〔美〕卡尔·帕顿、大卫·沙维奇:《政策分析和规划的初步方法》(第二版),华夏出版社2001年版。

3. 〔美〕保罗·穆迪:《管理决策方法》,中国统计出版社1989年版。
4. 徐水师、安立仁:《预测方法与决策分析》,西北大学出版社1997年版。
5. 王卓:《系统预测实用方法》,民族出版社2000年版。
6. 孙明玺:《现代预测学》,浙江教育出版社1998年版。
7. 孙明玺、吴俊卿:《实用预测方法与案例分析》,科学技术文献出版社1993年版。
8. 刘元亮:《科学认识论与方法论》,清华大学出版社1987年版。
9. 林定夷:《科学研究方法概论》,浙江人民出版社1986年版。
10. 张巨青:《科学研究的艺术——科学方法导论》,湖北人民出版社1988年版。
11. 熊伟:《运筹学》,机械工业出版社2005年版。
12. 李德、钱颂德:《运筹学》,清华大学出版社1982年版。
13. 宁宣熙:《运筹学实用教程》,科学出版社2002年版。
14. 朱德通:《运筹学》,上海人民出版社2002年版。
15. 周复恭、黄运成:《应用线性回归分析》,中国人民大学出版社1989年版。
16. 刘应明、任平:《模糊性——精确性的另一半》,清华大学出版社2000年版。
17. 王彩华、宋连天:《模糊论方法学》,中国建筑工业出版社1988年版。
18. 赵俊康:《统计调查中的抽样设计理论与方法》,中国统计出版社2002年版。
19. 冯士雍、施锡铨:《抽样调查:理论、方法与实践》,上海科学技术出版社1996年版。
20. 沈泰昌:《系统工程》,浙江教育出版社1987年版。

# 第十章 公共政策分析模型与框架

## 【内容概要】

基于对政策本质的不同理解,学者们从不同角度提出了对公共政策过程的不同理解和思考,由此形成了各种各样的公共政策分析模型。公共政策的模型是对复杂公共政策过程的简化表述,它突出了公共政策及政策过程的本质特征,成为公共政策研究中主要的内容板块。综合众多的公共政策分析模型,基本上可以分为两大类,一是政治分析模型,二是理性分析模型。它们代表了公共政策分析中"政治"和"技术"两种不同的分析取向。政治分析指向公共政策的政治性,制度分析模型、精英分析模型和集团分析模型表明的正是公共政策的政治本质,更多的属于政治学研究的范畴。理性分析则主要关注公共政策分析的技术属性。在理性分析模型中,包括完全理性决策模型、有限理性决策模型和渐进决策模型。虽然渐进决策模型也非常强调公共政策的政治性,然而由于它与完全理性决策模型的相关性,本书把它放在理性分析模型进行讨论。理性分析模型更多涉及的是管理学和经济学研究的内容。

与公共政策模型相比,公共政策框架的抽象性相对弱一些,主要是对政策过程进行描述。近十几年来,针对政策过程阶段模型的缺陷与不足,西方公共政策研究提出了一些公共政策的解释框架,有助于人们进一步理解政策过程的复杂性和多样性。

## 【要点提示】

- 制度分析模型中的旧制度主义与新制度主义
- 精英分析模型的主张及其评价
- 集团分析模型的主张及其评价
- 完全理性决策模型的缺陷
- 有限理性决策模型的主张
- 渐进决策模型的主张
- 支持联盟框架的内容
- 间断性均衡框架的内容
- 政策创新与传播框架的内容

## 第一节 公共政策的政治分析模型

公共政策是政治系统的产出,政策过程本质上是一个政治过程。因此,政治是理解公共政策的重要视角。关于公共政策中政治与分析的关系问题,林德布洛姆曾经进行了十分中肯的阐释:"一方面,人们希望政策应具有信息基础并经过充分的分析。另一方面,他们也希望政策过程是民主的,从而必须具有政治性。换句话说,一方面他们希望政策制定更加具有科学性,另一方面则希望政策制定属于政治范围。"[①]与此同时,为了使读者更加深刻地理解这种关系,林德布洛姆对上述这段话做了详细的注解。他指出:"从'政治'这个字眼的一个方面的含义来讲,所有的政府政策制定都是政治性的。但我们将在狭义上使用这一术语,以便对政策制定中的分析和政治加以比较,即使分析和政治在更广意义上都是政治性的,可以做出这样的区分,即一方面通过信息和分析,另一方面通过行使权力来达到政策抉择的目的。也可以做出这样的区分,即一方面是利用信息和经过深思熟虑的分析与讨论来选择政策,另一方面则是通过选举、讨价还价、用利益做交易、随风转舵以及掌握支配权等来决定政策。比如,联邦储备局关于金融政策的决策就主要体现为分析;而国会关于在各州设置军事基地的决策则主要表现为政治。分析和政治经常相互交织在一起。"[②]

典型的政治分析模型包括制度分析模型、精英分析模型和集团分析模型。制度分析主张公共政策是政府机构的产物,不同的政府制度导致不同的公共政策;精英分析模型认为公共政策是政治精英价值偏好的反映,政策过程中公共政策完全由占统治地位的政治精英把握政策制定的主动权;集团分析模型则坚持公共政策是集团利益平衡和均衡的产物,公共政策是集团斗争中相互妥协的结果,也被称为公共政策的平衡模型。

### 一、制度分析模型

一直以来,制度分析的途径在公共政策研究中占有重要的一席之地。这是因为,制度研究和制度分析是政治学的主要支柱,而政治学是公共政策研究的源流之一,这样,政治学的制度分析自然也就成为公共政策分析必不可少的部分。制度分析关注的是公共部门正式的或非正式的制度设计,以及这些制度和结构所产生的作用。"政治活动一般围绕着一些特定的制度展开,例如国会、总统、法院、官僚体系及州、市政府等。公共政策具有效力的制定、贯彻和执行都是依

---

① 〔美〕查尔斯·林德布洛姆:《政策制定过程》,华夏出版社1988年版,第14页。
② 同上。

照这些制度完成的。"①在制度分析看来,政府机构与公共政策有着密切的关系,公共政策的采纳、执行和实施,都必须依靠政府机构来进行,政府赋予公共政策以合法性、普遍性和强制性。

1. 关于制度的界定

关于什么是制度,基本上没有得到一个共识性的意见和答案,至于制度与个人是如何互动并最终产生出决策的,就更加是"仁者见仁,智者见智"了。在制度经济学的研究中,较有代表性的是康芒斯、科斯和诺斯对于制度的界定。

康芒斯认为制度的概念难以把握,但还是应该对制度进行一个界定。在他看来,制度是集体行动控制个人行为的一系列行为准则或标准。或者更通俗地说,制度就是在一定社会范围内,每个人必须遵守的行为准则或规范。"如果我们要找出一种普遍的原则,适用于一切所谓属于制度的行为,我们可以把制度解释为'集体行动控制个体行动'。"②

现代产权经济学以科斯为代表,对制度的分析集中于产权制度或所有权制度。科斯主要是从产权交易规则或产权结构和经济组织形式的角度论述"制度",在科斯看来,制度就是指一系列关于产权安排、调整的规则,制度就是"规则"或组织形式,其外延非常广泛。科斯指出,"对个人权力无限制的制度实际上是无权力的制度……当在各自为改进决策的前提下,对各种社会格局进行选择时,我们必须记住,将导致某些决策的改善的现行制度的变化也导致其他决策的恶化"③。

诺斯则主张,制度就是指"结构"和"游戏规则"。在诺斯的《经济史上的结构与变迁》中,"结构"一词涉及制度框架。诺斯认为,制度提供了人类相互影响的框架,它们建立了构成一个社会,特别是一种经济秩序的合作与竞争关系。"制度是为约束在谋求财富和本人效用最大化中的个人行为而制定的一组规章、依循程序和伦理道德行为准则。"④

2. 旧制度主义

旧制度主义关注的更多是制度的属性,以及制度如何使个人行为变得更好。由于个人行为的善变,如何使个人行为朝向有利于集体目标的方向,就成为政治制度的主旨和目标。因此,旧制度主义的重点在于制度的规范性导向,以及制度对社会的影响力。比如,亚里士多德就分析了制度的成功要素,并且依此进行制度设计。而霍布斯则希望通过制度使人类摆脱其罪恶本性之害。洛克形成了关

---

① 〔美〕托马斯·戴伊:《理解公共政策》,华夏出版社 2004 年版,第 11 页。
② 〔美〕康芒斯:《制度经济学》上册,商务印书馆 1997 年版,第 87 页。
③ 〔美〕R.H.科斯:《社会成本问题》,〔美〕R.科斯、A.阿尔钦、D.诺斯:《财产权利与制度变迁——产权学派与新制度学派译文集》,上海三联书店、上海人民出版社 1994 年版,第 51—52 页。
④ 〔美〕道格拉斯·C.诺斯:《经济史上的结构和变革》,商务印书馆 1992 年版,第 195—196 页。

于公共机构的契约学说,并且主张民主的制度和结构。孟德斯鸠意识到了政治结构平衡的必要性,而其"三权分立"的学说成为美国政治结构设计的指导原则,即通过权力制衡来弱化政府潜在的专制倾向。因此,旧制度主义的目标是规范性的,它致力于在限定的政治系统中追求最好的制度,相当程度上是以国家为中心的,其主要的研究领域是公共政策的制定和形成,它侧重于对立法、行政、司法等制度和机构进行相对机械的研究。这就是旧制度主义被行为主义所诟病的地方所在。20 世纪中期在美国兴起的行为主义,对旧制度主义这种"制度本位"的倾向进行了批判,把研究重点转向对于个人行为的研究,深入探讨了决策者行为及其对政策过程的影响,掀起行为主义政治学的浪潮。

总之,旧制度主义更多的是从正式制度及成文规则的角度来探讨制度对公共政策的影响,表明公共政策必须在既有制度框架下运作,它比较少关注制度中个人活动的要素,忽略个人活动与制度的相互作用和相互影响。换言之,旧制度主义更多的是以国家为导向,侧重于对宏观层面的制度进行研究,对运作中的制度及其操作规则缺乏用一种动态的视角进行考察,抹杀了个人行为和人类活动的能动性。可以说,旧制度主义是一种静态的制度分析,而比较而言,新制度主义就是一种行动的、动态的制度分析。

3. 新制度主义

新制度主义的兴起,把对个人行为的解释元素纳入到了制度分析的视野。新制度主义保留着旧制度主义的许多特征,同时也从理论和经验层面提出了新的研究方向。一方面,新制度主义沿用旧制度主义的一些假设,但在研究工具和理论关注上吸收了行为主义和理性选择分析的要素,从而丰富了旧制度主义的研究内涵。比如,旧制度主义认为,总统制与国会制的不同点在于正式结构和规则上。而新制度主义则着力于研究这些差异是否真的存在,这两种组织政治生活的方式是如何不同,以及这些差异对体制绩效产生的影响。另一方面,新制度主义在一定程度上改变了旧制度主义中以国家为中心的研究倾向。在新制度主义的文献中,社会中的制度安排受到了越来越多的重视,新制度主义开始转向以社会为中心进行研究。

旧制度分析途径停留在政府制度的结构和功能的层面,并没有系统地探讨制度与公共政策的关系,即制度对公共政策产生了什么样的影响。新制度主义着力对这个问题进行了探讨。新制度主义把制度当成一个变量,并着重探讨不同的制度安排对于公共政策的影响是如何的不同。在这方面,以埃莉诺·奥斯特罗姆为代表的制度学派有着重要的贡献,她分别探讨了集权的制度、分权的制度及多中心的制度下对于可持续发展及自然资源的管理诸方面的不同绩效和影响,结合理性分析的方法,为公共政策的研究提供了一个新的视角。

奥斯特罗姆在学术研究上致力于发展以经验为基础的理论,横跨经济学和政治学及其他社会科学,进行比较制度分析。作为一个制度分析家,她尤其关心公共经济如何提供和生产公益物品以及公共池塘资源,各种各样的公共经济的结构如何影响参与互动的激励机制和模式,以及所得的结果。① 奥斯特罗姆的制度分析与发展框架,区分了操作、集体选择与立宪选择三个相互作用的层次或领域。在每一个层次,个人和集体的选择都被限定在某种策略选择范围之内。各项制度界定个体或集体行为者充当的角色,并据此联结各个层次。在这个基础上,奥斯特罗姆等政治经济学家提出了多中心的制度安排,他们不认为只有市场和政府两种秩序,而是主张让大、中、小幅规模的政府和非政府的企业相互竞争,又相互合作。总的来说,奥斯特罗姆的制度分析,"集中于物品和服务、个人、制度安排,以及这些因素怎样相互联系导致某些行为而不是其他行为。在这个架构中,不断出现的问题是:确定的制度安排怎样既支持又妨碍个人生产特定的物品或服务呢? 或者说,什么样的制度安排创造有可能导致个人生产指定的物品或服务的激励呢?"② 值得一提的是,奥斯特罗姆并不认为有一个对所有地区都合适的最优形式的组织,她指出,城市公益物品与服务的生产和提供都是困难的,很难确定何种制度安排是最优的。

可见,新制度主义事实上是旧制度主义与理性主义、行为主义互相影响和渗透而发展形成的新的研究途径。就目前的发展现状来看,制度分析和理性主义、行为主义已经实现了对话和融合,其边界也已经逐渐软化和模糊,体现出互相补充而不是互相竞争的关系。正是由于新制度主义的这种综合性和复杂性,新制度主义的研究可以说是当前公共政策研究的重点和难点。

## 二、精英分析模型

当代精英分析方法是从多个学科的角度对政治精英进行微观实证的研究,认为所有的政治系统都分为两个阶层——统治者与被统治者。精英分析模型的核心观点在于,公共政策是统治精英的偏好和价值体现,大众在相当程度上是被精英所操纵的。在精英决策模型看来,公共政策是由杰出的精英人物决定的,大众不能决定公共政策,公共政策反映的是占统治地位的精英们的价值观而不是大众的需求和意愿。在决策过程中,占少数的决策精英与大多数的无决策权的群众分隔开来,决策精英的主要价值观在公共决策中占据支配性地位。

---

① 〔美〕奥斯特罗姆等:《公共服务的制度建构》,毛寿龙译,上海三联书店 2000 年版,第 4 页。关于"公益物品"以及"公共池塘资源"等概念的引介与区别,毛寿龙在其译著《公共事务的治理之道》的中文版译序中做了说明:"公共池塘资源",有别于不可排他、共同享用的公益物品,有别于可以排他、个人享用的私益物品,同时也有别于可以排他、共同享用的收费物品,它是难以排他但分别享用的物品。

② 〔美〕詹姆斯·S.温施:《制度分析与分权》,〔美〕迈克尔·麦金尼斯主编:《多中心治道与发展》,上海三联书店 2000 年版,第 316 页。

哈罗德·拉斯韦尔认为,在任何给定的时期,所有大型社会中的决策权都典型地掌握在若干少数人手里。此发现证明了这样一个基本事实:无论是以少数人的名义,还是以某个人的名义,或者是以很多人的名义,一个政府总是由那么一些少数的人所操纵控制。① 拉斯韦尔把"政治精英"定义为"获得极大多数价值的人"。政治精英的分析家们认为,政治精英乃是政治系统的决定性因素,政治精英决定政治系统的性质、政治过程和政治系统的变迁。

1. 理论代表人物及其主张

精英主义的主要代表人物有意大利的帕累托、莫斯卡,德国的米歇尔斯和美国的赖特·米尔斯。

帕累托认为,任何社会都可以分为三个群体:人数较少的统治精英集团、非统治的精英集团和普通大众或非精英集团。在帕累托看来,少数精英统治社会,而人数更少的精英实施政治统治,这是任何社会的普遍规律。社会权力在精英之中进行分配,精英的构成充满着流动性,处于不断的变化之中。帕累托形象地对精英概念进行了阐释:"让我们假设,在每个领域的人类活动中,可以给每个人打一个分数,这个分数代表能力,正像学校的考试成绩一样。例如,最优秀的律师给10分,则一个顾客也没有的人就是1分,而十足的白痴就是0分……"② 在帕累托看来,各行业中得分最高的那些便是社会精英。帕累托进一步把精英分为统治精英和非统治精英两类。其中,统治精英就是极少数掌握政治权力的人,他们直接或间接地对政治生活起决定性的作用。帕累托认为,人类历史上所有形成的国家中,都必然存在着一个由极少数政治精英组成的统治阶级,他们左右着国家的发展进程。"到处都存在着一个统治阶级,即使在专制国家中也如此,但它们的存在形式却不同。在专制政府中,舞台上只有一个人物——至高无上的统治者。在所谓的民主政府中,议会是主权者。但是在这些现象的背后,始终有一些人对政府的实际活动起重要的作用。"③

莫斯卡认为,一切社会都存在统治阶级和被统治阶级两个阶级。统治阶级是一个很小的群体,他们属于政治精英,控制着社会的大多数,承担政府的所有功能,垄断权力并享受权力所带来的一切好处。他指出,精英的统治之所以得到维持和拥护,权力之所以可以在精英中进行分配,原因在于精英的组织化。因此,一个有组织的少数对于无组织的多数实施统治是必然的。而作为统治阶级的少数的成员,精英一般具有某些明显的不同凡人且又令人尊敬的品质。

米歇尔斯从政党的角度研究权力问题,提出了著名的"寡头铁律",认为组

---

① 转引自〔美〕托马斯·戴伊:《自上而下的政策制定》,中国人民大学出版社2002年版,第1页。
② 〔意〕帕累托:《帕累托社会学著作选》,纽约:布莱克韦尔出版社1976年版,第248页。转引自俞可平:《权利政治与公益政治》,社会科学文献出版社2000年版,第268页。
③ 同上书,第268—269页。

织从来就是寡头的组织。任何社会都由政党来实施统治,而政党又是由少数领袖来实施统治,民主的政党也无法例外。米歇尔斯指出,讲组织就是讲寡头政治。他认为,与组织单一的小社团比较,组织复杂的大集团是被封闭性的一群人统治的。而这一群人保持的权力,受到自己能自由处理的资源、行动模式、身份保障等的保证而得天独厚。并且,他们的政策与社会地位或资源的运用,不受成员政策选择的约束。随着组织的扩大,组织规模、成员、复杂性、专业化等元素,都会提高权力的集中化程度,扩大精英与大众之间的差异。因此,政治家一旦掌握了权力,他们的权力就具备了累积性,最终将导致少数寡头垄断权力。在米歇尔斯看来,这是一个铁律,它适用于包括国家在内的所有组织。

赖特·米尔斯在《权力精英》一书中表明,三种互相封闭的集团支配着美国社会,即政治领袖集团、社团领袖集团和军事领袖集团。他们构成了美国的精英集团,虽然他们中的大多数人并非由选举产生,但他们控制着美国政治的方向。米尔斯认为,当人们在社会组织中占据支配地位时,他们便拥有了权力。一旦掌握了权力,无论是有所作为还是无所作为,他们都有会使其他人感受到权力的存在,都会对其他人的行为产生极大的影响。米尔斯还指出,权力精英做不做出这种决策并不十分重要,重要的是精英占据着关键的位置。无所作为和不作为决策本身就是一种行为,甚至可能比做出决策产生更大的影响。

### 2. 对精英分析模型的简要评价

精英分析模型认为,公共政策是由掌握统治权的精英人物决定,并由行政官员和行政机关付诸实施,公共政策反映的是精英阶层的偏好、利益和价值选择。因此,精英分析模型一定程度上反映了代议制民主下各国决策的实际可能的情形。精英分析模型对我们最大的启示是,公共政策并非集合大众的意见而形成,而是由社会上少数人所决定,尤其是在一些民主根基并不深厚的地方。其次,政治精英的分析方法为比较政治研究及比较政策分析开辟了新的研究途径。这是因为,在不同政治系统以及同一政治系统的不同时期,政治精英的基本品质、选拔途径、培养方式与民众的关系等均有不同。通过这些变量的比较,可以发现不同政治系统及同一政治系统不同历史时期中政治精英的基本区别,进而揭示整个系统的差别。

然而,精英分析模型是将公共政策视为反映占统治地位的精英们所持的信念、价值观和偏好的一种决策理论。精英的政策立场不会受到民众舆论的影响,而是民众对政策的看法常受到精英政策立场的影响。政策是从精英向下流至民众,而不是政府响应民情的结果。因此,不是人民大众通过他们的需求与行动决定公共政策,而是占据统治地位的精英决定公共政策,政府只是执行已经决定的政策。从这个角度看,精英分析模型更多地强调了居社会少数的精英阶层的利益,一定程度上偏离了公共政策的"公共"原则,漠视了公众的公共利益。

### 三、集团分析模型

集团分析模型认为,公共政策是集团斗争的产物。在现实的政治生活中,存在大量的政治利益集团之间的相互作用和斗争,政府决策就是从不同集团的相互冲突中进行选择。在集团分析模型看来,公共政策是团体间的争斗所达到的平衡,它体现了那些一直试图获取优势并相互竞争着的党派或集团之间出现的均势。在政策过程中,每个集团都希望政府制定的政策能够满足其所争取的利益,公共政策是各利益集团之间互动的结果。

集团分析模型的核心假设在于,集团是个人与政府间发生联系的纽带,集团的存在与斗争是政治生活的基本特征,利益集团之间的互动是政治生活中最重要的事件。当利益集团正式或非正式地向政府提出自己的利益要求时,就涉及公共政策。在这个过程中,政府扮演一个重要的角色,政府的功能就是使用政策手段处理集团之间的目标或利益的冲突,以公共政策的形式达成妥协方案,并使用行政手段实施达成的公共政策。

#### 1. 理论代表人物及其主张

集团分析模型的理论代表人物是阿瑟·本特利和戴维·杜鲁门。本特利是集团理论的创始人。他在《政府过程》一书中指出,社会本身只不过是一些组成社会的群体联合。社会上存在着不同的利益,这些利益都可以由有相同利益个体组成的群体来代表。本特利把利益集团视为政治生活的原料。本特利认为,利益集团是经济、政治生活中起主导作用的基本力量。每个集团都有自身的集团利益,集团利益总是导致集团行动,并且对政府决策施加压力。互相冲突的集团压力的结果是政府政策方向的唯一决定因素。与政府决策控制有关的一切行为,都可以应用互相冲突的利益集团压力的模式加以分析;有关政府的所有事务,都取决于互相冲突的集团压力,政府只是对利益做出调整或平衡。

根据本特利的观点,集团压力的结果,不仅始终是公共政策的决定因素,而且还是公平合理的最初源泉。在他看来,集团的压力大小基本上与人数的多少成正比,大集团的利益通常能够战胜小集团的狭隘利益,多数人的利益将优先少数人的特殊利益。根据本特利的理论逻辑,利益集团间的互动,能够形成社会的均衡,并对政府及其决策活动构成具有决定意义的社会制衡。

在本特利之后,杜鲁门修正了这种群体与利益一一对应的关系。他认为,在政治过程中有两种不同的利益——隐藏利益和外显利益。这两种利益又导致了潜在群体和组织化群体的形成。在杜鲁门看来,隐藏利益支撑着潜在群体,又演化为组织化群体。

杜鲁门认为,当具有共同态度的一部分人正式或非正式地结合成一个团体,以建立、维持与增进共同态度所蕴含的行为模式,向社会上其他团体提出其主张,并进而谋求实现其主张时,便构成了利益集团。① 在《政府过程》一书中,他对利益集团进行了界定,认为利益集团是一种在其成员所持的共同态度的基础上,对社会上其他集团提出要求的集团。

杜鲁门指出,在现代社会中,随着专业化和分工的发展,利益逐渐趋于多元化。与此同时,人与人之间的社会接触增多,相互作用的机会也随之增加。在相互作用的过程中,由于受到利益冲突的其他集团的阻碍,一定的集团逐渐特殊化,他们的互动模式不断得到稳定和强化,关系常规化的结果催生出利益集团的形成。在利益集团的形成过程中,基本的变量是宏观的社会变化。根据杜鲁门的看法,在简单的社会中没有利益集团,利益集团的产生是与社会专业化和复杂化的发展趋势相契合的。这是因为,当一定的社会群体意识到自身处于不利的局面时,便会组织和形成利益集团,利用组织的力量,以组织的面貌和姿态改善与其他集团的力量对比关系。通过形成利益集团,原有分散的成员就可以达到与各种集团相平衡的关系;从整个社会来看,通过利益集团的平衡和互动,达成一定的稳定和均衡。

杜鲁门还指出,政府机构本身也是利益集团的集合体。这些集团彼此相互作用,并同政府之外的利益集团相互作用。由于政府在社会生活中的特殊权力和地位,政府之外的利益集团都会向政府提出自身的要求和主张,要求政府回应并加以实现。因此,政府决策过程实际上是各种利益集团争取影响政策的过程。在这个过程中,利益集团的格局是政策走向的决定因素,一旦利益集团的利益对比发生了变化,政策的利益偏向发生了转移,政策也就随之发生了改变。

2. 对集团分析模型的简要评价

政治团体的分析方法是一种中观分析法,它是从政治系统的中层分析单位——政治团体着手,向上可以分析整个政治过程,向下亦可以分析团体成员之间及团体与成员之间的利益互动。这种分析方法同时从上下两个方面展开分析,打破了传统比较政治对正规结构和法律结构的研究。

林德布洛姆在分析利益集团活动的必要性时指出,利益集团的活动首先可以澄清和明确表达公民的需求,为政策问题提供信息和分析。其次,利益集团的活动可以形成可行的议程。林德布洛姆认为,利益集团的活动并不是简单地把片面的或特别利益与共同的利益对立起来,而是为社会每一阶层的成员确立了共同的利益,防止了由于各个个人的利益所造成的难以对付的歧异和冲突。再次,公民可以通过利益集团对政府官员的权力进行监督。公民并不会满足于只是把即将实现的政策制定之权交给官员,而且还希望将监察和影响官员的权力委托给利益集团,监督功能是利益集团的一项主要职能。最后,相互影响在政策

---

① 参见赵成根:《民主与公共决策研究》,黑龙江人民出版社2000年版,第199页。

制定中有特别的功能。林德布洛姆指出："当分析的问题不可能解决时,官僚组织中的利益集团活动就提供了一种相互解决问题的方式。众多利益集团之间的相互作用能够有效地进行决策,因为任何一个官员根据其本身的权力都不可能对问题做出最后的分析或单独地做出决定。"①

因此,集团分析模型的最大启示是,公共政策是利益集团之间力量均衡的结果,是政府受集团压力的综合表现。利益集团平衡的思想,对政策过程的描述是比较中肯的,同时也符合了决策过程中民主和制衡的要求。事实上,只有在多元的社会组织对构成政府有效社会制衡的基础上,公共政策才能真正体现公共性原则,限制政府和领袖的权力。只有在多元利益均衡的格局下,才可以防止精英理论所指出的寡头垄断和寡头铁律,体现公共政策的利益普惠原则,达成社会总体利益的最优化配置。

然而,集团分析模型也存在着一定的问题。首先,它低估了政府决策者在政策制定过程中的独立和富于创造性的作用,无法解释危机时期政府的许多措施的制定。其次,利益集团活动是造成巨大政治不平等的根源。由于各个利益集团不可能行使同等的影响,在权力角逐的过程中会造成极大的政治不平等现象。再次,利益集团在追求自身狭隘或片面的利益时忽视了共同的福利。由于公共政策是利益团体间斗争的产物,并反映占支配地位的利益团体的利益。随着各利益团体力量和影响的消长,公共政策将变得有利于其影响力增加的那些利益团体的利益。因此,该模型下产生的公共政策,反映的是占支配地位的利益团体的利益,而不是社会整体的公共利益。退一步讲,"尽管在实际决策过程中,无论哪一个利益团体,在法理上,还是能力上,都无法取代政府的主导地位,公共政策不一定就反映影响力最大的利益团体的政策要求,但是,这种模型无视公共利益要求的倾向,无疑将是对政府及其政策背离'公共'原则的某种认可"②。

## 第二节 公共政策的理性分析模型

二战结束后,西方政治学界主要向两个以个人主义为假设前提的阵营发展:行为主义和理性主义。这两个流派假定,个人的行为是建立在社会心理或理性的功利计算的基础上,个人不受正式或非正式制度的限制而进行个人选择;换言之,个人的偏好是与制度无关的,不受制度安排的影响。从这个意义上来讲,理性分析的模型与制度分析的模型是相对应的,理性分析和制度分析刚好形成了

---

① 参见〔美〕查尔斯·林德布洛姆:《政策制定过程》,第110页。
② 卢坤建、姚冰:《论公共政策分析中的"公共"原则——可持续发展角度的透视》,《中国矿业大学学报》(社科版)2000年第1期,第35—40页。

研究分析的两种思路，前者注重个人的偏好和算计，后者则注重外界的制度变量对于行为的影响。当然，这两种思路在新制度主义的理性制度主义中得到了融合，并占据当前公共政策研究的主流地位。

因此，除了政治分析以外，理性分析是决策过程研究的另一个主要视角。"一般来说，关于决策制定的研究可以大致分为两个学派。一个是关注权力与决策的学派，一个是考察理性和决策的学派。"①在公共政策研究中，托马斯·戴伊对政策的理性做了界定："一项理性的政策之所以理性，是因为它以'社会收益最大化'为目标，即政府应当选择给社会带来的收益最大限度超过所付成本的政策。如果收益没有超过成本，政府就必须避免采用这些政策。"②与此同时，戴伊还对"社会收益最大化"做了解释，说明了"社会收益最大化"必须遵循的两条重要准则。其一，如果支出大于收益，某项公共政策就不能实施；其二，在政策选择中，决策者所选择的政策所创造的最大收益必须大于支出。只有满足这两个条件的政策，才是理性的政策。

### 一、完全理性决策模型

1. 完全理性决策模型的主张

完全理性决策模型根据数字和事实，用合理的科学方法与精细的计算，分析解决问题的各种政策方案的优劣，从而求得最佳的政策或问题的解决办法。因此，完全理性决策模型也叫最佳决策模型，其实质是一种政策选优的方法。理性决策模型认为，只要决策过程的每一个步骤都是出于理性的考虑，最后所决定的政策自然是合理的，能使问题迎刃而解。

理性主义的理论植根于启蒙理性主义和实证主义，它们寻求提高人类条件的超脱的、科学的知识。他们信奉这样一种理念：社会的问题必须以"科学"或"理性"的方式来解决，收集与问题相关的所有信息及相应的解决方案，然后选择一个最好的方案。在理性分析看来，政策分析的任务是形成相关的知识，提供给政府去应用。决策者被看成是像技术员或企业管理者一样，可以发现问题并采取最有效的解决方式。这种以问题为导向的途径被认为是"科学的"、"工程的"及"管理主义的"。事实上，诸如法国的法约尔和英国的古利克及美国的厄威克著作中，就有理性模型的元素。利用法约尔关于法国煤炭工业的研究，古利克认为可以选择一种最优的方案。他们发展法约尔的"POSDCORB"理论，认为组织可以通过系统的计划、组织、协调等来使绩效最大化。在他们看来，决策是

---

① Christopher Ham, Michael Hill, *The Policy Process in the Modern Capitalist State*, Harvestter Wheatsheaf, 1993, p.80.

② 〔美〕托马斯·戴伊：《理解公共政策》，华夏出版社2004年版，第15页。

建立在对成本和收益估算的基础之上的。

完全理性决策模型的特征是用"目的—方法分析"的途径来规划政策,即首先确定目的,然后再寻求达成目的的方法,用最佳的手段达成某一个既定的目标。完全理性决策模型的最终目的,是希望能够设计出一套程序,以使决策者能够通过程序制定出一个有最大净价值成效的合理政策。换言之,完全理性决策旨在花最少的代价取得最大的成果。完全理性模型主张,一个理性的政策就是效率最高的政策,而为了达成理性的政策,它必须具备一些条件,如完善的政府结构;畅通无阻的情报渠道;正确可靠的反馈信息;政策制定者有权衡各种社会影响因素的能力;政府的决策者必须知道所有的社会价值偏好及其相对比重,知道所有可能采取的政策方案,知道每一个政策方案可能产生的后果,能估计每一个政策方案所能得到与失去的社会价值比例,选择最经济有效的政策方案;以及政策制定者优秀的个人素质;等等。总而言之,完全理性决策模型要求:有明确的解决问题的目标;穷尽目标的策略和方案;预测每种方案的结果及其概率;选择成本最低的解决问题的方案。

2. 对完全理性决策模型的评价

批评者认为,完全理性决策模型适用的条件过于苛刻,而这种条件在现实生活中往往是不可能实现的。理性决策模型的决策只有在所有的方案都能找到,并且所有方案的成本都能估算到的情况下才适用。批评者还指出,人类决策者的能力是有限的,不能全面地确立可选的方案,也无法综合地计算成本和收益。此外,存在着政治和制度上的限制,规定了方案的选择和决策的选择。基于此,批评者指出,理性综合模型是误导性的,甚至可能是有害的。

因此,在批评者看来,没有任何一个政治体系能够全部满足这些条件,况且由于择优的标准不一、信息不可能完全、事物的不断变化,一旦时过境迁,原先"最优"的政策便可能不再有效,理性决策模型不可能在实际的政治生活中加以运用。理性决策模型的价值只是用来分析政策,作为决策者在考虑、选择政策时的一种标准。换言之,完全理性模型是一种理想的模型,它在现实中并不可行。对完全理性模型的批评与思考,催生出有限理性决策模型和渐进决策模型。

**二、有限理性决策模型**

1. 有限理性决策模型的缘起

有限理性决策模型缘于对完全理性决策模型的批评,认为人类行为受知识、能力、心理及信息等各方面因素的影响,并没有办法达到完全理性决策模型的要求。对完全理性决策模型最有名的批评来自美国的行为主义科学家赫伯特·西蒙,唯一获得诺贝尔奖的公共行政学者。1947年,西蒙的《行政行为》首次出版,集中探讨了组织中的决策行为,指出决策行为是管理的核心,管理理论的词汇必须从人类抉择的逻辑学和心理学中导出。①

西蒙认为,行政理论必须把决策作为最为核心的位置。在决策过程中,必须有一些可以供选择的方案,这是非常重要的。在这个基础上,决策者才可以通过选择一个最能有效实现目标的方案,实现目标和价值的最大化。然而,在这个过程中,存在着许多难以克服的问题。

西蒙指出了一系列的阻碍完全理性决策的因素。首先,西蒙指出,按照完全理性决策模型的要求,行为主体必须完全了解并预期每项政策的结果,而实际上,决策者对决策结果的了解总是不完整的,零碎的。也就是说,决策者的认知能力是有限的,他不能考虑到所有可能的方案,因而就没有办法进行精炼的选择;在选择方案的过程中,有可能根据意识形态和政治的原因来进行选择,没有参考效率的标准。

其次,完全理性决策模型假设决策者可能提前知道每一种决策的结果,而这在事实上并非如此。西蒙认为,由于决策产生的结果未来才会发生,所以在给预期结果时必须用想象力来弥补缺乏真实体验的不足,但是要完整地预期价值还是不可能的。在决策过程中,决策者不可能考虑到所有可选的方案。按照完全理性决策模型的要求,行为主体要在所有可行的备选行为中做出选择。而在真实情况下,主体只可能想到有限的几个可行方案而已。而且,各种方案的结果预测和评估也不可能是完全的,有很大的不确定性。每一种政策方案都有很多正确的和反面的结果,这使得对方案进行比较相当困难。因为同一种方案的有效和无效在很大程度上取决于具体的环境,决策者就不可能达到对哪一种选择更好的一致结论。在西蒙看来,这是由于人类理性的局限所造成的。而这些局限并不是一成不变的,而是依赖于个人决策所发生的组织环境。

再次,完全理性决策模型的困难还在于区分决策过程中的事实和价值,手段和目的。完全理性决策模型假设先有明确的目标设定,然后再有达成目标的手段。在西蒙看来,实现目标的手段是不可能脱离价值的。而且,谁的价值和目标将得到实现?组织事实上并不是一个同质的实体,组织的整体价值与组织个体的价值也存在着一定的差异。西蒙指出,如果决策是以组织目标为导向的,称为"组织理性";如果决策是以个体目标为导向的,称为"个人理性"。然而,什么是组织理性?组织目标最终需要落实到具体的个人和群体进行阐释,个人有很大的自由裁量权。就这一点来看,组织目标在某种程度上只是反映了一部分人的目标和价值。

2. 有限理性决策模型的主张

西蒙认为,事实与价值区分的决策模型是一个理想的模型。在西蒙看来,在

---

① 〔美〕赫伯特·西蒙:《管理行为》,机械工业出版社2004年版,第一版前言。

真正的决策过程中,基本上是不存在像经济学模型所提出的那些完全理性的假设前提的。决策者往往很难对每一项备选方案可能产生的后果进行完全正确的预测,往往在不十分了解情况的基础上就要做出最后的决策,这就不可避免做出具有强烈个人色彩的主观判断,而且决策者也很难考虑到所有可能的决策方案。此外,对于一项决策是否正确,在很大程度上受到决策者本人的价值观、对决策目标的认识程度、有关的知识广度与深度以及决策资料的了解程度等因素的影响。在这种意义上讲,所有的决策都应当是在有限的理性状态下进行的,在决策过程中收集到全部信息是不可能的,要满足这一条件意味着永远不能决策。

因此,决策者要寻求的不是经济学模型主张的所谓最佳方案,而只是符合某个预先设定好的最低限度规定的标准。决策者需要的是一套说明这些最低限度具体要求的操作性的标准。决策也就是选定那些符合或超过该标准的备选方案。所以,决策者是在寻求符合要求的方案或满意方案而并不是最佳方案。按照效用函数计算出来的最佳方案,在实际决策过程中有时并不一定就会被决策者看作是他心目中最佳的方案。由此,西蒙认为,绝大多数的人类决策方案,无论是个人还是组织机构做出的,一般都属于有限理性的决策。有限理性模型有两种,"一种是不采取最佳的政策,而愿意采取第二最佳或第三、第四最佳的政策,这种方法可称之为次佳决策模型;另一种有限理性决策模型是满意的模型,即决策者不坚持采取最佳的政策,而愿意采取任何可以被认为'满意'的政策"①。

在有限理性决策模型中,决策者并不是追求最大化的原则,而是满意原则。现实的标准代替了综合理性的模型。西蒙认为,有限理性决策模型是对决策过程的正确的现实描述。在有限理性决策模型中,决策者就不需要穷尽所有的选择方案,从而简化了决策过程。有限理性决策模型主张,实践中的公共决策并不是沿着收益成本最大化的思路,而仅仅是满足决策者在某个问题上的满意标准。这种满意的标准,在人类有限理性的前提下才是现实的。

有限理性决策模型是建立在西蒙"行政人"的人性假设判定的基础之上。西蒙主张"行政人"而非"经济人"的人性假设。在西蒙看来,"经济人"追求最优,也就是从所有备选方案中选择最好的那种,而"行政人"是"经济人"的近亲,却寻找一种令人满意或"足够好即可"的行动方案。例如,市场份额、合理利润和公平价格等就是一种满意准则。西蒙引用了巴纳德的观点,认为经理人员在制定决策时,往往无法以有条不紊的理性分析为依据,而是在很大程度上依靠他们对决策需求情境的直觉或判断反应。

在西蒙看来,"经济人"旨在与真实世界的一切复杂因素打交道,而行政人

---

① 伍启元:《公共政策》,商务印书馆(香港)有限公司1989年版,第66页。

认为,感知的世界只是对复杂的真实世界的极度简化模型,各种情境只是松散地连接在一起,真实世界里的多数事实都与某一具体情境没有多大关系,最重要的因果链条也非常简短。因此,行政人追求的是"满意"而不是"最优",他们在做出抉择之前,不需要考虑所有可能的行为方案,也不需要预选确定所有的备选方案。①

总之,在西蒙看来,希望决策者完全按照理性的、最佳的模型进行决策是不切实际的。在现实的决策过程中,由于问题不确定、信息不完全的因素,决策者不可能穷尽所有可行的方案,也不可能对所有的方案一一进行成本收益分析,这样的成本过高,在现实中往往让位于有限理性的决策模式。

### 三、渐进决策模型

渐进分析及渐进决策模型是林德布洛姆对政策科学的主要贡献。林德布洛姆最早提出"政策分析"概念,他批评了传统的政策分析途径,并提出了他的渐进分析途径。首先,林德布洛姆把渐进分析分为三个层次,即简单的渐进分析、断续的渐进分析和战略分析,为深入研究和分析政策问题提供了一个有别于传统政策分析的研究途径;其次,林德布洛姆认为,公共政策不过是过去政府活动的延伸,即政府在旧有的基础上把政策稍加修改,决策者通常是以现有的合法政策为主。林德布洛姆指出,一种和以往政策越不同的方案,就越难预测其后果,也就越难获得一般人对这项政策的支持,其政治可行性就越低。所以,重大创新的政策,后果特别难以预料。因此,在林德布洛姆看来,政策制定基本上应是保守的,而且应该把政策创新限定在"边际性的改革"范围之内。②

1. 渐进决策模型的主张

西蒙对理性模型的实用性和有用性的怀疑,得到了耶鲁大学的政治科学家林德布洛姆的回应。和西蒙一样,林德布洛姆对完全理性决策模型进行了严厉的批评。林德布洛姆认为完全理性是一种抽象的理想。

林德布洛姆致力于发展接近于实际情形中的决策行为的决策理论,形成了政策过程中的渐进决策模型。渐进决策模型把公共政策看作是一个政治过程,在这个过程中,自利的决策者的讨价还价和妥协起着主导的作用,最终达到的决策在实践中便具有十分的可行性。林德布洛姆总结到,渐进决策模型由下列"相互支持的简化和集中战略"组成③:

---

① 参见〔美〕赫伯特·西蒙:《管理行为》,机械工业出版社 2004 年版,第 109 页。
② 参见〔美〕查尔斯·林德布洛姆:《政策制定过程》,第 5 页。
③ Charles E. Lindblom, "Still Mudding, Not Yet Through," *Public Administration Review*, Vol. 39, No. 6, 1979, p.517. 转引自 Michael Howlett and M. Ramesh, *Studying Public Policy: Policy Cycles and Policy Sub-systems*, Oxford University press, 1995, pp. 141—142。

(1) 分析局限于少数比较熟悉的政策方案,它们与现实的方案仅有着细小的差别;

(2) 分析连结政策目标价值和问题的经验层面(也就是说,不需要明确区分价值与紧跟其后的实现价值的手段);

(3) 分析更多地关注于补救缺陷而不是追求正面的目标;

(4) 分析是一个不断试错的过程;

(5) 分析只能发现某一个方案的部分而不是全部的重要可能结果;

(6) 政策过程中许多(党派)参与者的存在使分析工作分裂化(每一个参与者都只注意到整体问题的一小部分)。

在渐进决策模型的视角中,公共事务的复杂性使决策者不可能面对一成不变的问题,而是先要找出问题并说明问题。由于时间和资源的限制,公共决策并不可能作穷尽的、花费高昂的资料收集,或者等一切分析妥当再决策,否则贻误时机,且不经济。在林德布洛姆看来,决策制定中通过对早期决策"连续性的有限比较"过程来形成政策,而这些决策往往是他们所熟悉的。决策是一步一个脚印的、逐步前进的过程。完全理性途径是一种根部法,从根本出发,缘于某个基本问题而生成各种方案;而渐进决策模型则是分支法,缘自现实的情况,逐步地改变现有的政策。所以,决策达成的只是与既成政策的细微差别;换言之,对现状的改变是渐进的。

林德布洛姆认为,决策为何无法大幅度地改变现状,这主要是由下面几个原因决定的。首先,讨价还价的活动需要各方参与者共同对有限资源进行分配。在这种情况下,现存分配模式就很容易持续下去,而不是寻找激进的新方案。这是因为,在现有的政策条件下,各方参与者可以明确彼此的成本和收益。然而,政策改变后将会带来什么样的成本和收益,相对来说却很不明确,这就使得难以达成关于改变的一致性。因此,政策结果往往是现实的持续,或者只是一些细小的变化。其次,墨守成规是官僚行为的特性,这在另一方面也促使决策者保持现存的模式。在规则导向和非人格化的官僚体制中,官僚只是按照规章制度办事,这往往会阻碍政策创新,固化现存的制度安排。再次,林德布洛姆指出,在多数的政策领域中,政策选择的一致性是难以达成的。因此,决策者往往会避开那些难以达成一致意见的老问题,这样,与原来政策有着细微差别的决策就会得到维持。

总之,在渐进决策模型看来,决策是解决目前问题的实践活动,而不是追求远大的目标。决策的手段是从试错过程中产生出来的,而不是通过对所有可能的手段进行综合评估。决策者考虑的仅仅是一些熟悉的恰当选择,当他们发现一个可接受的方案时,他们就会停止寻求这个过程。渐进决策模型把公共政策制定过程看作是对以往政策行为的不断修正的过程。它是在以往的政策、惯例基础上制定新政策，只对过去的政策做局部的调整和修改，是过去政策的延伸和发展。换句话说，渐进决策模型经常是修正过去的政策，而不是全面更替。渐进决策模型遵循三个基本原则，即按部就班原则、积少成多原则和稳中求变原则。在渐进决策模型中，一种和以往政策越不相同的方案，就越难预测其后果，也就越难获得一般人对这项政策的支持，其政治可行性就越低。由于重大创新的政策后果特别难以预期，所以渐进决策模型主张，政策制定基本上应是保守的，是不得已而为之的，且应将创新之举限于边际性的改变。

2. 对渐进决策模型的简要评价

渐进决策模型对我们最大的启示是，公共政策是对旧政策中存在问题的补充和修正。渐进决策模型的关键在于寻找"临界点"，在"老政策是好政策"的指导原则下，根据外界的政治、经济和社会环境来确定渐进模式的速度。从政治经济学的角度看，渐进决策是理性的。这是因为，新的政策将会产生学习成本、与原政策系统的摩擦成本、结构转型成本等。因此，现实中的公共政策是一个逐步演化、完善的渐进过程。在渐进模式的视角下，公共政策会依照固有的惯性，遵循原有的路径缓慢地演变，这种政策惯性对于节约信息成本而言无疑是经济和理性的。

渐进决策模型在政治上也比较可行，该模型对缓解矛盾冲突、维持政治稳定和社会安定，具有现实的重要意义。渐进决策模型是对理性决策模型的质疑而提出的，认为既然不存在完美无缺的公共政策，就应对现行的公共政策不断进行修正。同时，从统治者的角度来看，作为现行体制下的受益者，他们倾向于维持社会的现状，态度保守，不会轻易改变现行政策，即使改变也是渐变，而非突变。

尽管渐进决策模型在某种程度上正确地描述了公共政策是如何制定的，然而，渐进决策模型也存在一些内在的缺陷。首先，渐进决策模型在理论和实践中都带有维持现状和缺乏变革的保守主义色彩，使公共政策的制定成为修修补补的游戏。批评者指出，渐进决策模型缺少目标导向，决策使人们一直停留在十字路口，找不到前进的方向。渐进决策模型内在地有着过于保守的倾向，它怀疑大规模的改变和创新。其次，渐进决策模型被认为是不民主的，它把决策的范围局限在小部分高级决策者之中。再次，由于渐进决策模型排斥系统的分析和计划，破坏了寻找有益的新选择的动力。在这一点上，批评者指出，渐进决策模型容易产生短视的决策，不利于社会的长期发展。最后，批评者对渐进决策模型的适用性提出了质疑。德罗尔指出，只有在属性前后始终一致的政策问题面前，并且解决方案是现成的情况下，渐进决策模型才能起作用。换言之，渐进决策模型只适用于相对稳定的环境中，而在社会危机面前，渐进决策模型便失去了解释力。

## 第三节 公共政策的分析框架

自政策科学产生以来,学者们一直信奉哈罗德·拉斯韦尔、戴维·伊斯顿等人提出的公共政策的阶段模型。所谓公共政策的阶段模型,就是从功能和时间上把政策过程分为不同的次过程。1951 年,拉斯韦尔提出一个明确的政策阶段模型,包括知识、推荐、规范、创新、应用、评估及终结等阶段。1965 年,伊斯顿提出政治的系统模型,表明政治系统的输入功能、生产功能、输出功能、反馈功能等机制。

伊斯顿和拉斯韦尔的功能论和时间论贯穿着整个公共政策的研究文献。其中,最权威的代表之作是琼斯的《公共政策研究导论》和安德森的《公共政策制定》。在这两本书中,作者在伊斯顿和拉斯韦尔的基础上,将政策过程分为问题构建、议程设置、采纳、执行、政策评估等阶段。每一个阶段都涉及不同的时间、不同的制度和不同的行动者。

伊斯顿提出的"政策制定过程"的概念,不同于早期传统政治科学对正式制度的强调,比如总统、国会及法院等。由于"政策过程"概念的引入,阶段模型的研究就已经超越对既定制度关注的限制,而转向以"过程"为关注点的分析。同时,过程分析与制度分析分离,还可以提供一些有用的分析主题。在这些主题研究中,"可能最为重要的是政策影响,也就是政府机构在现实中完成政策目标的能力,比如提高空气质量、获得能源供应"[①]。传统的制度分析止步于"制度产出了什么"的问题,而没有涉及政策的最终结果、效果或政策影响力的主题。

此外,阶段模型把复杂的和各不相同的政策过程区分成不同的部分,使之可以管理和操作,这就使研究可以集中到具体阶段,特别是关于议程设置或政策执行的阶段。同时,阶段模型与政策科学的理性方法及民主理论有不谋而合之处,比如制定与执行的分开、代议制下官僚的地位合法化、立法机关根据社会的需求制定政策,然后交给政府执行。

因此,在相当一段时期内,阶段模型占据着政策过程研究的主流地位,成为政策过程研究的基本途径。然而,林德布洛姆的研究已经开始萌发出对阶段模型的质疑。林德布洛姆主张:"对政策制定过程的研究不能仅满足于静态的阶段,即把政策制定过程解析分为若干阶段或小过程,而应该从政治的、经济的和社会的环境或背景着手,从而提出以'政治互动'这种动态的途径来分析和解释政策制定过程,即以'互动的政策制定'代替'分析的政策制定',从动态中把握

---

① Paul A. Sabatier, Hank C. Jenkins-Smith, *Policy Change and Learning: An Advocacy Coalition Approach*, Westview Press, 1993, p.2.

政府的政策制定活动与过程。"①在林德布洛姆之后,萨巴蒂尔更是全面指出作为研究和教学的阶段模型的不足和缺陷。具体而言,阶段模型有以下六个缺陷②:

第一,阶段模型从根本上讲并不是一个因果模型。萨巴蒂尔认为,这是阶段模型最重要的缺陷。阶段模型缺乏推动一个阶段走向另一个阶段的动力。虽然阶段模型把政策过程划分为不同的单元,这的确为政策分析提供了方便,然而,它并未能形成理论模型的本质内核,没有明确指出各个阶段之间的链条、演进动力及其影响。

第二,由于缺乏因果机制,阶段模型不能提供验证经验假设的明确基础。这种基础的缺位,意味着阶段模型缺乏以经验为基础的证明和阐释的方式。萨巴蒂尔指出,即使在阶段模型最新近的研究著作中,琼斯也无法给出一个内在假设,来说明政策过程从一个阶段发展到下一个阶段的条件。

第三,阶段模型对从议程设置到政策制定、政策执行及政策评估的发展进程的描述是不充分、不准确的。虽然阶段模型的主张者也承认实践中可能对这种序列性的进程有所偏离,但大量的最新经验研究表明,这种偏离非常频繁。比如,对现有项目和程序的评估经常影响了议程设置,而官僚在执行含糊的立法决定时经常会出现决策制定的情形。

第四,阶段模型固有的关注重心在于条文主义和自上而下的要素。从问题确认到政策制定、再到政策执行的发展周期论表明了,阶段模型看重的是立法者的意图及政策的创议。这种自上而下的视角不可避免地将忽视诸如"街头官僚"之类的重要行动者,而一旦政策源自于多个行动者并有多种导向时,阶段模型便不再合适了。

第五,阶段模型把政策周期作为时态的分析单元,这是不恰当的。许多政策领域的实践表明,政策的演化经常有多重的周期。也就是说,由于政府不同层级的行动者对问题及问题方案的理解和感知是不一样的,因此他们所提出的政策创议是不同的;同时,由于外界事件及相关政策问题领域的影响的变化,政策精英对于政策会进行再拟定。因此,政策周期并不是单一的,也不只是存在于中央政府的层面,更为合适的模型应该关注的是一种多个政府层级的、多重的、互相影响的周期。

第六,阶段模型无法有效地对政策分析和政策导向的学习进行整合。阶段模型往往把分析限定在评估阶段及政策影响的事后评价。阶段模型过于简单,

---

① 参见〔美〕查尔斯·林德布洛姆:《政策制定过程》,第5页。
② 参见 Paul A. Sabatier, Handk C. Jenkins-Smith, *Policy Change and Learning: An Advocacy Coalition Approach*, p. 3。

它隔离了政策分析和政策学习的作用。比如,在政策采纳、议程设置中,分析就起到了支配性的作用。

西方学者指出,阶段模型的许多概念和隐喻是"教科书式的途径",它代表着公共政策一种共识性的思维方式。以萨巴蒂尔为首的学者主张,虽然阶段模型在20世纪70年代和80年代早期发挥了有用的贡献,但已经显得过时,必须被取代或加以实质性地修正。① 为此,学者们提出了新的分析和解释框架。

## 一、支持联盟框架

萨巴蒂尔提出了支持联盟框架(advocacy coalition framework),这个框架的思想集中地表现在《政策改变和政策学习:支持联盟的途径》一书中。萨巴蒂尔认为,分别探讨政治家、压力集团和行政管理者的作用根本就是离题的,在一定程度上应该把政策过程看成是政策支持者的联盟。在萨巴蒂尔看来,政策支持者是那些来自各种职位的人们,比如选任的官员、政府机构的官员、利益集团领袖、研究者等,他们分享着一个由一系列基本价值、关键性的假定和问题意识所构成的一个特定的信仰系统,并在一定时期内在很大程度上协调一致地行动。

萨巴蒂尔认为,在政策领域的政策共同体中,利益集团是有组织的。在支持联盟框架的典型模型中,2—4个有着共同价值和信仰的支持联盟形成了一个特有的政策领域。这些联盟既包括国家的行为者,也包括社会和各级地方政府的行为者。一般来说,联盟形成的纽带是某种共同的信仰,这种信仰通常又是建立在对某个有着共同利益的公共问题的共识的基础之上。

在支持联盟框架中,支持联盟一般是比较稳定的,因为促使各个集团走到一起的,不仅是共同利益的驱使,也是共同知识和信仰使然。这些集团以他们的共同价值和信仰为基础加入政策的争论中,对解决方案进行竞争和妥协。支持联盟间的竞争由政治掮客们居中调停,因为这些政治掮客们在问题解决中有着利害关系,或者因为政治和睦能给掮客们带来好处。在不危及支持联盟的核心价值和信仰时,政治掮客们经常可以成功和解支持联盟间的纠纷。但如果支持联盟的分歧过大,集团间的信仰体系中无法形成妥协,政策改变就不大可能出现。

什么因素引起了政策的改变? 萨巴蒂尔指出,联盟者的资源对改变政策起着基础性的作用,比如联盟者的资金、专业知识、支持者数量及合法性等,表明支持联盟影响政策的力量。此外,如问题的性质、文化价值、宪法制度以及通货膨胀和失业的程度等外部因素也左右着政策改变的路径。在支持联盟框架看来,外部因素可以分为"相对稳定的"系统参数和"动态的(系统的)事件"。这两者

---

① Paul A. Sabatier, Handk C. Jenkins-Smith, *Policy Change and Learning*: *An Advocacy Coalition Approach*, p.2.

的相互作用,促进或抑制了政策制定。稳定的参数包括问题领域的基本特性、社会自然资源的基本分配、基本的文化价值和社会结构以及基本的法律结构。就美国来说,稳定的参数最典型的就是宪政框架和司法准则。系统的动态事件包括社会经济条件和技术的变化、公共舆论的变化、系统治理联盟的变化(比如,立法或行政机关的党派平衡),以及其他子系统的政策决定和作用。

和多源流分析框架一样,支持联盟框架强调各种各样的个人和机构的行为者,它把公共政策制定看作是一个长年累月反复不断的过程。而与多源流分析框架不同的是,支持联盟框架不仅考虑到政策改变的可能性,而且涉及了政策改变的机制,同时更加强调系统中执行和反馈的影响。

总的来说,在支持联盟的框架中,信仰体系和利益因素决定了联盟所采取的政策。与此同时,各种因素影响了政策的成功与否。

## 二、间断性均衡框架

弗兰克·R.鲍姆加特纳和布赖恩·D.琼斯在《美国政治议程和不稳定性》一书中,提出了间断性均衡(punctuated equilibrium)框架。

鲍姆加特纳和琼斯从进化生物学中借用"间断性均衡"的概念,用来描述美国的政策过程。他们认为,从长期来看,利益集团政治权力的平衡相对稳定。而一旦公众对公共性的理解突然有了变化,或者集团寻求打破已有的利益格局,这种平衡就会被打破。因此,大多数情形下,美国的政策过程呈现的是一种稳定和渐进主义的总体趋势,但与此同时,偶尔会出现不同于过去的重大变迁。

间断性均衡框架的关键在于政策垄断的思想,与政策子系统的思想相对应。政策垄断是指政策制定中,由最重要的行为者所组成的集中的、封闭的体系。垄断者热衷于把政策制定封闭起来,因为在一个封闭的体系中,垄断者可以通过各种形式对政策进行控制。在政策制定的铁三角的构架中,就更有可能产生一个封闭而稳定的体系,形成政策垄断。然而,当政策垄断所把持的"均衡"一旦破裂,对问题的关注就会更加强烈和具有批判性,政策也会迅速改变。随之,政策垄断自身会破裂,或至少会走向更为开放的议题网络。

鲍姆加特纳和琼斯指出,媒体对问题的关注会使政策垄断浮出水面。当政策共同体对一个政策问题不能有效回应时,媒体便开始介入对问题的关注。鲍姆加特纳和琼斯引用核政策垄断的垮台来说明媒体对问题关注的效果。核政策垄断由原子能委员会、核公用事业、核工厂、民用和军用的核设备、原子能联合委员会等组成。而当利益集团和公众通过媒体关注核安全和成本之后,这个政策垄断便开始解散。此外,媒体只是政策垄断破裂的一个诱因,利益集团还可以通过法院或其他政府部门,不断寻求政策改变的场所,来最好地表达他们的需求,获得政策辩论的机会。

间断性均衡框架的核心在于,长期的稳定之后会有一个急剧的改变,然后又是一个长期的稳定时期。因此,不能简单用渐进决策模型来解释政策改变,政策并不是一直都处于一种渐进的逐渐的改变过程当中。政策虽然一直不停地在改变,但有一段相对稳定和不变的时期。这段相对稳定和不变的时期过后,很可能政策就会面临一个巨大而激进的演进。

### 三、政策创新和传播框架

在公共政策研究发展的过程中,学者们发现了,"虽然政府的多数行为在对已有项目实践小修小补的意义上是渐进的,政策制定的许多研究也试图去解释为什么政策制定倾向于渐进决策模型,但是最终每一个项目都可以追溯到某种非渐进的创新"[1]。因此,只有解释政府采纳新项目的过程之后,才能理解政策制定。换言之,对政策创新的认知是理解政策制定的前提。在这个基础上,西方学者已经对政策创新进行了广泛的探索。而对于政策创新的研究,主要集中在国家之间、政府之间的政策如何传播。

政策创新和传播主要有两种解释框架。一是内部决定模型,二是传播模型。内部决定模型假设,地方政府的行为不会受其他地方政府行为的影响,认为职能部门创新的因素在于地方政府内部的政治、经济或社会特性。与内部决定模型相反,传播模型则认为政策创新本质上是政府之间的关系,它把一个地方政府采纳的某项政策视为模仿其他地方政府先前采纳的政策。从20世纪90年代以来,这两种思路出现了融合的趋势。"20世纪90年代以来,已经发展出的更加现实的模型考虑了内部决定性因素和政策传播因素在州的政策采纳行为方面同时发生的影响,而且这些模型已经通过事件历史分析的技术得到了检验。"[2]

1. 内部决定模型

内部决定模型假设导致地方政府采纳一项新项目或新政策的因素是该地方政府的政治、经济和社会特性所决定的。因此,它排除了地方政府受其他地方政府或中央政府所影响的传播效果。内部决定模型假设,规模越大、资源越充实、经济越发达的地方政府越具有创新性。在影响创新的因素中,公民和精英的意识形态也会影响常规或渐进的政策选择。然而,就总体来说,财政资源及政府能力是其中最重要的影响因素。

首先,财政资源在政策创新过程中有着十分重要的地位。在政府创新的过

---

[1] 〔美〕弗朗西斯·S.贝瑞、威廉·D.贝瑞:《政策研究中的创新和传播模型》,〔美〕保罗·萨巴蒂尔编:《政策过程理论》,生活·读书·新知三联书店2004年版,第225页。

[2] 同上书,第228页。

程中,一些新的政府项目需要大量的政府开支,拥有财政资源是采纳新政策的前提条件。美国学者沃克就指出,那些立法机构能够慷慨地给予议员以人员支持和研究设备支持的州,比那些立法机构较少专业化的州更可能采纳新政策。由此决定了,地方政府的财政资源和经济能力对政策创新有着决定性的影响作用。其次,在政策创新过程中,支持政策理念并愿意奉献于推动理念的人员有着举足轻重的作用。学者们非常关注在政策议程设定中"政策活动家"的作用。

2. 传播模型

在政策创新的研究中,传播指的是"一项创新通过某种渠道随着时间的流逝在一个社会系统中的成员之间被交流的过程"①。在美国,以传播模型研究政策创新的学者认为,采纳新政策的模式基本上都源于州与州之间相互竞争性的效法行为。

首先,州与州之间相互竞争。为了实现竞争性优势,避免处于劣势之中,各州的政策精英开展了各种竞争性的项目和活动。例如,各州采纳出现在其他州的经济发展激励项目,以防止商业从本州外流。此外,除了各州之间政策精英的竞争之外,政府官员也可能受到公民要求采纳其他州创设的政策的公共压力。其次,州与州之间在竞争中互相学习。在面临复杂的问题时,州为了寻求政策制定的捷径,一般都采取向其他州学习的策略,选择那些在别的州已经被证明是有效的方案。

在传播模型中,还可以细分为全国性互动模型、区域传播模型、领导跟进模型和垂直影响模型。全国性互动模型假设在州的官员之中存在关于公共部门项目的全国性交流网络,由此官员们可以了解其他州同行的项目。全国性互动模型假设,已采纳新项目的州的官员能够与尚未实施新项目的州的官员自由互动,在互动和接触中,前者会给后者提供一定的激励,刺激后者采纳新的政策。因此,有学者指出,一个州采纳项目的概率是与它的官员与采纳项目州的官员的互动次数成比例的。

与全国性互动模型假定各州在全国范围内完全互动的假设不同,区域传播模型假设,各州主要受地理上相邻的州的影响。在区域传播模型中,学习、竞争和公众压力是其传播途径的基础。区域传播模型认为,各州有着向邻州学习的倾向,是因为它们存在着类似的经济和社会问题,而且环境相似,这样政策行动可以产生预期的类似结果。同时,由于两州相邻,公众更为熟悉邻州的行动,公众对于政府采纳新政策的压力也就更大。与全国性互动模型比较,州与州之间的互动模型更为结构化和例行化。

---

① 〔美〕弗朗西斯·S.贝瑞、威廉·D.贝瑞:《政策研究中的创新和传播模型》,〔美〕保罗·萨巴蒂尔编:《政策过程理论》,第228页。

领导跟进模型假设,某些州在一项政策的采纳方面是先行者,其他州争相模仿这些先行者和领导者。多数学者认为,这种领导是区域性的,许多州是接受来自于它们所在地区中的先进州的指引。与此同时,这个模型也容易被修改成体现全国性领导者的主张。领导跟进模型更加强调的是在学习的过程中相互仿效,而不是州与州之间的竞争或者公众压力。

垂直影响模型认为,州不是效法其他州的政策,而是仿效全国性政府的政策。在某种程度上,垂直影响模型类似领导跟进模型的思想,在垂直影响模型中,中央政府事实上扮演了与州级先进者大致相同的角色,政策创新相当程度上是学习的结果。然而,与领导跟进模型不同的是,垂直领导模型说明了各州受全国性政府的影响。而且,采纳政策的理由不仅仅是由于学习的原因,在某些情况下,也可能只是在简单地执行全国性政府的命令。

【关键术语】

制度分析　间断性均衡　渐进决策模型　政策创新与传播框架
精英决策
集团决策
理性决策
完全理性
有限理性
支持联盟

【复习思考题】

1. 在制度分析模型中,旧制度主义与新制度主义有什么样的不同?
2. 简要评析完全理性决策模型。
3. 简要评析精英分析模型。
4. 简要评析集团分析模型。
5. 简要评析渐进决策模型。
6. 简述支持联盟框架的主要内容。
7. 简述间断性均衡框架的主要内容。
8. 简述政策创新与传播框架的主要内容。

## 【案例分析】

### 布什欲重整能源工业[①]

经过三个月左右的闭门策划,美国布什政府本周内将推出一项着眼于长远的能源工业改革计划,以期解决美国面临的日益严重的能源危机。然而,这项因汽油价格飞涨而起的改革计划,因涉及众多集团的利益,势必引起各相关派别的激烈争斗。

**能源瓶颈已经形成**

不到一年前,美国每加仑87号汽油价格只在1美元上下,如今油价普遍上升了一倍,在加州等部分地区,油价则几乎上升了两倍。与此同时,美国的电力供应日趋吃紧,新兴工业基地加州在每年的用电高峰还未到来之前,已经数次拉闸限电。油价的大幅度上升,加之电力供应紧张,不但将影响民众的生活,且对美国经济形成新的威胁。

美国政府认为,此次美国的能源困难,有别于以前的石油危机。其主要原因一是美国国内炼油能力多年来停滞不前;二是前些年油价偏低使众多的人又开始青睐马力大、耗油多的跑车和子弹头面包车等;三是能源产品的输送系统条块分割,设备滞后。

据有关部门统计,属于油老虎的家用车辆今天占美国汽车总量的43%左右,而在20世纪90年代,这一比例只有30%。2001年美国的汽油需求量与去年相比又上升了2%,每天耗油达860万桶。

更严重的问题是美国的炼油能力已经达到饱和状态。由于美国对汽油环保标准要求越来越高,炼油厂的利润率不断下跌,使美国自从1976年以来的25年内不但没有一家新的大型炼油厂投产,而且还有数家大炼油厂关闭改产。自从1975年以来,美国石油加工产品的需求提高了11%,而炼油能力只增长了8%。面对日益增长的汽油需求,美国炼油厂的开工率已经达到96%,现有的炼油厂已经没有继续提高生产率的余地。但要投资建设一个新厂,一期基本投资就高达30亿美元,其中仅环保设备一项就要投资3亿美元,而新厂要开始出油,最起码是5年之后的事了。

**改革先增生产能力**

布什政府一上台,美国副总统切尼就着手研究制定即将推出的这一能源改革计划。进入白宫前担任过大型石油企业总裁的切尼,认为美国复杂的能源问题,概括起来主要是生产设备不足,输送能力低下。为此,白宫的改革计划要求

---

① 资料来源:《经济日报》2001年5月16日。

在今后 20 年内,美国最起码要建造 1300 个新的能源生产厂,即每星期最起码有一个新厂破土动工。

为了解决炼油产品供应危机,能源改革计划将允许开放阿拉斯加国家环境保护区内 2000 公顷土地的石油天然气开采,降低新炼油厂和输油管道建设的环保门槛,统一天然气管道铺设的行政规定,提高战略石油的储存规模,以及重新评估对伊拉克、伊朗和利比亚的经济制裁。

美国能源供给的 52% 依赖于燃煤,20% 来自于核能发电,15% 依靠天然气。美国有丰富的煤炭储存。为了提高电力生产,改革计划还将增加对燃煤发电环境保护的研究费用,解冻对建设新的核电厂的限制。20 年来,美国没有建过任何新的核电厂,布什政府希望尽快揭开核电厂建设的新篇章。除此之外,计划还将为风力发电、天然气发电甚至生物燃料发电解除多项行政限制。切尼在接受新闻采访时称,在未来的发电建设方面,90% 的新投资将用于环保效果最好的天然气发电,同时将通过简化批准程序,帮助企业建设长达 38000 英里的天然气管道。

为了改善输送系统目前的"巴尔干化",布什政府将要求成立一个全国性的电力管理机构,并赋予该机构征收私人土地的权力,以建设畅通的全国性电力输送系统。

**利益集团恶战难免**

尽管美国上下对布什政府能源政策改革的指导原则没有太大分歧,但在具体实施上有关利益集团将各持己见。

民主党首先抱怨布什政府在设计改革方案时把他们排斥在外,所以现在准备推出自己的能源方案,依赖在国会的势力与共和党抗衡。民主党还指责布什政府的方案实际上是在偿还大能源企业在总统竞选中对共和党的政治支持。环保主义者和国会民主党议员则批评布什的方案不但解决不了美国民众目前面临的能源困难,且忽视了环境保护的因素。自然资源保护协会指责布什政府有意忽视能源部最近的一个报告,该报告称能源节约措施和开发再生能源,可满足美国未来 20 年内能源需求增长的 60%。

总之,美国未来的能源改革和发展,不但关系到美国经济持续发展和民众生活习惯被迫改变的问题,还牵扯到所有相关集团如何分配"利益蛋糕"的问题,因此美国国内将展开一场相当规模的利益争斗。

**思考:**

在"炼厂不足、油价飞涨、核电受限、电力吃紧"的问题面前,2001 年美国酝酿一个着眼于长远的能源工业改革计划,试运用集团分析模型对此进行分析。

## 【参考书目】

1. 〔美〕丹尼尔·布罗姆利:《经济利益与经济制度——公共政策的理论基础》,上海三联书店、上海人民出版社1996年版。

2. 〔美〕保罗·萨巴蒂尔:《政策过程理论》,生活·读书·新知三联书店2004年版。

3. 陈振明:《政策科学:公共政策分析导论》(第二版),中国人民大学出版社2003年版。

4. 张金马:《公共政策分析:概念·过程·方法》,人民出版社2004年版。

5. 丁煌:《政策执行阻滞机制及其防治对策——一项基于行为和制度的分析》,人民出版社2002年版。

6. 赵成根:《民主与公共决策研究》,黑龙江人民出版社2000年版。

7. 曹俊汉:《公共政策》,三民书局印行1990年版。

8. 唐钧:《公共政策:哲学解读与制度分析——论公共政策的自负、惯性、私利及其改进》,《理论与改革》2001年第5期。

9. 贺卫、王浣尘:《试论公共政策研究中的模型方法》,《中国软科学》2000年第1期。

10. 刘霞、潘晓良:《人类决策行为中的理性问题》,《江汉论坛》1995年第11期。

11. Michael Howlett and M. Ramesh, *Study Public Policy*: *Policy Cycles and Subsystems*, Oxford University Press, 1995.

12. James E. Anderson, *Public Policy Making*, Houghton Mifflin Company, 2001.

13. William N. Dunn and Rita Mae Kelly, *Advances in Policy Studies since 1950*, Transaction Publishers, 1992.

14. Thomas A. Birkland, *An Introduction to the Policy Process*: *Theories, Concepts, and Models of Public Policy Making*, M. E. Shape, Inc., 2001.

15. Paul A. Sabatier and Hank C. Jenkins-Smith, *Policy Change and Learning: An Advocacy Coalition Approach*, Westview Press, 1993.

16. Frank R. Baumgartner and Bryan D. Jones, *Agendas and Instability in American Politics*, The University of Chicago Press, 1993.

17. Brian W. Hogwood and Lewis A. Gunn, *Policy Analysis for the Real World*, Oxford University Press, 1984.

18. Christopher Ham and Michael Hill, *The Policy Process in the Modern Capitalist State*, Harvester Press, 1984.

19. Jones W. Kingdon, *Agendas, Alternatives, and Public Policies*, Harper Collins Publishers, 1984.

# 第十一章 公共政策分析的量化方法(一)

## 【内容概要】

本章主要介绍公共政策分析的定量方法——规划方法、决策方法及投入产出方法。在规划方法中,介绍了线性规划的建模原理,并通过案例,介绍了求解线性规划模型的 Excel 软件及 LINDO 软件的运用。在决策方法部分着重探讨了确定型决策、风险型决策及不确定型决策的含义、方法及应用。接下来介绍了博弈论的基本原理以及博弈论在公共政策分析中的运用。本章最后部分,介绍了投入产出分析的基本理论及方法。

## 【要点提示】

- 规划方法的建模原理与计算机软件应用
- 决策方法的数学原理与计算机软件应用
- 投入产出的方法与模型在公共政策分析中的应用

## 第一节 规 划 方 法

规划方法是运筹学的重要组成内容,包括线性规划、非线性规划、整数规划、目标规划、动态规划、随机规划等。其中,线性规划是目前应用最为广泛、最为成功的运筹学模型,是现代科学管理的重要手段之一,是帮助管理者进行决策的有效方法。

求解线性规划的单纯形法的基本原理是苏联学者康托洛维奇于 1947 年奠定的,1947 年美国数学家丹捷格提出了求解线性规划的单纯形法,使得线性规划在军事、经济和管理领域的应用得到了飞速发展。目前,计算机软件发展更是推动了规划论的普及与应用,数学规划已成为广大管理工作者包括政策分析人员进行最优决策和有效分析的常用工具之一。

### 一、线性规划

1. 线性规划的建模与计算

关于线性规划的基本理论描述,已在本书第四章中给出。下面,我们举例说明线性规划的建模与计算。

**例1** 某企业生产甲、乙两种产品。生产甲、乙种产品所需的设备、人工、原材料的单位数量及资源限制如表11-1。已知:产品甲的单位利润500元,产品乙的单位利润600元,市场需求旺盛。问:如何安排生产能使企业每天的利润最大?

表 11-1

|  | 产品甲 | 产品乙 | 资源总量 |
| --- | --- | --- | --- |
| 设备(台时) | 4 | 8 | 120 |
| 人工(时) | 2 | 1 | 80 |
| 原材料(公斤) | 6 | 4 | 100 |

**解**:(1) 线性规划的模型建立

该问题是在有限资源约束下求利润最大化的问题。模型包含目标函数和约束条件两大部分。

① 设置决策变量:

设:$X_1$ 为每天生产的产品甲的产量;

$X_2$ 为每天生产的产品乙的产量。

② 建立模型:

$$\text{MAX} \quad 500X_1 + 600X_2 \qquad \qquad 1)$$

ST.

$$4X_1 + 8X_2 \leq 120 \qquad \qquad 2)$$

$$2X_1 + X_2 \leq 80 \qquad \qquad 3)$$

$$6X_1 + 4X_2 \leq 100 \qquad \qquad 4)$$

$$X_1 \geq 0 \qquad \qquad 5)$$

$$X_2 \geq 0 \qquad \qquad 6)$$

上述模型中,"MAX"是指目标函数最大化,若是求目标函数最小化要写"MIN"。式1)是目标函数,是指"企业每天的最大利润",等于甲、乙两种产品每天的产量分别乘以单位利润。"ST."是"Subject to"的缩写,含义为"受制于下面式子"。式2)3)4)是描述生产一定数量的产品甲和产品乙的资源约束,本题中包括设备台时约束、人工工时约束和原材料数量约束。式5)6)是对决策变量 $X_1$、$X_2$ 的非负约束。

(2) 线性规划模型的计算机求解

求解线性规划模型的主要方法是单纯形法,它是由美国数学家丹捷格提出的,被称为运筹学史上最辉煌的一笔。单纯形法的计算过程较为复杂,可以参照有关运筹学教材,本书不再介绍这些算法的具体求解过程。

目前,已有求解线性规划模型的多种计算机软件,例如,Excel 软件和 LINDO 软件。Excel 软件适合于求解小规模的线性规划,而 LINDO 软件的功能非常强大,可以求解上万个变量和上万个约束的线性规划问题。作为公共政策分析人员,应该掌握这些软件的使用,以便于实际工作。

下面首先介绍用 Excel 软件求解线性规划问题的方法。

图 11-1 显示了如何将本章例 1 生产问题的线性规划模型在 Excel 表中输入。输入时应该注意单元格的摆布逻辑清晰。除了一般的原始数据输入,如单个产品的资源耗费量、资源总量和产品售价等,还有利用公式计算的单元格。在图 11-2 中用批注的形式显示了一部分公式,如 E3、E4、E5、E7。例如,E3 等于生产产品 A 和产品 B 所用的机器台时分别乘以产品 A 及产品 B 各自的产量,即 E3 = B3 × B8 + C3 × C8。在 Excel 电子表格中用 SUMPRODUCT 函数,该函数表示"若干数组中彼此对应元素的乘积的和"。因此,在 E3 中输入"SUMPRODUCT(B3:B8,C3:C8)"。E4、E5 也是同样的原理。E7 中输入目标函数表达式,本题的目标函数等于产品 A 和产品 B 的单位售价分别乘以各自的产量,因此,E7 = B6 × B8 + C6 × C8。在 E7 中输入"SUMPRODUCT(B6:B8,C6:C8)"。在 E3、E4、E5 及 E7 单元格中设置好求解的公式后,就可以解该线性规划问题了。

|   | A | B | C | D | E | F | G |
|---|---|---|---|---|---|---|---|
| 1 |   |   |   |   |   |   |   |
| 2 |   | 产品A | 产品B | 资源总量 |   |   |   |
| 3 | 机器(时) | 4 | 8 | 120 | 0 |   | 120 |
| 4 | 人工(时) | 2 | 1 | 80 | 0 |   | 80 |
| 5 | 原材料(公斤) | 6 | 4 | 100 | 0 |   | 100 |
| 6 | 产品售价(元) | 500 | 600 |   | 目标函数 |   |   |
| 7 |   |   |   |   | 0 |   |   |
| 8 | 产量 |   |   |   |   |   |   |
| 9 |   |   |   |   |   |   |   |

图 11-1 用 Excel 解生产问题的线性规划模型

第十一章 • 公共政策分析的量化方法(一)

|   | A | B | C | D | E | F | G |
|---|---|---|---|---|---|---|---|
| 1 | | | | | | | |
| 2 | | 产品A | 产品B | 资源总量 | SEC:=SUMPRODUCT(B4:C4,B8:C8) | SEC:=SUMPRODUCT(B3:C3,B8:C8) | |
| 3 | 机器（时） | 4 | 8 | 120 | | | 120 |
| 4 | 人工（时） | 2 | 1 | 80 | 0 | | 80 |
| 5 | 原材料(公斤) | 6 | 4 | 100 | 0 | SEC:=SUMPRODUCT(B5:C5,B8:C8) | 100 |
| 6 | 产品售价（元） | 500 | 600 | | 目标函数 | | |
| 7 | | | | | 0 | | |
| 8 | 产量 | | | | | SEC:SUMPRODUCT(B6:C6,B8:C8) | |
| 9 | | | | | | | |
| 10 | | | | | | | |
| 11 | | | | | | | |

图 11-2 用 Excel 解生产问题的线性规划公式设置

求解此生产优化问题，需要使用 Excel "工具"中的"规划求解"，请在"工具"菜单中选定"规划求解"选项。① 打开"规划求解"后，会出现如图 11-3 那样的对话框。对话框最上面是"设置目标单元格"，选择 E7 单元格；本题求目标函数最大，所以选择"最大值"；"可变单元格"选择设置决策变量的单元格，本模型中是 B8：C8，即甲产品和乙产品的产量；"约束"编辑框用于添加约束条件，本例中即约束三种资源的使用量不得超过资源总量。

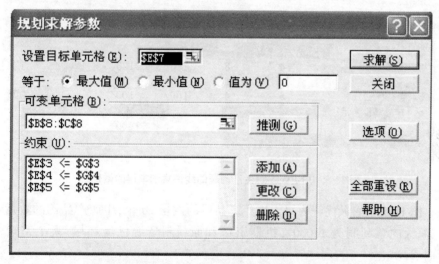

图 11-3 用 Excel 解生产问题的线性规划求解参数设置

点击"选项"按钮后会出现"规划求解选项"对话框，如图 11-4 所示。选择

---

① 如果没有查到"规划求解"功能，请先在"工具"菜单中选择"加载宏"选项，在出现的对话框中，点击"规划求解"前的空格，出现"√"后，点击"确定"按钮。

347

"采用线性模型(M)"及"假定非负",其他参数可以用默认值。选择"确定"后,返回图 11-3 所示的对话框,点击"求解"后,得到最优解,如图 11-5 所示。

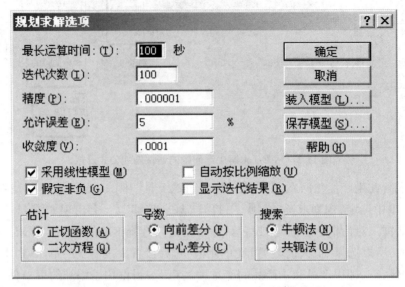

图 11-4 用 Excel 解生产问题的线性规划求解参数选项设置

图 11-5 用 Excel 解生产问题的线性规划求得的最优解

图 11-5 中的最优解为每天生产产品甲的数量 10 个,生产产品乙的数量 10 个,每天的总利润为 11000。机器资源和原材料资源已经耗尽,人工富余 50 台时。

用 Excel 解线性规划还可以提供影子价格、灵敏度分析等功能。Excel 中的规划求解也可以用来解非线性规划。如果要解大型的线性规划问题,用 Excel 会很慢,也难以得到最优解,应该使用专用软件。

LINDO 软件可以用来求解复杂的线性规划问题。LINDO 软件有一套书写模型的规则,如"≥"必须写成">="等。请打开 LINDO 软件界面的"Help"菜单,仔细阅读有关说明。

打开 LINDO 软件，如图 11-6，可以在"untitled"窗口中直接写入原题和模型（注意在不是模型的文本行前面加上英文状态下的"！"，表明该行内容为注释行，不是数学模型）。模型写完后，点击"Solve"，会自动求解，并选择是否进行敏感性分析。

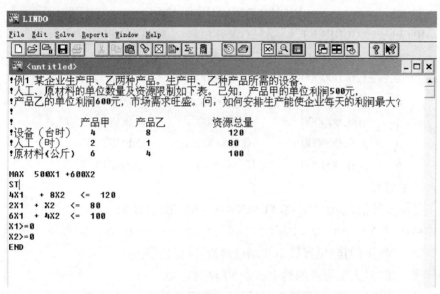

图 11-6　用 LINDO 解生产问题的线性规划

计算结果如下：

OBJECTIVE FUNCTION VALUE

　　　　1）　　　　　　11000.00

| VARIABLE | VALUE | REDUCED COST |
|---|---|---|
| X1 | 10.000000 | 0.000000 |
| X2 | 10.000000 | 0.000000 |

| ROW | SLACK OR SURPLUS | DUAL PRICES |
|---|---|---|
| 2) | 0.000000 | 50.000000 |
| 3) | 50.000000 | 0.000000 |
| 4) | 0.000000 | 50.000000 |
| 5) | 10.000000 | 0.000000 |
| 6) | 10.000000 | 0.000000 |

NO. ITERATIONS =　　0

RANGES IN WHICH THE BASIS IS UNCHANGED：

OBJ COEFFICIENT RANGES

| VARIABLE | CURRENT COEF | ALLOWABLE INCREASE | ALLOWABLE DECREASE |
|---|---|---|---|
| X1 | 500.000000 | 400.000000 | 200.000000 |
| X2 | 600.000000 | 400.000000 | 266.666656 |

RIGHTHAND SIDE RANGES

| ROW | CURRENT RHS | ALLOWABLE INCREASE | ALLOWABLE DECREASE |
|---|---|---|---|
| 2 | 120.000000 | 80.000000 | 53.333332 |
| 3 | 80.000000 | INFINITY | 50.000000 |
| 4 | 100.000000 | 80.000000 | 40.000000 |
| 5 | 0.000000 | 10.000000 | INFINITY |
| 6 | 0.000000 | 10.000000 | INFINITY |

结果解释：

目标函数值(OBJECTIVE FUNCTION VALUE):11000

最优解:X1 = 10,X2 = 10;

第二排、第四排:机器设备和原材料资源已经耗尽;

第三排:对人工资源的约束富余50台时;

其余的为敏感性分析结果,包括对目标函数系数、约束项右端常数的敏感性分析。

2. 线性规划模型的标准形式

一般的线性规划模型中,有多个自变量,一系列约束条件,模型如下:

$$\max(\min) \quad c_1 x_1 + c_2 x_2 + \cdots + c_n x_n$$

s.t.

$$a_{11} x_1 + a_{12} x_2 + \cdots + a_{1n} x_n \leqslant (\geqslant, =) b_1$$
$$a_{21} x_1 + a_{22} x_2 + \cdots + a_{2n} x_n \leqslant (\geqslant, =) b_2$$
$$\cdots\cdots$$
$$a_{m1} x_1 + a_{m2} x_2 + \cdots + a_{mn} x_n \leqslant (\geqslant, =) b_m$$
$$x_{ij} \geqslant 0 (i = 1,2\cdots n, j = 1,2\cdots m)$$

线性规划问题有各种不同的形式,目标函数有的要求"MAX",有的要求"MIN";约束条件可以是"≤",也可以是"≥",还可以是"=";决策变量一般是非负约束,但也允许在$(-\infty, +\infty)$范围内取值,即无约束。这些多种形式的数学模型可以转化成统一形式,即线性规划的标准型:

$$\max \quad c_1x_1 + c_2x_2 + \cdots + c_nx_n$$
s.t.
$$a_{11}x_1 + a_{12}x_2 + \cdots + a_{1n}x_n = b_1$$
$$a_{21}x_1 + a_{22}x_2 + \cdots + a_{2n}x_n = b_2$$
……
$$a_{m1}x_1 + a_{m2}x_2 + \cdots + a_{mn}x_n = b_m$$
$$x_{ij} \geq 0 (i = 1,2\cdots n, j = 1,2\cdots m)$$

写成矩阵形式：

$$\text{MAX} \quad C^{\text{T}}X$$
$$\text{ST.} \quad AX = B$$
$$X \geq 0$$
$$B \geq 0$$

其中，$C^{\text{T}} = (c_1, c_2 \cdots c_n)$，

$$A = \begin{pmatrix} a_{11} \cdots a_{1n} \\ \cdots \\ a_{m1} \cdots a_{mn} \end{pmatrix}, \quad X = \begin{pmatrix} x_1 \\ x_2 \\ \vdots \\ x_n \end{pmatrix}, \quad C = \begin{pmatrix} c_1 \\ c_2 \\ \vdots \\ c_n \end{pmatrix}, \quad B = \begin{pmatrix} b_1 \\ b_2 \\ \vdots \\ b_n \end{pmatrix}$$

3. 线性规划的应用

公共政策分析中，线性规划的应用领域非常广泛，如经济规划、投资计划、运输问题、人力资源配置、物资存储与调配、财务预算、网络布局、排队问题等。要全面了解上述问题的建模与运算，必须学习运筹学课程。在此，我们只讨论政策分析中比较典型的问题。

（1）投资问题[1]

**例2** 某市现有资金10亿元。今后四年内考虑给以下项目投资。已知：

项目A：从第一年到第四年每年年初都可投资，当年末能收回本利110%；

项目B：从第一年到第三年每年年初都可投资，次年末能收回本利125%，但规定每年最大投资额不能超过7000万元；

项目C：第三年年初需要投资，到第四年末能收回本利135%，但规定最大投资额不能超过5000万元；

项目D：第二年年初需要投资，到第四年末能收回本利145%，但规定最大投资额不能超过8000万元。

---

[1] 参考韩伯棠：《管理运筹学》，第54—61页。

问题:应如何确定这些项目的每年投资额,使四年末拥有资金的本利金额为最大?

**解:**

① 确定决策变量:设 $X_{ij}$ 为第 $i$ 年初投资于第 $j$ 项目的金额(亿元),$i=1,2,3,4;j=A,B,C,D$。根据题意,将变量表示在表 11-2 中。

表 11-2

| 年份<br>项目 | 第一年 | 第二年 | 第三年 | 第四年 |
|---|---|---|---|---|
| A | $X_{1A}$ | $X_{2A}$ | $X_{3A}$ | $X_{4A}$ |
| B | $X_{1B}$ | $X_{2B}$ | $X_{3B}$ | |
| C | | | $X_{3C}$ | |
| D | | $X_{2D}$ | | |

② 目标函数:该投资问题目标是第四年末拥有的资金最大,因此目标函数可以表示为:

$$\text{MAX} \quad 1.1 X_{4A} + 1.25 X_{3B} + 1.35 X_{3C} + 1.45 X_{2D}$$

③ 约束条件:

根据题意,项目 A 每年都可以投资,并且当年年底就能收回本息,因此,投资时可以全部投出,不应留有现金。

第一年:第一年年初拥有现金 10 亿元,故有:

$$X_{1A} + X_{1B} = 10$$

第二年:由于投资项目 B 的资金到次年年末才能收回,此时第二年年初拥有的资金为第一年投资项目 A 所回收的资金,得:

$$X_{2A} + X_{2B} + X_{2D} = 1.1 X_{1A}$$

第三年:第三年的投资资金为投资项目 A 第二年的本息与投资项目 B 第一年的本息之和,故有

$$X_{3A} + X_{3B} + X_{3C} = 1.1 X_{2A} + 1.25 X_{1B}$$

第四年:

$$X_{4A} = 1.1 X_{3A} + 1.25 X_{2B}$$

另外,对项目 B、C、D 投资额限制为:

$$X_{iB} \leq 0.7 (i = 1,2,3)$$

$$X_{3C} \leq 0.5$$

$$X_{2D} \leq 0.8$$

这样,可得到如下的线性规划模型:

$$\text{MAX} \quad 1.1 X_{4A} + 1.25 X_{3B} + 1.35 X_{3C} + 1.45 X_{2D}$$

ST.

$$X_{1A} + X_{1B} = 10$$

$$X_{2A} + X_{2B} + X_{2D} - 1.1 X_{1A} = 0$$

$$X_{3A} + X_{3B} + X_{3C} - 1.1 X_{2A} - 1.25 X_{1B} = 0$$

$$X_{4A} - 1.1 X_{3A} - 1.25 X_{2B} = 0$$

$$X_{iB} \leqslant 0.7 (i = 1,2,3)$$

$$X_{3C} \leqslant 0.5$$

$$X_{2D} \leqslant 0.8$$

$$X_{ij} \geqslant 0 \ (i = 1,2,3,4; j = A,B,C,D)$$

用 LINDO 软件解的结果为: $X_{1A} = 9.3, X_{2A} = 8.7, X_{3A} = 9.27, X_{4A} = 11.08$, $X_{1B} = 0.7, X_{2B} = 0.7, X_{3B} = 0.7, X_{3C} = 0.5, X_{2D} = 0.8$, 第四年年末拥有的资金为 14.899 亿元。用 LINDO 软件编写的模型及计算结果见图 11-7 和 11-8。

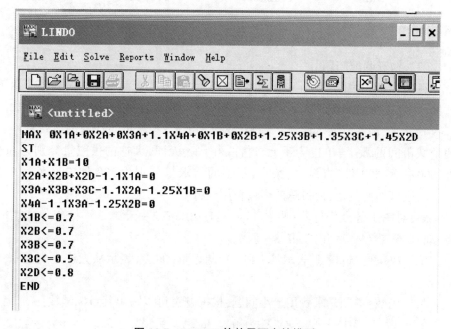

图 11-7　LINDO 软件界面中的模型

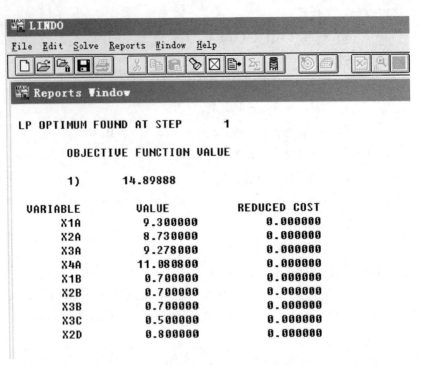

图11-8 LINDO软件投资问题计算结果

(2) 物资调配问题①

**例3** 现有一批药品分别从山东、天津、大连发往青海、内蒙古、新疆。由于某种原因,需在徐州和北京两地转运。各地区间物资发送、转运与调配关系如图11-9所示。"箭头"表示输入,"箭尾"表示输出。各城市间物资的运费标注在两个城市间的弧上,单位为千元/每件。山东、天津、大连的供应量分别为300件、600件和500件,青海、内蒙古、新疆的需求量分别为320件、700件和380件。问应该如何调运,使得总的运输费用最低?

**解**:对图上各点作标示(见图11-9):1—山东、2—天津、3—大连、4—徐州、5—北京、6—青海、7—内蒙古、8—新疆。

确定决策变量:设 $X_{ij}$ 表示从 $i$ 到 $j$ 的调运量,如 $X_{35}$ 表示从大连运到北京的物资。

目标函数:本题是求费用最小问题,根据题意可以写出其目标函数:

$$\text{MIN} \quad 4X_{14} + 5X_{15} + 6X_{24} + 2X_{25} + 5X_{35} + 5X_{46}$$
$$+ 8X_{47} + 6X_{48} + 7X_{57} + 8X_{58}$$

---

① 参考韩伯棠:《管理运筹学》,第136—138页。

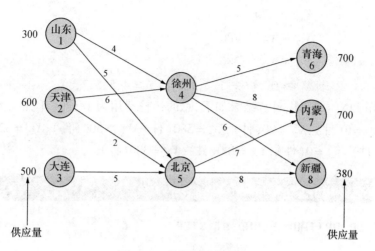

图 11-9 物资调配关系图

约束条件：

发点 1（山东）其供应量的约束条件：$X_{14} + X_{15} \leq 300$

发点 2（天津）的约束条件：$X_{24} + X_{25} \leq 600$

发点 3（大连）的约束条件：$X_{35} \leq 500$

中转点 4：收到的物资数等于送出的物资数，有：

$$-X_{14} - X_{24} + X_{46} + X_{47} + X_{48} = 0$$

中转点 5：$-X_{15} - X_{25} - X_{35} + X_{57} + X_{58} = 0$

收点 6：收到的物资数正好等于需求量 320，故有

$$X_{46} = 320$$

同样有：

$$X_{47} + X_{57} = 700$$

$$X_{48} + X_{58} = 380$$

得到线性规划模型：

MIN　$4X_{14} + 5X_{15} + 6X_{24} + 2X_{25} + 5X_{35} + 5X_{46} + 8X_{47} + 6X_{48} + 7X_{57} + 8X_{58}$

ST.

$\qquad X_{14} + X_{15} \leq 300$

$\qquad X_{24} + X_{25} \leq 600$

$\qquad X_{35} \leq 500$

$\qquad -X_{14} - X_{24} + X_{46} + X_{47} + X_{48} = 0$

$\qquad -X_{15} - X_{25} - X_{35} + X_{57} + X_{58} = 0$

$$X_{46} = 320$$

$$X_{47} + X_{57} = 700$$

$$X_{48} + X_{58} = 380$$

$$X_{ij} \geqslant 0 \quad (i = 1,2,3,4,5; j = 4,5,6,7,8)$$

运用 LINDO 软件,计算结果如下,总的运输费用为 14520(千元),$X_{14} = 300$(件),$X_{15} = 0$(件),$X_{24} = 20$(件),$X_{25} = 580$(件),$X_{35} = 500$(件),$X_{46} = 320$(件),$X_{47} = 0$(件),$X_{48} = 0$(件),$X_{57} = 700$(件),$X_{58} = 380$(件)。

```
Reports Window

LP OPTIMUM FOUND AT STEP        6

        OBJECTIVE FUNCTION VALUE

        1)      14520.00

  VARIABLE         VALUE          REDUCED COST
       X14      300.000000           0.000000
       X15        0.000000           5.000000
       X24       20.000000           0.000000
       X25      580.000000           0.000000
       X35      500.000000           0.000000
       X46      320.000000           0.000000
       X47        0.000000           5.000000
       X48        0.000000           2.000000
       X57      700.000000           0.000000
       X58      380.000000           0.000000
```

图 11-10  用 LINDO 软件解决物资调配问题

## 二、整数规划

### 1. 整数规划简介

在前面的线性规划问题中,得出的最优解可能是整数,也可能是非整数。但在某些实际问题中,要求的答案必须是整数。在公共政策分析中,我们经常遇到如人力资源规划中的人员数目、城市运输问题中的车辆数目、水库规划中泄洪口的数量、仓储问题中调配中心(存储地)的数量等,这些问题都要求结果为整数。解决这个问题,可以用线性规划中另一重要的方法——整数规划(Integer Programming,简称 IP 问题)来解决。

整数规划不能采用将求得的线性规划非整数解舍入化整的方法求解。传统的求解整数规划的方法有分支定界法和割平面法。Excel 软件和 LINDO 软件都可以求解整数规划。如图 11-11，Excel 软件在添加约束选项中，如果选择"int"则为整数规划求解，选择"bin"为整数规划中的"0-1"规划求解。LINDO 软件中，应在模型最后添加"GIN"。

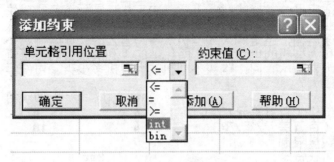

图 11-11　整数规划求解示意

**例 4**　某航空公司是一家从事国内民用航空运输业务的专业公司。为了适应日益发展的业务需要，决定从某国际著名飞机生产企业那里购进一批飞机。现面临的决策是：是购买小型机从事短途运输，还是购买大型机从事跨省区的长途运输？小型机和大型机的单位价格、所创造的年利润及公司可获资金如下表（表 11-3）所示。问：购买小型机或大型机多少架，可使年获利最大？

表　11-3

|  | 小型飞机 | 大型飞机 |
| --- | --- | --- |
| 单位价格（百万美元/架） | 6 | 20 |
| 利润（百万美元/年/架） | 4 | 10 |
| 购买数量限制 | 5 | — |
| 公司可获资金 | 200 ||

**解**：根据题意，线性规划模型为：

MAX　$4X_1 + 10X_2$

ST.

$6X_1 + 20X_2 \leq 200$

$X_1 \leq 5$

$X_1 \geq 0$

$X_2 \geq 0$

用 LINDO 软件书写的模型如图 11-12 所示。

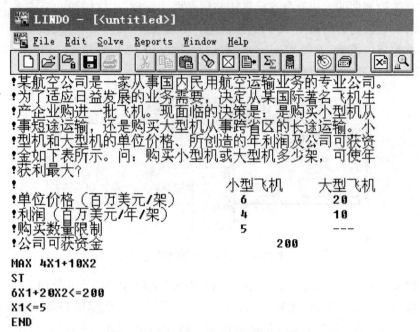

图11-12　LINDO软件中线性规划模型

用LINDO软件求解,计算结果如下(图11-14):

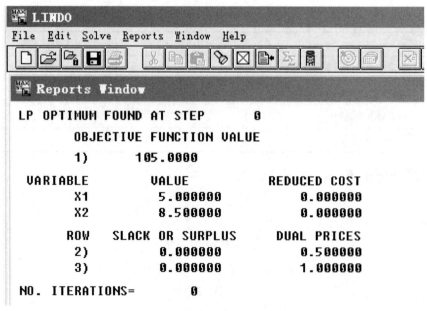

图11-13　LINDO软件求解结果

LINDO 软件求解的结果如图 11-13 所示,$X_1=5$,$X_2=8.5$,即购买小型飞机 5 架、大型飞机 8.5 架,总利润为 10500 万美元。

显然,购买 8.5 架飞机不符合题意。因此,在建立线性规划模型时,要加上整数约束。LINDO 软件的整数约束比较简单,只需在原模型下对有整数要求的变量加上"GIN"则可。原模型修改为(如图 11-14 所示):

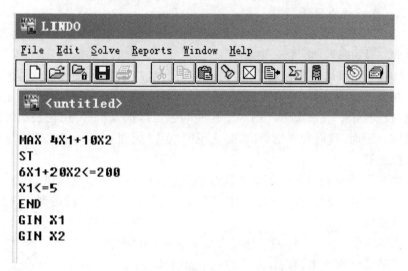

图 11-14 LINDO 软件中整数规划模型

用 LINDO 软件求解,计算结果如下(图 11-15):

```
OBJECTIVE FUNCTION VALUE

    1)      102.0000

  VARIABLE        VALUE         REDUCED COST
      X1        3.000000         -4.000000
      X2        9.000000        -10.000000

     ROW    SLACK OR SURPLUS     DUAL PRICES
      2)        2.000000          0.000000
      3)        2.000000          0.000000
```

图 11-15 LINDO 软件中整数规划求解结果

现在,目标函数为 10200 万美元,$X_1=3$,$X_2=9$,即购买小型飞机 3 架、大型飞机 9 架。

通过本题可以看出,整数规划并不是对线性规划的简单"四舍五入",而是必须通过专门求解整数规划的方法得到。

整数规划的目标函数总是次于原线性规划的目标函数，即：

（1）任何求最大目标函数值的纯整数规划或混合整数规划的最大目标函数值小于或等于相应的线性规划的最大目标函数值；

（2）任何求最小目标函数值的纯整数规划或混合整数规划的最小目标函数值大于或等于相应的线性规划的最小目标函数值。

2．"0-1"规划问题

"0-1"规划问题是整数规划中非常重要的一类规划问题，也是公共政策分析中经常会遇到的规划问题。

"0-1"规划是整数规划中的特殊问题，变量的取值仅限于 0、1 这两个整数。在公共政策分析中，常用到"0-1"规划的有选址问题、指派问题、固定成本问题、投资问题、政策实施问题等。这些问题可以加以扩展，用在公共管理许多领域。下面，我们列举选址问题，来说明"0-1"规划数学模型的建立原理与计算机运算。

**例5**[①] 某银行计划在四个地区开展业务，共有 12 个地点可供选择。经过对这几个地点的企业分布、居民居住密集程度、消费水平等情况的调查，得出以下选址建议：

在第一个地区 $A_1$、$A_2$ 两个地点中至少选一个；

在第二个地区 $A_3$、$A_4$、$A_5$ 三个地点中至多选两个；

在第三个地区 $A_6$、$A_7$、$A_8$ 三个地点中至少选一个；

在第四个地区 $A_9$、$A_{10}$、$A_{11}$、$A_{12}$ 四个地点中至少选两个。

在这些不同地点开展业务，投资额和收益是不一样的，经过预测，得到表 11-4 的数据。

表 11-4

（单位：万元）

|  | $A_1$ | $A_2$ | $A_3$ | $A_4$ | $A_5$ | $A_6$ | $A_7$ | $A_8$ | $A_9$ | $A_{10}$ | $A_{11}$ | $A_{12}$ |
|---|---|---|---|---|---|---|---|---|---|---|---|---|
| 投资额 | 80 | 100 | 70 | 120 | 110 | 130 | 90 | 80 | 120 | 70 | 80 | 100 |
| 利润 | 62 | 70 | 45 | 80 | 75 | 60 | 38 | 56 | 42 | 40 | 56 | 80 |

现规定投资额不能超过 800 万元，问应选择哪几个地点建立营业点，可使年利润最大？

**解：**这是个"0-1"规划问题。设 $X_i = 1$，当 $A_i$ 点被选中；$X_i = 0$，当 $A_i$ 点未被选中。数学模型为：

---

[①] 参考韩伯棠：《管理运筹学》，第163—164页。

MAX　$62X_1 + 70X_2 + 45X_3 + 80X_4 + 75X_5 + 60X_6 + 38X_7 + 56X_8$
$\qquad + 42X_9 + 40X_{10} + 56X_{11} + 80X_{12}$

ST.

$\qquad 80X_1 + 100X_2 + 70X_3 + 120X_4 + 110X_5 + 130X_6 + 90X_7 + 80X_8$
$\qquad\quad + 120X_9 + 70X_{10} + 80X_{11} + 100X_{12} \leqslant 800$

$\qquad X_1 + X_2 \geqslant 1$

$\qquad X_3 + X_4 + X_5 \leqslant 2$

$\qquad X_6 + X_7 + X_8 \geqslant 1$

$\qquad X_9 + X_{10} + X_{11} + X_{12} \geqslant 2$

$\qquad X_i \geqslant 0$ 且 $X_i$ 为 0-1 变量，$i = 1, 2 \cdots 12$

把上述模型输入LINDO。在LINDO软件中输入"0-1"规划时，"0-1"变量一定要加以说明，即在变量前面加上"INT"。本题在LINDO中的输入如图11-16所示，计算的结果显示如图11-17。

```
<untitled>
MAX 62X1+70X2+45X3+80X4+75X5+60X6+38X7
+56X8+42X9+40X10+56X11+80X12
S.T.
80X1+100X2+70X3+120X4+110X5+130X6+90X7+80X8+
120X9+70X10+80X11+100X12<=800
X1+X2>=1
X3+X4+X5<=2
X6+X7+X8>=1
X9+X10+X11+X12>=2
end
INT X1
INT X2
INT X3
INT X4
INT X5
INT X6
INT X7
INT X8
INT X9
INT X10
INT X11
INT X12
```

图 11-16　LINDO 软件输入显示

```
Reports Window

           OBJECTIVE FUNCTION VALUE

           1)       539.0000

    VARIABLE            VALUE           REDUCED COST
         X1           1.000000           -62.000000
         X2           1.000000           -70.000000
         X3           0.000000           -45.000000
         X4           1.000000           -80.000000
         X5           1.000000           -75.000000
         X6           1.000000           -60.000000
         X7           0.000000           -38.000000
         X8           1.000000           -56.000000
         X9           0.000000           -42.000000
         X10          0.000000           -40.000000
         X11          1.000000           -56.000000
         X12          1.000000           -80.000000
```

图 11-17　LINDO 软件计算结果

得到的解为:最优目标函数值为 539,最优解为 $X_1=1, X_2=1, X_3=0, X_4=1$, $X_5=1, X_6=1, X_7=0, X_8=1, X_9=0, X_{10}=0, X_{11}=1, X_{12}=1$。

计算结果告诉我们,要在 $A_1$、$A_2$、$A_4$、$A_5$、$A_6$、$A_8$、$A_{11}$、$A_{12}$ 这八个地点建立营业点,既满足选址要求,同时又能在投资额不超过 800 万元(实际投资额为 80 + 100 + 120 + 110 + 130 + 80 + 80 + 100 = 800)的基础上,获得最大利润 539 万元。

### 三、动态规划简介

在公共政策分析中,还会遇到这样一类问题:它把整个决策过程划分为若干互相联系的阶段。在每一个阶段都需要做出决策,并且在一个阶段的决策确定后,会影响下一阶段的决策,以至于影响到整个活动过程。如果每一个阶段选择了最恰当的决策,这样可期望获得整体上的最优化。正由于每个阶段是以时段表示的,各阶段所采取的不同决策都随时间而变化,这类规划又称为动态规划(Dynamic Programming, DP)。

动态规划可用于解决最短路问题,如输油管线的最短路、城市电力网络的最短路。在解决这类问题时,可以分阶段解决,递推求出每个阶段到始点的最短距离,最后求出终点到始点的最短距离。

动态规划还可用于解决装载问题、资源分配问题、背包问题、生产与存储问题等。这些问题是我们在公共管理领域经常遇到的,运用科学有效的方法进行分析研究,可以提高我们决策的科学性。

下面,举例说明资源分配中的动态规划问题。

**例 6**[①] 某医院拟将新购买的 5 台设备分配给所属的 3 个科室,各科室获得此设备后,预测可创造的利润如表 11-5 所示,问这 5 台设备应如何分配给这 3 个科室,使得所创造的利润最大?

表 11-5

| 设备台数 \ 科室（利润） | 甲科室 | 乙科室 | 丙科室 |
| --- | --- | --- | --- |
| 0 | 0 | 0 | 0 |
| 1 | 4 | 7 | 5 |
| 2 | 6 | 13 | 7 |
| 3 | 6 | 14 | 10 |
| 4 | 10 | 9 | 13 |
| 5 | 9 | 11 | 12 |

**解**:这是一个动态规划问题,我们可以通过建立线性规划模型,利用计算机软件求解。

设 $X_{ij}$ 为第 $i$ 科室得到 $j$ 台设备,其中 $i=1,2,3;j=0,1,2,3,4,5$。这样决策变量分别为 $X_{10},X_{11},X_{12},X_{13},X_{14},X_{15},X_{20},X_{21},X_{22},X_{23}\cdots X_{ij}$ 为 0-1 变量,例如:$X_{13}=0$、1,代表甲科室是否只得到 3 台机器。

数学模型为:

MAX $\quad 0X_{10}+4X_{11}+6X_{12}+6X_{13}+10X_{14}+9X_{15}$
$\qquad +0X_{20}+7X_{21}+13X_{22}+14X_{23}+9X_{24}+11X_{25}$
$\qquad +0X_{30}+5X_{31}+7X_{32}+10X_{33}+13X_{34}+12X_{35}$

ST.

$\quad 0X_{10}+1X_{11}+2X_{12}+3X_{13}+4X_{14}+5X_{15}+0X_{20}$
$\qquad +1X_{21}+2X_{22}+3X_{23}+4X_{24}+5X_{25}+0X_{30}$
$\qquad +1X_{31}+2X_{32}+3X_{33}+4X_{34}+5X_{35}\leqslant 5$

$X_{10}+X_{11}+X_{12}+X_{13}+X_{14}+X_{15}=1$

$X_{20}+X_{21}+X_{22}+X_{23}+X_{24}+X_{25}=1$

$X_{30}+X_{31}+X_{32}+X_{33}+X_{34}+X_{35}=1$

---

[①] 参考韩伯棠:《管理运筹学》,第 192 页。

END
INT 18(18 个变量都为 0-1 变量)

计算结果如下：

OBJECTIVE FUNCTION VALUE

1)    24.00000

| VARIABLE | VALUE | REDUCED COST |
|---|---|---|
| $X_{10}$ | 0.000000 | 0.000000 |
| $X_{11}$ | 0.000000 | −4.000000 |
| $X_{12}$ | 1.000000 | −6.000000 |
| $X_{13}$ | 0.000000 | −6.000000 |
| $X_{14}$ | 0.000000 | −10.000000 |
| $X_{15}$ | 0.000000 | −9.000000 |
| $X_{20}$ | 0.000000 | 0.000000 |
| $X_{21}$ | 0.000000 | −7.000000 |
| $X_{22}$ | 1.000000 | −13.000000 |
| $X_{23}$ | 0.000000 | −14.000000 |
| $X_{24}$ | 0.000000 | −9.000000 |
| $X_{25}$ | 0.000000 | −11.000000 |
| $X_{30}$ | 0.000000 | 0.000000 |
| $X_{31}$ | 1.000000 | −5.000000 |
| $X_{32}$ | 0.000000 | −7.000000 |
| $X_{33}$ | 0.000000 | −10.000000 |
| $X_{34}$ | 0.000000 | −13.000000 |
| $X_{35}$ | 0.000000 | −12.000000 |

结果表明，创造的最大利润为 24 万元；$X_{12}=1, X_{22}=1, X_{31}=1$，说明分配给甲科室 2 台，乙科室 2 台，丙科室 1 台。

### 四、非线性规划

尽管线性规划在政策分析中应用非常广泛，但存在着一定的局限性。首先，在我们面临的社会生产、生活和经济工作中，各种变量之间的关系并不一定都是线性的，过分苛刻的限制条件会使目标函数得不到满意解。其次，人们价值观的差异会导致对事物目标认识的差异，这样，在设立目标函数时需要进行彼此的沟通与妥协。因此，我们得到的线性规划往往包含了太多的假设，使得结果和实际情况产生了误差。

如果目标函数或约束条件中,有一个或多个变量是非线性函数,这种规划问题称为非线性规划。

非线性规划(Non-Linear Programming,NLP)问题有一个非线性的目标函数,或者有一个或多个非线性的约束条件,其模型的一般形式为:

$$\min \quad f(x_1,x_2\cdots x_n)$$

$$s.t. \begin{cases} g_1(x_1,x_2\cdots x_n) = 0 \\ \cdots \\ g_m(x_1,x_2\cdots x_n) = 0 \\ h_1(x_1,x_2\cdots x_n) \geq 0 \\ \cdots \\ h_k(x_1,x_2\cdots x_n) \geq 0 \end{cases}$$

求解非线性规划问题要比解线性规划问题困难得多,而且,也不像线性规划有单纯形法这样的算法。非线性规划目前还没有适合所有问题的通用算法,各种方法都有自己特定的适用范围。

在实际中,我们常见的非线性规划问题包括以下几种:

1. 无约束极值问题:没有任何约束条件的非线性规划求极值问题。常用变尺度法、共轭梯度法、最速下降法等求解。

2. 线性约束优化问题:如二次规划问题。

3. 凸规划:包括目标函数是凸函数极小问题或凹函数极大问题;可行解集是凸集的规划问题。

4. 非凸规划:包括几何规划(geometric programming)、分数规划(fractional programming)。

非线性规划的数值求解具有以下特点:

1. 不能保证全局最优性,往往只能找到局部最优;

2. 只是一种近似解;

3. 和线性规划总是在边界点(顶点)达到最优不同,非线性规划常常在内点处达到最优;

4. 迭代过程有时不收敛(这时需要变换初始点再试试)。

在 Excel 中,只要在"规划求解"之中不选择"采用线性模型",就是利用非线性规划求解。

非线性规划在实际运用时较为困难,如果要详细了解非线性规划的理论与运算方法,可以参阅运筹学教材。

## 第二节 决策方法

美国管理学家西蒙对决策的定义为:决策是为了达到一定的目标,从两个或多个可行方案中选择一个合理方案的分析和判断过程。在政府的决策中,比如做一项设计或计划,常会面对几种不同的情况,有可能存在几种不同的方案,最后从多种方案中选定某一个较为理想的方案。

在决策方法中,把所面临的几种不以人们意志为转移的自然情况,称为自然状态或客观条件,简称状态(或条件),这是一些不可控因素。把那些为实现目标的各种方案,称为行动方案,简称方案(或策略)。

决策有多种分类方法,根据决策所面临问题的特点可以分为以下几种:
1. 长期决策与短期决策;
2. 战略决策、战术决策与业务决策;
3. 初始决策与追踪决策;
4. 程序化决策与非程序化决策;
5. 确定型决策、风险型决策与不确定型决策。

在本章内容中,我们主要介绍确定型决策、不确定型决策和风险型决策。

**一、确定型决策**

所谓确定型决策,是指决策者对决策目标的未来发展有十分清楚地了解,其有关条件都能准确地列举,每种决策只可能有一种后果。也就是说,确定型决策是指决策环境完全确定,决策的结果也是确定的决策。

由于确定型决策的决策结果只有一个,相关的条件也都是确定的,其决策过程与不确定型决策相比要简单一些,只需从备选的决策方案中,挑选出最优的即可进行决策。当然,在现实中,完全确定不变的情形很少见。但在很多情况下,变化倒也不大。而对于变化不大的情形,确定型决策通常不会导致较大的偏差,并且具有决策过程简便的优势,因此通常也还是适用的。

本章第一节中介绍的各种规划方法是解决确定型决策问题的最常用的方法,在此不再赘述。除此之外,我们将介绍政策分析中常用的其他几种确定型决策方法。

1. 盈亏平衡分析决策方法

盈亏平衡分析的目的是考察盈亏平衡的相关经济变量的取值情况。盈亏平衡分析无论是对于私营企业部门,还是公共管理部门都具有十分重要的意义。

所谓盈亏平衡是指总收益等于总成本的情形。对于私营企业部门来说,不亏本是其经营的最低要求,如果达不到这一要求,不如放弃该项经营活动。而对于公共管理部门来说，虽然不以营利为目的，但盈亏平衡对于公共产品的定价也具有重要的参考价值。

在盈亏平衡分析中，总收益 TR 等于产品的价格 $P$ 乘以产品的销售量 $Q$，即
$$TR = P \times Q$$

总成本 TC 等于不随产品生产数量 $Q$ 变动的固定成本 $F$ 与随产品生产数量 $Q$ 变动的变动成本 $C$ 的和，即
$$TC = F + C(Q)$$

其中，$C(Q)$ 表示变动成本 $C$ 是产量 $Q$ 的函数。这里销售量与产量用同一个符号表示，意味着生产者是按销售量来生产的。

按照经济学的一般分析，当产量（销售量）很低时，总收益也很低，通常小于固定成本，从而处于亏本的状态。随着产量（销售量）的增加，总收益增加。并且，只要价格超过变动成本，总收益的增长速度将大于总成本的增长速度。当达到某一产量（销售量）水平时，总收益将与总成本持平，称为达到了盈亏平衡点。当产量继续增加时，总收益通常会超过总成本，而使生产者获得盈利。

（1）线性盈亏平衡分析

线性盈亏平衡分析是对总成本和总收益的变化做线性分析的一种方法，是相对简单的盈亏平衡分析技术，通常假定总收益和总成本均是产量的线性函数。例如，假定：
$$TR = P \times Q$$
$$TC = F + C \times Q$$

当价格固定时，由盈亏平衡点的定义 TR = TC 有：
$$P \times Q = F + C \times Q$$

由此可得：
$$Q = \frac{F}{P - C}$$

显然，若价格 $P$ 不大于单位产量的变动成本，则不存在盈亏平衡。

当产量固定时，由盈亏平衡点的定义有：
$$P \times Q = F + C \times Q$$

由此可得：
$$P = \frac{F}{Q} + C$$

也就是说，价格的确定不仅要能弥补单位产量的变动成本，还要平摊固定成本。

**例7** 某地方政府决定建造一座新桥，总成本是 10 亿元，要求五年收回投资。假定每次过桥的维护成本是 0.5 元，年过桥量为 2000 万车次。如果不考虑资金的时间价值（我们将在下一节讨论这一概念），不考虑车型的大小，求每次

过桥应索取多少元才能刚好收回投资和维护成本,达到盈亏平衡?

在此例中,$Q = 0.2 \times 5 = 1$ 亿次,$F = 10$ 亿元,$C = 0.5$ 元,因此,

$$P = \frac{10}{1} + 0.5 = 10.5(元)$$

五年后,由于投资已收回,只需弥补维护成本,因此,五年后的过桥费应降为 0.5 元/次。

(2) 非线性盈亏平衡分析

在前面的讨论中,当产品的价格固定不变时,假定总成本和总收益随产量的增加成比例地增长,或者当产品的产量固定不变时,总收益随着价格的增加成比例地增长。因而,产品的产量或价格与总收益和总成本的关系是线性的。但是,现实生活中成本结构往往是比较复杂的,不可能随产量的增加成比例地增长,而销售的价格,也会随批发量的大小而有差异。因而反映到产量或价格与总成本和总收益之间的关系上是非线性关系,这就必须进行非线性盈亏平衡分析。

例如,在例 7 中,车辆的过桥数量就可能与过桥费的价格有关。这种关系通常是反向的关系,即过桥费越高,过桥的车辆数越少。假定年过桥需求量 $Q$ 与过桥费之间的关系是:

$$Q = 30 - P$$

上式中的单位是百万车次。这时,五年内的总收益为:

$$TR = P \times Q = P \times (30 - P) \times 5 = 150P - 5P^2$$

上式中的单位是百万元。在这里,总收益不再是价格的线性函数,而是非线性的二次函数。五年内的总成本为:

$$TC = F + C \times Q = 1000 + 0.5 \times (30 - P) \times 5 = 1075 - 2.5P$$

上式中的单位是百万元。

按照盈亏平衡分析,无论是线性的,还是非线性,都是通过总收益等于总成本这个等式即 TR = TC 来求解相应的经济变量。为此,我们有:

$$150P - 50P^2 = 1075 - 2.5P$$

求解上述一元二次方程,可得盈亏平衡价格的两个解:

$$P_1 = 11.06(元), \quad P_2 = 19.44(元)$$

其中,$P_1$ 称为第一盈亏平衡点,$P_2$ 称为第二盈亏平衡点。

可以验算,当价格 $P$ 小于 $P_1$ 时,由于定价偏低,投资无法按期收回;当价格 $P$ 大于 $P_1$ 且小于 $P_2$ 时,不仅可以收回投资,还有盈余;当价格 $P$ 大于 $P_2$ 时,由于定价偏高,过桥的车辆数大大减少,导致投资亦无法按期收回。

如果运用 Excel 软件来求解上述问题,我们先要创建一个 Excel 工作表,把相应的变量值存放在单元格中,如图 11-18。

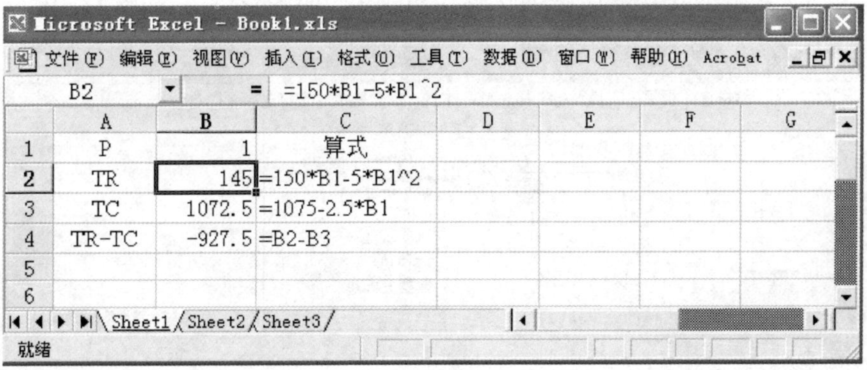


| | A | B | C | D | E | F | G |
|---|---|---|---|---|---|---|---|
| 1 | P | 1 | 算式 | | | | |
| 2 | TR | 145 | =150*B1-5*B1^2 | | | | |
| 3 | TC | 1072.5 | =1075-2.5*B1 | | | | |
| 4 | TR-TC | -927.5 | =B2-B3 | | | | |
| 5 | | | | | | | |
| 6 | | | | | | | |

图 11-18

在图 11-18 中,我们在 B1 单元格内存放任意设定的价格 $P$ 值。在这里,我们设定 $P=1$。然后,我们在 B2 中存放根据公式

$$TR = 150P - 5P^2$$

计算出的总收益的值。为此,我们在 B2 中输入

= 150 * B1 - 5 * B1^2

这里,* 号代表相乘,^号代表求幂。

要注意公式前面的等号,只有这样才能保证 Excel 把输入的内容当作一个必须要进行计算的公式。

如果输入正确,回车之后,单元格中将出现 145(因为 150 * 1 - 5 * 1^2 = 145)。这时,如果我们将 B1 单元格中的数值 1 改为 2,我们会看到 B2 单元格中的数值会自动地改为 280,Excel 会自动按原公式进行数值计算(150 * 2 - 5 * 2^2 = 280)。

接下来,我们在 B3 中存放根据公式

$$TC = 1075 - 2.5P$$

计算出的总成本的值。为此,我们在 B3 中输入

= 1075 - 2.5 * B1

如果输入正确,回车之后,单元格中将出现 1072.5 (因为 1075 - 2.5 * 1 = 1072.5)。

最后,我们在 B4 中输入

= B2 - B3

以存放净收益值。如果输入正确,回车之后,单元格中将出现 -927.5。我们看到,由于定价过低,净收益为负值,无法收回投资。

而盈亏平衡分析要求净收益值为零。为此,我们运用 Excel 的单变量求解功能。

首先，从主菜单中选定"工具"，然后再选定"单变量求解"，如图 11-19。

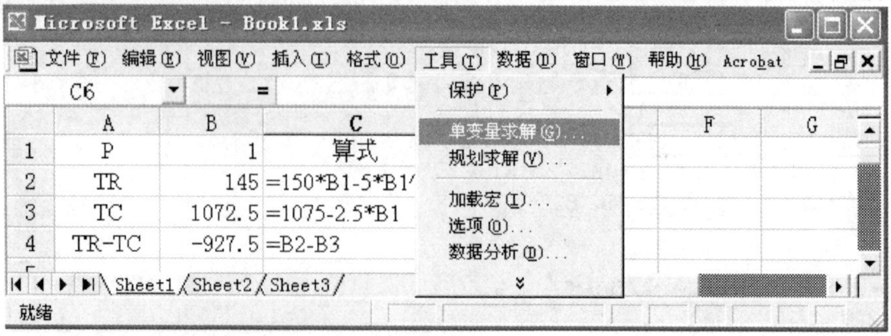

图 11-19

这时，出现一个对话框，如图 11-20。

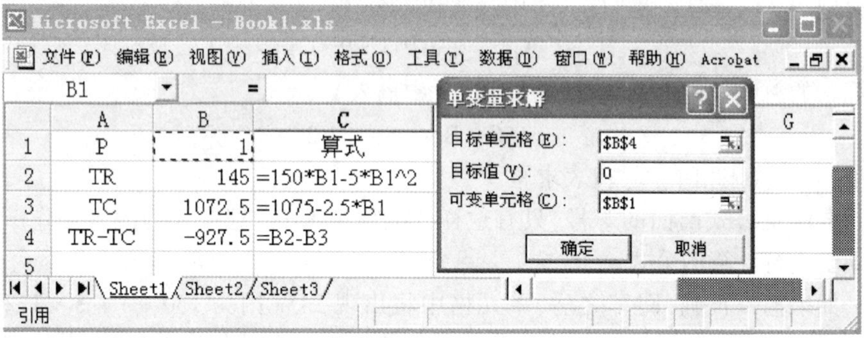

图 11-20

在这个对话框中，目标单元格自然是净收益值所在的单元格，其目标值为 0，即达到盈亏平衡。为了使目标单元格中的值达到目标值，我们必须变动价格，即单元格 B1 中的值。设定完成后，点击"确定"，结果出现一个新的对话框，告诉我们 Excel 已经求得了一个解，再点击"确定"，我们看到单元格 B1 中的值已经变成 11.05922，等于我们在前面求出的第一盈亏平衡点的价格值。这时，净收益值也变成一个接近于零的值（之所以不等于零，是因为计算过程中小数位的截取所导致的计算误差，可以忽略不计），表明达到盈亏平衡。

如果我们在进行单变量求解前，将 B1 单元格中的值设定为 100，则单变量求解后，B1 单元格中的值将变为 19.44076，即第二盈亏平衡点的价格值。

在公共管理的实际问题中，定价较低的第一盈亏平衡点的意义要远远大于定价偏高的第二盈亏平衡点的意义。这是因为，公共产品的提供应当让更多的人群受益。于是，为了得到第一盈亏平衡点的价格值，在用 Excel 求解前，通常要把任意设定的价格值，设定得小一些。

在这里,我们还可以通过对盈亏平衡等式的两边求关于 $P$ 的导数的方式来求出能够使净收益(等于总收益减去总成本)最大化的定价 $P_0$。计算过程如下:

对 $150P - 5P^2 = 1075 - 2.5P$ 的两边求关于 $P$ 的导数得

$$150 - 10P_0 = -2.5$$

由此得

$$P_0 = 15.25(元)$$

在 Excel 中,求此最大化问题,可运用"规划求解"功能,不必先求导数。该功能在本章第一节中已介绍。

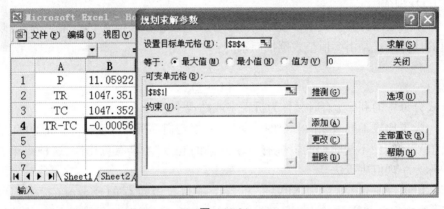

图 11-21

如图 11-21 进行选择和填写后,点击"求解",可计算出最大净收益值为 87.8125 百万元。

2. 净现值决策方法

在对公共管理项目进行论证时,对比不同的备选方案,可能会发现其现金流量存在两种性质的差异:一是现金流量大小的差异,即投入及产出数量上的差异;二是现金流量时间分布上的差异,即投入及产出发生在不同的时点。因此,为了保证决策的科学性,必须运用资金时间价值的理论,将不同时点的现金流折算成相同时点的有可比价值的现值(或终值),才能科学地判断方案的优劣。

资金时间价值的大小,受到三个因素的约束:

(1) 资金投入量。资金投入量就是通常讲的本金,投入越大,相同时间和计算方式下,得到的利息越大,未来本利和也越大。

(2) 利息计算方式。利息计算有单利法和复利法两种。

单利法公式为:

$$F = P(1 + i \times n)$$

上式中,$F$—期末本利之和;$P$—本金;$i$—利率;$n$—期数。

复利法公式为:

$$F = P(1+i)^n$$

（3）资金投入方式。不同的投入方式有不同的投入额和间隔期，从而即使不同时期有相同的利率，其参与利息计算的本金和时间长度也不同。

不同备选方案间的比较，最终要通过比较资金时间价值的大小决定。资金时间价值有以下几种计算方法：

① 终值

复利终值是指一笔或多笔资金按一定的利率复利计算若干年后所得到的本利和。其计算公式为：$F = P(1+i)^n$。

② 现值

在终值的计算公式中，$P$ 是当前投入的本金，也是终值 $F$ 的现值。因此，现值的计算公式是由终值公式倒推而来的：

$$P = \frac{F}{(1+i)^n}$$

上式分母中的利率 $i$ 有时又称为折现率或贴现率。

为了比较不同时期的资金的价值，只有把它们都折算成现在的价值（0 年的价值），才能使不同时期的资金有一个共同的起点，才具有可比性，这种决策方法称为净现值决策法。

所谓净现值，简记为 NPV，是将整个项目投资过程的现金流（投资与收益）按规定的投资收益率（折现率），折算到起始时间时的累计现值。其计算公式：

$$NPV = \sum_{t=0}^{n} \frac{A_t}{(1+i)^t} = \sum_{t=0}^{n} \frac{B_t - C_t}{(1+i)^t}$$

上式中，$A_t$——第 $t$ 年的净现金流量；$B_t$——第 $t$ 年收入额；$C_t$——第 $t$ 年支出额；$n$——项目寿命期；$i$——规定的投资收益率或折现率。

所谓净现值决策法，就是根据 NPV 的大小来做出项目是否进行的选择。其准则是，若 NPV≥0，则该项目是合理的；反之，该项目就是不经济的。

如果将净现值决策法与盈亏平衡分析相结合，那么盈亏平衡点就不是在总收益等于总成本的时候达到，而是在总收益的现值与总成本的现值相等即净现值等于零时达到。

## 二、不确定型决策

不确定型决策指在决策变量中存在着不可控因素，可能遇到各种自然状态，从而引起不同的结果。决策者对各种自然状态出现的概率无法估计，但知道几种行动方案在各种不同的自然状态下所获得的相应的收益值，这类决策问题被称为不确定型决策。

不确定型决策依赖于决策者的主观倾向,根据决策者的主观态度,可以形成四种决策准则:悲观主义准则、乐观主义准则、等可能性准则、最小机会损失准则。

**例8** 某产棉基地拟由政府投资建立一家棉纺企业,企业的建设规模将取决于未来市场对棉织品的需求状况及盈利预测的结果。不论用哪一种投资建厂策略,其未来所面临的市场状况是畅销、平销、滞销三种之一,但未能确定属于何种。不过,在每种市场状态下,总可估计出盈亏情况,见下表(表11-6)。选择何种投资建厂策略呢?

表11-6 棉纺企业不同市场状况下的盈利预测

(单位:千万元)

| 决策方案＼需求状况 | $N_1$(畅销) | $N_2$(平销) | $N_3$(滞销) |
| --- | --- | --- | --- |
| $A_1$(大规模投资) | 60 | 30 | -12 |
| $A_2$(中等规模投资) | 40 | 18 | -2 |
| $A_3$(小规模投资) | 23 | 13 | 6 |

面对这一决策问题,我们不能简单地从表11-6中选取收益最大的单元格(60),因为"畅销"这一情况不一定能发生,甚至不知道畅销、平销及滞销三种情况各自出现的可能性(概率)。下面将介绍四种决策准则下不同的决策。

**1. 悲观主义准则**

在悲观主义准则下,决策者从最不利的角度考虑问题,在最差的需求状况中,选出收益最好或者是损失最小的方案。

**解:** 设 $V(A_i, N_j)$ 为采用方案 $A_i$ 而发生的自然状况为 $N_j$ 时的投资收益($i=1,2,3, j=1,2,3$),从已知条件中可知采用决策方案 $A_1$ 即大规模投资时,在各种不同的自然状态下的最小投资收益值为 $-12$,即

$$\text{MIN}[V(A_1, N_j)] = \text{MIN}[60, 30, -12] = -12$$

同理对于决策方案 $A_2$,$\text{MIN}[V(A_2, N_j)] = \text{MIN}[40, 18, -2] = -2$

对于决策方案 $A_3$,$\text{MIN}[V(A_3, N_j)] = \text{MIN}[23, 13, 6] = 6$

在这些最小收益中,选取投资收益最大的决策方案,即

$$\text{MAX}\{\text{MIN}[V(A_i, N_j)]\} = \text{MAX}\{-12, -2, 6\} = 6$$

在此准则下,方案 $A_3$ 为最优方案,即采用小规模投资建立棉纺企业。

以下采用表格方式求此题(表11-7)。

表 11-7  悲观主义准则下的决策方案选择

(单位:千万元)

| 需求状况<br>决策方案 | $N_1$(畅销) | $N_2$(平销) | $N_3$(滞销) | $\text{MIN}[V(A_i,N_j)]$ |
|---|---|---|---|---|
| $A_1$(大规模投资) | 60 | 30 | -12 | -12 |
| $A_2$(中等规模投资) | 40 | 18 | -2 | -2 |
| $A_3$(小规模投资) | 23 | 13 | 6 | 6(MAX) |

**2. 乐观主义准则**

在乐观主义准则下,决策者从最有利的结果考虑问题,从最好的需求状况中,选出收益最大的方案。对于三个方案,可得

$$\text{MAX}[V(A_1,N_j)] = \text{MAX}[60,30,-12] = 60$$
$$\text{MAX}[V(A_2,N_j)] = \text{MAX}[40,18,-2] = 40$$
$$\text{MAX}[V(A_3,N_j)] = \text{MAX}[23,13,6] = 23$$

因而,

$$\text{MAX}\{\text{MAX}[V(A_i,N_j)]\} = \text{MAX}\{60,40,23\} = 60$$

可见,在此准则下,方案 $A_1$ 为最优方案,即采用大规模投资建立棉纺企业。

用表格方式求此题表示如下(表 11-8):

表 11-8  乐观主义准则下的决策方案选择

(单位:千万元)

| 需求状况<br>决策方案 | $N_1$(畅销) | $N_2$(平销) | $N_3$(滞销) | $\text{MAX}[V(A_i,N_j)]$ |
|---|---|---|---|---|
| $A_1$(大规模投资) | 60 | 30 | -12 | 60(MAX) |
| $A_2$(中等规模投资) | 40 | 18 | -2 | 40 |
| $A_3$(小规模投资) | 23 | 13 | 6 | 23 |

**3. 等可能性准则**

由于对未来事件发生的概率无法确定,在此准则下,决策者可以将各自然状态发生的可能性看成是相等的,即认为事件 $N_i(i=1,2\cdots n)$ 发生的概率为 $\frac{1}{n}$。然后根据此概率,计算各行动方案的期望收益值,从中选择期望收益值最大的行动方案作为决策的最优方案。

用表格方式表示决策过程(表 11-9):

表 11-9 等可能性准则下的决策方案选择

(单位:千万元)

| 决策方案 \ 需求状况 概率 | $N_1$(畅销) 1/3 | $N_2$(平销) 1/3 | $N_3$(滞销) 1/3 | 期望收益 $E(N_i)$ |
|---|---|---|---|---|
| $A_1$(大规模投资) | 60 | 30 | −12 | 26(MAX) |
| $A_2$(中等规模投资) | 40 | 18 | −2 | 18.67 |
| $A_3$(小规模投资) | 23 | 13 | 6 | 14 |

各方案期望收益的计算过程如下:

$$E(N_1) = 60 \times \frac{1}{3} + 30 \times \frac{1}{3} + (-12) \times \frac{1}{3} = 26$$

$$E(N_2) = 40 \times \frac{1}{3} + 18 \times \frac{1}{3} + (-2) \times \frac{1}{3} = 18.67$$

$$E(N_3) = 23 \times \frac{1}{3} + 13 \times \frac{1}{3} + 6 \times \frac{1}{3} = 14$$

其中,方案 1 的期望收益值 $E(N_1) = 26$ 最大。因此,在等可能性决策准则下,选择大规模投资的方案。

4. 最小机会损失准则

最小机会损失准则又称为最小遗憾准则或后悔值准则,是指某一事件发生后,由于决策者没有选择收益最大的方案而形成的损失值。决策时,决策者将比较各决策方案在各种自然状态下的最大损失值,从中选择损失值最小的决策方案作为最优方案。

例 8 中,若 $K$ 事件发生,各决策方案的收益值为 $S_{ik}$,其中 $K$ 为各种需求状况(畅销、平销、滞销,$K=1,2,3$),$i$ 为各种决策方案(大规模投资、中等规模投资、小规模投资,$i=1,2,3$),各决策方案的最大收益值为:

$$S_{ik} = \text{MAX } S_{ik} \quad (i = 1,2,3, \quad K = 1,2,3)$$

这时各策略的机会损失值 $S'_{ik}$ 为:

$$S'_{ik} = S_{ik} - S_{ik}$$

用表格表示计算结果(表 11-10):

表 11-10 最小机会损失准则下的决策方案选择

(单位:千万元)

| 决策方案 \ 需求状况 | $N_1$(畅销) | $N_2$(平销) | $N_3$(滞销) | 最大损失值 |
|---|---|---|---|---|
| $A_1$(大规模投资) | 0 | 0 | 18 | 18(MIN) |
| $A_2$(中等规模投资) | 20 | 12 | 8 | 20 |
| $A_3$(小规模投资) | 37 | 17 | 0 | 37 |

从所有最大机会损失中选择最小值,对应的决策方案为最优方案。例如:

$$S'_{11} = S_{l1} - S_{11} = MAX(60,40,23) - 60 = 60 - 60 = 0$$

$$S'_{12} = S_{l1} - S_{12} = MAX(60,40,23) - 40 = 60 - 40 = 20$$

$$S'_{23} = S_{l2} - S_{23} = MAX(30,18,13) - 13 = 30 - 13 = 17$$

$$S'_{33} = S_{l3} - S_{33} = MAX(-12,-2,6) - 6 = 6 - 6 = 0$$

再找出各方案的最大损失值分别为:$A_1$ 的最大损失值 18,$A_2$ 的最大损失值 20,$A_3$ 的最大损失值 37。从这些最大损失值中找出最小值 18。因此,此准则下最优决策方案为 $A_1$,即采用大规模投资建立棉纺企业。

### 三、风险型决策

如果决策者在决策时面临一些随机因素,尽管这些因素不是确定的,但决策者可以估计出这些随机因素的概率分布,同时还可以估计出各个不同的决策方案在各种不同的随机因素下的收益值,这类决策被称为风险型决策。

**例9** 某产棉基地拟由政府投资建立一家棉纺企业。根据市场预测,产品销路面临三种可能性:畅销、销路一般(平销)和滞销,各种情况出现的概率分别为 0.35,0.4,0.25。政府投资建设的方案有三种:大规模投资、中等规模投资、小规模投资。各方案的收益值在表 11-11 中给出。如何建厂?请决策。

表 11-11  各投资方案在不同市场情况下的收益

(单位:千万元)

| 需求状况<br>决策方案 | $N_1$(畅销) | $N_2$(平销) | $N_3$(滞销) |
|---|---|---|---|
| $A_1$(大规模投资) | 60 | 30 | -12 |
| $A_2$(中等规模投资) | 40 | 18 | -2 |
| $A_3$(小规模投资) | 23 | 13 | 6 |

1. 最大期望收益准则(Expected Monetary Value,EMV)

解决风险型决策常用的一个目标是使期望收益最大化,即求出每个方案收益的期望值,加以比较,选取一个收益值最大的行动方案作为最优方案。学过概率统计后,不难求出三种方案对应的期望收益分别为:

(1) $E(A_1) = 60 \times 0.35 + 30 \times 0.4 - 12 \times 0.25 = 30$

(2) $E(A_2) = 40 \times 0.35 + 18 \times 0.4 - 2 \times 0.25 = 20.7$

(3) $E(A_3) = 23 \times 0.35 + 13 \times 0.4 + 6 \times 0.25 = 14.75$

因为第一种方案对应的期望收益值最大,所以选择大规模投资的方案。

2. 最大可能收益准则

例9 面对的是一个各种市场情况出现的概率差异不大的问题。如果市场情况出现的概率差异很大,又该如何决策?此时人们仍然会遵照最大期望收益准则吗?

根据概率论的知识,一个事件的概率越大,在实际中发生的可能性就越大。因此在风险型决策中选择一个发生概率最大的自然状况进行决策,而对于其他状况不再考虑,这种决策准则称为最大可能收益准则。在此准则下,风险型决策问题转化为确定型决策问题。例如,在例9的基础上,现估计出畅销、平销和滞销概率分别为0.1,0.7,0.25。用最大可能收益准则进行决策。

**解**:由于平销的概率为0.7,远远大于其他自然状况的概率,在最大可能收益准则下,就按照此自然状况进行决策。$E(A_1) = 30$、$E(A_2) = 18$、$E(A_3) = 13$,因此,选择方案1,即进行大规模投资建立棉纺企业。

3. 最大期望效用准则

在上述两个准则下,都是通过求期望值来确定决策方案的。在实际决策时,还存在着由于人们对待风险的态度不同,决策时背离方案的期望值进行决策的现象。例如,例9中利用最大期望收益准则决策时,选择了期望收益最大的方案即大规模投资。然而,方案1并不是对决策者最有利的方案,因为有25%的可能性要亏损12000万元。相反,由于方案3在各种自然状态下均会盈利,因此,决策者很有可能会选择方案3。正是由于这个现象的存在,人们在决策理论中引进了贝尔纳利的效用理论——最大期望效用决策准则。

效用是衡量决策方案的总体性指标,效用指标可以量化决策者对待诸如风险、利润、损失等各种因素的总体态度。

利用最大期望效用准则进行决策时,首先将决策者对待风险的态度折合成效用值(例如,可以规定效用值在0~100之间),乘以相应的概率,再求和,选出期望效用值最大的方案为最优方案。

贝尔纳利的效用理论指出,人们的效用函数一般是非线性的。因而,用期望效用更能体现决策者的风险偏好。最大期望收益准则可以看作最大期望效用准则的特例,即效用函数是一种特殊的线性函数。

在现实生活中,人们对待风险的态度差别很大,即折合成的风险效用值差别很大。我们经常可以碰到这样的事情:事件发生的概率非常小,但是一旦发生带来的收益或损失巨大。例如,买保险、买彩券、博采活动等。这时,如果简单地应用最大期望收益准则,就可能造成决策的失误,出现决策者预想不到的结果。面对这样的问题该如何决策?请读者参阅相关书籍,并根据不同决策准则展开讨论。

4. 序列决策问题

在政策分析过程中我们经常会遇到这样的决策问题,即进行一次决策后,还将面临新的决策问题,需要做出另外一种决策。这样,新的情况、决策、新的情况、再决策……构成一个决策序列,或者多个阶段,这样的决策称为序列决策或多阶段决策。解决序列决策问题一般采用决策树的方法。

前面已介绍,决策树方法要用到"□"、"○"、"△"等符号,这些符号的含义为:

□表示决策点。从决策点引出的分支称为方案枝,方案枝的数目反映了可供选择的决策方案的数量。

○表示方案点,其上方的数字表示该方案的收益的期望值。从方案点引出的分支称为概率枝,每条概率枝上面标明自然状态及出现的概率;其数目表明方案可能的自然状态。

△表示树梢,或称为"结果节点",旁边的数字表示每一个方案在相应状态下的收益值。

现在,已经有解决风险型决策问题的软件——Precision Tree,该软件嵌套在Excel中进行模拟,运用该软件可以绘制决策树,自动进行计算并决策。

Precision Tree 的界面如图 11-22 所示。图中矩形节点表示决策点,从决策点引出的分支表示方案枝,圆形节点为状态点,从状态点引出的分支为概率枝,"Chance"下面的数字表示该方案的期望值,"TRUE"表示该方案接受,"FALSE"表示该方案删除,"Decision"下面的数字表示选出的最大期望收益值,这个数字对应的方案为决策方案。

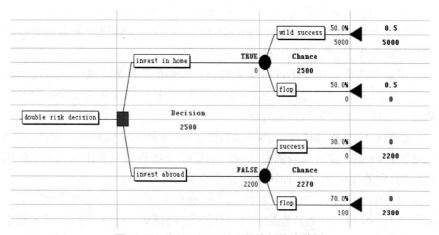

图 11-22　Precision Tree 所绘制的决策树

**例 10**　某房地产开发商将进行高档楼群的开发建设。初步定下的投资方案为大规模投资开发(开发 90 栋大楼)和小规模投资开发(开发 30 栋大楼)两种。在大规模投资情况下,如果市场需求大,可盈利 22 亿元,如果市场需求小,则将亏损 8 亿元;在小规模投资情况下,如果市场需求大,可盈利 9 亿元,如果市场需求小,则仍可盈利 2 亿元。为了得到更加确切的市场信息,可以进行一个为期 5 个月、花费 5000 万元的市场调查。这一市场调查研究有两种结果:

(1) 有利的报告:被调查的95%表示对开发的楼群感兴趣;
(2) 不利的报告:调查对象中,只有35%表示对开发的楼群感兴趣。
根据掌握的资料,对出现有利的报告及不利的报告的估计概率相同。

如果不进行市场调查,可以省去5000万元的市场调查费,根据以往经验,可判断出未来该楼群需求大的概率为0.6,需求小的概率为0.4。请构造该问题的决策树,并进行决策。

解题步骤:

(1) 根据题意,房地产公司首先面临两种决策:市场调查或不调查。如图11-23。

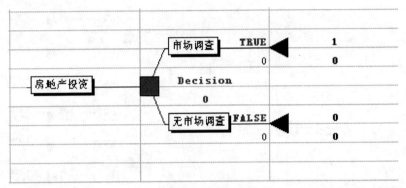

图 11-23

(2) 市场调查将得到有利的报告或不利的报告,两种状态的概率都为50%。无论市场调查的报告是否有利,都将做出进行大投资或小投资的决策。此时的决策树图形如图11-24。

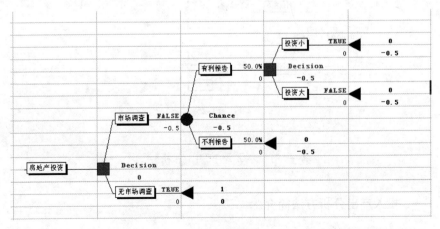

图 11-24

(3) 有利的报告下,将面临需求大或需求小两种市场状况,各种的概率为95%、5%;不利的报告下,也将面临需求大或需求小两种市场状况,各种的概率为35%、65%;若不进行市场调查,同样面临投资大或投资小的决策,此时需求大或需求小的概率分别为60%、40%。此时,决策树的建立过程完成,软件自动做出决策,得到的决策方案为:应进行市场调查,因为进行市场调查以后期望收益为11.975亿元,大于不进行市场调查的期望收益10亿元;如果得到的市场调查报告有利,应进行大投资(20亿元大于8.15亿元);如果得到的市场调查报告不利,应进行小投资(3.95亿元大于2亿元)。最后的决策树图形如下(图11-25):

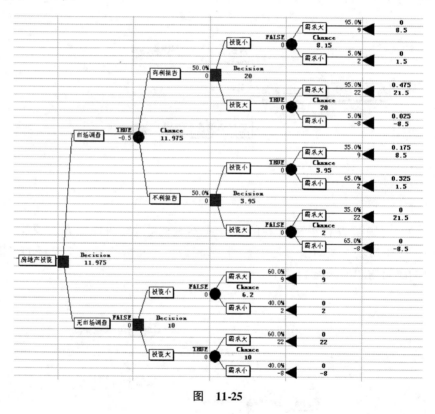

图 11-25

## 第三节 投入产出分析方法

### 一、投入产出分析方法简介

随着现代科学技术的发展,社会生产日益走向高度专业化和社会化,社会各部门之间、各企业之间普遍存在高度关联、相互依存的客观现象。各部门(或企业)既有消耗又有生产,或者说既有"投入"又有"产出"。生产的产品供给各部门和系统外的需求,同时也消耗系统各部门所提供的产品。消耗的目的是生产,生产的结果必然要创造新价值。显然对每一部门,物资消耗和新创造的价值等于它生产的总产值,这就是"投入"和"产出"之间的平衡关系。投入产出分析,广泛用于国民经济系统、部门经济系统、地区经济系统以及企业经济系统,成为对错综复杂的社会经济联系进行定量分析的有效手段,是公共管理及公共政策分析的重要方法之一。目前,我国国民经济的迅速发展和科学技术的突飞猛进,为投入产出方法的应用提供了广阔的前景。

投入产出分析法最重要的应用是制定中长期的经济发展计划。通过投入产出表,可以分析报告期国民经济中的各种重要比例关系,如各部门之间、积累消费、中间需求和最终需求、中间消费和新创造的价值等之间的比例关系。也可以进一步分析如消费需求、投资需求和进出口数量的变动、整个国民经济结构的变化。通过对投入产出表的分析,可以调整各部门的比例,编制出各部门相互衔接、比例得当的经济发展计划。另外,可以将投入产出方法和数学规划方法结合起来,在资料具备后,就可以编制出既能使各部门相互协调和平衡,又能使某一目标值达到最大或最小的国民经济最优计划。

利用投入产出分析法进行经济预测,是投入产出分析应用最为广泛的一个方面。通过对若干份、若干期投入产出表进行动态分析,可以找出各种经济数据的变化规律,从而对整个国民经济或地区、企业未来的发展趋势做出预测。

投入产出分析法还可以用来研究一些专门的社会问题,如污染问题、人口问题、就业问题、军备开支、投资分配、能耗平衡。

在公共政策分析中,由于各部门之间存在着各种各样的经济联系,一项新的经济政策出台、实施,往往会引起连锁反应。投入产出分析法可用于政策模拟,通过投入产出模型估计这个复杂系统的相互影响,来分析重大决策对国民经济的影响。

投入产出模型可以分为以下几类:动态模型和静态模型;价值型模型和实物型模型;世界性、全国性、地区间、地区、部门、企业模型;产品模型、固定资产模型、生产能力模型、劳动模型、价格模型、财务模型和环境保护模型。

目前,投入产出法和系统科学相结合,使得应用面日益广泛。同时,它也和经济计量学结合,使得研究方法和内容上都大为深化。

## 二、投入产出表与投入产出基本模型

1. 投入产出表的结构

投入产出表是进行投入产出分析的基本工具。它建立在对国民经济各部门产品流向分析的基础上。设经济系统由 $n$ 个部门组成，部门 $j$ 的总产出为 $x_j$，最终产品记为 $y_j$，从部门 $i$ 流向部门 $j$ 的中间产品记为 $x_{ij}$，则得到投入产出表的一般形式为（表 11-12）：

**表 11-12 投入产出表一般形式**

（单位：千万元）

| | | 中间产品 | | | | 最终产品 | | | | | 总产出 |
|---|---|---|---|---|---|---|---|---|---|---|---|
| | | 部门1 | 部门2 | …… | 部门n | 合计 | 消费 | 储备 | 出口 | 进口 | 合计 | |
| 劳动对象消耗（中间投入） | 部门1 | $X_{11}$ | $X_{12}$ | | $X_{1n}$ | | $y_{11}$ | | | | $y_{1n}$ | $Y_1$ | $X_1$ |
| | 部门2 | $X_{21}$ | $X_{22}$ | | $X_{2n}$ | | | | | | | $X_2$ |
| | …… | | | | | | | | | | | |
| | 部门n | $X_{n1}$ | $X_{n2}$ | | $X_{nn}$ | | $y_{n1}$ | | | | $y_{nn}$ | $Y_n$ | $X_n$ |
| | 合计 | | | | | | | | | | | $X_j$ |
| 固定资产折旧 | | $D_1$ | $D_2$ | | $D_n$ | | | | | | | |
| 新创造的价值（初次分配） | 劳动报酬 | $V_1$ | $V_2$ | | $V_n$ | | | | | | | |
| | 利润 | $M_1$ | | | $M_n$ | | | | | | | |
| | 合计 | $N_1$ | | | $N_n$ | | | | | | | |
| 总投入 | | $X_1$ | $X_2$ | | $X_n$ | $X_j$ | | | | | | |

投入产出表由三个部分组成，分别为第一象限、第二象限、第三象限。第一象限由名称相同、排序相同、数目一致的若干个产品部门纵横交叉组成。主栏为中间投入，宾栏为中间产品。侧重揭示国民经济各部门之间相互依赖、相互制约的技术经济联系。

第一象限是投入产出表的核心，表中每个数字都具有双重意义：横向表明每个产品部门的产品或服务提供给各个产品部门使用的数量；纵向表明每一个产品部门在生产过程中消耗各个部门的产品或服务的数量。第二象限表示产品或服务用于各种最终使用的数量。第三象限反映新创造价值的形成过程和构成情况。第一象限和第二象限连接在一起，反映国民经济各部门的产品或服务的分配、使用去向。第一象限和第三象限连接在一起，反映国民经济各部门的产品或服务的投入来源。

2. 投入产出基本模型

从表 11-13 的横向看：中间使用 + 最终使用 = 总产出，即：

$$X_1 = X_{11} + \cdots + X_{1n} + Y_1$$
$$\vdots$$
$$X_n = X_{n1} + \cdots + X_{nn} + Y_n$$

从表 11-13 的纵向看：中间投入 + 最终投入 = 总投入，即：

$$X_1 = X_{11} + \cdots + X_{n1} + N_1$$
$$\vdots$$
$$X_n = X_{n1} + \cdots + X_{nn} + N_n$$

从表 11-13 的总投入和总产出看：

第 $i$ 部门的总投入 $X_j$ = 第 $i$ 部门的总产出 $X_j$

从表 11-13 第二象限和第三象限看：

$$\sum_{i=1}^{n} Y_i = \sum_{j}^{n} N_j$$

在投入产出核算中,直接消耗系数和完全消耗系数被称为投入产出参数。

直接消耗系数 $a_{ij}$, $(i,j = 1, 2\cdots n)$, $a_{ij} = \dfrac{X_{ij}}{X_j}$, 式中, $a_{ij}$ 为第 $j$ 部门生产单位产品所需的第 $i$ 部门的投入量,又称为"技术系数"或"投入系数。"直接消耗系数矩阵用 $A$ 表示,

$$A = \{a_{ij}\}_{n \times n} = \begin{bmatrix} a_{11} & a_{12} & \cdots & a_{1n} \\ a_{21} & a_{22} & \cdots & a_{2n} \\ \vdots & & & \\ a_{n1} & a_{n2} & \cdots & a_{nn} \end{bmatrix}$$

直接消耗系数矩阵用 $A$ 完整地反映了一个经济系统的消耗结构。这时,投入产出表可以用矩阵形式的方程表示,即

$$X = AX + Y$$

完全消耗包括直接消耗与间接消耗,完全消耗系数 $b_{ij}$:

$$b_{ij} = a_{ij} + \sum_{k=1}^{n} a_{ik} a_{kj} + \cdots$$

完全消耗系数矩阵:$B = \{b_{ij}\}_{n \times n}$

完全消耗系数矩阵 $B$ 与直接消耗系数矩阵 $A$ 之间的关系为:

$$B = (I - A)^{-1} - I$$

$I$ 为单位矩阵。

3. 投入产出案例分析[①]

某城市由煤炭企业、电力公司和地方铁路运输作为它的基本经济系统。生产价值 1 元的煤,需消耗 0.25 元的电费和 0.35 元的运输费;生产价值 1 元的电,需消耗 0.40 元的煤费、0.05 元的电费和 0.10 元的运输费;而提供价值 1 元的铁路运输服务,则需消耗 0.45 元的煤、0.10 元的电费和 0.10 元的运输费。在某个星期内,除了这三个企业间的彼此需求,煤矿得到 50000 元的订单,电厂得到 25000 元的电量供应要求,而地方铁路得到价值 30000 元的运输需求。试

---

① 参考《投入产出分析方法简介》课件,www.mparuc.edu.cn。

问:(1)这三个企业在这星期各应生产多少产值才能满足内外需求?(2)除了外部需求,试求这星期各企业之间的消耗需求。(3)同时求出各企业新创造的价值(产值中除去各企业的消耗所剩的部分)。

解:(1)设煤矿、电厂和地方铁路在这星期生产总产值分别为 $x_1$、$x_2$、$x_3$(元),那么:

$$\begin{cases} 0x_{11} + 0.40x_{12} + 0.45x_{13} + 50000 = x_1 \\ 0.25x_{21} + 0.05x_{22} + 0.10x_{23} + 25000 = x_2 \\ 0.35x_{31} + 0.10x_{32} + 0.10x_{33} + 30000 = x_3 \end{cases}$$

这里,

$$A = \begin{pmatrix} 0 & 0.40 & 0.45 \\ 0.25 & 0.05 & 0.10 \\ 0.35 & 0.10 & 0.10 \end{pmatrix} \quad Y = \begin{pmatrix} 50000 \\ 25000 \\ 30000 \end{pmatrix} \quad X = \begin{pmatrix} x_1 \\ x_2 \\ x_3 \end{pmatrix}$$

由 $X = AX + Y$ 得,$X = (I - A)^{-1} Y$,因而,可以求出:

$$X = \begin{bmatrix} x_1 \\ x_2 \\ x_3 \end{bmatrix} = \begin{bmatrix} 114458 \\ 65395.4 \\ 85111 \end{bmatrix}$$

可知在该星期中,煤矿、电厂和地方铁路的总产值分别为 114458 元、65395.4 元和 85111 元。

(2)将 $x_1 = 114458$ 分别乘以 $0, 0.25, 0.35$ 得到各企业为煤矿的总产值所作消耗,写为

$$x_1 \begin{pmatrix} 0 \\ 0.25 \\ 0.35 \end{pmatrix} = 114458 \times \begin{bmatrix} 0 \\ 0.25 \\ 0.35 \end{bmatrix} = \begin{bmatrix} 0 \\ 28614.5 \\ 40060.3 \end{bmatrix}$$

类似地各企业对电厂、铁路的产值所作消耗分别为

$$x_2 \begin{pmatrix} 0.4 \\ 0.05 \\ 0.1 \end{pmatrix} = 65395.4 \times \begin{bmatrix} 0.4 \\ 0.05 \\ 0.1 \end{bmatrix} = \begin{bmatrix} 26158.2 \\ 3269.77 \\ 6539.54 \end{bmatrix}$$

$$x_3 \begin{pmatrix} 0.45 \\ 0.1 \\ 0.1 \end{pmatrix} = 85111 \times \begin{bmatrix} 0.45 \\ 0.1 \\ 0.1 \end{bmatrix} = \begin{bmatrix} 38300 \\ 8511.1 \\ 8511.1 \end{bmatrix}$$

(3)设 $z_1, z_2$ 和 $z_3$(元)分别为煤矿、电厂和地方铁路在这星期的新创价值,那么应有

$$\begin{cases} 0x_1 + 0.25x_1 + 0.35x_1 + z_1 = x_1 \\ 0.40x_2 + 0.05x_2 + 0.10x_2 + z_2 = x_2 \\ 0.45x_3 + 0.10x_3 + 0.10x_3 + z_3 = x_3 \end{cases}$$

容易得到

$$z_1 = 45783.2$$
$$z_2 = 29427.9$$
$$z_3 = 29766.8$$

这时,可以写出投入产出表,如下表:

| 投入＼产出 | 中间产品 | | | | 最终产品 | 总产值 |
|---|---|---|---|---|---|---|
| | 煤矿 | 电厂 | 铁路 | 小计 | | |
| 煤矿 | 0 | 26158 | 38300 | 64458 | 50000 | 114458 |
| 电厂 | 28614 | 3270 | 8511 | 40395 | 25000 | 65395 |
| 铁路 | 40060 | 6540 | 8511 | 55111 | 30000 | 85111 |
| 小计 | 68674 | 35968 | 55322 | 159964 | 105000 | 264964 |
| 新创造价值 | 45784 | 29427 | 29789 | 105000 | | |
| 总产值 | 114458 | 65395 | 85111 | 264964 | | |

一般来说,在对一个国家或区域的经济用投入产出法进行分析和研究时,首先根据统计数字制定投入产出表,进而计算出有关的技术系数,即直接消耗系数与完全消耗系数。对这些系数的分析,可以了解经济系统的结构和各部门之间的数量关系,还可通过求解方程组来获知最终需求的变动对各部门生产的影响。

【关键术语】

规划方法　决策方法　投入产出法

【复习思考题】

1. 某企业生产 A、B、C、D 四种产品。相关资料如下表所示:

| 产品 | 原材料消耗（千克/件） | 机器消耗（台时/件） | 利润（元/件） | 市场容量（件） |
|---|---|---|---|---|
| A | 6 | 8 | 21 | 240 |
| B | 10 | 7 | 35 | 100 |
| C | 18 | 15 | 47 | 150 |
| D | 34 | 20 | 54 | 80 |
| 资源限制 | 5400 | 4800 | | |

在资源限量及市场容量许可情况下,问如何安排生产获利最大?建立模型,并用 Excel 及 LINDO 软件求解(结果要求整数)。

2. 某种物资分别从 A、B、C 三地运往甲、乙、丙、丁四个地区。A、B、C 三地运出的物资量分别为 400 件、480 件、600 件。甲、乙、丙、丁四个地区的需求量分别为 260 件、350 件、440 件、430 件。A、B、C 三地区运往甲、乙、丙、丁四个地区的单位运价如下表所示：

| 产地＼销地 | 甲 | 乙 | 丙 | 丁 |
|---|---|---|---|---|
| A | 18 | 11 | 16 | 13 |
| B | 12 | 9 | 24 | 19 |
| C | 16 | 15 | 20 | 22 |

问：应该如何安排运输方案，使得总运价最低？

3. 面对着明年产品的三种不确定需求：市场需求小、中、大。今年可以选取三种投资规模：投资规模小、中、大。对应的每种市场需求和投资策略的收益额在下表中给出：

| 收益 | 市场需求小 | 市场需求中 | 市场需求大 |
|---|---|---|---|
| 投资规模小 | 11 | 18 | 24 |
| 投资规模中等 | −4 | 23 | 35 |
| 投资规模大 | −12 | 12 | 50 |

(1) 请用悲观主义准则选择投资方案。
(2) 请用乐观主义准则选择投资方案。
(3) 请用等可能性准则选择投资方案。
(4) 请用后悔值准则选择投资方案。
(5) 如果市场需求小、中、大的概率分别为 0.3, 0.5, 0.2，请用期望值准则选择投资方案。

4. 结合实际情况，分析说明博弈论的理论及方法在政策科学中的作用。
5. 什么是投入产出分析？它在公共政策制定及分析中的作用如何？
6. 请举出国民经济某部门中某种产品，说明它对另一种产品的直接消耗和间接消耗情况及关系。

## 【案例分析】

### 北京经济适用房开发项目的投资分析

北京某房地产公司成立于 1985 年底，注册资本 1.3 亿元，主要经营房地产开发、出售、出租、装修、物业管理等业务，是一家拥有国家一级房地产开发资质和银行信用 AAA 的国有房地产开发专业公司。

经过公司全体干部员工十余年的不懈努力和开拓进取，目前已发展成为拥有总资产为 8.2 亿元人民币，集商品房开发、经营管理及服务于一体的房地产开发企业。先后获得了"北京市先进单位"、"2002 年度百强企业"、"北京购房理想选择推荐企业"等多项奖励和荣誉。已先后建设开发各类物业达数百万平方米，无论为北京市市区建设配套发展，还是参加危房改造工程，都立下了赫赫战功。公司在创造良好经济效益的同时，也产生了巨大的社会效益。

随着我国市场经济的发展及房地产行业竞争的日益激烈，公司管理层意识到不能仅仅停留在过去取得的荣誉上，而应该加强学习市场经济知识，提高科学管理水平，重视经营风险的防范及开发项目的综合评估，努力提高公司整体经济效益。采取的措施是，对任何未来拟开发的项目，都要做出项目可行性分析研究，尤其是对项目的选择、投资回收状况及未来盈利预测要做出科学论证，充分发挥科学决策的作用。

在此经营方针指导下，公司财务部、经营部、审计部、投资管理部等部门对今后三年拟投资的北京市经济适用房项目进行了评估论证。资料见下表：

**2000 年—2002 年计划投资项目情况表**

单位：万元

| 项目 | 建筑面积（万平方米） | 2000 年年初投资额 | 2001 年年初投资额 | 2002 年年初投资额 |
|---|---|---|---|---|
| 甲 | 22 | 40350 | 61000 | 11000 |
| 乙 | 25 | 80000 | 20000 | 32000 |
| 丙 | 35 | 40000 | 37000 | 20000 |
| 丁 | 46 | 65000 | 25000 | 30000 |
| 戊 | 62 | 52000 | 44000 | 40000 |
| 合计 |  | 277350 | 187000 | 133000 |

**2000 年—2002 年计划投资项目产出情况表**

单位：万元

| 项目 | 建筑面积（万平方米） | 2000 年年末产出额 | 2001 年年末产出额 | 2002 年年末产出额 |
|---|---|---|---|---|
| 甲 | 22 | 50000 | 33000 | 40000 |
| 乙 | 25 | 0 | 120000 | 50000 |
| 丙 | 35 | 30000 | 80000 | 60000 |
| 丁 | 46 | 70000 | 15000 | 80000 |
| 戊 | 62 | 40000 | 54000 | 138000 |
| 合计 |  | 190000 | 302000 | 368000 |

公司在 1999 年末有资金 240000 万元，投资项目的要求是：

1. 丁项目必须上马。

2. 投资项目中的开工面积不得低于 130 万平方米,全部上马项目必须在 2002 年底完工。

3. 各项目年末总产出可以继续投入到项目的建设中。

4. 除此之外,公司如果有剩余资金,可投资到另一项目,每年能回收资金的本利 110%。

5. 公司项目的欠缺资金可用贷款方式补足,贷款每年利息为 120%。

问：

公司如何选择投资项目及资金运作方式,可使 2002 年末的总产出为最大?

## 【参考书目】

1. 〔美〕弗雷德里克·S.希利尔、马克·S.希利尔、杰拉尔德·S.利伯曼等:《数据、模型与决策:运用电子表格建模与案例研究》,中国财政经济出版社 2001 年版。

2. 〔美〕戴维·R.安德森等:《数据、模型与决策:管理科学篇》,机械工业出版社 2003 年版。

3. 甘应爱等:《运筹学》,清华大学出版社 1993 年版。

4. 韩伯堂:《管理运筹学》,高等教育出版社 2000 年版。

5. 钱颂迪:《运筹学》(修订版),清华大学出版社 1990 年版。

6. 胡运权:《运筹学教程》,清华大学出版社 1998 年版。

7. 胡运权:《运筹学习题集》(修订版),清华大学出版社 1995 年版。

8. 谭跃进:《定量分析方法》,中国人民大学出版社 2002 年版。

9. 钟契夫、陈锡康:《投入产出分析》,中国财政经济出版社 1987 年版。

10. Robert T. Clemen and Terence Reilly, *Making Hard Decision with Decision Tools*, Duxbury Press, 2003.

11. Frederick S. Hillier and Gerald J. Lieberman, *Introduction to Operations Research*, McGraw-Hill, 1995.

12. Gerald Keller and Brian Warrack, *Statistics—For Management and Economics*, Duxbury Press, 1997.

13. Peter C. Bell, *Management Science/Operation Research：A Strategic Perspective*, South-Western College Publishing, 1999.

14. Carrol Burton and Wall Burton, *Quantitative Methods for Business and Economics*, Addison Wesley Longman Limited, 1999.

15. Sweeney Anderson and Williams Anderson, *An Introduction to Management Science Quantitative Approaches to Decision Making*, West Publishing Company, 1994.

# 第十二章　公共政策分析的量化方法(二)

## 【内容概要】

统计学是一门研究如何收集、整理、计算、分析数据,并在此基础上做出推断的科学。在公共政策分析中,统计方法是定量分析的主要技术之一。统计方法的一个突出特点就是可以帮助公共管理者或政策分析者从海量的信息资源中挖掘有助于分析和决策的知识,同时对信息的变化保持追踪;可以对各种相互冲突的要求和陈述进行判断和评价,以避免被误导;在政策评价过程中,统计学的方法也发挥了巨大的作用。

本章将结合公共管理和政策分析过程中的典型事务,并借助 Microsoft Office 2003 套件中的 Excel 2003 软件(以下简称 Excel)介绍统计学的基本概念、方法和技术。

本章不对概率学的基本知识作详细介绍,有关细节可参阅本章所列的参考书目。

## 【要点提示】

- 描述统计
- 推断统计
- 假设检验
- 回归分析

## 第一节　描　述　统　计

首先需要明确统计学的几个基本概念。我们通常把统计问题中研究对象的全体称为总体,把组成总体的每个成员称为个体。当总体数据量非常大时,人们只能从总体中抽取部分个体来进行研究分析,从而推测总体的特征,这些被抽取的个体的集合就是样本。一般来说,统计学中的样本都是随机抽取的,即每一个样本中的成员都有相同的被抽中的概率。

根据统计的应用目的,一般将统计方法分为描述统计和推断统计。当统计数据是用来描述数据总体特征时,可以用描述统计方法;如果是希望从样本来推断数据总体的特性,则使用推断统计方法。直观地说,当数量比较小时,则适宜用描述统计方法；当数据规模较大时，则适用推断统计方法。本节主要介绍描述统计方法。

所谓描述统计(descriptive statistics)，是指用归纳性的数值来概括一组数据的空间分布和相互之间的关系。在公共管理领域，描述统计是大量存在的。

**例1** 某城市所辖区县 2000 年的若干经济和社会指标统计数据如表 12-1 所示。我们将结合这些数据来介绍描述统计的基本方法。

表 12-1

| 区号 | 国内生产总值(万元) | 农业总产值(万元) | 工业总产值(万元) | 人口(万人) |
|---|---|---|---|---|
| 1 | 888096 | 65380 | 677541 | 140 |
| 2 | 143945 | 1967 | 99066 | 33 |
| 3 | 202252 | 7177 | 172517 | 23 |
| 4 | 843000 | 122000 | 601000 | 75 |
| 5 | 571035 | 236085 | 635221 | 60 |
| 6 | 1029000 | 465135 | 2409509 | 54 |
| 7 | 331000 | 87000 | 516700 | 39 |
| 8 | 241201 | 119382 | 196064 | 27 |

### 一、最大值和最小值

顾名思义，最大值和最小值即是一组数据中的最大数和最小数。从例1的表格中可以看到，各区县 2000 年国内生产总值中，最大值为 1029000 万，最小值为 143945 万。

### 二、频数分布及频数分布表

从自然界或社会生产中直接获得的统计数据，通常称为原始数据。为了理解这些数据，从中找出规律，就需要对这些数据进行整理。其中一项最基本的工作便是构造频数分布表，即在一组数据中，将具有某种特征的数据出现的次数按某种顺序排列。例 1 中各区县 2000 年国内生产总值(万元)的频数分布表如表 12-2 所示：

表 12-2

| 国内生产总值范围 | 某市所属区县个数 |
|---|---|
| <300000 | 3 |
| 300000—600000 | 2 |
| 600000—900000 | 2 |
| 900000—1200000 | 1 |

### 三、绘制频数分布图

管理者通常希望用更加直观的图形方式，比如直方图、折线图、饼图等来描述数据特征。Excel 为我们提供了绘制频数分布图的工具。

首先将表 12-2 中的数据依次输入到 Excel 表格中，并用鼠标选中全部数据。点击工具栏上的"插入"菜单，选择"图表"选项。在弹出的对话框(如图 12-1 左边)中选择图表类型(本例中选择"柱形图")，并点击"下一步"。

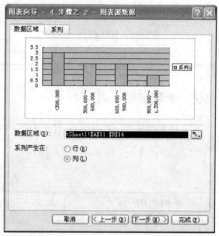

**图 12-1　Excel 绘制频数分布图步骤**

在图 12-1 右边的对话框的下方，选择"列"，然后单击"下一步"。在新窗口中填入分布图名称以及 X 轴和 Y 轴的名称，最后点击"完成"，得到频数分布图如图 12-2 所示。

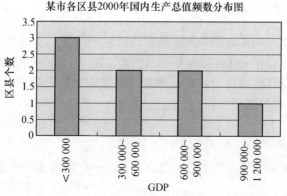

**图 12-2　绘制频数分布图**

### 四、百分数分布

百分数分布反映了具有某种特征的数据的出现次数在全体数据中所占的百分比。例 1 中该城市所辖区县 2000 年工业总产值(万元)的百分数分布如表 12-3 所示。

表 12-3

| 工业总产值范围 | 区县个数所占百分比 |
| --- | --- |
| <400000 | 37.5 |
| 400000—800000 | 50 |
| >1600000 | 12.5 |

### 五、累积频数分布

累积频数是频数的逐级累加值。例 1 中该城市所辖区县 2000 年人口累积频数分布如表 12-4 所示。

表 12-4

| 人口范围(万人) | 累计频数 | 累计百分比 |
| --- | --- | --- |
| <50 | 4 | 50.0 |
| <100 | 7 | 87.5 |
| <150 | 8 | 100.0 |

百分数分布表和累积频数分布表都可以利用 Excel 绘制成图形,方法与频数分布中相同,此处不再赘述。

### 六、集中趋势和离散趋势

集中趋势测度和离散趋势测度是描述统计的两类基本描述方法。集中趋势测度描述了统计数据分布的定位情况,比如均值、中位数等测度方式。离散趋势测度则描述了统计数据在均值附近分布的聚集或离散程度,比如全距、平均差、四分位差、标准差等测度指标[①]。

### 七、均值

均值即数据的算术平均数。$n$ 个数 $x_1, x_2, \cdots x_n$ 的算术平均值是:

---

① 全距指最大值和最小值的差;平均差指所有数值与均值的平均离差;四分位差指两个数值的差,这两个数值所组成的区间能够囊括 50% 的统计数据。

$$\bar{x} = \frac{x_1 + x_2 + \cdots + x_n}{n} = \frac{1}{n}\sum_{1}^{n} x_i$$

我们可以利用 Excel 来计算统计数据的平均值。首先，在 Excel 表格输入 $n$ 个数 $a_1, a_2 \cdots a_n$（如图 12-3，数据依次排列在第 A 列的第 1 行至第 8 行，简称 A1, A2 $\cdots$ A8）。然后，用鼠标选定当前单元格（A9）。接着，在"函数输入区"输入"=AVERAGE(A1：A8)"。回车后，均值被显示在单元格 A9 中。

函数 AVERAGE 是 Excel 中的均值函数。"A1：A8"表示 A1 至 A8 的所有数据。关于 Excel 中的函数功能的具体使用方法，Excel 中的帮助功能里都有详细的说明。因此，在以后的函数计算中，如无特殊情况，我们只指出使用哪个函数，不再介绍具体操作。

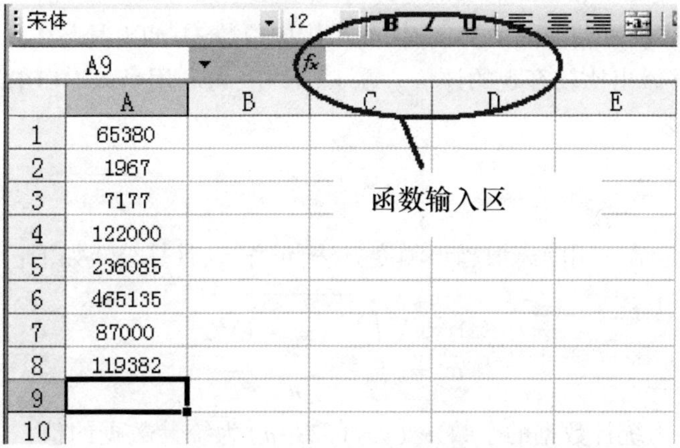

图 12-3 利用 Excel 计算数据均值

## 八、中位数

中位数指一组数据按照数值大小顺序排列后，恰好处于中心位置的那个数。如果数据量为偶数，即中心处有两个数据，则取两个数的均值作为中位数。比如某局人事科科长今年 56 岁，副科长 44 岁，五位科员分别为 35 岁、27 岁、26 岁、21 岁、20 岁，则该人事科平均年龄为 32.7 岁（均值），而中位数为 27 岁。

一般来说，均值能够刻画统计数据的集中趋势特征，但是如果统计数据中出现了某些极端值，均值则会扭曲数据的真实面貌。

比如某单位调查其下属旅店 2003 年的营业能力。该旅店月营业额如表 12-5 所示。

表 12-5

| 月份 | 营业额(万元) | 月份 | 营业额(万元) | 月份 | 营业额(万元) |
|---|---|---|---|---|---|
| 1 | 31.2 | 5 | 0 | 9 | 31.4 |
| 2 | 31 | 6 | 0.3 | 10 | 31.6 |
| 3 | 30.2 | 7 | 25.8 | 11 | 31.8 |
| 4 | 1.1 | 8 | 31.4 | 12 | 32 |

根据表 12-5 中数据,可计算出该旅店 2003 年月营业额均值为 23.15 万元。但是细心的读者会发现,该旅店月营业额基本都在 30 万元以上,但由于 4、5、6 月份营业额非常低,导致均值偏小。事实上,该旅店的效益一直不错,但由于"非典"的客观影响,2003 年 4、5、6 月份几乎无生意可做。因此,均值 23.15 万元扭曲了该店的月营业能力。此时,如果用中位数 31.1(1 月与 2 月营业额的平均数)就能够做出比较客观的评价。在 Excel 中,可利用函数 MEDIAN 计算一个数列的中位数。

## 九、标准差

标准差是最常用的离散趋势测度方法,记作 $\sigma$,计算公式如下:

$$\sigma = \sqrt{\frac{\sum_{i=1}^{n}(x_i - \bar{x})^2}{n}}$$

其中,$n$ 为统计数据的个数,$x_i(i=1,2\cdots n)$ 为统计数据的值,$\bar{x}$ 为均值。标准差的平方,即 $\sigma^2$ 称作方差。

比如质检部门抽查某饮料中所含杂质的情况,抽查结果如表 12-6 所示。

表 12-6

| 序号 | 观察值(百分比) | 序号 | 观察值(百分比) | 序号 | 观察值(百分比) |
|---|---|---|---|---|---|
| 1 | 0.8 | 5 | 0.7 | 9 | 0.9 |
| 2 | 1.1 | 6 | 0.7 | 10 | 1.5 |
| 3 | 0.5 | 7 | 0.7 | 11 | 1.3 |
| 4 | 1.3 | 8 | 1.5 | 12 | 0.8 |

根据以上数据计算得出,这批饮料平均含杂质 0.983%,标准差为:0.00329。

标准差反映了统计数据与均值的离散距离,标准差小,说明数据分布较为集中,否则,则较为发散。

在 Excel 中,可利用函数 STDEVP 计算总体的标准差(在下节中会讲到,如果是对样本数据进行计算,则不适宜用该函数)。

## 第二节 推断统计

在公共管理活动中,统计对象往往相当复杂,数据量较大,因此一般是从总体中抽取出有代表性的样本,然后通过样本来推断总体的特征。在推断统计的基础上,管理者将做出解释、预测或估价。所谓推断统计,就是指通过对样本的统计,来推断或估计总体的分布特性。

**例2** 气象部门每年都要对全国各城市日均降雨量进行统计。各地气象站某年的日均降雨记录组成数据的总体。气象部门在全国大部分省、市、自治区各选取一个气象站的日均降雨量组成了一个观测样本。样本值如表12-7:

表 12-7

| 气象站名 | 某年日均降雨量(毫米) | 气象站名 | 某年日均降雨量(毫米) | 气象站名 | 某年日均降雨量(毫米) |
|---|---|---|---|---|---|
| 哈尔滨 | 15.2057 | 天津 | 14.2677 | 贵阳 | 29.9416 |
| 乌鲁木齐 | 8.09083 | 济南 | 17.8331 | 南京 | 29.38 |
| 西宁 | 10.3861 | 拉萨 | 11.6239 | 合肥 | 26.8849 |
| 兰州 | 8.43253 | 成都 | 23.6019 | 上海龙华 | 29.4053 |
| 呼和浩特 | 10.8665 | 九龙 | 24.9621 | 杭州 | 40.6543 |
| 银川 | 4.95024 | 昆明 | 27.3501 | 南昌 | 44.9457 |
| 石家庄 | 14.3781 | 西安 | 15.4397 | 福州 | 38.4114 |
| 太原 | 11.6116 | 郑州 | 17.0609 | 广州 | 47.7419 |
| 长春 | 15.7629 | 武汉 | 37.176 | 南宁 | 35.497 |
| 沈阳 | 18.8734 | 重庆沙坪坝 | 30.4991 | 海口 | 44.9598 |
| 北京 | 15.7192 | 长沙 | 29.6354 | | |

### 一、参数与统计量

用来概括数据总体特征的测度值称为参数,上一节中提到的均值、标准差等都属于参数。用来概括样本特征的测度值称为统计量,样本的均值、标准差、中位数等都是统计量。①

利用 Excel 中的 AVERAGE 函数,可计算例 2 中的样本均值为 23.2698;利用 STDEV 函数,计算得到样本标准差为 12.0096。

### 二、抽样分布

只要样本容量 $n$ 小于总体容量 $N$,总体中样本就不止一个。不同的样本就会有不同的统计量。其中任意两个样本的统计量相等的概率几乎为 0。因此这些统计量也有相应的概率分布,这种分布称为抽样分布,比如均值抽样分布、标准差抽样分布等。抽样分布也拥有自己的统计量。

### 三、抽样误差与无偏估计

样本统计量和相应的总体参数之间会存在一定的数值差异,这种差异被称为抽样误差。样本均值和总体均值之间的差异被称作均值抽样误差。

统计量随样本变化而变化。抽样误差也随着统计量变化而变化,如果这些误差值的均值为 0,则称该统计量是对总体参数的无偏估计。样本均值 $\bar{X}$ 是对总体均值(或期望)$\mu$ 的无偏估计,样本标准差 $s$ 是对总体标准差 $\sigma$ 的无偏估计。

### 四、均值标准误

人们称均值抽样分布的标准差被称为均值标准误(差),记作 $\sigma_{\bar{x}}$。均值标准误越小,表示这个抽样分布越集中,在这种情况下,无论选用哪一个样本代表总体的可靠性都比较高;反之,均值标准误越大,抽样分布就越分散。在实践中,我们不可能通过抽取全部的样本来计算均值标准误。因此,我们仍然需要一个能够对均值标准误做出估计的统计量。统计学家已经指出,$\frac{\sigma}{\sqrt{n}}$②是均值标准误的一个优良估计,其中 $\sigma$ 是总体标准差,$n$ 为样本容量。但由于 $\sigma$ 一般也并不为人所知,计算中可以采用标准差的估计值,即 $\sigma_{\bar{x}} = \frac{s}{\sqrt{n}}$。

---

① 需要指出的是,样本标准差的计算公式与总体标准差略有不同。如果是计算样本标准差,计算公式为 $s = \sqrt{\frac{\sum_{i=1}^{n}(x_i - \bar{x})^2}{n-1}} = \sqrt{\frac{n\sum_{i=1}^{n}x_i^2 - \left(\sum_{i=1}^{n}x_i\right)^2}{n(n-1)}}$。$n-1$ 为自由度。读者若感兴趣,可进一步参阅统计学方面的书籍。样本标准差可用 STDEV(Number1, Number2...)函数来计算。

② 当样本容量 $n$ 相对于总体个数 $N$ 较大($n/N > 0.05$)时,应写成 $\frac{\sigma}{\sqrt{n}} \times \sqrt{\frac{N-n}{N-1}}$,其中 $\sqrt{\frac{N-n}{N-1}}$ 被称为修正系数。

从 $\sigma_{\bar{x}} = \frac{s}{\sqrt{n}}$ 可知,样本容量即 $n$ 越大,$\sigma_{\bar{x}}$ 则越小。因此,我们总是希望能够尽可能多的抽取样本点。但是容量太大,工作量也随之增加,操作起来就相对困难了。那么如何来选取样本容量呢?这个问题我们留在后面回答。

让我们回到例2,如果已知总体标准差为14.6423,则可计算出均值标准误为:

$$\sigma_{\bar{x}} = \frac{s}{\sqrt{n}} = \frac{14.6423}{\sqrt{32}} = 2.5884$$

### 五、置信区间

显然,我们希望抽样误差越小越好,但误差总是存在的,因此某个样本统计量能否用来估计总体参数,取决于公共管理者对抽样误差的精度要求。公共管理者可以根据样本给出一个随机范围,这个范围以某种可以接受的概率保证对参数估计的正确性,即总体参数以某种概率包含在这个范围内。这个范围被称为置信区间,可以接受的概率被称为置信度或置信水平,通常记为 $1-\alpha$($\alpha$ 为一个较小数)。①

当样本容量足够大时,如果已知总体标准差 $\sigma$,则总体均值的置信区间为:

$$[\bar{X} - z_{\frac{\alpha}{2}} \times \sigma_{\bar{x}}, \bar{X} + z_{\frac{\alpha}{2}} \times \sigma_{\bar{x}}]$$

其中,$\bar{X}$ 是样本均值,$z_{\frac{\alpha}{2}}$ 是正态分布函数在 $\frac{\alpha}{2}$ 上的分位值,$\sigma_{\bar{x}}$ 是均值标准误。$\bar{X} - z_{\frac{\alpha}{2}} \times \sigma_{\bar{x}}$ 被称为置信区间下限,$\bar{X} + z_{\frac{\alpha}{2}} \times \sigma_{\bar{x}}$ 被称为置信区间上限。②

回到例2中,如果要求置信度为 95%,正态分布分位数为 1.96,样本均值 $\bar{X} = 23.2698$,均值标准误 $\sigma_{\bar{x}} = 2.5884$,样本容量大于30,均值抽样分布符合正态分布,则可计算得到置信区间的上限为 $23.2698 + 1.96 \times 2.5884 = 28.343$;下限为:$23.2698 - 1.96 \times 2.5884 = 18.1965$。可得出结论,某年全国城市日均降雨量在 18.1965 毫米—28.343 毫米之间,其可信度为 95%。

在 Excel 中,如果符合正态分布,可直接用函数 $CONFIDENCE(\alpha, \sigma, n)$ 计算总体均值的置信区间半径。比如,$CONFIDENCE(0.05, 14.6423, 32) = 5.0732$($= 1.96 \times 2.5884$)。

### 六、样本规模

一般而言,在样本容量不变的前提下,置信区间越大,置信度就越高,但是估计的精确度就越低;相反,置信区间越小,置信度就越低,但精确度却越高。

---

① 或者认为,如果反复抽取许多组样本,那么在得到的一系列类似区间中,有 $100 \times (1-\alpha)\%$ 个区间包含参数。

② 其他参数置信间的计算请参阅相关统计学教程。

如果既要求置信区间小，精确度高，又要求置信度高，则需要增加样本容量。现在我们可以回答上文曾提出的关于如何选取样本容量的问题。研究人员制定了在一定的置信度下，不同误差范围所对应的样本规模表，如表12-8所示：

表 12-8

| 容许误差% | 95%置信度 | 99%置信度 |
| --- | --- | --- |
| 1 | 9604 | 16587 |
| 2 | 2401 | 4147 |
| 3 | 1067 | 1843 |
| 4 | 600 | 1037 |
| 5 | 384 | 663 |
| 6 | 267 | 461 |
| 7 | 196 | 339 |

资料来源：Charles Backstrum and Gerald Hursh-Cesar, *Survey Research*, New York: John Wiley & Sons, 1981, p.75。转引自〔美〕苏珊·韦尔奇、约翰·科默：《公共管理中的量化方法：技术与应用》(第三版)，中国人民大学出版社2003年版，第206页。

从表12-8可以看出，如果容许误差为2%，且置信度要求为95%，样本量至少为2401，如果容许误差降至1%，则样本量至少为9604。这么大的样本规模很少能在实际中使用。一般选择3%甚至更高的误差水平。

进一步看，样本规模随着总体规模的变化而变化。表12-9显示了在95%置信度下的样本的合适规模。可以发现，一旦总体规模到了20000左右，样本量的变化就不大了，只有当总体规模较小时，样本规模才依赖于总体规模的变化。

表 12-9

| 总体规模 | 样本规模的可靠性 | | | | |
| --- | --- | --- | --- | --- | --- |
| | ±1% | ±2% | ±3% | ±4% | ±5% |
| 1000 | M* | M* | M* | 375 | 278 |
| 2000 | M* | M* | 696 | 462 | 322 |
| 3000 | M* | 1334 | 787 | 500 | 341 |
| 4000 | M* | 1500 | 842 | 522 | 350 |
| 5000 | M* | 1622 | 879 | 536 | 357 |
| 10000 | 4899 | 1936 | 964 | 566 | 370 |
| 20000 | 6489 | 2144 | 1013 | 583 | 377 |
| 50000 | 8057 | 2291 | 1045 | 593 | 381 |
| 100000 | 8763 | 2345 | 1056 | 597 | 383 |
| 500000以上 | 9423 | 2390 | 1065 | 600 | 384 |

*M表示样本包含了总体中50%以上的数据量。

资料来源：H. R. Hill, J. L. Roth and H. Arkin, *Sampling in Auditing*, New York: The Ronald Press, 1962. 转引自〔美〕苏珊·韦尔奇、约翰·科默：《公共管理中的量化方法：技术与应用》(第三版)，第207页。该书对原表有扩展。

利用置信空间和置信度对数据总体特征进行描述是一种常用的统计方法。在实际工作中有一点需要注意,即实际样本抽取量要比计划的样本量多一些,尤其是在对以人为统计对象时。因为计划中的有些人可能无法找到,或拒绝访问等。一般建议选取超出计划一半的样本量。

### 七、假设检验

假设检验,简单地说,就是分析者事先对总体的某个统计特征做出某种假设,然后通过抽样来分析该假设存在的可能性,从而判断假设是否能够成立。

**例3** 某社区所在城市的居民年人均收入为12000元。为了在社区竞争中占有优势,该社区管理者希望本社区居民的人均收入不能低于城市的平均水平。社区管委会在本区居民中随机抽取了100人。经过统计后,发现这100人的年平均收入为11800元。假设居民人均收入服从正态分布,且已知该小区居民收入标准差为1000。是否可以得出结论:该社区居民的人均收入并不低于城市的人均收入?

设该社区人均收入为$\bar{x}$,我们需要在"$\bar{x} \geq 12000$,即社区人均收入不低于城市人均收入"和"$\bar{x} < 12000$,即低于城市人均收入"之间做出判断。习惯上,将与目前情况(11800 < 12000)相反的"$\bar{x} \geq 12000$"称为原假设(或零假设),记作$H_0$;称"$\bar{x} < 12000$"为备择假设(或称对立假设),记作$H_1$。我们要根据样本来判断究竟是$H_0$成立,还是$H_1$成立。如果$H_0$成立,称为接受$H_0$(或不能拒绝$H_0$),如果$H_1$成立,则称拒绝$H_0$。

### 八、接受域与拒绝域

无论假设成立与否,样本统计量很难与总体参数相等,我们并不能因此简单地判断假设是否成立。上例中样本均值为11800,比假设的总体均值12000要少,但不能因此认为该社区居民的人均收入要低于城市人均收入。

我们可以仿照置信区间的做法,围绕假设的总体参数设置一个范围,使得随机抽取的样本统计量以$1-\alpha$($\alpha$是很小的数)的概率包含在这个范围内,也就是说随机样本统计量出现在这个范围之外是一个小概率($\alpha$)事件。在假设检验中,上述的这个范围被称为接受域,范围之外被称为拒绝域。如果当前样本统计量落在拒绝域,则说明发生了小概率事件。小概率事件虽然也可能会发生,但由于发生的可能性极小,在实际使用中常被认为是不可能事件。小概率事件(不可能事件)在一次试验中就发生了,这说明原假设可能根本不成立,因此我们选择拒绝原假设。这就是假设检验的基本思路,其中$\alpha$被称为统计显著性水平。

如果总体分布服从正态分布,则接受域为$[\mu - z_{1-\alpha} \times \frac{\sigma}{\sqrt{n}}, \mu + z_{1-\alpha} \times \frac{\sigma}{\sqrt{n}}]$,如果$\bar{X} < \mu - z_{1-\alpha} \times \frac{\sigma}{\sqrt{n}}$,即$\frac{\bar{X} - \mu}{\sigma/\sqrt{n}} < -z_{1-\alpha}$,或者$\bar{X} > \mu + z_{1-\alpha} \times \frac{\sigma}{\sqrt{n}}$,即$\frac{\bar{X} - \mu}{\sigma/\sqrt{n}} > -z_{1-\alpha}$,则拒绝原假设。其中$\bar{X}$为样本均值,$\mu$为总体均值,$\sigma$为样本标准差,$n$为样本容量,$z$为正态分布分位数。

在例3中,由于$12000 > 11800$,则$\frac{\bar{X} - \mu}{\sigma/\sqrt{n}} = \frac{11800 - 12000}{1000/\sqrt{100}} = -2$。取$\alpha = 0.05$,在Excel中,可用函数NORMSINV(probability)计算$1 - \alpha = 95\%$时的分位数,NORMSINV(0.95) = 1.64。由于$-2 < -1.64$,样本统计量落在$-1.64$之外的区间内,属于小概率事件。因此拒绝原假设$H_0 : \bar{x} \geq 12000$,即该社区居民的人均收入可能低于城市平均水平。

## 九、单侧检验和双侧检验

例3中,我们只对该社区居民的人均收入是否低于全市水平感兴趣,拒绝域仅仅分布在坐标轴的一边(如图12-4)。这种检验称为单侧检验。单侧检验一般有如下几种情况:

$$H_0 : \theta = \theta_0 (H_1 : \theta > \theta_0) \text{ 或 } H_0 : \theta \leq \theta_0 (H_1 : \theta > \theta_0)$$
$$H_0 : \theta = \theta_0 (H_1 : \theta < \theta_0) \text{ 或 } H_0 : \theta \geq \theta_0 (H_1 : \theta < \theta_0)$$

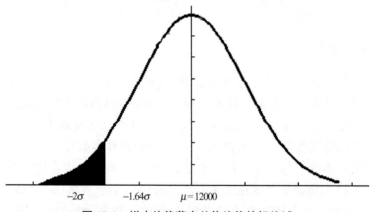

图12-4 样本均值落在总体均值的拒绝域

如果例3被改为该社区负责人想知道该社区年均收入是否等于全市水平,没有对假设指定具体的方向,便需要利用双侧检验。双侧检验的拒绝域分布在接受域两侧,一般表示为:$H_0 : \theta = \theta_0 (H_1 : \theta \neq \theta_0)$。在双侧检验中,如果要求的显著性水平为$\alpha$,则接受域两侧的显著性水平各自取$\frac{\alpha}{2}$。

## 十、假设检验的步骤

现在,我们可以给出假设检验的基本步骤。

第一步,根据要求确定原假设 $H_0$ 和备择假设 $H_1$,并确定显著水平 $\alpha$;

第二步,根据总体分布的特征,构建一个检验统计量 $T$,在例 3 中 $T = \dfrac{\bar{X} - \mu}{\sigma/\sqrt{n}}$;①

第三步,根据是双侧检验还是单侧检验,决定取 $\alpha$ 还是 $\dfrac{\alpha}{2}$;

第四步,计算接受域和拒绝域;

第五步,根据显著水平,将统计量 $T$ 与相应的分位数比较,判断是接受还是拒绝原假设 $H_0$。

## 十一、两类错误

由于对上述假设的判断是基于"拒绝小概率事件",我们并不能保证做出完全正确的判断。一方面,我们有可能会"以真当假",即原假设是真实的,我们却做出拒绝的判断(称之为第 I 类错误);另一方面,也有可能"以假当真",即原假设是错误的,我们却得出了接受的结果(称之为第 II 类错误)。

第 I 类错误和显著性水平 $\alpha$ 相关,提高 $\alpha$,相应的拒绝域也就增大,犯第 I 类错误的可能性也就增大。因此,显著性水平 $\alpha$ 也可以看成是第 I 类错误的概率临界值,即把犯第 I 类错误的概率控制在 $\alpha$ 以内。

通常用 $\beta$ 表示第 II 类错误的概率。显然,当 $\alpha$ 减小时,判断假设成真的条件变得相对宽松,从而 $\beta$ 就会增大,犯第 II 类错误的可能性就增加。所以,同时减小第 I 类错误和第 II 类错误是比较困难的。避免犯错误的方法是,选用经验积累的结果做原假设,一旦原假设被拒绝,可以及时采取调换样本再检验;也可以采用不同的显著性水平做检验,当结果不同时,增加样本容量再检验。

---

① 在总体满足正态分布条件下,如果假设对象是均值 $\mu$,且已知标准差 $\sigma$,则 $T = \dfrac{\bar{X} - \mu}{\sigma/\sqrt{n}}$,当 $\mu = \bar{X}$ 时,$T \sim N(0,1)$;如果假设对象是均值 $\mu$,且不知标准差 $\sigma$,则 $T = \dfrac{\bar{X} - \mu}{s/\sqrt{n-1}}$,当 $\mu = \bar{X}$ 时,$T \sim t(n-1)$;如果假设对象是总体标准差 $\sigma$,且已知均值 $\mu$,则 $T = \dfrac{1}{\sigma^2} \sum_{i=1}^{n}(X_i - \mu)^2 = \dfrac{n\hat{\sigma}^2}{\sigma^2}$,当 $\sigma^2 = \hat{\sigma}^2$ 时,$T \sim \chi^2(n)$;如果假设对象是总体标准差 $\sigma$,且未知均值 $\mu$,则 $T = \dfrac{1}{\sigma^2} \sum_{i=1}^{n}(X_i - \bar{X})^2 = \dfrac{nS_n^2}{\sigma^2}$,当 $\sigma^2 = \hat{\sigma}^2$ 时,$T \sim \chi^2(n-1)$。详细请参考统计学方面的书。

## 第三节　回归分析

公共管理中的许多问题可以简化为两个研究对象之间是否存在某种依赖关系的问题。比如，某地区治安每况愈下，有人认为这是由于下岗失业人员越来越多造成的。因此，相关领导就想知道下岗失业人员的数量是否和该地区治安情况的好坏存在某种依赖关系。如果存在某种显著的依赖关系，就说明改善治安需要综合治理，发展经济才是最可靠的保证。再比如，一个地区经常出现暴雨积水现象，给人民生活和经济发展带来不便。市领导想知道绿化面积是否与暴雨积水的频度之间存在某种关系。如果知道了这种关系，就可以客观地决定是否在有限的土地资源中继续扩大绿化面积。

### 一、变量与坐标图

回归分析是研究对象之间是否存在依赖关系的技术之一。在回归分析中，某个变量(称之为因变量，用 $Y$ 表示)依赖其他变量(称之为自变量，用 $X$ 表示)的变化而变化。如果自变量只有一个，我们称这种回归为一元回归，否则，称为多元回归。我们先讨论一元回归。

由于确定了因变量 $Y$ 和自变量 $X$，我们可以利用坐标轴来反映两者之间的关系。

**例4**　下表给出了2003年中国各地 www 网站站点数和网民人口数。

表　12-10

| 地区 | www 站点数 | 网民数(万) | 地区 | www 站点数 | 网民数(万) |
|---|---|---|---|---|---|
| 天津 | 9010 | 144.6 | 湖南 | 7061 | 265.4 |
| 重庆 | 7458 | 176.6 | 广西 | 7420 | 228.6 |
| 河北 | 15510 | 289.1 | 海南 | 2587 | 39.7 |
| 山西 | 3364 | 148.8 | 四川 | 13697 | 424.3 |
| 内蒙古 | 2859 | 74.9 | 贵州 | 2320 | 83.1 |
| 吉林 | 3789 | 146.5 | 云南 | 5165 | 166.4 |
| 黑龙江 | 5919 | 226.0 | 西藏 | 1677 | 8.6 |
| 安徽 | 10261 | 183.5 | 陕西 | 5704 | 196.7 |
| 江西 | 6010 | 169.4 | 甘肃 | 3369 | 122.4 |
| 山东 | 25152 | 626.6 | 青海 | 710 | 19.5 |
| 河南 | 10818 | 225.7 | 宁夏 | 1369 | 33.3 |
| 湖北 | 13445 | 380.9 | 新疆 | 3056 | 117.8 |
| 福建 | 28813 | 318.2 | 上海 | 52600 | 431.6 |
| 浙江 | 57948 | 451.2 | 江苏 | 40258 | 610.9 |

资料来源：2003年《中国互联网络发展状况统计报告》，www.cnnic.net.cn(未包括北京、广东、辽宁三地数据)。

根据上表,我们将网民人口数量设为因变量 $Y$,www 站点数设为自变量 $X$,可以利用 Excel 的制图功能①,绘制如图 12-5 所示的坐标图。在图中,$X$ 轴代表 www 站点数量,$Y$ 轴代表各地网民数量。根据这个坐标图,管理者可以通过目测发现一个基本的规律,即随着某地区 www 站点数的增加,网民数量也会相应地增加。

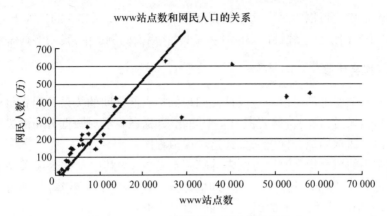

图 12-5　www 站点数量和网民数量的关系

如果,$Y$ 随着 $X$ 增加而增加,随着 $X$ 减少而减少,则称 $X$ 与 $Y$ 正相关;否则,如果 $Y$ 随着 $X$ 的增加而减少,随着 $X$ 减少而增加,则称 $X$ 与 $Y$ 负相关。根据图 12-5,我们大致可以判断,网民数量与 www 站点个数是正相关的。

## 二、线性回归

用坐标图来反映变量之间的关系具有直观的优点,但是当数据量较大时,目测出来的关系是不准确的。因此可以利用数学函数来表示变量间的关系,这种函数称为回归函数。

数学函数用数值来反映自变量和因变量之间的明确数量关系,但在实际情况中,$X$ 和 $Y$ 之间的关系十分复杂,因而函数本身也会非常复杂,不易于表达和计算。另外,研究变量关系的主要目的是发现研究对象之间蕴含的规律,并做出预测。因此,人们通常用一些简单的函数来近似模拟变量关系。如图 12-5 所示,坐标图上的数据分布接近于中间所画的直线。

回归函数中最普遍使用的是线性回归函数。如果 $X$ 和 $Y$ 大致上能够用一条直线来描述,则称这两个变量是线性相关的。直线的数学函数公式是:$y = ax + b$。显然,只要知道了 $a$ 和 $b$ 的值,就能够明确 $X$ 和 $Y$ 之间的关系。统计学家

---

① 本章第二节详细介绍了如何利用 Excel 绘制柱形图的方法。在本例中,需在图 12-5 左图中选择"$XY$ 散点图",然后将 $X$ 轴设定为网民数,$Y$ 轴设为 www 站点数即可。

已经为我们推算出了计算 $a$ 和 $b$ 的表达式：

$$a = \frac{n\sum_{i=1}^{n} x_i y_i - \sum_{i=1}^{n} x_i \sum_{i=1}^{n} y_i}{n\sum_{i=1}^{n} x_i^2 - \left(\sum_{i=1}^{n} x_i\right)^2} \quad b = \frac{\sum_{i=1}^{n} y_i - a\sum_{i=1}^{n} x_i}{n}$$

利用 $a$ 和 $b$，可以为每个 $x_i$ 计算得到一个估计值 $\hat{y}_i$。$a$ 和 $b$ 的计算十分繁琐，在 Excel 中专门设计了线性回归的计算工具，在后面的例子中，我们将具体介绍。

### 三、拟合优度

任何两个变量都可以通过线性回归来概括它们之间的关系。但在得到一个线性回归结果后，我们自然要提出一个问题，即这条直线对数据分布的模拟程度究竟如何。通常用拟合优度来描述这种模拟程度。

最常用的拟合优度测度方法是计算判定系数 $\gamma^2$，其中 $\gamma$ 称为相关系数。统计学家定义 $\gamma^2$ 等于可解释的离差（即估计值 $\hat{y}_i$ 与均值 $\bar{Y}$ 的离差）与不可解释的离差（真实值 $y_i$ 与均值 $\bar{Y}$ 的离差）之间的比率，即：

$$\gamma^2 = \frac{\sum (\hat{y}_i - \bar{Y})^2}{\sum (y_i - \bar{Y})^2}$$

更直观的解释是：$Y$ 的变化中可以由 $X$ 来说明或解释的百分比。如果 $\gamma^2 = 0.8$，意味着 $X$ 的变化可以解释 80% 的 $Y$ 的变化。因此 $\gamma^2$ 对自变量在多大程度上决定因变量的变化提供了一个非常重要且实用的度量。

### 四、标准误差

拟合优度的第二种常用方法是计算标准误差。

根据直线回归方程，对应于某个自变量 $x$，可以计算得到一个因变量 $\hat{y}$。一般来说，$\hat{y}$ 与真实值 $y$ 之间存在误差，这通常用回归计算的标准误差来表示。回归计算的标准误差公式为：

$$s_{xy} = \sqrt{\frac{\sum_{i=1}^{n} (y_i - \hat{y}_i)^2}{n-2}}$$

标准误差越小，说明拟合度越好，即有越强的线性关系，回归方程对因变量的估计就越准确。

### 五、斜率的标准误差

第三种拟合优度方法是计算斜率的标准误差。

如果是从总体中抽取样本进行回归分析，那么由多个样本分别所得到的斜率

估计值 $\hat{a}$ 就会有差异,这些斜率估计值所对应的概率分布称为斜率的抽样分布,斜率抽样分布的标准差被称为斜率的标准误差,记作 $se_a$。$se_a$ 可由下式计算:

$$se_a = \frac{s_{xy}}{\sqrt{\sum (x_i - \bar{X})^2}}$$

根据斜率的标准误差,可围绕斜率估计值 $\hat{a}$ 进行 $t$ 检验。

### 六、$t$ 检验

如果是对总体进行回归分析,斜率 $a$ 为 0 说明两个变量之间不存在任何关系。如果是对样本进行回归分析,如何通过 $\hat{a}$ 判断变量之间是否存在关系呢?或者说,如何判断一个斜率为 $\hat{a}$ 的样本是从斜率为 0 的总体中抽取出来的呢?

可以先假设斜率的均值 $\bar{a} = 0$,然后对统计量 $t = \frac{a}{se_a}$ 进行假设检验。学者们已经证明,如果解释变量 $X$ 服从正态分布,则统计量 $t = \frac{a}{se_a}$ 服从 $t$ 分布,因此可以根据自由度和 $t$ 值,计算对应的接受域。如果某个样本斜率被认为是小概率事件,则拒绝原假设。这种检验称为 $t$ 检验。

### 七、在 Excel 中回归一元线性方程

现在,让我们利用 Excel 中的回归分析工具对例 4 进行回归计算。

设"网民人数"为因变量 $y$,"www 站点数"为自变量 $x$,回归方程为 $y = ax + b$。点击"工具"菜单,选择其中的"数据分析"①选项,弹出如图 12-6 所示的对话框。

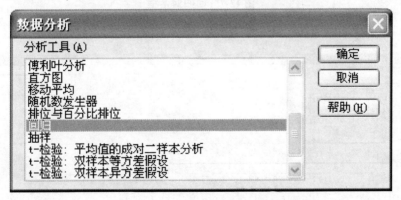

图 12-6 数据分析对话框

---

① 如果"工具"菜单中没有找到"数据分析"选项,请首先点击"工具"菜单中的"加载宏"选项。在弹出的对话框中,选择"分析工具库—VBA 函数",点击"确定"后,再返回到"工具"菜单中,即可找到"数据分析"选项。

在“数据分析对话框”中选择“回归”，点击“确定”。出现如图 12-7 右侧所示的“回归”对话框。将光标放在“Y 值输入区域”后面的空格中，然后用鼠标在 Excel 表格中选择因变量所对应的区域（图 12-7 左侧所示虚线框内）。同样，在“X 值输入区域”中输入自变量所对应的区域。选择“标志”、“置信度”等选项，然后点击“确定”。

| | A | B | C |
|---|---|---|---|
| 1 | 地区名称 | 网民人口 | www站点数 |
| 2 | 西 藏 | 8.6 | 1677 |
| 3 | 青 海 | 19.5 | 710 |
| 4 | 宁 夏 | 33.3 | 1369 |
| 5 | 海 南 | 39.7 | 2587 |
| 6 | 内 蒙 | 74.9 | 2859 |
| 7 | 贵 州 | 83.1 | 2320 |
| 8 | 新 疆 | 117.8 | 3056 |
| 9 | 甘 肃 | 122.4 | 3369 |
| 10 | 天 津 | 144.6 | 9010 |
| 11 | 吉 林 | 146.5 | 3789 |
| 12 | 山西 | 148.8 | 3364 |
| 13 | 云 南 | 166.4 | 5165 |
| 14 | 江 西 | 169.4 | 6010 |
| 15 | 重 庆 | 176.6 | 7458 |
| 16 | 安 徽 | 183.5 | 10261 |
| 17 | 陕 西 | 196.7 | 5704 |
| 18 | 河 南 | 225.7 | 10818 |
| 19 | 黑龙江 | 226 | 5919 |
| 20 | 广 西 | 228.6 | 7420 |
| 21 | 湖 南 | 265.4 | 7061 |
| 22 | 河 北 | 289.1 | 15510 |
| 23 | 福 建 | 318.2 | 28813 |
| 24 | 湖 北 | 380.9 | 13445 |



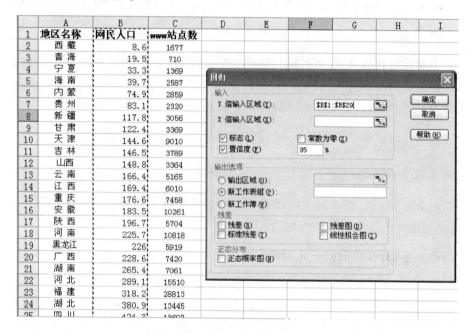

图 12-7　回归对话框

回归结果将在 Excel 新工作表中列出，如图 12-8 所示：

| | A | B | C | D | E | F | G | H | I |
|---|---|---|---|---|---|---|---|---|---|
| 1 | SUMMARY OUTPUT | | | | | | | | |
| 2 | | | | | | | | | |
| 3 | 回归统计 | | | | | | | | |
| 4 | Multiple | 0.782169081 | | | | | | | |
| 5 | R Square | 0.611788472 | | | | | | | |
| 6 | Adjusted | 0.596857259 | | | | | | | |
| 7 | 标准误差 | 104.9132716 | | | | | | | |
| 8 | 观测值 | 28 | | | | | | | |
| 9 | | | | | | | | | |
| 10 | 方差分析 | | | | | | | | |
| 11 | | df | SS | MS | F | Significance F | | | |
| 12 | 回归分析 | 1 | 450990.2 | 450990.163 | 40.97379676 | 8.82052E-07 | | | |
| 13 | 残差 | 26 | 286176.7 | 11006.7945 | | | | | |
| 14 | 总计 | 27 | 737166.8 | | | | | | |
| 15 | | | | | | | | | |
| 16 | | Coefficients | 标准误差 | t Stat | P-value | Lower 95% | Upper 95% | 下限 95.0% | 上限 95.0% |
| 17 | Intercept | 119.3464018 | 25.83476 | 4.61960545 | 9.17487E-05 | 66.24229093 | 172.450513 | 66.2422909 | 172.4505126 |
| 18 | www站点数 | 0.00854645 | 0.001335 | 6.40107778 | 8.82052E-07 | 0.005801993 | 0.01129091 | 0.00580199 | 0.011290906 |

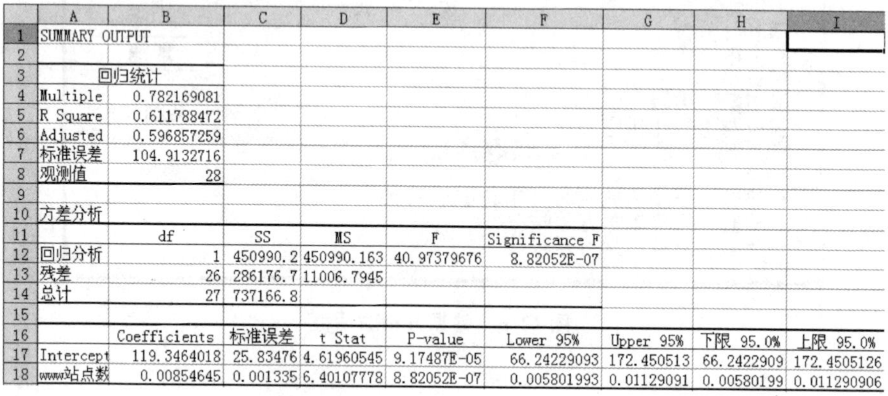

图 12-8　一元回归分析结果

回归分析结果第17、18行,第B列分别显示了截距$b=119.3464018$,斜率$a=0.00854645$,由此可知回归方程为$y=0.00854645\times x+119.3464018$;第C列显示了截距和斜率的标准误差,分别为25.83476和0.001335;第D列为截距和斜率的$t$值,可通过函数TDIST(x,degree,tails)[①]计算相应的概率,分别为8.4653E-05和7.4056E-07。这两个概率值都远小于0.01,因此可以拒绝认为斜率为0。第H、I列分别列出了截距和斜率在95%置信度下的置信空间上下限。

第5行第B列显示判定系数$\gamma^2=0.611788472$。第6行第B列显示标准误差$s_{xy}=104.9132716$。其他参数将在多元回归分析中介绍。

### 八、多元线性回归

以上我们介绍了一元线性回归的计算方法和参数检验。在例题中,读者会发现,回归效果并不是非常好,比如$\gamma^2=0.61$。这说明$Y$的变化不仅仅来源于$X$的变化,还有其他的变量对$Y$的变化具有影响。当我们引进更多的变量来对$Y$的变化进行解释时,我们就要用到多元回归方法。在公共管理活动中,由于管理事物之间关系错综复杂,一元回归很难发挥功效,而多元回归方法则相对更为实用。

多元线性回归方程是:$y=\beta_1 x_1+\beta_2 x_2+\cdots+\beta_n x_n+\alpha$。其中,$\beta_1、\beta_2\cdots\beta_n、\alpha$称作偏回归系数。$\beta_i$又称为直线方程的偏斜率,它的含义是如果其他变量不变,$\beta_i$所对应的变量每变化一个单位而导致的因变量变化的幅度。$\alpha$在方程中是常数,称为截距。

接下来,我们将通过一个实际例子,引出多元线性回归的基本概念和检验方法。

**例5** 为了更好地对例4中的研究对象进行回归,引进了各地国民生产总值和在校大学生人数作为新的变量,构造多元回归方程。新变量分布如下表(表12-11)所示:

表 12-11

| 序号 | 地区名 | 网民人口<br>(万人) | www站点数 | 国内生产总值<br>(亿元) | 在校大学生数<br>(个) |
|---|---|---|---|---|---|
| 1 | 西藏 | 8.6 | 1677 | 184.59 | 4019.2 |
| 2 | 青海 | 19.5 | 710 | 390.16 | 9333 |
| 3 | 宁夏 | 33.3 | 1369 | 385 | 13140.6 |
| 4 | 海南 | 39.7 | 2587 | 698.3 | 14554.2 |
| 5 | 内蒙古 | 74.9 | 2859 | 2092.86 | 49838.2 |
| 6 | 贵州 | 83.1 | 2320 | 1344.31 | 56392 |
| 7 | 新疆 | 117.8 | 3056 | 1875 | 54107 |

---

① 函数TDIST的参数$x$为$t$值,degree为自由度,tails=1表示单侧检验,tails=2表示双侧检验。

(续表)

| 序号 | 地区名 | 网民人口（万人） | www 站点数 | 国内生产总值（亿元） | 在校大学生数（个） |
|---|---|---|---|---|---|
| 8 | 甘肃 | 122.4 | 3369 | 1301.06 | 62557.8 |
| 9 | 天津 | 144.6 | 9010 | 2386.94 | 90433.7 |
| 10 | 吉林 | 146.5 | 3789 | 2521.8 | 139545 |
| 11 | 山西 | 148.8 | 3364 | 2445.6 | 94197.6 |
| 12 | 云南 | 166.4 | 5165 | 2458.8 | 73779.2 |
| 13 | 江西 | 169.4 | 6010 | 2830 | 110852.2 |
| 14 | 重庆 | 176.6 | 7458 | 2250.11 | 96555 |
| 15 | 安徽 | 183.5 | 10261 | 3973.2 | 132848.1 |
| 16 | 陕西 | 196.7 | 5704 | 2398.58 | 179452.8 |
| 17 | 河南 | 225.7 | 10818 | 7025.93 | 185862.6 |
| 18 | 黑龙江 | 226 | 5919 | 4433 | 156988.8 |
| 19 | 广西 | 228.6 | 7420 | 2733.21 | 90489.6 |
| 20 | 湖南 | 265.4 | 7061 | 4633.73 | 193347.2 |
| 21 | 河北 | 289.1 | 15510 | 7095.4 | 176593.8 |
| 22 | 福建 | 318.2 | 28813 | 5241.73 | 102464.4 |
| 23 | 湖北 | 380.9 | 13445 | 5395.91 | 257709.2 |
| 24 | 四川 | 424.3 | 13697 | 5456.3 | 180405 |
| 25 | 上海 | 431.6 | 52600 | 6250.81 | 186313.6 |
| 26 | 浙江 | 451.2 | 57948 | 9200 | 138725 |
| 27 | 江苏 | 610.9 | 40258 | 12451.8 | 329634.1 |
| 28 | 山东 | 626.6 | 25152 | 12430 | 214080.3 |

资料来源:1. 2003 年《中国互联网络发展状况统计报告》,www.cnnic.net.cn(未包括北京、广东、辽宁三地数据);

2. 2002 年中国科学院《可持续发展战略报告》,http://www.cas.ac.cn/html/Books/061BG/c1/2002/,其中,在校大学生数 = 各地人口（万）× 每万人大学生数。因无法找到 2003 年数据，这里使用的在校大学生数为 2002 年数据。

分别设 www 站点数为变量 $x_1$，国民生产总值为 $x_2$，在校大学生数为 $x_3$，则可以得到直线方程：$y = \beta_1 x_1 + \beta_2 x_2 + \beta_3 x_3 + \alpha$。

Excel 中的多元回归计算方法与一元回归类似，唯一的区别即是在图 12-8 右侧对话框中的"$X$ 值输入区域"中不是选择一列数据，而是选择 $k$ 列 $X$（$k$ 为自变量个数）对应的区域。回归分析结果如图 12-9 所示：

与一元回归中类似，第 17、18、19、20 行分别显示了回归系数 $\alpha$、$\beta_1$、$\beta_2$、$\beta_3$ 的值，以及各自所对应的标准误差，$t$ 值和置信区间。由此可知回归方程为：

| | A | B | C | D | E | F | G | H | I |
|---|---|---|---|---|---|---|---|---|---|
| 1 | SUMMARY OUTPUT | | | | | | | | |
| 2 | | | | | | | | | |
| 3 | 回归统计 | | | | | | | | |
| 4 | Multiple R | 0.961353151 | | | | | | | |
| 5 | R Square | 0.924199881 | | | | | | | |
| 6 | Adjusted R Sq | 0.914724867 | | | | | | | |
| 7 | 标准误差 | 48.25165477 | | | | | | | |
| 8 | 观测值 | 28 | | | | | | | |
| 9 | | | | | | | | | |
| 10 | 方差分析 | | | | | | | | |
| 11 | | | df | SS | MS | F | Significance F | | |
| 12 | 回归分析 | | 3 | 681289.5 | 227096.5 | 97.54073 | 1.3981E-13 | | |
| 13 | 残差 | | 24 | 55877.33 | 2328.2222 | | | | |
| 14 | 总计 | | 27 | 737166.8 | | | | | |
| 15 | | | | | | | | | |
| 16 | | Coefficients | 标准误差 | t Stat | P-value | Lower 95% | Upper 95% | 下限 95.0% | 上限 95.0% |
| 17 | Intercept | 14.82378543 | 16.93757 | 0.8752014 | 0.390139 | -20.13363992 | 49.7812108 | -20.13364 | 49.7812108 |
| 18 | www站点数 | 0.002375882 | 0.000961 | 2.4718101 | 0.020924 | 0.000392081 | 0.00435968 | 0.00039208 | 0.00435968 |
| 19 | 国内生产总值 | 0.027335203 | 0.006608 | 4.1369201 | 0.000373 | 0.013697742 | 0.04097266 | 0.01369774 | 0.04097266 |
| 20 | 大学生数 | 0.000592654 | 0.000214 | 2.7651644 | 0.010764 | 0.000150301 | 0.00103501 | 0.0001503 | 0.00103501 |

图 12-9　多元回归分析结果

$$y = 0.002376 \times x_1 + 0.027335 \times x_2 + 0.000593 \times x_3 + 14.823785$$

三个自变量斜率的 $t$ 值分别为 2.4718101、4.1369201、2.7651644。利用 TDIST(X,Deg-freedom,Tails) 函数①计算可得到对应的概率分别为 0.0200386、0.0003078、0.0101321，都小于 0.025（设置信度为 0.05，双尾检验中应除以 2）。这说明三个自变量与因变量之间都存在关系。

第 5 行，第 B 列对应的值 R Square($R^2$) = 0.9242。$R^2$ 称为复判定系数，与一元回归中的判定系数 $\gamma^2$ 相似，它反映了因变量 $Y$ 的变化中能够由自变量 $x_1$，$x_2 \cdots x_n$ 解释的百分比。其计算公式为：$R^2 = \dfrac{\sum(\hat{y}_i - \bar{Y})^2}{\sum(y_i - \bar{Y})^2}$。$R^2$ 的值介于 0 和 1 之间，如果是 1，则拟合的直线 100% 地解释了 $Y$；如果是 0，则说明与 $Y$ 毫无相关，不能解释 $Y$。因此，$R^2$ 越靠近 1，则说明该回归拟合得越好。在本例中，说明这三个自变量可以解释因变量 92.42% 的变化，拟合效果明显比一元回归要好。

第 12 行，第 C 列的值 681289.5 称为回归平方和，通常记作 $ss_{reg}$。回归平方和是估计值 $\hat{Y}$ 的方差，它表示回归方程所解释的 $Y$ 的变化；第 13 行，第 C 列的值 55877.33 称为残差平方和，通常记作 $ss_{resid}$，它表示未能被回归方程解释的 $Y$ 的变化；第 14 行，第 C 列的值 737166.8 称为总平方和，记作 $ss_{total}$（$ss_{total} = ss_{reg} + ss_{resid}$），即 $Y$ 的实际值的方差。

利用回归平方和、残差平方和以及自由度可以计算 $F$ 检验值。$F$ 检验值的

---

① 其中 $x$ 为 $t$ 值；Deg-freedom 为自由度，在数值上等于 $n-1$，本题中即为 27；Tails 用来判断是单侧检验还是双侧检验，前者取 1，后者取 2。

计算公式为 $F = \dfrac{ss_{reg}/(k-1)}{ss_{resid}/(n-k)}$。$t$ 检验只能检验单个偏回归系数是否为零,而 $F$ 检验则可以用来判断全部偏回归系数是否都为 0,即 $\beta_1 = \beta_2 = \cdots = \beta_n = 0$ 的假设。如果 $F$ 检验值反映了一个小概率事件,则拒绝原假设。第 12 行,第 E 列给出了 $F$ 检验值,$F = 97.54$;第 F 列则给出了 $F$ 值对应的概率 1.3981E-13,远小于显著性 0.025。这说明三个自变量对应的偏回归系数不可能同时为 0。

### 九、多重共线性

在公共管理活动中,多元回归是一种强有力的分析技术,但是在使用过程中,也存在一定的局限。多重共线性就是其中较为突出的一个问题。

上文曾提到,多元回归中,在其他自变量不变的情况下,某个自变量的偏回归系数反映了该自变量每变化一个单位所引起的因变量的变化程度。但是,如果若干变量之间存在着某种相关关系,即若干自变量会随着某个自变量的变化而变化,这样就无法保证其他自变量保持不变,从而导致偏回归系数可能具有较大的标准误差。接受域也因此变宽,接受"参数等于零"的假设变得更为容易。如果回归方程中的若干自变量之间完全或高度相关,则说明该回归方程存在多重共线性。

如何判断是否存在多重共线性呢?有一个方法是考察自变量之间的相关系数 $\gamma$。在 Excel 中,函数 CORREL(Known_y's, Known_x's) 可直接计算两个变量的 $\gamma$。如果 $|\gamma|$ 很大,比如超过 0.8,则说明存在较为严重的多重共线性。

例 5 中的自变量"大学生数"和"国内生产总值"之间的相关系数 $|\gamma| = 0.827$。这说明例 5 的回归中存在多重共线性。

检查相关系数的方法并不是一个准确无误的方法,更多的关于多重共线性的判别可参考高级统计学方面的书籍。

通常有几种方法来处理多重共线性。一种方法是合并变量,把不同的变量组合成为单一的变量;第二种方法是丢弃一些与其他变量之间存在高度相关关系的变量。细节不再详述。

### 十、非线性回归

在公共管理的实际活动中,考察对象之间并非一定是线性关系。让我们再回到例 4 中,仔细观察图 12-5,是否觉得数据点的分布情况更类似于对数曲线?

事实上,当我们利用对数方程对"网民人口"和"www 站点数"这两个变量进行回归后发现,效果要比一元线性回归更好,如下图(图 12-10)所示:

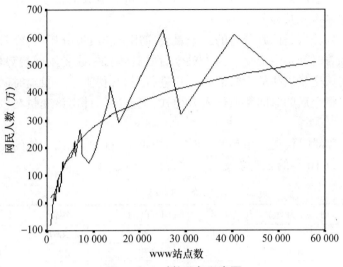

图 12-10 对数回归示意图

在实际问题中,自变量与因变量之间的依赖关系往往并不是线性形式的,而是某种曲线,这时就需要建立曲线方程来拟合该曲线,这被称为非线性回归或曲线回归。

非线性回归建立在线性回归的基础上。通常首先将其转换为线性方程,然后再做回归。比如,对数回归方程为 $y = \alpha \ln x + \beta$,令 $x' = \ln x$,可得 $y = \alpha x' + \beta$。新方程是一个线性方程,可用线性回归方法计算 $\alpha$ 和 $\beta$,并进行检验。当需要预测新的 $y$ 时,只需将 $x$ 转换为 $x'$,然后代入线性方程即可。表 12-12 列出了几种非线性回归方程的表达式:

表 12-12

| 回归方程名称 | 回归方程 | 转换后的线性方程 |
| --- | --- | --- |
| 对数回归方程 | $y = \alpha \ln x + \beta$ | $y = \alpha x' + \beta\ (x' = \ln x)$ |
| 指数回归方程 | $y = \alpha^x \times \beta$ | $y' = x\ln\alpha + \ln\beta\ (y' = \ln y)$ |
| 抛物线回归方程 | $y = \alpha x^2 + \beta x + \gamma$ | $y = \alpha x_1 + \beta x_2 + \gamma\ (x_1 = x^2,\ x_2 = x)$ |
| 双曲线回归方程 | $\dfrac{1}{y} = \alpha \dfrac{1}{x} + \beta$ | $y' = \alpha x' + \beta\ (y' = \dfrac{1}{y},\ x' = \dfrac{1}{x})$ |

## 十一、预测和时间序列分析

回归分析的一个重要应用是能够对观察对象的未来发展做出预测。自变量的新值代入回归方程后,可以计算出所对应的因变量的值及其置信区间,从而可以估计出因变量的未来发展水平,这对政策分析有极大的帮助。这一点在时间序列分析中显得尤其显著。

时间序列分析是回归分析的一个重要应用。在政策分析中,经常会有某个观察变量随着时间发生变化。为了对今后的具体目标或者发展趋势做出预测,我们可以将该变量以往的观察值和时间进行回归,得到该变量随时间变化的方程式。然后将今后的时间数值代入方程式,就能够估计出该变量在以后的可能发展水平。

**例6** 某部门负责人想预测2004年职工工资的总支出。他的秘书从财务部找来了最近10年的工资总支出表,如表12-13所示:

表 12-13

| 年份 | 工资(万元) | 年份 | 工资(万元) | 年份 | 工资(万元) |
|------|-----------|------|-----------|------|-----------|
| 1994 | 152.56 | 1998 | 176.99 | 2001 | 185.22 |
| 1995 | 156.47 | 1999 | 178 | 2002 | 189.48 |
| 1996 | 168.33 | 2000 | 182.11 | 2003 | 192.07 |
| 1997 | 172.43 | | | | |

将年份作为自变量 $x$,职工工资总支出作为因变量 $y$,就可以建立回归方程:$y = ax + b$。秘书利用 Excel 的数据分析工具对表中数据进行回归分析,得到 $a = 4.249455, b = -8317.17$,则 $y = 4.249455 \times x - 8317.17$。判定系数 $\gamma^2 = 0.951516$,标准误差为 3.080399。然后利用函数 TREND(Known_y's, Known_x's, New_x's, Const)①计算2004年所对应的 $y$ 值等于198.738,在95%置信度下的置信区间为[191.7697, 205.7063]。

因此,该部门负责人可知2004年职工工资总支出估计在 191.77 万元至 295.71 万元之间。

## 第四节 回归分析在政策分析中的应用

公共管理者通过制定各种政策来改变人们的行为模式或者增进社会利益。比如说,某城市通过"严打"政策,在一定时间内遏制了报案率的上升势头;某城市出台的某项招商引资政策使该市获得的外来投资有大幅的增长等。

政策实施后是否真正发挥了作用,需要政策分析者们对其效果进行评价。各种回归分析的应用方法为政策评价提供了有力的支持。上一节中,时间序列

---

① TREND 函数中,参数 Known_y's 为因变量数组, Known_x's 为自变量数组, New_x's 为自变量的新值, Const 为逻辑值,用以指定是否强制 $b = 0$。

分析通常只有一个自变量,即时间。本节将介绍断续时间序列分析方法。在这种分析方法中,不仅有时间变量,还要引进新的政策变量。

断续时间序列分析方法将政策所引起的影响分为短期影响、长期影响、长短期混合影响和脉冲效应四种。

## 一、短期影响

短期影响是指在政策影响下,观察变量有一个短期变动,但其随时间变化的基本趋势保持不变。

**例7** 某城市于1999年出台的招商引资政策即将到期,市长想知道这项政策是否对该市的招商引资发挥了作用。如果确实发挥了作用,则应该继续延用这项政策,否则,需要修改或者重新制定新的政策。现在已有该市自1994年以来每年的引进外资总额,如表12-14所示:

表 12-14

| 年份 | 引进外资总额(万元)$y$ | 时间变量 $x_1$ | 政策变量 $x_2$ |
|---|---|---|---|
| 1994 | 350 | 1 | 0 |
| 1995 | 345 | 2 | 0 |
| 1996 | 352 | 3 | 0 |
| 1997 | 360 | 4 | 0 |
| 1998 | 358 | 5 | 0 |
| 1999 | 390 | 6 | 1 |
| 2000 | 387 | 7 | 1 |
| 2001 | 388 | 8 | 1 |
| 2002 | 392 | 9 | 1 |
| 2003 | 401 | 10 | 1 |

利用 Excel 的制图工具绘制散点图,如图 12-11 所示:

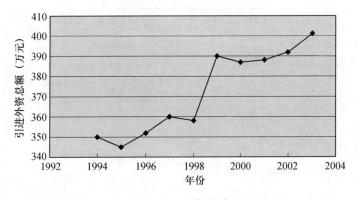

图 12-11 短期影响

# 公 共 政 策 分 析

为了确定该政策是否产生了短期影响，除时间变量 $x_1$ 外，我们建立了一个政策变量 $x_2$。$x_1$ 把 1994 年记为 1，以后每年增加 1。$x_2$ 是一个虚拟变量，在招商引资政策出台前取 0，出台后取 1。把每年的引进外资总额作为因变量 $y$，利用 Excel 中的数据分析工具进行回归，结果为：$y = 2.9 \times x_1 + 24.1 \times x_2 + 344.3$。判定系数 $R^2 = 0.973738$，标准误差为 3.872983，$x_1$ 的斜率标准误差为 0.866，$x_2$ 的斜率标准误差为 4.975。

方程的第一个系数说明若不考虑政策影响，该市引进外资总额逐年平均增长 2.9 万元，它的 $t$ 检验显著性为 0.008542107，这个增长是显著的。第二个斜率揭示了政策实施后每年引进的外资总额比实施前在整体上要平均多出 24.1 万元，$t$ 检验显著性为 0.000915567，同样也是显著的。根据这个结果，市长可以得出结论，该市于 1999 年开始实施的某项招商引资政策确实对引进外资具有推动作用，它在短期内将该市的外资总额提高到一个新的高度。

当然，这个例子并不表明引进外资总额的增加完全是由这项政策驱动的，宏观经济的好转、外资投入领域的进一步放开等都可能对这一结果产生影响。在实际的政策分析中，应该尽可能地找到相关的变量进行分析。

## 二、长期影响

在大多数情况下，政策并不能在瞬时产生一个巨大的影响。相反，当实施一项政策后，通常会经历一段较长的时间，政策才逐步带来效率的改进。

**例 8** 某高校为省属重点大学。为了进一步提高办学质量和学术声誉，1998 年，该学校校务委员会通过了一项关于学校管理改革的试行方案，并于当年年初开始实施。今年，校长让校办对这项方案是否给学校带来收益进行调查。校办工作人员认为每年不断增加的研究生入学考试的报考人数能够反映学校办学质量和学术声誉的提高。为了对这个假设进行检验，他对以下（表 12-15）数据进行了回归分析。

表 12-15

| 年份 | 研究生报考人数 | 时间变量 | 政策变量 |
| --- | --- | --- | --- |
| 1994 | 3344 | 1 | 0 |
| 1995 | 3400 | 2 | 0 |
| 1996 | 3467 | 3 | 0 |
| 1997 | 3548 | 4 | 0 |
| 1998 | 3632 | 5 | 1 |
| 1999 | 3877 | 6 | 2 |
| 2000 | 4056 | 7 | 3 |
| 2001 | 4273 | 8 | 4 |
| 2002 | 4456 | 9 | 5 |
| 2003 | 4679 | 10 | 6 |

从图 12-12 中可以看到,该校研究生入学考试报名人数在 1998 年后增长明显提速。我们将每年研究生的报考人数作为因变量 $y$,时间作为第一个变量 $x_1$,以 1994 年为起点,以后逐年加 1。建立一个政策变量 $x_2$ 用来评价图 12-12 中斜率的长期变动。政策实施前,该变量为 0;政策实施后,该变量是一个计数变量,即取值为 1、2、3……

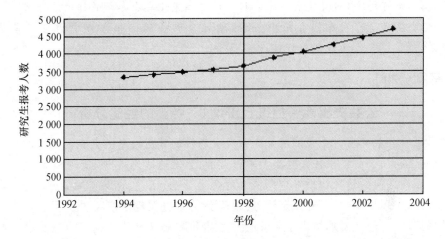

图 12-12　长期影响

分析结果如下:$y = 49.07021 \times x_1 + 143.7766 \times x_2 + 3301.383$,$R^2 = 0.996315$,标准误差为 32.56909,$x_1$ 的斜率标准误差为 12.29686,$x_2$ 的斜率标准误差为 16.30927。

方程的第一个系数说明在实施改革方案之前,研究生报考人数逐年平均增长 49 人,$t$ 检验显著性为 0.003156,这个增长是显著的;第二个系数说明,实施该方案之后,每年会多增长 143 人,$t$ 检验显著性为 0.0000101,同样也是显著的。根据这个结果,可以认为该校所实施的改革方案可能引起了该校研究生入学考试的报名人数的增长,从一个侧面反映了该校学术声誉和办学质量的提高。

除上述两种方法外,混合影响分析和脉冲效应分析也是常用的方法。如果分析者并不清楚究竟是产生了长期影响还是短期影响,就可以采用长短期混合影响分析方法,其中设置两个政策变量,一个反映短期影响,一个反映长期影响。而所谓脉冲效应指的是某项政策只产生短期的暂时效应。在分析是否存在脉冲效应时,可设置一个脉冲变量,可能产生脉冲的时间设为 1,其他设为 0。对于这两种断续时间序列分析,限于篇幅,本书不再详述。

## 【关键术语】

描述统计　推断统计　抽样分布　置信区间　回归分析　时间序列

## 【复习思考题】

1. 描述统计有哪些测度方法？如何计算？
2. 如果某个数据分布满足正态分布，如何利用 Excel 来估计标准差？
3. 假设检验有哪几个步骤？
4. 如何利用 Excel 完成多元回归？计算结果中各个参数的作用是什么？
5. 在断续时间序列分析中，长短期混合影响的回归方程中的自变量是什么？

## 【案例分析】

### 公共支出能否促进经济增长：中国的经验分析[①]

政府公共支出对于经济增长究竟产生怎样的效应问题一直有很大争议。一种观点认为，公共支出往往是生产率较低的，为融通政府支出而形成的高税收又会对私人部门的消费和投资造成很大的负面影响，因此，必须缩减政府支出，才能保证经济增长。另一种观点认为，政府公共支出在经济增长中发挥着重要作用，因为它为经济发展提供了大量的公共品和其他具有外部效应的公共福利或服务，从而鼓励和便利了私人投资。具体到中国经济中，中央和地方政府的公共支出究竟对经济增长产生了怎样的影响？

为此，建立回归方程如下：$\dot{y}/y = a_1(I/y) + a_2(\dot{L}/L) + a_3(G/y) + a_4(\dot{G}/G) + a_5(ys\omega_2/y) + a_6(dfys\omega) + \mu$。其中的变量分别为：(1) $\dot{y}/y$ 为 GDP 增长率；(2) $I/y$ 为固定资产投资占 GDP 的比例；(3) $\dot{L}/L$ 为劳动力的年增长率；(4) $G/y$ 为政府公共支出占 GDP 的比例；$\dot{G}/G$ 为政府公共支出的增长率；(5) $ys\omega_2/y$ 为地方预算外公共支出占 GDP 的比例；$dfys\omega$ 为地方预算外支出量（亿元）。在时间区段的选择上，我们选择 1980 年至 1999 年。

|  | 回归 1 | 回归 2 | 回归 3 | 回归 4 | 回归 5 | 回归 6 |
|---|---|---|---|---|---|---|
| $R^2$ | 0.455 | 0.420 | 0.532 | 0.664 | 0.726 | 0.821 |
| $(F)$ | (1.390) | (1.142) | (1.478) | (2.962) | (5.944) | (5.779) |
| $I/y$ | 0.030<br>(0.096) | 0.618<br>(1.835) | 0.319<br>(0.837) | 0.624<br>(1.744) |  | 1.18<br>(4.402) |

---

[①] 本案例摘自《管理世界》2003 年第 7 期中的《公共支出能否促进经济增长：中国的经验分析》，原作者为庄子银、邹薇，编成案例时有较大删减。

(续表)

|  | 回归1 | 回归2 | 回归3 | 回归4 | 回归5 | 回归6 |
|---|---|---|---|---|---|---|
| $\dot{I}/I$ |  |  |  |  | 0.538<br>(3.108) |  |
| $\dot{L}/L$ | 0.156<br>(0.644) | -0.017<br>(-0.069) | 0.093<br>(0.384) | -0.587<br>(-1.616) |  | -1.004<br>(-3.614) |
| $G/y$ |  | 0.412<br>(1.195) | 0.419<br>(1.26) | 0.281<br>(0.959) | 0.271<br>(1.309) | 0.167<br>(-0.550) |
| $\dot{G}/G$ | 0.472<br>(1.448) |  | 0.477<br>(1.491) |  | 0.509<br>(2.447) |  |
| $ys\omega_2/y$ |  |  |  |  | -1.064<br>(-2.509) | -1.164<br>(-3.596) |
| $dfys\omega$ |  |  |  |  |  | -0.842<br>(-2.900) |

回归结果见上表。由回归分析可知:在多数回归模型中,政府公共支出占GDP的比例$G/y$对经济增长都有正的影响,但是显著性均不强($t$检验值偏低),尤其是在回归4中,$t$检验值尚不到1。而在回归6中,当考虑了地方预算外收入及其占财政收入的比例时,$G/y$对经济增长率具有不显著的负效应。政府公共支出的增长率$\dot{G}/G$对经济增长也有正的影响,但同样显著性不够,仅在回归4,同时考察$G/y$与$\dot{G}/G$对经济增长的影响时,$\dot{G}/G$的显著性非常强,说明相对而言,不断提高政府公共支出的增长速度比增加公共支出的值对增长的作用更强。至于投资对经济增长的作用,在回归1至回归4中,投资占GDP的比例均对GDP增长具有正的影响,但是显著性不强。在回归5中,投资增长率、政府公共支出增长率与GDP增长率都有非常显著的正相关关系。这说明,尽管公共支出对私人投资通常具有"挤出效应",但是在中国经济迅速增长的过程中,政府公共支出与私人投资互为补充的效应很强,这也正是私人部门、各级地方政府和机构极力争取得到公共支出的原因。劳动力(人口)增长率对GDP增长的影响时而为正、时而为负。具体来说,在考虑公共支出占GDP比例时,人口因素是负效应的(回归2、4);在考虑公共支出的增长率时,人口因素又是正效应的(回归1、3)。这是合乎实际的,如果公共支出不断上升,则劳动力增长越快,越有利于资源合理配置;而如果公共支出占的比例不断上升,会排挤劳动力的福利和人力资源投资,这时人口增长越快,越不利于经济增长。地方控制的预算外支出所占比例与GDP增长之间存在显著的负相关关系。在回归中,不仅考虑了预算外支出占GDP的比重,而且进一步考虑了地方控制的预算外支出量。结果发现,地方控制的预算外支出量、预算外支出占的比重都对经济增长率具有显著的负效

应。更为严重的是,由于这个变量的引人,政府公共支出占 GDP 的比重对经济增长率的效应也是负的,并且其影响变得非常不显著。

## 【参考书目】

1. 〔美〕肯尼斯·J.迈耶、杰里弗·L.布鲁德尼:《公共管理中的应用统计学》(第五版),中国人民大学出版社 2004 年版。

2. 〔美〕苏珊·韦尔奇、约翰·科默:《公共管理中的量化方法:技术与应用》(第三版),中国人民大学出版社 2003 年版。

3. 同济大学概率统计教研组:《概率统计》(第二版),同济大学出版社 2003 年版。

4. 张霭珠、陈力君:《定量分析方法》,复旦大学出版社 2003 年版。

5. 〔美〕古扎拉蒂:《计量经济学》(第三版),中国人民大学出版社 2002 年版。

6. 唐五湘、程桂枝:《Excel 在预测中的应用》,电子工业出版社 2001 年版。

7. 王寿安:《统计学》,中国统计出版社 1994 年版。

8. 耿素云、张立昂:《概率统计》,北京大学出版社 1998 年版。

# 中英文人名对照表

阿尔蒙德　Gabriel A. Almond
阿罗　Kenneth Arrow
埃尔德　Charles D. Elder
爱德华三世　G. C. Edwards
爱尔莫尔　Richard F. Elmore
安德森　James E. Anderson
奥尔森　Mancur Olson
奥斯特罗姆　Elinor Ostrom
巴尔达赫　Eugene Bardach
巴克拉克　Peter Bachrach
巴拉兹　Morton Baratz
鲍姆加特纳　Frank R. Baumgarter
贝尔纳利　D. Berneulli
贝弗里奇　W. I. B. Beveridge
本特利　Arthur Fisher Bentley
彼得斯　B. Guy Peters
边沁　Jeremy Bentham
波特　Michael Porter
布坎南　James M. Buchanan
布鲁尔　Garry D. Brewer
达尔　Robert A. Dahl
戴伊　Thomas R. Dye
丹捷格　G. B. Dantzig
德利翁　Peter DeLeon
德罗尔　Yehezkel Dror
邓恩　William N. Dunn
杜鲁门　David B. Truman
杜威　Dewey
多恩　G. Bruce Doern
厄威克　Lyndall F. Urwick
法约尔　Henri Fayol
范霍恩　Carl E. Van Horn

范米特　Donald S. Van Meter
费希尔　Frank Fischer
佛瑞斯特　J. Forester
弗雷德里奇　Carl J. Friedrich
富兰克林　Grace Franklin
戈金　Malcolm L. Goggin
格斯顿　Larry N. Gerston
古德诺　F. J. Goodnow
古利克　Luther Gulick
古帕(有人译作"古贝")　Egon G. Guba
豪伍德　B. W. Hogwood
胡德　Christopher Hood
怀特　Michaels J. White
霍布斯　Thomas Hobbes
霍利特　Michael Howlett
基尔曼　Ralph Kilmann
金登　John W. Kingdon
卡普兰　Arabam Kaplan
卡斯特　Fremont E. Kast
坎贝尔　D. T. Campbell
康芒斯　J. R. Commons
康托洛维奇　L. V. Kantorovich
科布　Roger W. Cobb
科臣　E. S. Kirschen
科斯　R. H. Coase
克尔曼　Steven Kelman
奎德　E. S. Quade
拉宾诺维茨　Francine Rabinovitz
拉梅什　M. Ramesh
拉斯韦尔　Harold D. Lasswell
拉伊发　Raiffa
赖因　Martin Rein

勒纳　　Daniel Lerner
里普利　　Randall Ripley
林德　　S. Linder
林德布洛姆　　Charles E. Lindblom
林肯　　Yvonne S. Lincoln
罗尔斯　　John Rawls
罗克　　F. E. Rouke
罗森茨韦克　　James E. Rosenzweig
洛克　　John Locke
洛维　　Theodore J. Lowi
马瑟斯　　Dieter Matthes
马约内　　G. Majone
马兹马尼安　　Daniel A. Mazmanian
麦考尔　　George J. McCall
麦克劳夫林　　Milbrey McLaughlin
麦克唐奈　　L. M. McDonell
梅耶　　Robert Mayer
孟德斯鸠　　Charles de Secondat Montesquieu
米尔斯　　C. Wright Mills
米特罗夫　　Ian Mitroff
米歇尔斯　　Robert Michels
莫斯卡　　Gaetano Mosca
纳卡木拉（中村）　　Robert T. Nakamura
内格尔　　Stuarts Nagel
诺斯　　Douglass C. North
帕顿　　Carl V. Patton
帕累托　　Vilfredo Pareto
帕森斯　　Talcott Parsons
佩奇　　Edward C. Page
普雷斯曼　　J. L. Pressman

琼斯　　Bryan D. Jones
琼斯　　Charles O. Jones
萨巴蒂尔　　Paul A. Sabatier
萨拉蒙　　Lester M. Salamon
沙坎斯基　　I. Sharkansky
沙特施奈德　　E. E. Schattschneider
沙维奇　　David S. Sawichi
施柏莉　　D. Scheberle
施奈德　　A. L. Schneider
史密斯　　Thomas B. Smith
斯莫尔伍德　　Frank Smallwood
斯塔林　　Grover Starling
斯通　　Deborah Stone
泰勒　　Frederick Taylor
威尔达夫斯基　　A. Wildavsky
威尔逊　　Woodrow Wilson
韦伯　　George H. Weber
韦伯　　Max Weber
韦默　　David Weimer
维宁　　Aidan Vining
沃尔夫　　Charles Wolf
西蒙　　Hebert Simon
希尔（有人译作"黑尧"）　　Michael Hill
亚里士多德　　Aristotle
伊斯顿　　David Easton
英格拉姆　　H. M. Ingram
约恩　　Hjern
扎哈里亚迪斯　　Nikolaos Zahariadis
詹金斯　　Hank C. Jenkins-Smith

# 教师反馈及教辅申请表

北京大学出版社本着"教材优先、学术为本"的出版宗旨,竭诚为广大高等院校师生服务。为更有针对性地提供服务,请您认真填写以下表格并经系主任签字盖章后寄回,我们将按照您填写的联系方式免费向您提供相应教辅资料,以及在本书内容更新后及时与您联系邮寄样书等事宜。

| 书名 | | 书号 | 978-7-301- | 作者 | |
|---|---|---|---|---|---|
| 您的姓名 | | | | 职称职务 | |
| 校/院/系 | | | | | |
| 您所讲授的课程名称 | | | | | |
| 每学期学生人数 | _____人_____年级 | | | 学时 | |
| 您准备何时用此书授课 | | | | | |
| 您的联系地址 | | | | | |
| 联系电话(必填) | | | | 邮编 | |
| E-mail(必填) | | | | QQ | |
| 您对本书的建议: | | | | 系主任签字<br><br>盖章 | |

**我们的联系方式:**

北京大学出版社社会科学编辑部

北京市海淀区成府路 205 号,100871

联系人:梁　路

电话:010-62753121 / 62765016

传真:010-62556201

E-mail:ss@pup.pku.edu.cn

微信公众号:ss_book

新浪微博:@未名社科-北大图书

网址:http://www.pup.cn

更多资源请关注"北大博雅教研"